국어 문법 교육 내용화 연구

국어 문법 교육 내용화 연구

This Edition was published by Jipmoondang in 2019, Seoul, Korea.

국어 문법 교육 내용화 연구

이관희 지음

집문당

이관희

서울대학교 사범대학 국어교육과 학사, 석사, 박사

전 서울대학교 국어교육연구소 연구원
전 호서대학교 한국언어문화 전공 조교수
현 서울교육대학교 국어교육과 조교수

주요 논저

「문법으로 텍스트 읽기의 가능성 탐색 (1), (2)」(2010, 2012)
「문법 교육에서 텍스트 중심 통합의 방향 탐색」(2012)
「국어 교육 내용으로서의 속담의 비판적 검토」(2018)

국어 문법 교육 내용화 연구

2019년 12월 20일 1판 1쇄

저자 | 이관희
발행인 | 임동규
발행처 | **(주)집문당**
등록 | 1971. 3. 23. 제2012-000069호
주소 | 03134 서울시 종로구 돈화문로 82 집문당빌딩 5층
전화 | (02)743-3192~3 팩스(02)742-4657
이메일 | sale@jipmoon.co.kr
홈페이지 | www.jipmoon.co.kr

ISBN 978-89-303-1845-7 93370

가격 22,000원

이 도서의 국립중앙도서관 출판시도서목록(CIP)은 e-CIP홈페이지(http://www.nl.go.kr/ecip)와
국가자료공동목록시스템(http://www.nl.go.kr/kolisnet)에서 이용하실 수 있습니다.
(CIP제어번호: CIP2019045914)

머리말

지금 알고 있는 걸 그때도 알았더라면. 돌아보면, 고등학생의 나에게 문법은 대단히 이질적이고 생경한 존재였다. 당시에는 수능에 문법 문항이 출제되는 경우가 흔치 않아서 정기 고사를 대비하여 그때그때 파편적인 요약형 '정보'들을 암기하고 시간이 지나면 머릿속에서 지워 버리고는 했다. '이해'할 필요를 느끼지 못했기에 '이해'를 위한 노력을 기울이지도 않았다.

대학에 들어와 국어학에 기초한 강의들을 수강하면서 과거의 나에게, 과거의 시간에 다소간은 원망의 감정이 들었다. 절대로 '정보'일 수 없는 공부 영역임을 깨닫는 데는 그리 긴 시간이 걸리지 않았기 때문이었다. 그러나 대학의 강의가 '친절하기만' 할 수는 없는 노릇이었다. 자구책으로 고등학교 때의 교과서와 참고서를 다시 찾아보기도 하였다. 그러나 문법 교과서이든, 국어학 개론서이든 자발적 독학자에게 여전히 '친절'을 베풀어 주지는 않았다. 어딘지 모르게 연결이 되는 것 같기는 한데, 여기에서 말하는 이게 저기에서 말하는 저것과 유사해 보이기는 한데, 연결 고리들을 속 시원하게 드러내 보여 주지 않았다. 이때까지만 해도 내 생의 업의 대상이 문법, 그리고 문법을 가르치고 배우는 현상이 될 줄은 몰랐다. 아니, 어쩌면 이때의 오기가 영향을 미쳤을지도 모를 일이다.

이러한 아쉬움과 어려움이 보다 본격적인 교육적 고민으로 체화된 계기는 공동 집필자로 검정 국어 교과서 제작에 참여하여 문법 단원을 구현해 내야 하는 때였다. 분명 나는 알고 있다고 믿었고, 개론서나 이전 교과서의 기술이 어렵지 않게 읽히는 것 같았으나, 제한된 분량의 2차원 지면에 그것들을 풀어내는 일은 결코 단순한 과제가 아니었다. 더구나 그 텍스트를 읽을 학습자들에게 '이해가 되니?'를 끊임없이 되묻다 보니 세밀한 부분까지도 그냥 넘기기 어려웠다. 나의 앎, 혹은 앎의 방식을 그들에게 전달해 주고자 하는 욕심 때문이었다.

크게 보면, 이러한 접근은 학습자와 문법 지식 사이의 거리를 좁히는 일의 일환일 것인데, 이때의 고민을 좀 더 체계화하고 확장하여 2015년 8월에 '학습자의 지식 구성 분석을 통한 문법 교육 내용의 조직과 표상 연구'라는 다소 직설적인(?) 제목으로 박사학위 논문을 제출하였다. 문법 교육 내용을 조직하고 표상하는 국면에서 학습자들이 문법 지식을 구성하는 방식이 모종의 참조점을 제공해 줄 수 있다는, 주어야 한다는 문제의식에서 출발한 결과물이었다.

그런데 이 논문의 심사본 제목은 원래 '문법 교육 내용화 연구'였다. 문법 교육 내용은 기존 학문 문법의 표층을 이루는 요약형 결과물을 약간의 가지치기 작업을 통해 옮겨 놓은 것이 아니며, 대단히 의도적이고 목적적인 사유의 결과물임을 가시적으로 드러내기 위한 제목이었다. 그렇지만 지나치게 높은 추상성과 모호한 범주성으로 인해 이 제목은 심사위원 선생님들을 설득하는 데 실패하였다.

실패하였던 학위 논문의 제목을 이 책의 제목으로 삼는 것은 추상성과 범주성의 문제를 해소하였기 때문이 아니다. 학위 논문과 단행본의 장르적 차이도 고려했지만, 그보다는 학술 용어로서의 명징성은 다소 부족하더라도 '교육 내용화'라는 교육적 행위를 변별적 입각점으로 삼아야 한다는 생각에서이다. 좀 더 명징하게 '교육 내용화'의 문제를 다루지 못했음은 저자의 게으름과 투박함에 따른 것이다.

대학원을 졸업하고 5년 가까운 시간이 흘렀다. 그 사이에 가정을 이루었고 아이도 만났다. 두 번째 직장에 자리를 잡기도 했다. 생활인의 생애로도, 연구자의 생애로도 일종의 전환기를 맞은 셈이다. 전환기 이전의 결과물을 한번은 정리를 하고 싶었다. 그래야 다음 단계로 나아갈 수 있을 것 같았다. 이런 어설픈 욕심에 같은 문제의식을 가지고 작성했던 소논문

두 편과 박사학위 논문을 하나의 책으로 엮었다. 시의성이 크게 부족하다는 점, 이전의 결과물에 비해 한 걸음도 더 내딛지 못했다는 점, 독자들께는 송구스러울 따름이다. 책으로 정리하는 과정에서 손이 많이 갔다는 말은 전혀 핑계가 되지 못한다.

단행본임을 감안하여 전체적으로 문체를 다듬었다. 과정성이 두드러졌던 체재와 기술도 결과 중심으로 손보았다. 무엇보다 '조금만 더, 이것까지만'의 허영에 지면을 채워 넣었던 자료와 논리들을 상당 분량 삭제하고 핵심적이라 판단되는 논의들만을 남겼다. 여전히, 독자들께는 송구스러울 따름이다.

건조해 보이기만 했던 남들의 '감사의 말씀'에 실은 무수한 정서가 녹아 있었음을 실감한다. 아내와 함께 대학원을 졸업할 때 '가까이에서 언제라도 부르면 달려올 두 사람이 이젠 보기 어렵게 되는 것 같군요.'라고 메일을 주셨고 언제고 자주 찾아뵙겠다는 답신을 드렸으나, 이탓저탓에 그러하지 못하고 있다. 민현식 선생님께는 감사만으로는 부족한 감사의 말씀을 드리고 싶다. 선생님께서는 이제 교수로서의 마지막 학기를 보내고 계신다. 당신만의 오롯한 시간이 더욱 풍성해지기를 기도할 따름이다. 사전적 의미로만 존재하던 귀감의 말뜻을 몸으로 느끼게 해 주심은 물론 크고 작은 일들에 발 벗고 도와주시는 구본관 선생님께도 감사의 말씀을 드리지 않을 수 없다. 누가 되지 않도록 노력하겠다는 다짐을 드릴 따름이다. 문법 교육을 전공으로 선택했던 그 순간부터, 어쩌면 그 이전부터도 말로, 몸으로, 그리고 그 수만 배에 달하는 글로 이끌어 주시는, 후배들 사이에서는 그 호칭까지 동시에 고유명사화된 '김남주신 언니들'께도 감사드린다. 그 집합 명사에 이름 한 자 끼고 싶은데, 요원해 보인다.

가장 가까운 동반자이자 가장 두려운 독자인 아내 제민경에게는 감사함과 미안함을 동시에 전한다. 아내의 희생과 헌신이 곧 나의 시간으로 환원됨을 여실히 느낀다. 그 사이에 부쩍 자라서 '못하는 말이 없는' 딸아이가 문법을 공부할 즈음에는 적지 않은 변화가 있었으면 하는 바람이다. 작은 점이나마 그 변화에 조약돌 하나라도 올리고자 한다. 마지막으로, 수익을 전혀 기대하기 어려운 책을 출판해 주신 임동규 대표님과 짧은 시간 동안에 그럴 듯한 포장으로 내용의 부실함을 조금은 덮어 주신 전정아 부장님께도 감사의 마음을 전한다.

2019년 12월

이관희 배상

차 례

제2부 문법 교육 내용화의 상세화

제3부 문법 교육 내용화의 실제

제1부 문법 교육 내용화의 전제

문법 교육학의 성장 속에서 학문 문법과 변별되는 교육 문법의 논리는 지속적으로 생산되어 왔다. 언어관 및 지식관에 대한 패러다임을 전환함으로써 언어적 유용성을 기준으로 교육 문법의 지향을 새롭게 상정하기도 하였다. 또한, 국어의 구조와 원리에 대한 탐구 경험을 중시하는 가운데 가르칠 내용을 확장하거나 가르치는 방식에 주목하여 자료와 활동을 강조함으로써 교육적 공준을 확보하기도 하였다.

문제는, 이러한 접근이 즉자적이고 대증적으로만 이루어지다 보니 가르치는 방법을 범위와 계열을 갖춘 실천상의 전략으로 인식되지 못하였다는 데에 있다. 즉, 즉각적 유용성과 교실 투입 가능성을 잣대로 처방적 관점으로만 교육 문법을 실체화하는 경향이 짙었다는 것이나.

이를 극복하기 위해서는 문법 교육학의 이론화를 지향할 필요가 있다. 문법 교육의 중핵을 이루는 문법 지식을 교육 내용으로서의 실체를 갖추도록 구현하는 과정, 즉 문법 교육 내용화 역시 이러한 이론화의 일환이어야 한다. 이 과정에서, 구성주의 인식론에서 강조하는 '인식 주체의 구성'에 주목할 때 문법 교육 내용화의 보다 정합적인 상을 그려낼 수 있을 것이다.

이런 관점에서, 교육 내용화라는 교육 실행 차원의 문제를 본격적으로 다루기에 앞서 제1부에서는 문법 지식을 구성한다는 행위가 의미하는 바를 고찰하고 그러한 개념화가 교육 내용화와 어떠한 관계적 위상을 확보할 수 있는지를 우선적으로 탐색할 것이다.

---

* 제1부의 내용은 이관희(2015)의 Ⅱ장과 Ⅳ장 일부의 핵심 내용을 정리한 것이다.

제1장 문법 지식 구성의 개념

1. 문법 교육에서 구성주의의 수용 양상

그간 문법 교육을 둘러싼 비판은 파편적이고 탈맥락화된 지식을 일방적으로 강요하여, 학습자 개인에게 유의미하게 내면화되지 않은 지식, 곧 남의 지식으로 남는다는 지적으로(장상호, 2005:362) 귀결된다. 이러한 지적은 비단 문법 교육에만 해당되는 것은 아니어서 통상 지식 교과로 간주되는 교과들에 팽배해 왔던 객관주의의 한계에 대한 인식을 전제한다. 즉, 지식은 인식 주체와 독립적으로 존재하며 교육은 그러한 객관적 실제로서의 지식을 학습자에게 전달하는 것이라는 인식에 대한 반향으로, 구성주의적 인식론에 따른 지식 교육의 방향 전환을 요구하는 것이다.

그런데 구성주의는 처음부터 교육의 상황을 가정하여 정교화된 이론이 아니다. 오히려 근본적인 관점, 철학, 패러다임으로서의 속성을 지닌다[1]. 따라서 어떠한 가치 체계와 신념 속에서 구성주의 사조를 의미화하는가에 따라 교육 실행의 양상은 다변적 · 다층적으로 양산되기 마련이다. 여기에서는 이러한 구성주의가 이제까지 문법 교육의 장에서 어떻게 수용되어 왔는지의 양상을 목표와 방법의 두 층위에서 살핀다. 이를 토대로 문법 교육 내용화의 방향성을 담보하기 위해 문법 지식 구성의 개념을 어떻게 규정하고 구체화할 수 있을지를 탐색할 것이다[2].

---

1) 임성규(2001:9)에서는 구성주의의 추상성과 불명확성을 지적하며 명징한 정의가 어려운 이유를 다음과 같이 꼽는다. 첫째, 구성주의는 상대주의 인식론을 표방하기 때문에 연구자들이 다양한 가치 체계를 가지고 주장하는 바를 모두 인정해야 한다. 둘째, 구성주의는 우리의 삶을 인식의 대상으로 삼지만 삶 자체가 다원적이고 복잡하다. 셋째, 정의를 위한 언어 자체는 객관적 인식 체계에 맞게 구성되어 있어서 구성주의라는 새로운 인식 체계를 표현하기에는 부적합하다.

2) 목표와 방법의 층위로 구분하여 논의를 전개하는 것은 구성주의의 근본 전제를 고려한 결과

(1) 목표 층위: 문법 지식의 유용성 강조

문법 교육 담론 내에서 문법 지식의 의미는 대체로 양가적 의미로 소통된다. 구조주의 언어학의 성과에 터해 언어 현상을 대상 세계로 삼아 그 구조와 원리를 탐색한 결과로 산출되는 문법 지식과 모어 화자의 언어 수행 능력을 신장하는 차원으로까지 그 외연을 확장한 문법 지식이 그것이다. 두 관점은 국어 교과 내 문법 영역의 역할 및 위상과 관련하여 90년대 초중반 이른바 독자론과 통합론의 논쟁을 거치기도 하였지만, 그 이면에는 본질적으로 무엇을 교육 내용으로서의 문법 지식으로 볼 것인가에 대한 구성주의적 인식론이 개재한다. 구성주의가 인식의 대상이 무엇인가와 인식은 어떻게 하여 이루어지는가의 두 물음에 답하기 위한 이론이라고 할 때, 어떻게 아는가의 문제는 다시 무엇을 아는가로 환원되어 구성의 대상에 대한 관점 역시 전환시키기 때문이다.

구성주의에서는 근원적으로 인간의 삶 자체에 인식 대상으로서의 가치를 부여한다. 지식을 소유하고 있다는 것은 낱낱의 정보를 가지고 있다는 것이 아니라, 그것을 통해 무엇인가를 하거나 이해하는 데에 필요한 통합된 마음 또는 능력을 갖추고 있음을(이진희, 2009:187) 의미한다는 것이다. 이때, 우리의 삶에 중요한 지식은 탈상황적으로 발견되기보다는 맥락적으로 구성된다(박수자, 2007:3). 즉, 구성주의에서 중시하는 인식 대상으로서의 지식은 삶의 맥락과 이질적이지 않으며 삶의 장면에서 문제 해결의 유용성(viability)을 지니는 지식인 것이다.

문법 교육의 국면에서 가장 표면적으로 이러한 지식관을 견지하는 양상은 정확성을 표방하는 규범 문법(normative grammar)으로 실체화되어 왔다. 학문 문법 또는 이론 문법은 언어의 내적 질서를 기술하는 데 그 목

이다. 구성주의가 '무엇을' '어떻게' 인식하는가에 대한 '앎(knowing)'의 문제를 중점적으로 다루는 인식론적 사조라고 할 때, 문법 교육에서는 '왜에 기반하여 어떠한 언어적 지식을 교육의 내용으로 삼을 것인가', '그러한 지식을 학습자들이 어떠한 방식으로 경험하게 할 것인가'의 문제로 구체화될 것이기 때문이다.

적이 있지만 학교 문법은 그것을 바탕으로 의도적으로 조직하여 학습자들이 실생활에 적용 또는 응용할 수 있게 하되, 언어생활의 규범을 삼고자 하는 데에 그 목적이 있음을(김용석, 2005:88) 부각하여 좁게는 어문 규정 혹은 언어 예절에 대한 기술, 문법적으로 정확한 문장에 대한 기술(이선웅, 2014:172) 정도로 규범 문법을 의미화하기도 하였다. 또한, 학교 이외의 언어생활에 필요한 국어 문법 지식 전반을 지시하는 생활 문법으로까지 그 범주를 확장하기도 하였다(민현식, 2008, 2010).

그런데 심영택(2001)에 따르면 규범적 언어 사용의 유용성을 지향한다고 하더라도 이러한 방향의 문법 교육은 여전히 객관주의 지식관을 견지한다. 형식적 관점을 바탕으로 한 추상적 체계와 규칙의 독립적 존재를 가정한다는 점 때문이다. 다시 말해, 당장의 즉물적인 유용성을 지닌다 하더라도[3] 언어 사용 주체와 주변 요인들에 분리하여 자족적이고 자립적으로 언어를 다룸으로써 '삶의 실제화된 맥락'과 무관하게 문법 지식을 가치화한다는 것이다. 나아가 그는 구성주의가 강조하는 지식의 적절성 내지 맥락성(Glasersfeld, 1998)에 주목하여 외부 세계에 이미 객관적으로 존재하는 지식 체계의 '발견'이 아닌 '사용 체계로서의 문법 지식'을 구성주의적 문법 지식관으로 정립한다. 즉, 담화 차원의 규칙 체계와 구체적인 상황 속에서 의미 구성 및 전달의 목적으로 사용되는 언어에 대한 관심과 그러한 언어의 체계를 형성하는 수행 자원으로서의 문법 지식이 강조될 때[4] 비로소 구성주의의 면모가 부각될 수 있다는 것이다.

'사용을 위한' 문법 지식으로의 이러한 인식의 전환은 이후 화용론, 사회언어학, 텍스트언어학 등의 배경 학문이 문법 교육학 내에서 위상을 점하

---

3) 주세형(2006:86)에서는 듀이와 로티 등으로 대표되는 신실용주의를 인용하여 이를 설명한다. 당장의 일상 상태에서 즉각적인 활용이나 사용을 전제로 한 유용성, 즉 속물적 근성을 불러일으킬 수 있는 실제적인 유용성이 아니라 새로운 경험의 성장과 조직에 기여할 수 있는 차원의 유용성이어야 한다는 것이다.

4) 심영택(2001)에서는 다시 급진적(인지적) 구성주의와 사회적 구성주의를 대비하여 '일탈 체계로서 국어 지식의 창조성'을 전자에, '합의 체계로서 국어 지식의 문화성'을 후자에 대당한다.

면서 '삶의 실제적인 맥락에서 구성된 문법 지식'에 대한 강조로 이어진다. 다시 말해, 삶에 유용성이 있는 지식이 구성될 수 있도록 실제적이고 진정한 맥락을(이성영, 2001:68) 제공하는 일이 곧 구성주의적 관점에 터한 문법 교육의 실현으로 구체화된다는 것이다. 이를 위해, 실제 언어 사용의 맥락을 짐작하기 어려운 문장 단위 중심으로 문법 지식을 기술하기보다는 실제 언어 사용 맥락을 고려하여 특정 언어 형태의 사용 효과가 어떠한 방식으로 구현되는지를 확인할 수 있는 문장 이상 단위 중심으로(오현아, 2012ㄱ:177) 문법 지식을 다루고자 하는 경향을 보인다.

문제는 맥락에 대한 강조가 실제적인 언어 자료의 제시 정도로 손쉽게 대치되는 경향이 적지 않은 논의들에서 발견된다는 점이다. 즉, 문법 지식의 학습을 돕는 도구의 일환으로 제공하는 언어 자료에 대한 실제성을 높임으로써 문법 지식의 실제적 맥락을 실현할 수 있다는 오도된 전제를 보인다는 것이다. 예를 들어, 양화사 부정의 중의성이라는 문법 지식을 교과서에서 다루기 위해 도입부에서 제시하는 (1)에 대해, (2)에서는 작위적인 상황의 설정으로 현실성이 떨어지고 9학년 학습자들의 언어 사용 실제와는 거리가 멀다고 지적한다. 그렇지만 특정 문법 지식을 구성하는 과정에서 언어 자료의 실제성 문제는 학습자의 친숙도나 흥미 제고의 측면에서 확보되는 부차적인 요인이지[5], 그 자체가 사용으로서의 문법 지식의 실제성을 전면적으로 대변하기는 어렵다. 구성주의에서 '실제적 맥락의 기반'을 강조하는 것은 인식 주체의 자기 조직화(self-organization)에 관여하는 내면화 기제로서의 실제적 맥락을 주목(Fosnot, 1997)하기 위함

---

5) 이미 내재된 문법 능력을 명시적으로 대상화하여 분석하고 구조화하는 경험은 학습자의 실제 언어 수행 과정과는 상이한 낯설고 이질적인 경험이어서, 이를 연성화하는 차원에서 강조되는 '학습자의 흥미' 문제 역시 문법 교육에서 심도 깊게 다루어야 하는 연구 주제이다. 흥미는 모든 학습에서 학습자의 능동성과 자발성을 이끌어 내기 위한 가장 기본적인 전제일 것인데, 흔히 문법 교육의 실천 장면에서는 '교육 내용을 덧씌우는 방식'에서만 흥미 요인을 부각하는 경향이 발견된다. 어떠한 방식으로 덧씌워 해당 교육 내용을 내보일 것인가는 철저히 교육 내용 자체의 속성과 가치에 의해 결정되어야 됨에도 불구하고, 선택과 배제의 논리가 교육 내용과는 무관하게 형성된 채 다양성 혹은 구체성의 측면에서만 '흥미로운 방식'을 판단하는 것이다.

이지, 외부 자료 자체의 실제성이 곧바로 인식 대상의 실제성으로 등치되는 것은 아니기 때문이다. 다시 말해, (1)의 언어 자료를 좀 더 유연하게 '실제화'하는 일과 학습자가 접하는 실제의 언어 사용 양상에 대한 고려를 통해 삶의 유용성을 확보하는 문법 지식을 의미화하는 일은 그 의미와 가치가 질적으로 상이한 교육적 처치라는 것이다.

(1) "엄마, 친구들이 다 오지 않았어요." (…중략…) 어머니는 잔치 준비를 전혀 해 놓지 않으신 것이었다. 희진이는 놀라 어머니께 그 이유를 여쭤 보았다. "엄마, 어떻게 된 일이예요?" "네가 다 오지 않았다고 했잖니?" [7차 중학교 생활 국어 3-2, 52쪽]

(2) 문제는 이러한 구체적인 상황을 통해 학습자에게 일상에서 일어날 수 있는 중의성과 이로 인한 혼란을 보여 주기에는 너무나 현실성이 없는 예화라는 점이다. 중학교 3학년 학생과 그의 어머니에게 일어나는 일로 보기에는 실제성이 너무 멀다. 상황에 대한 대화도 매우 부자연스럽다(정주리, 2006:374).

유용성과 실제적 맥락을 협소하게 해석하는 이러한 현상의 이면에는 구성주의가 인식 방식뿐 아니라 인식 대상에 대한 시각을 달리함을 수용하지 못하는 문제가 놓여 있다. 즉, 구성주의적 관점에서는 특정 지식이 개인에게 어떠한 의미를 지니는지가 중요하며, 더 나아가 학습자가 지식으로 무엇을 할 수 있는지를 묻게 함에도(주세형, 2006:88), 문법 지식 자체에 대한 인식을 전환하지 않은 상태에서 그러한 지식을 둘러싸고 있는 표피에만 초점을 두는 것이다.

언어관 나아가 지식관의 상위 층위에서부터 새로운 패러다임을 투사할 때 비로소 구성주의적 관점에 따른 문법 교육이 정립될 수 있다는 인식은 주세형(2005ㄴ, 2006)을 기점으로 본격적으로 천착되었다. 그는 구성주의적 지식관은 필연적으로 언어의 역할에 주목하게 한다는 전제 아래 소통으로서의 언어관과 의사소통 행위자로서의 학습자의 언어 행위에 지향을 두어야 함을 역설한다. 즉, 언어 및 문법 지식에 대한 기존의 관점을 유지한 상태에서 언어생활에 도움이 될 법한 문법 지식들을 골라내는 방식이나 그러한 지식에 제한적인 맥락의 단면을 덧씌우는 방식을 취할 것이 아니라, 보다 근원적으로 모어 화자의 언어 수행 양상을 고려하여 '기능 중심적'으로 문법 지식을 재편할 수 있어야 한다는 것이다.

이러한 방향으로 전개된 연구 성과를 세밀하게 탐색하는 일은 이 책에서 다루고자 하는 범위를 넘어서는바, 다만 언어에 대한 패러다임을 전환함으로써 모어 화자로서 학습자가 지니는 지식의 의미와 용도를 중심으로 문법 지식을 바라보는 관점을 '구성주의적'으로 형성함을 확인할 수 있다. 추상적 지식의 암기가 아니라 삶의 구체적인 맥락 속에서 문제를 해결하는 과정에서 지식이 자연스럽게 구성되어야 함을 강조하는 구성주의적 시각 속에서(이성영, 2001:67-68) 언어가 사용되어 의미를 갖게 되는 내외적 환경으로서의 맥락(Mey, 1993:38)에 착목함으로써 기존의 형식 · 구조 중심적 관점을 넘어서 의미 · 기능 중심적으로 문법 지식을 바라보기 때문이다.

요컨대, **개신 방향의 정립을 염두에 두고 교육 목표의 층위에서 구성주의가 문법 교육에 수용되어 온 양상은 학습자의 개인적 · 사회적 삶의 유용성을 위해 잠재적 선택항으로서의 문법, 즉 언어 수행 자원으로서의 문법을 강조하는 방향으로 전개되어 왔다.** 이때, 구성을 위한 '실제적 맥락'은 문법 지식이 기능과 의도를 갖게 하는 맥락(Larsen-Freeman, 2002)으로 해석되어 문법 지식에 대한 관점을 의미 · 기능적으로 전환하게 하였다.

(2) 방법 층위: **귀납적 탐구의 강조**

목표 층위에서 문법 지식에 대한 관점을 변화시키는 방향으로 수용된 구성주의는 전환된 지식관을 견지하는 가운데 방법 층위로까지 구체화되지는 못하였다. 현실적으로는 일부 성취 기준을 기술하기 위한 방향성을 제시하는 정도에 머무는 한계를 보인다[6].

문법 교육 방법의 층위에서는 오히려 기존의 형식·구조주의적 언어관을 견지하는 가운데 구성주의가 인식의 방식에 주목하여 그 과정과 영향을 탐색하는 이론이라는 점이 영향력을 발휘해 왔다. 브루너(Bruner, 1960)가 '발견'의 교육적 의미를 강조했던바, 지식에 대해 알아야 할(know what) 그 무엇이 아니라, 할 줄 알아야 할(know how to) 그 무엇으로 인식하여(이홍우, 1987:37) 지식을 생성하고 도출해 가는 과정과 경로 속에서 '알아 가는 방법'에 주목하는 것이다.

구성주의는 경험적 대상으로부터 구성된 지식을 포함하여 그 지식의 획득 과정을 고려하는 이론이기 때문에 한마디로 우리가 가지고 있는 지식은 우리 자신이 구성한 결과로 보는 이론으로(최영환, 1998:32) 요약된다. 이때, 필연적으로 인식 주체의 적극적이고 능동적인 의미 구성이 강조될 것인데, 문법 교육에서는 다중의 언어 자료에서 출발하여 모종의 지식을 실제로 발견해 나가는, 귀납적이고 발견적인 과정으로서의 탐구를 강조함으로써(남가영 외, 2009:360) 지식 구성의 구체화를 모색하고자 하였다. 즉, 단편적인 문법 지식들을 일방적으로 주입하여 암기 중심으로 흐르는 문법 교육에 대한 쇄신을 꾀하고자 '귀납을 통한 지식의 도출', '활동을 통한 지식의 학습'을 문법 지식을 다루기 위한 방법론으로 정립하고자 했던 것이다.

문법 지식을 주어진 결과가 아닌 학습자가 국어에 대해 알아 가는 과정 속에서 체계화하는 것으로 보는 이러한 관점은 결국 언어 주체인 학습자를 언어나 언어 사용 방식을 복제하는 수동적 존재가 아닌, 언어의 총체적 국면을 이해하고 해석하고 사용하는 능동적 존재로(김은성, 2005:329) 재정립한다. 다시 말해, 문법 학습자는 학자들이 기술해 놓은 결과물로서의 지식을 정적으로 수용하는 존재가 아니라 언어에 대해 조사하고, 탐구하

6) 예를 들어, 기존의 '사동·피동 표현을 안다.'라는 성취 기준이 '표현 의도에 따라 사동·피동 표현이 달리 사용됨을 안다.[2007-문법-7-(4)]'로 전환된 경우가 이에 해당한다.

고, 가설을 세우고, 실증하고, 비판하고, 대안을 모색하는 등의 인지적 활동의 주체라는 것이다.

이 과정에서, 인식 방식으로서의 지식 구성을 탐구라는 구체적이고 인지적 활동으로 구현하기 위해 교육 실행의 국면에서는 과제 설계가 일차적으로 요구될 것인데, 김광해(1992, 1995, 1997)를 통해 본격적인 천착이 이루어진 이래 '탐구 학습'은 문법 교육의 지배적인 교수 · 학습 방법으로 자리 잡기에 이른다. 즉, 학습자가 국어라는 대상에 대해 문법적으로 사고하고 탐색하는 과정을 일련의 절차와 단계로 환원하여 제공함으로써 문법 지식에 대한 귀납적 접근을 강조하는 것이다. '경험'은 일종의 의미화 과정으로 주체와 대상과의 지속적인 상호작용 과정이며, '지식'은 합리적 경험 양식이 체계적으로 구조화된 산물이라고 할 때(김호정 외, 2007: 276), 지식 그 자체보다는 가장 합리적인 결과에 도달하는 과정을 경험시킬 수 있도록 교수 · 학습의 방법(김광해, 1997:110) 차원에서 학습자가 거쳐야 할 귀납적 사고의 단계를 상정하는 것이다.

요컨대, **인식 과정 중의 능동적 구성을 강조한 구성주의는 학습자의 활동과 경험을 내포한 탐구 학습이라는 목적 지향적인 방법론을 중심으로 문법 교육을 재편하게 하였다.** 이 과정에서 문법 학습자는 문법 지식에 대한 능동적 구성자로 격상되었으며, 그러한 학습자를 지식 구성의 맥락에 참여시키기 위해 일정한 과제의 형태로 탐구 학습을 구안하는 식의 교수 · 학습 방법적 측면이 강화되었다.

2. 문법 지식 구성의 개념 확장

(1) 목표 층위: **외부 지식의 내면화**

브라운과 브라이스(Blown & Bryce, 2006:1412)에 따르면, 학문 지식을 교과 지식으로 재구조화하는 과정은 크게 약한 형식과 강한 형식의 변환으로 대별된다. 전자는 학문의 장에서 다루어지는 기존의 지식 구조를 어떻게 교과 지식으로 표현할 것인지, 이 과정에서 개념들 간의 관계는 어떻게 창출할 것인지의 측면에서 재구조화를 다룬다. 이에 비해, 후자는 패러다임 차원의 전환을 통해 지식의 선정 및 조직 방식을 급진적으로 변화시켜 전혀 새로운 지식 구조를 만들어 가는 차원을 지향한다. 이렇게 볼 때, 언어적 유용성을 규준으로 세워 교육 내용으로서의 문법 지식을 의미·기능에 초점을 두어 전면적으로 재편하기 위한 그간의 노력은 주로 강한 형식의 변환에 해당될 것이다. 교육 내용을 선정하는 단계에서부터 언어 및 지식에 대한 관점을 달리 상정하기 때문이다.

그런데 이러한 관점의 대척점에서 전통적인 형식·구조주의적 언어관에 입각하여 언어를 대상으로 삼아 학습자가 직접 분석하고 따져 보는, 즉 언어가 어떠한 논리적 체계로 이루어져 있는가를 명시적이고 의식적으로 탐색하는 경험 역시 여전히 문법 교육의 부인할 수 없는 실체이다. 이러한 문법 지식은 통상 학문 문법에서의 지식을 배경으로 한다는 점에서 약한 형식의 변환을 통해 문법 교과로 편입될 것인데, 문제는 메타언어, 언어인식, 탐구 등의 교육적 의미화를 통해 이러한 문법 지식의 가치를 소환하

비고	전통적 교실 양상	구성주의적 교실 양상
언어관	구조화된 언어 체계(용법)	맥락화된 언어 사용(상황)
학습관	의미의 수용(기억): 수용성	의미의 재구성(이해): 능동성
학습자의 역할	언어 지식의 이해자	언어 사용의 주체자
교사의 역할	수업 운영의 주체	수업 관리 및 안내
교실의 역할	언어 지식 전달의 장	언어 사용의 상황 제공
교육 목표	언어의 이해	의사소통능력의 신장
교육 내용	언어 지식	언어 사용 전략
교육 방법	일반적 강의식 수업	개별화, 소집단 수업, 상호작용 강조

[표 1] 국어과 교육의 관점 변화(김판수 외, 2000:211)

기 위한 노력이 객관주의적 인식론으로만 간주되는 경향이 짙다는 점이다. 예컨대, [표 1]의 이원적 대비에서도 이러한 인식이 분명하게 드러나는데, '구조화된 체계로서의 언어'를 다루는 교실은 전달과 수용만이 부각되어 '구성'과는 거리가 먼 교육적 장면으로 치부된다.

그러나 언어의 형식을 구조적으로 다룬다고 하여 이를 구성과 무관하다고 일반화하는 것은 구성주의에 대한 온당한 접근으로 보기 어렵다. 구성주의의 근본 전제는 지식을 발견이 아닌 구성의 대상으로 보는 인식이라고 할 때(이성영, 2001:60), 순수하게 인식적인 관점을 투사하여 문법이라는 논리적 체계의 산물이 학습자의 내면에서 어떻게 인식하고 구조화되는가의 문제는 구성과 별개로 탐색될 수 없기 때문이다. 다만, 기존의 객관주의에 따른 기계적 학습과 비교할 때, 지식을 실재적 현상으로 다룰 것이 아니라 인식 주체 개인의 주관적 인식과 밀착하여 머릿속에서 구성되는 것으로 보는 관점의 전환이 요구된다. 지식은 '밖에서' 무엇인가를 주입함으로써 얻어지는 것이 아니라, 마음 '안에서' 깨달음을 통해 얻어질 수 있기(홍은숙, 1999:345) 때문이다.

이렇게 볼 때, 특정 대상을 잡다한 현상들의 집합체로 보지 않고 '변별적 요소들을 분리하고, 이 요소들의 결합 법칙을 세워' 구조적으로 바라보는 인식론으로서의 구조주의를(김종우, 2007:29) 구성주의와는 대립되는 사조로 처리하는 방식은 재고되어야 한다. 다양하고 역동적인 양상으로 실현되는 현상들의 이면에 존재하는 정태적인 뼈대로서의 구조를 순전히 형식적인 차원으로만 다루는 방식을 문제 삼아야 하지, 지속적으로 변형되고 조정되어 부분의 총합 이상의 의미를 부여하는 구조의 개념 자체에는 이미 '구성'에 대한 인식이 내재되어 있기 때문이다. 보다 본질적으로 어떤 대상을 설명하고 인식하고자 할 때 그 대상을 구성하는 요소가 있다는 것을 부정할 수는 없다는 점에서도 구조주의로 모든 것을 설명할 수는 없지만 그로 인해 구조주의 자체가 부정되어서는 곤란하다(최영환, 1998:44). 교육의 국면에서 구조주의적 관점에 터한 잘못된 교수·학습을 비판하고자 할 때에도 이는 구조주의가 어긋나게 실현된 현상일 뿐 구조주의의 본질이 야기하는 폐해로 보기는 어렵다.

반대로, 흔히 구성주의를 비판하는 시각에서 구성주의는 실재의 존재를 부정하여 인식 대상의 객관성을 담보하기 어렵다고 지적하지만, 사실 구성주의에서 실재의 존재는 처음부터 인정된다. 대상이 존재하지 않는 구성은 본질적으로 상정 불가능하기 때문이다. 다만, 대상이 인식 주체와 무관하게 존재하는 것이 아니라 인식 주체의 경험에 의해 개인적이고 주관적인 방식으로(박현주, 1998:280) 그 실체가 달리 구성될 수 있음을 염두에 두어야 한다. 특히, 인식 주체 개인 차원의 구성주의를 넘어 공동체의 조율과 합의를 통해 지식이 구성된다는 사회적 구성주의에 이르면, 구성 결과물로서의 지식은 구조주의의 그것과 경계가 흐려진다.

따라서 구조주의 언어학적 담론 속에서, 내적 질서와 관계에 주목하여 언어를 자율적 구조체로 탐구하는 과정에서 교체 및 대치 관계를 확인함으로써 일련의 부류들의 의미 기능을 묶어 범주화하는, 즉 계열 관계를 따져 보는 경험을(남가영, 2008:66-72) 중시한다고 하여 '구성'에 대한 투영을 원천적으로 봉쇄하는 것은 타당하지 않다. 학습자는 외부 원천으로부터 지식을 수동적으로 받아들이기보다 그들의 이미 존재하는 개념적 구조와 관련해서 지식을 적극적으로 구성한다는 인식론적 원리는(박현주, 1998:279) 언어학자나 언어 교육자 등의 전문가가 생산하여 유통시키는 전문 지식인 설명 체계로서의 문법에(김은성, 2013:84) 접근하고자 할 때에도 가장 중핵적으로 요구되는 사유 방식이기 때문이다.

문제는, 책에 적힌 명제는 진짜 지식이기는커녕 그 자체로는 지식으로 간주되기 어려우며, 누군가의 지식이 적힌 것이고 장차 또 다른 누군가에게 이해되어 그의 지식이 되기를 기다리는 존재임에도(조영태, 2006:250), 학습자의 인식적 구성을 염두에 두지 않은 상태에서 설명 체계로서의 문법을 원천 자료로 일방적으로 제공하는 방식에서 포착된다. 이러한 교육적 양태 내에서는 문법 개념과 그 구조에 대한 안정적이고 체계적인 구성이 불가능하기 때문이다.

국어에 투영된 논리인 문법을 사고의 대상으로 삼아 탐구하거나 인식하는 경험을 중시하는(남가영, 2007:244) 기존의 형식 · 구조주의적 언어관을 견지할 때, 문법 지식을 구성한다는 행위의 의미는 이러한 문제적 현상을 타개하는 방향에서 탐색되어야 한다. 다시 말해, 학습자들이 자신의 개인적 지식으로 의미를 구성하거나 관계 짓기를 시도함으로써 지식을 능동적으로 구성하고(Brophy, 1992:2), 그 결과로 자신에게 주어지는 문법 정보를 진정으로 이해하는 '의미화(김호정, 2010:15)'의 단계에 진입하는 일련의 인식적 속성들을 곧 문법 지식의 구성으로 개념화할 수 있어야 한다는 것이다.

인식 주체와 분리되지 않는 지식을 강조한 폴라니(Polanyi, 1958)는 이를 '당사자적 지식(personal knowledge)[7]'이라는 개념으로 설명하는데, 인식 주체 개인의 정당화 과정을 거친 마음의 상태로서의 지식만이 개개인의 진정한 지식으로 자리 잡을 수 있다는 것이다(장상호, 2000:24). 이때, 외부의 명시적 지식에 대한 정당성 부여는 '실재로서의 합리성'에 근거하여 이루어지는데, 예컨대 과학자들이 자연 현상에 들어 있는 합리성을 식별하고자 노력하듯이, 학습자들은 식별된 합리성에 대한 설명을 보고 거기에 들어 있는 합리성을 포착하고자 노력하며(조영태, 2006), 이러한

7) 폴라니(Polanyi)가 주창한 인식론의 핵심 개념인 'personal knowledge'를 두고, 이외에도 '인격적 지식, 개인적 지식, 자득지(自得知)' 등의 번역어가 통용된다. 장상호(1994), 황규호(1998), 홍은숙(1999)에서는 앎의 상태는 인지적 요소와 함께 정서적인 요소들을 포함한 전신체적인 차원에서 총체적으로 설명되어야 함을 강조하기 위해 '인격적 지식'으로, 이은봉 역(1990), 김하자 · 정승교 역(1992), 표재명 · 김봉미 역(2001)에서는 인식 주체 개인의 판단이 관여될 때 비로소 지식이 가치를 지닐 수 있음을 강조하여 '개인적 지식'으로 번역한다. 또한, 차미란(2000), 조영태(2006)에서는 지식을 획득하면 할수록 인간의 본성을 회복할 수 있다는, 즉 지식을 통해 진정한 자아를 이룩할 수 있다는 성리학의 용어를 취하여 '자득지(自得知)'라는 번역어를 선택한다. 한편, 엄태동(1998), 이진희(2009)에서는 '당사자적 지식'이라는 용어를 표명하는데, 사회적으로 공인된 지식과 개인이 맺는 관계를 부각시켜 지식이란 본인이 직접 알아내야 하고 그 결과는 당사자의 일부가 되어야 함(엄태동, 1998:11-12)을 드러내기 위함이다. 이 책에서는 이들 번역어 사이의 미묘한 차이를 인식하면서도, 공적 지식의 전달과 학습자 개인이 외부의 실재를 접촉하는 경험이 동시에 일어나는 과정으로 문법 교육 현상을 그려 내고자 엄태동(1998), 이진희(2009)의 번역어를 차용한다.

노력이 곧 지식 구성으로서의 학습 행위이다. 따라서 학습자가 특정 지식을 이해한다는 것은, 합리성을 형성하는 행위이자 그러한 지식을 내면화하는 행위로 볼 수 있다. 요컨대, 지식은 이미 존재하는 인지적 구조가 새로운 경험을 이해하려는 시도에서 재구조화될 때 마음속에서 구성되며(Taylor, 1993:283), 이 과정에서 학습자에게 요구되는 것은 자신의 인지구조를 통하여 새로운 학습 내용을 재구성하고 정교화함으로써 의미 있는 학습을 진전시켜(김신곤, 1998:116) 지식의 내면화로서의 이해에 도달하는 일이다.

정리하면, 이제까지 문법 교육의 목표 층위에서 구성주의가 수용되어 온 양상은 주로 삶의 유용성과 실제적 맥락에 입각하여 문법 지식을 의미·기능적으로 새롭게 인식하는 차원에서 전개되었다고 할 때, **기존의 형식·구조주의적 지식에 대한 체계적 이해를 문법 교육의 목표로 상정하는 차원에서도 문법 지식 구성의 의미가 타당하게 정립될 필요가 있다.** 하나의 실제적 교육 목표의 강조가 나머지 다른 목표들에 대한 배타적 선택을 강요하는 것은 아니어서, 주세형(2014:59)에서도 언명하듯이 교육 연구는 수많은 맥락에 대처할 수 있는 관점을 선택할 수 있도록 공고한 논리를 만드는 데 기여해야 하기 때문이다. 더욱이, 언어관을 달리 하는 두 입장은 전제와 관점의 층위에서부터 이질성을 보여 논쟁을 통한 정오 판단이 근본적으로 불가능하다는 점에서도, 구성주의라는 인식론적 사조를 특정 언어관에 터한 문법 교육에만 투사할 수는 없다.

이 책에서는 의미·기능주의 언어관으로서의 문법 지식이 문법 교육, 나아가 국어교육에 새롭게 부여하는 힘을 인식하면서도 형식·구조주의적 문법 지식에 초점을 두어 지식 구성의 문제를 다룰 것이다. 문법 교육 전반을 뒤바꾸는 획기적인 변화상을 기획하기보다는 문법 교육의 근간에서 출발하되 가장 핵심이 되는 지점에서부터 지식 구성의 실천적 상을 그려 낼 수 있어야 한다고 보기 때문이다.

(2) 방법 층위: **탐구의 외연 확장**

방법 층위에서 탐구 학습이라는 교수·학습 모형으로 문법 교육에 수용된 구성주의는 교육 내용을 경험과 결과의 연속선상에서 파악하게 한다(박철홍·윤영순, 2004:26)는 본래적 취지와는 달리, 문법 교육의 실행 장면에서는 일정 부분 외면을 받아 온 것이 사실이다.

먼저, 여러 제한들로 인한 현실적 적용 가능성의 문제가 제기되었다. '문제 제기 → 가설 설정 → 가설 검증 → 결론 및 일반화'의 작위적이고 엄정한 절차에 대한 강조가 교사와 학습자 모두에게 인지적 부담으로 작용하여 준비와 실행 과정에 지나치게 많은 시간과 노력이 요구된다는 점, 실제 학습자의 다양한 수준을 고려하지 못한다는 점 등이 문제점으로 지적된 것이다(이관규, 2001; 민현식, 2002 등). 무엇보다 개별 문법 지식들에 내재된 변별적 속성들과 무관하게[8] 모든 문법 지식들에 귀납의 방법을 일관되게 적용하는 일은 정작 그러한 과정을 거쳐 형성된 지식 자체에는 초점을 두지 못할 수 있다는 한계도 야기하였다.

이러한 가운데 이론 차원의 모형과 실행 차원의 적용을 절충한다는 인식 아래, 교과서에서는 대체로 중간 과정 혹은 충분한 자료가 생략된 채 학문 문법에서 논쟁 사항으로 다루어지는 내용들을 탐구 과제로만 설정하여(권경일, 2013:44) 또 하나의 '알아 둘 것'을 추가하는 양상으로 탐구 학습의 의의가 봉합되기도 한다. 예컨대, (3)은 학습 활동의 일환으로 구현한 탐구 학습의 사례인데, 소수의 언어 자료를 통해 전형적이지 않은 자립 형태소에 대해 '생각해 보게' 하는 정도로만 학습자를 이끌고, 이를 토대로 조사의 단어 포함 여부라는 국어학적 쟁점을 별도의 안내나 단계 없이 학습자의 몫으로 돌리는 방식으로 탐구 학습이 실체화된 모습을 확인할 수 있다.

---

8) 여기에는 '탐구'가 문법 교과 자체에서 자생된 것이 아니라 브루너(Bruner, 1960), 듀이(Dewey, 1910; 1938) 등의 일반 교육학에서 논의되었던 개념이 사회나 과학 교과 등을 거쳐 문법 교과에 유입되었다는 점 역시 개재하였을 가능성이 높다.

(3) 탐구 활동(7차 문법 교과서, 83쪽)

1. 다음의 예를 바탕으로 형태소를 탐구하여 보자.

하늘에, 나와 너, 할 수 없지, 시원하다, 반짝반짝, 그 사람, 웬 떡이냐, 첫 싸움, 어서 오너라, 퍽 좋구나, 풋사랑, 걱정스럽지, 아이구, 예

- 위의 자료를 형태소 단위로 나누어 보자.
- 위에서 분석한 형태소를 다시 자립 형태소와 의존 형태소로 나누어 보자.
- 위에서 판단하기 어려운 형태소가 있었다면, 왜 어려웠는지 생각하여 보자.

2. 앞에서 나온 '단어'의 정의와 관련하여, 조사를 단어로 인정할 수 있는지 모둠별로 토의한 후에 발표하여 보자.

둘째, 신명선(2007)에서 지적하듯 지식에 대한 체계적 이해와 탐구 학습은 그 입각점이 다름에도 불구하고, 목표 차원에서는 전자가, 방법 차원에서는 후자가 중시되는 충돌을 보인다. 방법은 내용을 통해 창출되기에 탐구의 방법은 어떠한 문법 지식을 탐구하느냐에 따라 달리(주세형, 2009: 262) 결정되기 마련이다. 따라서 낱낱의 문법 개념 혹은 소수 개념 사이의 단편적 관계를 귀납적으로 접근하기 위해 구안한 단발적 절차 및 단계를 보다 거시적으로 문법 지식의 구조를 체계적으로 이해하는 과정에서도 동일한 논리로 동원하라는 요구는 한계를 동반할 수밖에 없다.

이러한 양상을 김은성(2013)에서는 [표 2]와 같이 '규칙 체계로서의 문법'과 '설명 체계로서의 문법'으로 대별하여 설명한다[9]. 전자가 모어 화자

9) 김은성(2013)에서는 탐구 학습이 주창된 이전과 이후를 막론하고 문법 교육에서는 주로 '설명 체계로서의 문법'만이 중시되어 왔음을 지적하며, 날것으로서의 언어에 주목하여 그 구조를 탐색하는 '규칙 체계로서의 문법' 역시 사고 중심 문법 교육을 위해 의미화되어야 함을 논구한다. 즉, 기존의 탐구 학습은 '규칙 체계로서의 문법'과는 거리가 있다는 것이다. 그러나 앞서 인용한 사례에서도 확인 가능하듯이, 언어 자료에 대한 귀납적 접근은 본질적으로 '개별 언어 현상 속에서 규칙을 발견할 것'이 강조되는바, 이러한 구분은 재고의 여지가 있다. 김은성(2013)에서 '규칙 체계로서의 문법'의 사례로 언어학 올림피아드 문항을 다수 소

가 암묵적으로 가지고 있는, 특정 언어 현상에 대한 언어학적 개념화를 중시하는 반면[10], 후자는 전문가에 의해 이미 생산되어 유통되는 문법 개념들에 대해 학습자들이 어떻게 이해할 것인가에 초점을 둔다. 당연히, 후자는 전자에 비해 더 메타적이고 학문 정향적인 성격이 강하여 학자에 의해 개념화된 문법 지식들을 도구로 하여 특정 언어 현상에 대해 설명 체계 논리를 세워 가장 설명력 높게 설명하는 활동을 추구한다. 이 과정에서, 학자들이 수행하는 활동에 개재하는 사고방식과 문법 용어 등을 포함한 전문적 표현 방식을 어느 정도 모방하여 재현할(김은성, 2013:84) 것이 요구된다.

문제는, 방법으로서의 탐구 학습은 주로 전자의 문법을 다루는 방식, 즉 일정한 언어 자료에 기반하여 낱낱의 개념이나 규칙을 귀납적으로 도출하는 방식으로만 의미화되는 경향이 강하다는 데 있다. 역으로, '체계적 이해'를 목표로 하는 '설명 체계로서의 문법'은 탐구 학습의 지향점과는 간극

비고	규칙 체계로서의 문법	설명 체계로서의 문법
대상	날것으로서의 언어	문법적 개념 중심의, 설명 대상으로서의 언어
초점	이것은 어떤 규칙으로 이루어진 것일까?	어떻게 해야 가장 잘 설명할 수 있을까?
과제	규칙 찾기 (규칙을 찾아서 이 언어의 정체를 알아내자!)	설명하기 (언어 현상을 설명하는 법을 익혀서 잘 설명해 보자!)

[표 2] '규칙 체계로서의 문법'과 '설명 체계로서의 문법'의 차이(김은성, 2013:85)

개한 것으로 보아, 아마도 해당 논의에서는 전문가에 의해 '개념화'되기 이전의 일반 언어학적 사고를 '규칙 체계로서의 문법'으로 간주한 것으로 보인다. 그렇지만 국어 문법 교육에서 이러한 차이를 이분화하는 것은 현실적으로 어려우며, 더욱이 학습자의 수준에서 아무런 탐구 도구 없이 새로운 문법적 개념화를 시도하는 일은 한계가 있으리라 판단된다.

10) 물론, 이때의 개념화는 정교하고 명시적인 수준을 요구하지는 않는다.

이 넓은, 오히려 탐구 학습 도입 이전의 객관주의적 문법 교육의 회귀로 간주된다. 자연히, 상당 부분이 설명 체계로서의 문법으로 채워진 현재의 문법 교육 구도 내에서 탐구 학습의 위상은 그만큼 약화될 수밖에 없다.

요컨대 탐구 학습은 궁극적으로 구성주의적 교수 · 학습 이론을 이어받아(구본관, 2009:11) 그 인식론적 가치를 내포하는 교육적 개념임에도 불구하고, 이를 여건에 따라 취사선택이 가능한, 즉 휘발성이 높은 방법상의 모형으로만 간주함에 따라 적용 과정상의 난점과 한계를 경험하기도 하였다. 더하여, 문법 교육의 중핵 목표인 '체계적 이해'와는 어울리지 않는 방법론으로 인식되기도 하였다. 그 결과, 적어도 교육 방법의 층위에서는, 구성주의가 문법 교육 내에서 제자리를 찾지 못하고[11] 일종의 공리(公理) 수준으로만 영향을 미쳐 문법 교육의 변화를 추동하기에는 제한적이었다고 판단된다.

주세형(2008)에서는 지식 구성의 담지체로서의 탐구의 의미를 비단 교수 · 학습 방법의 층위로만 협소하게 인식하지 않고 '설명 체계로서의 문법'을 지향하는 가운데 개별 문법 지식과 그 체계를 어떻게 설명하고 기술할 것인가의 차원으로까지 그 외연을 확대함으로써 이러한 문제를 풀어내고자 한다. 즉, 문법을 다루는 방법으로서의 탐구는 내용적 지식과 함께 학습자들이 본격적으로 익혀야 할 '교육 내용[12]'이며 따라서 이 둘을 동시

11) 이에 비해, 국어 교과 내 다른 영역에서는 구성주의의 수용을 통해 일정한 전환을 이루어 낸 것으로 보인다. 스키마 이론에 기반한 능동적 의미 구성자로서의 학습자에 대한 강조, 문제 해결 및 사고 과정 중심의 작문 교육의 재편, 문학 작품과 학습자의 교류에 주목한 독자 반응 이론 등이 그 결과일 것이다. 물론, 이주섭(2001)에서처럼 이러한 변화가 교육 이론에서의 구성주의 논의와 별개로 해당 영역에 대한 관점 전환을 촉구하는 차원에서 전개되었다는 분석도 가능하지만, 구성주의가 교육 이론으로 정립된 사조가 아니라 철학적 인식론의 하나로 태동되었음을 고려하면 이러한 변화상에 개재된 구성주의의 영향력을 간과하기는 어려울 것이다.

12) 교육 방법인 탐구가 교육 내용으로 편제되는 불균형을 보인다는 지적에도(손영애, 2007; 이관규 2007 등), 2007, 2011 개정 교육과정의 내용 체계 표에서 '탐구' 범주의 하위 요소는 개념적 · 명제적 지식이 아닌 '관찰, 분석, 적용, 설명' 등의 '행동 술어'들로 채워져 있다. 즉, 탐구는 배워야 할 '내용'임을 교육과정에서부터 분명히 하는 것이다. 특히, 남가영(2008)에서는 이에 착목하여 교육 내용으로서의 문법 탐구 경험을 세밀한 수준으로까지 선정하고 체계화한다.

에 습득할 수 있도록 학교 문법을 기술하기 위한 방법론을 정립할 필요가 있다는 것이다. 이를 위해서는, 국어학자가 언어 현상에 대해 탐구하는 과정과 방법을 역할 모델로 삼아(주세형, 2008:283)[13], 탐구 방법을 문법 지식의 인식의 틀로서 학습하도록 학교 문법을 기술해야 한다(주세형, 2008:301). 이를 통해, '설명 체계로서의 문법'을 지향하면서도, 즉 문법 지식을 메타화하여 체계와 구조를 갖춘 유기적 연결망으로 다루는 학습 경험을 중시하면서도 지식 구성으로서의 탐구의 의미를 담보할 수 있다는 것이다.

이렇듯, 탐구의 외연을 학습 과제로서의 활동을 넘어서 문법 기술의 방법론으로 확장하여 설명 체계로서의 문법에 대해서도 학습자의 지식 구성을 추동하기 위해서는 '결과 중심'에 대비되는 '과정 중심'에만, 그리고 '설명'과 대비되는 '활동'에만 탐구의 의미를 부여해 온 기존의 인식을 벗어날 필요가 있다.

이홍우(2010:507-508)에 따르면, 결과물로서의 지식의 덩어리와 지식을 탐구하는 과정을 분리시키고 교육 내용은 후자를 지칭한다고 할 때, 흔히 전자를 중시하지 않아도 무방하다고 생각하지만 이는 잘못된 해석이다. 사실상 결과 없는 과정은 없고 과정 없는 결과 역시 없다는 점에서(김은성, 2012ㄷ:415), 지식의 덩어리를 다루면서도 그 자체가 아니라 탐구의 과정과 불가분의 관계를 맺고 있는 탐구의 구현체로서의 지식의 덩어리는 여전히 중요한 교육 내용이기 때문이다. 다만, '결과에 이르기까지의 과정'을 어떻게 노출할 것인가, '과정을 중시하여 기술한 결과'는 그렇지 않은 결과에 비해 어떠한 변별을 보이는가를 고려하는 가운데 '외부 지식의 내면화'라는 목표에 도달하기 위해 과정과 결과가 유기적으로 작동할

13) 이러한 인식에는 전문가의 수행 과정 속에서 '학습자와 가까울 것으로 추정되는 모종의 탐구 방식'을 도출할 수 있으리라는 전제가 깔려 있는데, 이에 더해 실제의 학습자들이 보이는 지식의 구성 양상도 동시에 고려되어야 한다. 학습자의 지식 구성은 숙련된 문법학자의 그것에 비해 저차원·저수준의 행위일지라도, 외부의 지식을 기계적으로 수용하는 것이 아니라, 자기 나름의 인식에 따른 구체적인 조작 행위의 결과이기 때문이다.

수 있도록 '탐구'를 가치화할 수 있어야 한다.

또한, 전달의 도구로만 가치 절하해 왔던 '설명'의 위상도 재고되어야 한다. 문법 교육에서 '탐구'가 강조되기 시작했던 배경을 돌아보면, 설명이란 지식의 집합을 소유하고 있는 교사가 학생에게 지식을 전달하는 행위이며, 학습자는 교사의 설명을 받아들임으로써 빈약한 지식의 체계를 채워가는 수동적인 대상이라는 부정적 양태를 탈피하기 위해(주미경, 2009: 251) 탐구 학습이 도입된 것이 사실이다. 그 속에서 '어떻게 설명할 것인가'의 문제는 애초부터 논의의 대상조차 되기 어려운 비교육적 고민이었으며 설명을 배제하거나 최소화하기 위한 노력만을 문법 교육의 쇄신으로 인식하고는 하였다.

그러나 설명이 야기하는 폐단은 설명식 문법 수업 자체의 문제라기보다는 그것을 체계적이고 세련되게 수행하지 못했기 때문에 발생한 것으로 보아야 한다(김은성, 2012ㄷ:425). 설명은 새로운 토대 위에서 이해를 정립하는 것을 목적으로 함을 감안할 때(권석일 외 역, 2010:97), 그러한 토대를 어느 지점에서 마련하고 이해를 도모하기 위한 각종 기제를 어떻게 상정하는가에 따라 지식 구성 경험의 촉진제로 기능할 수 있기 때문이다. 문법 교육의 국면에서는 탐구의 과정이 투사된 설명 방식 혹은 탐구의 기제를 노출하는 설명 방식에 대한 고민이 요구된다.

이에 더해, 지식 구성의 실천적 양식으로 표면화되는 '활동' 역시 재개념화되어야 한다. 일반적으로, '설명-활동'의 이분화를 통해 설명한 내용을 확인하고 점검하기 위한 차원으로 '활동'을 의미화하지만, 조영태(1998:19)에 따르면 활동은 이러한 층위의 실제적 활동만을 가리키는 것이 아니라 지식의 이면에 놓여 있는 학문적 활동을 포함한다. 따라서 교육 내용은 온갖 종류의 이해와 이해를 위한 수많은 종류의 활동이라는 두 측면에서 파악될 수 있다(조영태, 1998:273). 브루너(Bruner, 1960)가 '지식의 구조' 내에 기본이 되는 원리, 아이디어, 개념뿐 아니라 그것들을 다루는 방법적 원리나 태도까지도 편입하여(남가영, 2007:342) 교육 내용을 배워야 할 주제로서가 아니라 해야 할 활동으로서 바라볼 것을 요구하는, 교육 내용을 새로운 관점에서 규정해야 한다는 아이디어로(이홍우, 2006:51) 의미화한 것과 같은 맥락이다. 학습자들이 배워야 할 교육 내용은 지식의 덩어리 그 자체가 아니라, 또는 적어도 그것만이 아니라, 그것을 낳게 한 탐구 과정이라는 뜻으로 해석(이홍우, 2006:53)되기 때문이다.

따라서 설명과 활동의 단절적인 이원화는 지양되어야 한다[14]. 현재의 지식은 숙련가들이 수행한 활동의 산물이며 학습자들이 설명된 지식을 통해 그 이면에 놓여 있는 논리를 내면화해 나가는 과정 역시 학습자의 입장에서 하나의 활동으로 구체화되기 때문이다. 이렇게 볼 때, 교과는 정적인 명제 체계의 집합이 아니라 하나의 인간 활동으로(홍은숙, 1999:92) 정립된다.

정리하면, 문법 지식 구성의 의미를 교수·학습 방법으로서의 탐구만으로 실체화해서는 학습을 학습자가 지식을 내부로 표상하여 개인의 경험적 해석을 통해 구성해 가는 과정으로 보는(김신곤, 1998:110) 구성주의 인식론의 가치를 풍부하게 되살려 내기 어렵다. 방법의 실천적 차원은 단순히 교육 내용이 전달되는 장으로 바라보기에는 실행되는 상황 속에서 내용이 재편성되는 장으로서 상당히 다층적인 요인들이 복합적으로 작용하기(이정숙, 2005:31) 때문이다. **탐구의 외연을 확대하여 지식의 구성 그 자체가 곧 탐구라는 인식을 지닐 필요가 있으며, 방법의 층위에서는 이러한 지식 구성으로서의 탐구를 문법 지식을 설명하고 기술하는 과정에서 어떻게 노출할 것인지가 탐색되어야 한다.** 학습자들은 '문법 교과서만 읽

14) 민병곤(2006)에서는 김인식 외 역(2004)의 논의를 인용하여 교육 내용으로서의 지식의 개념을 '기억된 지식의 총체'를 넘어선 정보의 처리와 구성을 포함하는 것으로 규정한다. 즉, 모든 형태의 정보/내용 투입은 학습자 자신의 것이 아니라 다른 사람의 지식이며 외부적인 것이며, 학습자가 정보/내용에 대한 학습을 경험한 다음에야 비로소 이러한 정보/내용은 학습자에게 지식이 된다는 것이다(김인식 외 역, 2004:38). 이러한 지식관을 견지할 때, 교육 내용은 지식이어야 하는가, 경험 혹은 활동이어야 하는가의 길항 관계에 입각한 질문은 무의미해지며, 학습자들이 어떠한 경험 혹은 활동 속에서 지식을 내면화하게 할 것인가가 고민되어야 한다.

어 가지고는' 체계적이고 내적 일관성을 갖춘 지식의 구성을 수행하기 어려우며, 제3자의 직접적인 안내, 그것도 지식 구성의 흐름을 미시적인 부분까지 제어해 주는 도움이 없이는 교과서의 이면에 놓인 의미를 학습자가 구성해 내기는 제한적이기 때문이다.

문법 지식을 교육 내용으로 변환하는 과정에서 어떠한 기제들을 참조하여 어떠한 방식으로 학문적 활동에 개재하는 논리를 반영한 설명을 기획할 것인지, 그러한 설명이 학습자들의 사고방식이나 안목과 접점을 형성하게 하기 위해서는 어떠한 방향의 설계가 요구되는지를 탐색할 필요가 있다. '논리가 삭제된 결과물로서의 문법 지식'이 과연 어떠한 논리적 구조를 가졌는지, 각 지식이 어떤 의미가 있는지를(주세형, 2008:300) 파악하기 어려워하는 학습자를 양산하지 않기 위해서는 어떻게 설명할 것인가의 층위에서부터 지식 구성의 관점이 반영되어야 한다.

제2장 문법 지식 구성의 범주와 기제

1. 문법 지식 구성의 범주

이해를 증명하는 가시적인 성과는 지식이어서, 어떤 대상에 대한 이해를 위한 교육을 할 때 우리가 가시적인 교육 내용으로 잡을 수 있는 것은 이해의 결과인 지식이다(김은성, 2012ㄷ:405). 그런데 구성주의 인식론에 따르면, 지식은 인식 주체의 외부에 존재하는 것이 아니라 개인이 주어진 특정 경험 속에서 주체적으로 구성한 의미와 해석이 곧 지식으로서의 가치를 지닌다. 이때, 세상에 존재하는 수많은 사물과 사건들을 지각하고 기억하며 이야기하고 사고하는 데 있어서 결정적인 요소인 개념은(신현정, 2000:14) 지식을 생성하고 조직하는 것을 도와주며 일반화를 도출하는 데 핵심적인 역할을 한다. 즉, 개념을 매재로 하여 지식의 구성을 도모할 수 있다는 것이다.

그런데 이러한 개념은 일련의 의미망 속에서 체계와 구조를 이룬다는 점에서, 학습자가 지식을 획득한다는 것은 다양한 개념들의 학습이나 개념과 개념과의 관계에 대한 법칙의 학습으로(장언효, 2002:68) 일반화될 수 있다. 지식 구성의 요소이자 단위로서의 개념이 지니는 이러한 위상을 고려할 때, 문법 지식 구성은 개념적 구성과 개념 사이의 관계적 구성의 두 측면으로 범주화된다.

(1) 문법 지식의 개념적 구성

이 책에서는 언어의 자족적 체계에 주목하여 언어 단위별 · 층위별로 언어를 분절하고, 계열 및 통합 관계를 따져 변별적 목록을 확정하고, 기능 ·

형태 · 의미를 축으로 하여 언어를 범주화하고, 기술 · 설명하는(남가영, 2007:352) 방향의 문법 교육으로 논의 범위를 한정한다. 또한, 문법 교육에서 추구되어야 하는 다양한 지식 구성의 양상들 중 특정한 언어 현상, 특히 문법적 개념화가 이미 이루어진 것들을 중심으로 설명 체계의 논리를 세워서 가장 설명력 높게 설명하는(김은성, 2013:84) 인지적 활동으로서의 탐구를 지향한다. 이러한 활동을 수행하기 위해서는 필연적으로 지식 표상의 기본 단위이자 범주화를 일차적인 기능으로 지니는 개념(신현정, 2000:20) 자체에 대한 구성적 이해가 선행되어야 하는데, 구체적으로는 문법 용어로 응축되는 문법 개념들을[15] 학습자가 인식적으로 구성하고 이를 바탕으로 다중의 언어 자료를 메타화하여 분석적으로 접근할 수 있어야 한다.

그런데 개념은 공통적인 특징을 가지고 있는 대상, 사건 또는 아이디어들을 어떤 유목으로 요약하여 추상화한 특정한 정신적 구인이어서(김영채, 2013:108) 개념 그 자체는 대단히 추상적이고 직관적이다. 즉, 개별 대상으로부터 공통적인 속성들을 추출하는 추상화 과정을 거쳐 이들을 하나의 관념으로 총체화한 결과로서의 개념은 본질적으로 인식 주체의 내면에서 가시적으로 구성되기 어렵다는 것이다.

더욱이, 문법 개념들은 구체적인 대상 세계가 아니라 추상적인 언어 현상을 메타화하여 산출한, 메타언어의 형식으로 용어화된다는 점에서 추상성이 매우 높다. 이 때문에, 문법은 다른 교과에 비해 형태소, 홑문장, 음

15) 용어는 특정한 분야의 개념을 나타낸 명사이므로 용어의 뜻이 곧 개념이지 용어가 곧 개념은 아니다(김대수, 1991:30). 즉, 용어는 개념을 명명하기 위한 사회적 결과일 뿐 그 자체로 개념은 아니라는 것이다. 따라서 문법 용어와 문법 개념은 엄밀히 말해 동의어가 아니다. 문법 용어는 문법 지식의 근간이 되는 문법 개념의 절차적 사고를 가능케 하는 하나의 통로이자 노드(node)로서 기능하기(제민경, 2012:180) 때문이다. 그렇지만, 학습자의 입장에서 문법의 개념을 이해한다는 것은 그 개념이 언어화된 문법 용어를 이해하는 것으로 연결되며, 문법 용어를 능숙하게 처리하는 것은 결국 특정한 언어 현상을 문법 개념으로 인식할 수 있음을 의미한다. 개념에 붙여진 이름은 대상의 구별을 보다 기능적으로 하게 하는 데 도움을 줄 뿐만 아니라 새로운 개념을 형성하는 데도 유효하기(김진호, 2005:90) 때문이다.

운동화 등 전문어에 해당하는 고난이도의 개념어가 빈번히 사용되고(김은성, 2012ㄷ:423), 내용적 밀도가 높은 전문어들이 이해의 대상이자 동시에 이해의 도구로 중층적으로 소통된다. 다시 말해, 그 자체로도 낯설고 추상적인 문법 용어들이 체계적으로 결합되어, 단순히 표현의 도구로 쓰이는 것이 아니라 개념 이해의 수단이거나 혹은 이해해야 할 개념 그 자체가 되기도 한다는(김호정 외, 2007:174) 것이다.

문법 용어라는 표현적 실체로 그 개념태를 드러내는 문법 개념은 국어 현상을 연구하는 연구자들의 경험이 응축된 결과적 산물이자 학습자들이 구성해야 할 하나의 전형으로서의 위상을 지니면서도(제민경, 2012:180-181), '개인에게 유의미하게 내면화되지 않은 남의 지식(장상호, 2005:362)'으로 남는다. 이때, 학습자들의 인식적 선택은 이해가 동반되지 않은 암기로 귀결되어[16], '무작정, 그것도 소수의 사례'만을 외우거나 언술된 개념의 정의를 무의미하게 암송할 뿐이다[17]. 내용이 피상적으로 다루어질 때 인식 주체는 모든 것을 기억하기 좋게 언어적인 것으로 만들어 버리기(강현석 외 역, 2008:294) 때문이다.

이러한 어려움에도 불구하고, 개념은 객체로 존재하는 수많은 사물과 사건들을 지각하고 사고하는 데 결정적인 요소이어서, 산발적으로 흩어져 있는 정보나 경험들을 하나의 의미 있는 총체로 묶어 나가는 구성의 과정에 중추적인 역할을 한다(박영목 외, 1995:303). 개념을 두고, 우리가 지식이라고 말하는 원초적인 것이요, 아무리 복잡한 지식도 결국 개념으로 귀착되므로 개념은 지식 구성의 최소 단위이며 마지막 단위라는(김대수,

---

16) 학습의 층위에서 문법 교육에 제기되는 비판은 주로 '암기'의 비교육성에 대한 것이다. 그런데 사실 '암기' 자체는 학습 과정에서 학습자에게 본질적으로 요구되는 학습 전략 중 하나이다. 다만, '어떤' 암기이어야 하는가를 고민해야 한다. 암기가 언설의 수준이 아닌 이해의 수준을 겨냥하는 한, 암기 위주 교육은 그다지 그릇된 교육의 실제가 아니기(유한구, 2001:78) 때문이다. 이해 가능성을 극대화하는 암기 교육에 대해서는 맹목적 암기와는 다른 가치를 부여할 필요가 있다.

17) 정의를 통해 개념을 이해하는 경우가 많기는 하지만 정의는 개념을 한정 짓는 하나의 방법이라는 점에서 정의 자체가 개념은 아니다(김대수, 1991:30).

1991:195) 위상을 부여하는 것도 이 때문이다. 따라서 **언어 현상에 대해 관찰하고 기술하며 설명하는 데 유용한 도구를 확보하고 탐색의 결과를 일련의 문법 지식으로 체계화하기 위해서는 문법 개념에 대한 구성적 이해가 반드시 요구된다**[18]. 이를 통해 모종의 문법적 사고 활동을 확장적으로 수행해 갈 수 있기 때문이다.

(2) 문법 지식의 관계적 구성

본질적으로 개념은 하나의 체계를 전제로 한다. 개념들은 상호 독립적으로 하나의 단위로 존재하는 것이 아니라 서로 밀접한 관계를 유지하도록 체계화되어 있다는(신현정, 2000:139-140) 것이다. 따라서 엄밀한 의미에서 특정 개념에 대한 지식을 구성했다는 것은 낱낱의 개념에 대한 앎, 혹은 개념들을 나열할 수 있는 능력을 지녔음을 넘어 해당 개념이 위치한 영역 전체를 구성하는 다양한 개념들에 대한 구조적 · 체계적 관계를 포괄적으로 이해했다는 의미이다.

지식이란 최소한 두 가지 이상의 앎의 단위들의 구성체, 실제로는 이론이라는 정교한 의미의 그물망 중의 어느 특정 부위를 차지하는 요소로서 그 자체만으로는 독립적인 의미를 지니지 못하고 자신이 일부를 이루고 있는 그물망 전체와의 유기적 관계 하에서만 의미를 지니기(허경철, 1999:104) 때문이다. 달리 말해, 낱낱의 개념들이 서로 연관성을 가지고 하나의 체계 속에서 맥락적 의미를 가질 수 있을 때 비로소 지식이라는 자격을 얻을 수 있다는 것이다. 따라서 과학적 개념을 습득하는 과정에서 개념 간 관계에 기반한 체계 조직화는 개념의 발달과 동시에 수립되어야(윤초희 역, 2011:302) 한다[19].

---

18) 특정 사실을 넓은 범주로 확대함으로써 개념은 우리가 세계를 단순화하는 데 도움을 준다(임청환 · 권성기 역, 2006:163). 즉, 하나의 문법 개념은 복잡다단하고 추상적인 언어 현상을 집약적으로 이해할 수 있게 하는 도구이자 이를 토대로 다양한 문법 개념들에 접근할 수 있게 하는 역할을 한다.

지식 구성의 이러한 속성과 직결되는 이론이 브루너(Bruner, 1960)의 '지식의 구조(structure of knowledge)'이다. 보다 폭넓은 지식의 구조에서 맥락이나 상황을 분명하게 하지 않고 구체적인 주제나 기능을 가르치는 것은 비경제적이라는(Bruner, 1960:31) 언명에서도 드러나듯이, 지식의 구조를 축자적으로만 보면 지식을 가르치되 이를 구조화하여 가르친다는 말로 이해되기(허경철, 1999:114) 때문이다. 즉, 지식은 분리된 사실이나 단순화된 명제 형태로 존재하지 않고 개념이나 원리에 따라 의미 있는 단위로 조직화되어 있어 가르치고 배워야 할 지식은 그 하위 요소들 간의 상호 관련성을 보여 주는 구조 체계로 파악되어야(김호정 외, 2009:225) 한다는 것이다.

그러나 지식의 구조를 핵심 개념들의 망이나 지도로 도식화하여 이해하는 방식은, 그것이 함의하고 있는 수행적이고 절차적인 차원을 소거한 채 브루너 자신이 '중간 언어[20]'라는 명명으로 비판하였던 건조한 지식 체계로 목록화하는 결과를 초래할 우려가 있다(남가영, 2007:342-343). 그가 지식의 구조에 대한 직접적인 정의를 내리지는 않았지만, 해당 개념 내에 특정 학문을 구성하고 있는 기본 원리, 아이디어, 개념만이 아니라 그것들

---

19) 수잔 외(Susan 외, 2010)에서는 의대생의 학습을 사례로 들어 구조 체계로서의 지식의 중요성을 강조한다(이경옥 역, 2012:50-52). 학습자들은 신체 각 부위(골격계, 순환계, 소화계 등)를 구분하는 법을 학습하고 신체 조직에서 각 부위의 역할은 설명할 수 있었으나 각 부위들 간의 관계나 모든 조직을 아우르는 높은 수준의 원리는 내면화하지 못한다는 것이다. 예컨대, 혈압 조절과 관련되는 신체 부위를 구조적으로 설명하라는 요구에 대해 학습자들은 제대로 반응하지 못했는데, 각각의 기관들에 대해서는 알고 있으면서도 그러한 기관이 어떻게 서로 연결되는지를 구조적으로 이해하지 못한다는 것이다. 학습자들이 보유한 지식 구조의 이러한 양상은 내적인 관계를 강조하는 과제를 성취하도록 촉진했으나, 체계 간의 상호작용을 포함한 기능적 관계에 초점을 둔 질문에 답하는 데는 도움이 되지 않았다(이경옥 역, 2012:58).

20) 브루너(Bruner, 1960)는 학문의 중간 언어(middle language)와 그것을 통해 궁극적으로 배워야 할 것을 구분한다. 특히, 교과서의 형태로 제시되는 사실의 더미들은 지식의 표층만을 드러내 주는 도구적 개념일 뿐 지식의 구조는 그러한 표층 이면에 내재해 있고 학습자들이 이를 발견할 수 있어야 한다는 것이다. 예컨대, 물리학의 경우 우리가 흔히 교육 내용이라 생각하는 과학의 공식이나 명제 등은 중간 언어이며, 이것은 과학적 발견의 최종 결과물로서, 과학을 통해 궁극적으로 습득해야 할 과학적 사고방식과 탐구 방법을 배우기 위한 일종의 매개의 역할 또는 도구의 역할을 한다(이홍우 역, 1973:68-69).

을 다루는 방법적 원리나 태도도 포함한 점(남가영, 2007:342), 학습을 주체의 인지 구조를 변화시키는 행위로 정의하고 학습을 통해 형성된 인지 구조는 지식의 구조와 동일한 것으로 인식한 점에서 볼 때, 지식의 구조를 모종의 '결과물'로만 파악할 수는 없기 때문이다. 오히려, 지식의 구조는 교육 내용을 '배워야 할 주제'로서가 아니라 '해야 할 활동'으로서 바라볼 것을 요구하는 개념이라는 점에서(이홍우, 1989:62) 지식의 구조는 이미 정해져 있는 항존적인 구조체가 아니다.

지식의 구조를 이처럼 활동의 측면에서 의미화할 경우[21], 이때의 지식은 경험의 규칙성에 의미와 구조를 부여하기 위하여 인간이 구성하는 발명품으로(이홍우, 1989:19) 볼 수 있다. 또한, 그러한 지식들 사이의 구조는 내용이면서 과정이고 지식이 탐구되는 과정인 동시에 구성적 개념이다(강현석, 2006:170). 즉, 구조는 고정 불변으로 존재하는 객관적 실재가 아니라 주관과 객관의 상호 작용 속에서 지속적으로 그 의미가 재구성되는 해석적 체계라는 것이다. 요컨대, 일련의 체계 속에서 개념을 관계적으로 구성한다는 것, 곧 지식의 구조를 형성해 나가는 일은 외부의 객관적 실재를 그대로 사상하여 발견하는 과정이 아니라 인식 주체의 경험 속에서 의미적 체계의 일부가 되어 가는 과정이다.

주지하듯이, 어느 학문이고 학문에는 여러 가지 수준의 개념들이 일정한 위계적 구조와 체계를 형성하고 있다(이성호, 2004:375). 문법 교과의 문법 개념 역시 하나의 개념과 관련된 수많은 하위 개념들이 관계적으로 존재하고 개념의 계층 구조도 복잡하게 구현된다. 따라서 각 언어 단위의 관계망 속에서 각각의 단위가 변별적 의미와 기능을 갖게 된다는 앎에 이

---

21) 박재문(1981:5-6)에서는 브루너(Bruner, 1960)의 설명을 다음과 같이 요약한다. 첫째, 교과의 성격과 관련하여 지식의 구조는 일반적 전이가 가능한 아이디어이다. 둘째, 지식의 구조를 '아는 상태'와 관련하여 지식의 구조는 이해와 기억의 경제성이 높고, '학습하는 방법을 학습'하는 것이 가능하며, 고등 지식과 초등 지식 간에 별 차이가 없는 특성을 가진 아이디어이다. 셋째, 지식의 구조를 '가르치는 방법'과 관련하여 지식의 구조는 어떤 발달 단계의 아동에게도 가르칠 수 있는 표현 방식을 가진 생성력 있는 상징체계이며, 발견 학습을 통하여 이 상징체계를 파악하는 동안 아동은 탐구 태도, 추측 및 자신감을 습득할 수 있다.

르지 못한 학습자는 국어라는 실체를 아직은 충분히 알지 못하는 학습자로(김은성, 2012ㄷ:397) 간주된다. 그런데 지식의 구조는 발견되는 대상인 동시에 구성될 수 있는 개념적 구안임을(강현석, 2006:320) 감안하면 학습자의 관계적 구성은 단순히 아느냐, 모르느냐의 이분화로 치환될 수 없다. 개념 간 관계에 기반한 문법 지식의 구조가 그 자체로 연구자들의 경험이 응축된 경험의 구조라 할지라도 개별 학습자가 그 지식의 구조를 생성한 당사자는 아니기 때문에, 학습자는 이 외현의 지식의 구조를 다시 자신의 내면의 구조로 구성해야(제민경, 2012:179) 하기 때문이다. 결국 이러한 관계의 구성화를 통해 학습자 자신만의 문법 구조를 내면화할 수 있다.

2. 문법 지식 구성의 기제

구성주의 인식론에 따르면, 지식의 획득은 외부의 고정된 지식을 인식 주체가 일방적으로 수용하는 일이 아니라 외부 대상에 대한 주체의 의미 부여를 통해 내면화(internalization)하는 과정이다. 이러한 지식 구성으로서의 내면화는, 개인 간 국면으로 존재하는 정신 기능인 외적 활동을 배경으로 하여 개인 내 정신 기능인 인식을 형성해 가는 과정이어서(김재춘, 2000:6) 인식 주체의 내적 재구성을 촉진하는 일련의 기제가 요구된다. 즉, 인식 주체의 능동적 지식 구성을 촉발하고 계속적이고 역동적인 구성을 가능케 하는 인식적 도구를 필요로 한다는 것이다.

폴라니(Polanyi, 1965)는 초점식(焦點識, focal awareness)과 보조식(補助識, subsidiary awareness)이 관계적으로 작동하는 암묵적 지식(tacit knowledge)을 상정하여 이를 설명한다. 인식 주체와 지식 간의 관련 정도에 따라 인식의 집중이 요구되는 앎과 그 과정에 필수적으로 동원되기는 하나 표면적으로 드러나지 않는 도구적 앎을 구분하는 것이다. 지식은 주된 의미를 깨닫는 부분인 초점식과 그 깨달음을 보조하는 세부 항목인 보조식이 동시에 작용하는 과정 속에서 형성되는데, 특히 보조식을 체득하는 형태로 어떤 실재를 구성할 수 있게(윤여탁 외, 2011:235) 된다. 즉, 초점식만으로 새로운 지식을 이해할 수는 없으며, 보조식을 통해 초점식으로 나아갈 때 비로소 완전한 이해에 도달할 수 있다는(김만희 · 김범기, 2003:111) 것이다[22]. 여기에서는 표상과 연결소의 두 측면에서 보조식으로 작용하는 지식 구성 기제를 논의하되, 전자는 개념적 구성과 관계적 구성의 두 범주에 관여되고 후자는 관계적 구성에 동원됨을 고려할 것이다.

(1) 개념적 구성을 위한 표상

인식 주체와 대상 사이의 상호작용을 통해 개념이 형성되어 간다는 구성주의적 인식론에 비추어 보면, 결국 개념을 구성한다는 것은 학습자의 인식적 경험을 자신의 인지 구조와 연계하여 이해한다는 의미이다. 앎은 바깥에서 주어지거나 주입되는 것이 아니라 앎의 주체가 한편으로는 내적으로 조절하면서 다른 한편으로는 세계와 상호작용하면서 변형하기도 하고 새롭게 만들어가는 것, 즉 구성되는 것이기에(김호정 외, 2009:214), 개념은 학습자의 내부에서 이루어지는 일련의 조작적 사고를 통해 형성된다는 것이다.

22) 폴라니(Polanyi)는 못을 박기 위한 망치질, 동굴 발견을 위한 탐침 사용, 시각 장애인의 길 찾기를 위한 지팡이 사용과 같은 일상적 사례를 들어 이를 설명하는데 각각 망치, 탐침, 지팡이는 못 박기, 동굴 발견, 길 찾기라는 목적적 행위에 위한 도구적 성격을 지닌다는 것이다. 예컨대, 망치질의 예에서 못이 잘 박혔는지에 대한 우리의 앎은 못과 망치와의 접촉 지점에 대한 인식이 아닌, 망치와 그 망치를 잡고 있는 손과의 접촉 지점에서 일어나는 보조식에 의존할 수밖에 없다. 즉, 의식의 초점은 망치질 그 자체에 놓이지만 이러한 행위에 바탕에는 못을 잡은 손의 감각, 못과 망치를 동시에 지각하는 안구 운동, 망치에 적절한 힘을 가하는 손바닥의 감각, 팔의 각도 조절 등을 감지하고 조율하는 일이 수반된다는 것이다. 장상호(1994:32)에서는 이러한 비유를 통해 망치를 효과적으로 잘 다루는 기술은 손가락과 손바닥에서 느끼는 감각이 작용한 결과인데도 불구하고 그동안 우리는 망치 끝에서 일어나는 사건에만 주목해 왔다고 지적한다. 이렇게 볼 때, 객관주의 인식론에 따른 문법 교육의 한계는 이러한 초점식을 형성 · 획득하는 데에 근본적 힘을 제공하는(부성희, 2008:173) 보조식의 존재를 간과한 데에 기인한다.

이러한 조작적 사고의 대표적인 방식이 표상(representation)이다. 개념적 사고는 언어화된 사고를 초월하여 존재하지 않으며(윤초희 역, 2011: 200), 사고는 기호, 상징 등의 매개적 표상을 다루고 그것을 조작하는 내적 활동을 통해 의미를 만들어 가는 과정이기 때문이다. 즉, 무엇인가에 대한 앎은 개인의 심적 표상(mental representation)으로 이루어지는 인지적 과정이며, 이렇게 볼 때 학습은 학습자가 지식을 내부로 표상하여 개인의 경험적 해석을 통하여 구성해 가는 과정이라는 것이다(김신곤, 1998: 110).

베르너와 카프란(Werner & Kaplan, 1964)에 따르면, 표상은 특정 개념과 연관된 또 다른 층위의 추상이기는 하지만 이러한 표상을 통해 개념을 '보는 것' 그 자체가 아니라 '○○으로 보는 것'으로 구체화된다. 즉, 복잡다단하고 추상적인 실체로서의 개념을 어떠한 형태로 표상한다는 것은 결국 특정 렌즈를 통해 해당 개념을 인식하는 것이어서, 주체의 인식 속에서 어떤 개념이 '무엇'으로 전환되어 자리 잡혀 있을 때 그 '무엇'이 표상의 실체라는 것이다.

따라서 표상은 개념에 대하여 개인이 알고 있는 바이며, 더 나아가서 내적으로 형성하고 있는 세계이다(이종희, 1998:59). 이러한 표상은 객관성, 명료성, 공공성이 희박하여 얼른 보기에 지식이라고 말하기 어려운 면이 있을지라도 지식을 생성하는 근원인 암묵지로 기능한다는(장상호, 1996:30) 점에서[23], 지식은 주체나 객체로부터 오는 것이 아니라 그 둘의 통합에서 오는 것으로 보는 구성주의 인식론에서는(추병완 · 최근순 역,

---

23) 허경철 외(2000:39-40)에서는 라일(Ryle)에 근거하여 지식을 절차적 지식(방법적 지식), 체험적 지식, 명제적 지식으로 삼분한다. 이때, 무엇을 안다는 의미는 마음속이나 머릿속에 떠올려지는 표상에 의해 이루어진다는 점에서 명제적 지식과 표상적 지식(representational knowledge)을 동일시한다. 물론, 명제와 표상의 범위를 얼마나 확장하느냐에 따라 이러한 등치도 가능하겠지만, 이 책에서 논의하는 표상은 명제 그 자체는 아니다. 이대규(1994), 이춘근(2002)에서는 문법적 개념, 문법적 명제, 문법적 절차를 구분하여 문법적 명제는 둘 이상의 문법적 개념이 모여 이루어진 것이라 언명하는데, 이 책에서 역시 개념과 명제를 이러한 기준에서 구분하며 표상을 문법적 개념과 관련하여서만 실체화한다.

1999:15) 표상의 중요성이 더욱 강조된다.

이제까지 문법 교육에서 문법 개념과 학습자 사이의 간극을 좁혀 오지 못했던 문제는 실상 이러한 표상에 개념적 구성의 기제로서의 지위를 부여하지 못했던 데에서 기인하다. 표상 형식의 선택은[24] 개념화한 것을 전달하는 기능을 할 뿐만 아니라 개념 형성을 명료하게 하는 데에도(박승배 역, 2014:90) 중추적으로 기능함에도, 학습자들의 즉각적이고 개별적인 경험으로 인계되거나 번역하여(엄태동 편역, 2001:159) 문법 개념을 표상하기보다는 인식 주체와 거리를 두고 정밀하게 기술하는 방식으로 문법 개념을 다루어 왔다는 것이다. 이로 인해 문법 개념에 가해지는 추상성은 더욱 증대되어 아무리 다양한 예를 들어 문법 개념을 표상하더라도 학습자들에게 여전히 문법 개념은 '건조하고 딱딱한 대상(김은성, 2009:304)'으로 남으며, 개념적 구성의 구체화 기제를 확보하기도 어려웠던 것이다.

요컨대, 개념을 두고 이루어지는 인식 주체의 능동적 구성은, 외부에서 들어오는 경험을 선택적으로 표상하여 조직하고 기존 지식과 통합하는 의미 구성의 과정으로 진행된다는 점에서(이명숙, 1998:41), 결국 어떻게 표상하는가라는 말은 어떻게 이해하는가 또는 어떻게 구성하는가라는 말과 같은 의미이다(김영채, 2013:30).

낱낱의 문법 개념에 대한 학습자의 구성 기제로 표상을 의미화할 필요가 있는 것은 이 때문이다. 즉, 비가시적이며 추상적인 문법 개념을 구성하는 과정에서 표상은 물리적 형상화를 통해 해당 개념에 인식적으로 접근할 수 있게 한다는 것이다. 예컨대, '대명사'라는 문법 개념을 학습자가 내면화해 가는 과정에서 '나, 너, 이것, 거기 같은 말' 혹은 '인내심의 대명

---

24) 브루너(Bruner, 1960)에서도 인지 발달의 단계에 따라 '지식의 구조'를 서로 다른 방식으로 표상하여야 함을 논구한다. 즉, 어떤 지식이든지 '어떤 결과에 도달하는 데에 필요한 일련의 동작(작동적 표상), 개념을 완벽하게 언어로 정의하는 것이 아닌 대략적 윤곽을 전달하는 영상이나 도해(영상적 표상), 그리고 명제를 형성하고 변형하는 논리적 규칙에 지배되는 상징체계로서의 상징적 또는 논리적 명제(상징적 표상)'로 표상할 수 있어야 한다는 것이다.

사 누구누구, 할 때 그 대명사'와 같은 방식으로 실체화하는 표상화의 양상에 주목한다는 것이다.

이때, 개념은 무수한 속성들의 집합으로 규정될 수 있어 어떠한 속성을 가정하느냐에 따라 개념의 구성 방식이 달라진다(신현정, 2000:30). 따라서 **특정 개념을 '그 무엇'이라는 실체로 표상하여 구성하고자 할 때에도 제한된 속성들에 근거하여 그러한 표상화가 진행된다는 점을 염두에 두어야 한다.** 예컨대, '대명사'를 '인내심의 대명사 누구누구, 할 때 그 대명사'로 전환하여 표상하는 과정에서는 대명사가 지니는 다양한 속성들 중 대표성이 핵심 속성으로 선택되며 나머지 속성들은 주변적인 것들로 배제된다는 것이다. 구성주의 인식론에서 지식을 바라보는 관점 자체가 그러하듯이 표상은 어느 측면에서나 완전무결하게 객관적일 수 없다.

(2) 관계적 구성을 위한 표상

학자들의 탐구 활동의 결과물인 각 교과의 주요 개념들은 일련의 논리로 꿰어지는 구조적 속성을 전제로 하여, 학습자들은 개념을 따로 떼어 내어 배운다기보다 한 개념을 관련된 다른 개념과 관계 지어 이해해야 한다(임청환 · 권성기 역, 2006:162). 문법 교과의 주요 개념들 역시 주로 둘 이상의 대상 사이의 변별적 관계에 의해 특정 개념의 의미가 구성되며, 학습자들은 문법 현상들 간에 의미 있는 정보 패턴을 발견하고 이를 조직화하는 과정에서(김호정, 2010:21) 보다 거시적인 관점으로 문법 현상을 조망할 수 있게 된다.

이때, 지식은 전달의 대상이 아니라 경험의 대상이며, 지식의 구조는 발견되는 것이 아니라 주체에 의해 구성되는 것이어서(제민경, 2012:180), 학습자들은 문법 개념 간의 관계에 대해서도 조작적 사고를 수행함으로써 지식을 체화하고 전유하여 의미와 체계가 부여된 형태를(윤여탁 외, 2011:216) 갖추어 간다. 표상을 단일 문법 개념에 대한 구성 기제로만 제한할 수 없는 이유가 여기에 있다. 다시 말해, 원래 지식이라는 것, 교과라는 것은 인간의 합리적인 경험 양식이 체계적으로 구조화된 산물이라고 할 때(김호정 외, 2007:276), 그러한 지식 구조의 형성 단위인 개념 사이의 관계를 학습자의 인식 속에서 실체화하는 과정에서도 표상은 주요 기제로 작동한다는 것이다.

비록 가안의 형태이기는 하지만 김은성(2012ㄱ:107)에서 표상을 위한 고려 요인을 범주화하는 가운데[25] '내적 구조화의 질'에 따라 구조적 표상과 비구조적 표상을 구분한 데에서도 이 점을 확인할 수 있다. 즉, 예시, 비유 등의 표상에 구조성을 부여함으로써 낱낱의 문법 개념에 대한 구성 과정에서뿐 아니라 둘 이상의 문법 개념 간의 관계를 구성하는 과정에서의 실체화 전략으로도 확장될 수 있다는 것이다. 물론, 이때의 표상은 그 자체로도 관계성을 띠고 있어 단일 개념에 대한 표상과는 질적으로 차이가 있을 수밖에 없다.

특히, 교육의 국면에서는 교육 내용들이 시차를 두어 분절된다는 점에서 지식의 구조적 특성, 곧 주요 개념들이 서로 밀접하게 얽혀 있는 관계적 속성이 파편화되어 다루어지는 경우가 많다. 이를 복원하기 위해서는, 특정 개념이 다른 개념과 갖는 연결 고리, 전체 체계 안에서 해당 개념이 점유하는 위치 등을 다시금 명확히 짚어 주는 방식을 통해 학습자가 문법이라는 대상 세계에 대해 하나의 유기적 흐름을 구성할 수 있도록 해야 하는데(남가영, 2012:29), **학습자가 표상을 기제로 삼아 문법 개념을 내면화하는 과정에서도 이러한 유기적 관계는 지속적인 탐색의 대상이 된다.**

---

25) 김은성(2012ㄱ:107)에서는 표상의 유형, 방식, 강조, 의도성의 여부, 구조성의 정도, 범위 등의 다양한 요소를 고려하고 이에 따라 문법 교육 내용 표상체로서의 담화를 분석하고 구성하는 데 참조할 수 있는 특수한 목록을 다음과 같이 제시한다.
- 표상의 유형: 연속적 / 비연속적 / 복합적(글로만 / 시각적 기호로만 / 둘 이상의 모드가 복합)
- 표상의 방식: 직접 표상 / 간접 표상(직설적인가 / 우회적인가)
- 표상의 강도: 강한 표상 / 약한 표상(내적인 연관 / 외적인 연관)
- 표상의 의도성: 의도적 표상 / 우연적 표상(개발된 것인가 / 발견된 것인가)
- 표상의 구조성: 구조적 표상 / 비구조적 표상(교육 내용의 내적 구조화의 질)
- 표상의 범위: 전국적 표상 / 국지적 표상(본문인가 / 예시 자료인가)

(3) 관계적 구성을 위한 연결소

문법 교과에서 다루는 개념들은 각각 그 하나로만 의미를 가지기 어려우며 각 개념들 간의 관계와 그것들을 이루는 전체 체계가(김은성, 2009: 295) 구조화될 때 지식으로서의 의미를 지닌다. 이때, 일련의 체계 속에서 개념 사이의 관계를 구성하고 이를 토대로 문법 지식의 구조를 형성해 나가는 일은 외부의 실재를 모사하여 발견하는 과정이 아니라 인식 주체의 경험 속에서 의미적 체계의 일부가 되어 가는 과정이다. 즉, 지식의 구조는 인식 주체와 독립적인 객관적 실재이기보다는 인식 주체에 의해 구성되어 새롭게 진화하는 구안이라는 것이다(강현석, 2006:169).

이렇듯, 인식 대상으로서의 지식의 구조와 인식 주체 사이의 명확한 경계를 구획하기 어렵다고 할 때, 둘 사이를 매개하고 중재하는 인식적 구성을 부각하기 위해서는 구성 과정에서 두드러지게 발현되는 인식 주체의 인지 활동에 주목할 필요가 있다. 활동은 단순히 신체적 동작만을 의미하는 것이 아니고 인간 인식으로부터 추동되는 내면적인 사고나 그에 개재하는 태도까지를 모두 포함하는 개념이어서, '어떻게 아는가' 혹은 '어떻게 알아야 하는가'의 문제를 가시적으로 접근할 수 있게 하기 때문이다[26].

외부에 존재하는 지식의 구조를 자신의 의식적 앎으로 전환하는 과정에서 발현되는 이러한 인지적 활동은 우선 학습 전략 혹은 기법의 층위에서 상정 가능하다[27]. 인식 주체 자신의 언어로 변환하여 타인에게 설명하는

26) 이제까지 활동의 의의를 '이해 완료 후의 점검' 정도로 협소하게 인식해 온 경향이 강하다. 활동을 학습을 보조하는 차원으로만 간주한다는 것이다. 그러나 가르침의 내용은 단순히 명제적 지식이 아니라 모종의 행위를 수행할 수 있는 능력(허경철, 1999:112)이며, 이 점에서 학습은 곧 활동(강현석 외 역, 2008:35)이다. 따라서 대상과 주체 사이를 매개하는 일련의 과정으로 시각을 확장하여 교육적 활동을 의미화할 필요가 있다. 교육 내용으로서의 활동은 본래의 일차적 경험은 아니지만, 일차적 경험의 틀로 구현되어 지식이 지니고 있는 발견적 속성을 보완해 줄 수 있기(제민경, 2007:100) 때문이다. 예컨대, 문법 지식을 풀이해 놓은 설명문을 읽으면서 그 안에 포함되어 있는 개념과 그 자체를 내면화하는 과정 역시 학습자의 활동인 것이다.

27) 문법 교육에서는 최은혜(2013), 임영미 · 오현아(2013)에서 이러한 측면의 접근이 이루어진 바 있다. 특히, 후자의 연구에서는 학습자가 문법 탐구 과정에서 발현하는 학습의 양상

방식을 취하거나 복잡한 개념의 계층적 구조를 관계적으로 파악하기 위해 개념도나 표를 그리는 활동을 수행함으로써 지식의 구조를 구성하고자 한다는 것이다.

그러나 표피적 층위에서 관찰되는 이러한 활동의 단면들은 실상 학습 일반론의 차원에서 거론되는 지점들이어서 이를 문법 교육에 일방적으로 유입하는 일은 큰 의의를 지니기 어렵다. 무엇보다, 문법 지식 자체의 내용적 속성이 적극적으로 투영되지 않은 상태에서의 이러한 활동을 의미화하는 일은 문법 지식의 구성 과정에서 발현되는 학습자의 내밀한 인식성을 포착하는 데도, 나아가 교육 내용화를 위한 이론적이고 세밀한 준거들을 확보하는 데도 한계가 있으리라 판단된다.

그보다는, 문법 지식 그 자체에 초점을 두어 보다 인식 내적으로 수행되는 양상을 주목할 필요가 있다. 개별 대상 사이의 결합은 학습자의 주관적 인상뿐만 아니라 이들 대상 간에 실제로 존재하는 관계에 기초한다고 하더라도(윤초희 역, 2011:205), 구조는 객관적 실재가 아니라 구성적 실재라는 점에서 그러한 결합 관계에 대한 주목은 결국 구성의 주체인 학습자이기 때문이다. 즉, 개별적인 인식 주체자들이 당사자적으로 참여하여(양미경, 2008:140) 외부의 문법 설명 체계에 기대어 개념 간의 관계망을 구성해 갈 때, 문법 지식의 어떠한 속성을 주목하고 그러한 속성을 자신의 구성 기제로 작동시키는가에 가치를 부여한다는 것이다.

이러한 접근은 학습자의 내면에서 이루어지는 지식 구조의 구성을 강조한다는 점에서, 특정 문법 설명 텍스트 군(群)을 분석하여 문법 개념들을

을 '통제 전략, 단순 암기 전략, 동화 전략'으로 구분하는데, 임영미 · 오현아(2013:422)에서도 스스로 지적하듯이 문법만의 학습 전략에 대한 탐색이 아니라 일반적인 학습 전략에 대한 탐색을 그것도 5점 척도의 설문 조사를 통해 분석하다 보니, 실제 학습자들이 어떻게 문법을 학습하는지에 대한 세밀한 결을 읽어 내기에는 제한적이다. 예컨대, 다음과 같은 진술로 구체화되는 '동화 전략'은 문법 교육 실행에 투사하기에는 지나치게 추상적이다.

- 배우는 내용을 어떻게 실생활에서 사용할 수 있을지 생각해 본다.
- 다른 과목에서 이미 배운 것과 새로 배우는 내용을 연결시키려고 애쓴다.
- 내가 이미 알고 있는 것과 연결시키면 공부가 더 잘 된다.
- 공부할 내용을 내가 이미 알고 있는 것과 어떻게 연결시킬지 생각해 본다.

어떻게 배열하고 어떠한 장치에 의해 배열 단위 간의 관계화를 지향할 것인지를 정밀하게 모색한 제민경(2012)의 논의와 맞닿는다. 그는 외부의 문법 지식들을 학습자들이 자신의 구조로 내면화하기 위해서는 문법 개념들 간의 연결 고리 확보가 필수적으로 요구되는바, **연결 고리로서의 연결소(connections) 개념**을 [표 3]과 같이 상정하여 관계적 장치로서의 위상을 부여한다.

즉, 문법적 경험의 결과로 산출된 몇 가지 개념과 체계 그 자체보다는 그러한 경험이 전개되는 데 핵심적으로 동원되고 있는 개념, 원리, 방법 등이 문법 교육의 국면에서는 더 중요하다고 할 때(남가영, 2007:370), 학습자들이 자신의 맥락적 논리를 형성하여 문법 개념들을 관계 지을 수 있도록 하기 위한 모종의 인식적 기제들을 제공해야 한다는 것이다.

<table>
<tr><th>구분</th><th>세부 층위</th><th>제시 사례</th><th>교육적 확장</th></tr>
<tr><td rowspan="2">개념에
내재된
연결소</td><td>내적 연결소</td><td>연결어미와 이어진문장 연결</td><td rowspan="2">교육과정의
문제</td></tr>
<tr><td>외적 연결소</td><td>품사와 문장성분 연결</td></tr>
<tr><td rowspan="3">텍스트가
부여하는
연결소</td><td>일관된 예시</td><td>하나의 예문으로 절과 품사 연결</td><td rowspan="3">텍스트
구성의
문제</td></tr>
<tr><td>연상 작용</td><td>단어 → 사물 이름 → 명사 → 품사</td></tr>
<tr><td>비유</td><td>변신 로봇 : 합체 로봇
= 굴절어 : 첨가어
→ 조사와 어미 도출</td></tr>
</table>

[표 3] 제민경(2012)의 연결소 개념

그런데 [표 3]에서 문법 개념 자체에 연결소가 내재된 경우와 그렇지 않은 경우를 구분하여 후자에 대해서는 예시, 연상, 비유 등의 텍스트적 장치를 동원하여 의도적으로 연결소를 배치해야 함을 상정하는 점은 재고될 필요가 있다. 연결상의 거리가 멀거나 가까울 뿐 연결소가 부재한 문법 개념은 본질적으로 가정하기 어려우며, 예시, 연상, 비유의 외재적 장치가 동반되는 경우라 하더라도 그 이면에는 이미 개념 간의 연결 관계가 전제되기 때문이다. 또한, 교육과정과 텍스트 구성을 이원화하는 문제는 교육 내용화의 층위에 따른 구분이지, 연결소의 속성에 따라 변별되기는 어렵다.

이를 고려하여 이 책에서는 [표 3]의 '텍스트가 부여하는 연결소'는 가시적 표상을 통해 개념 간의 관계를 구성하는 경우로 별도로 범주화하고, '개념에 내재된 연결소'에만 연결소로서의 위상을 유표적으로 부여한다. 즉, 하나의 고리에서 다음 고리로 이동하면서 개별 연결 고리들이 역동적이고 연속적으로 합류되는 연쇄 복합체(chain complex)의 형식을 띠는(윤초희 역, 2011:209) '지식의 구조'를 구성하는 과정에서 개념 간 관계의 어느 지점에 주목하여 어떠한 방식으로 연결소를 부여하는지를 살핀다는 것이다. 예컨대, (4)에서는 품사와 문장 성분 사이의 변별적 차이를 설명하면서도 '곡용/활용', '파생/합성', '굴절' 등의 인접 개념들을 의도적으로 배치함으로써 해당 개념들 사이의 상하, 등위, 범주적 관계를 구성해 내는 바, 구성 기제로서의 연결소를 상정하는 것은 이러한 차원이다.

(4) '곡용'이나 '활용'은 품사가 문장 속에서 어떤 기능을 하는가와 관련된 용어예요. 당연히 조사나 어미에 대해 논의하게 되겠지요. 그런데 앞에서 '파생'이나 '합성'이라는 말들을 했었지요. 이는 무엇과 관련된 용어였나요? 네, 단어의 구성과 관련된 용어였습니다. 즉, '파생'이나 '합성'은 단어의 내부를 들여다보는 것이고요, '곡용'이나 '활용'은 단어의 쓰임에 관련된 용어랍니다. '곡용'과 '활용'을 묶어서 '굴절'이라는 용어를 사용하기도 해요. 굴절이라는 것이 무엇인가요? 무엇인가에 영향을 받아 원래 모습과 달라지는 것을 말하잖아요. 단어 자체의 구분이 '품사'이고 문장에서 달라진 역할을 말하는 것이 '문장 성분'이라면, 문장 성분과 관련된 것에 '굴절'이라는 말을 사용하는 까닭을 아시겠지요(김남미, 2010:167).

요컨대, 지식의 구조는 학습자들의 외부에 존재하는 침범 불가능한 대상이 아니라 그들이 자신만의 논리적 맥락을 부여하여 구성해 내야 하는 조작적 대상이다. 이때의 구성은 거시적으로는 구조체로서의 언어의 속성에 주목하여 이를 체계화하는 일이지만 세부적으로는 둘 이상의 문법 개념들 사이의 연관성에 주목하여 연결소를 부여함으로써 관계의 밀도를 높여 가는 일로 구체화된다. 이때의 연결소는 정치하게 짜인 개념망 속에 이미 내재되어 있는 것이기는 하지만 인식 주체의 의미 부여 정도에 따라 기능 부담량이 달라지는바, 이 책에서는 학습자들이 문법 개념을 정교화·관계화하는 중에 문법 지식의 어떠한 부면을 인지적 기제로 삼아 연결소를 상정하는지의 양상에 관심을 둘 것이다.

제3장 문법 교육 내용화의 기준과 층위

문법 교육 실천의 이론화를 지향하기 위해 상정하는 문법 교육 내용화는 전혀 생경한 개념은 아니다. 김은성(2012ㄱ:84-85)에서 논구하듯, 교육 내용화가 '어떤 것을 선정하느냐에 그치는 것이 아니라 선정한 것을 어떻게 실체화할 것인가까지를 포괄하는 개념'임을 고려하면, 특정한 언어 현상을 문법 교육의 장으로 포섭하고 이 과정에서 어떠한 교수적 결정(pedagogical decision)을 내릴 것인가를 고민하는 대다수의 문법 교육 논의는 실상 교육 내용화를 실현하기 위한 다양한 부면들일 것이다. 예를 들어, 어떠한 문법 지식에 교육적 가치를 부여하여 성취 기준으로 골라낼 것인가의 문제, 선정된 성취 기준들을 어떻게 체계화할 것인가의 문제, 체계화한 성취 기준을 교과서나 수업의 국면에서 실체화하는 전략상의 문제, 이 과정에서 일련의 문법 개념들을 어떠한 형식으로 구현하고 배치할 것인가의 문제, 어떠한 활동을 통해 실제화할 것인가를 탐색하는 문제 등은 모두 문법 교육 내용화의 입각점으로 작용할 수 있다.

그러나 많은 것을 포괄하는 학적 개념은 오히려 세밀화하여 논의하기에는 난점을 지니기 쉬워, 적지 않은 문법 교육 연구들에서 교육 내용화를 지향하면서도 그 층위를 엄밀히 경계 지어 다루어 오지 않은 것이 사실이다. 다시 말해, 학습자들이 직접적으로 대면하는 교육 내용으로서의 실체를 갖춘다는 것의 교육적 의미와 방향에 대해 세분화된 숙고와 접근이 충분하지 못하여, 교수 · 학습의 실제성을 반영하여 교육 내용을 구체화하는 작업임과 동시에 문법 교육학의 실천적 이론을 공고히 하는 방편으로서의 문법 교육 내용화의 위상이 온당하게 확보되지 못해 왔다는 것이다.

그 결과, 가르칠 내용의 선정과 체계화만을 이론의 역할로 간주하고[28]

그것을 어떻게 다룰 것인가의 문제는 실천의 몫으로 남기는 이분화된 인식이 암묵적으로 공유되어 온 것이 사실이다. 그런데 이러한 인식은 교육 내용의 실체화라는 표피적 현상에만 함몰되게 하여 자칫 특정 교실 장면에 즉각적으로 투입 가능한 모종의 결과물 산출만을 교육 내용화에 대한 모색으로 간주하게 할 우려가 크다. '학습자의 흥미 제고나 동기 유발을 위한 활동의 개발'이나 '언어사용의 실제성을 담보할 수 있는 자료의 발굴' 정도의 대증적(對症的) 방식을 문법 교육 내용화로 섣불리 치환하는 협소함을 보일 수 있다는 것이다. 더욱이, 이러한 접근은 실행가의 개인적인 경험이나 주관적인 판단에 의존하여 개별적이며 일회적으로 전개되는 경우가 대부분이어서 교육적 경험과 판단을 언어적 형태를 명징하게 갖춘 이론으로 격상할 수 있는 가능성을 차단한다[29]. 단 하나의 실천만을 논의할 뿐 더 많은 실천에 대한 통찰을 주지 못하는 연구는 엄밀한 의미에서 실천적이지 못하기(주세형, 2011:51-52) 때문이다.

교육 내용의 선정과 체계화는 이론이, 선정된 교육 내용을 어떻게 실체화하는가의 문제는 실천이 담당한다는 이분법적 인식을 경계하고 후자 역시 이론의 층위에서 기획되어야 한다. 선정한 내용을 어떻게 학습자와 만나게 할 것인가에 대한 고민이 다시 가르칠 내용의 선정과 배열에 순환적 메시지를 던진다는 점에서(제민경, 2012:178), 둘 사이를 별개의 영역으

28) 물론 문법 교육 실천의 국면에서 이론을 정립하기 위한 이제까지의 노력을 간과하는 것은 아니다. 그중 대표적인 것이 모형의 수준에서 문법 교수·학습의 전개 과정을 유형화하는 작업일 것인데, 다만 교육 내용 자체의 속성과 무관하게 일반의 수준에서 다양한 모형들을 나열하는 일은 교수·학습의 장면을 분절적으로 관계화하는 데는 구조적 틀을 제공해 줄지언정 내용과 결합된 방법으로서의 이론의 기능을 수행하기에는 역부족이라는 점을 상기하고자 한다.

29) 주세형(2014:664-666)에서는 이돈희(1993)의 논의를 토대로 이론이 지녀야 할 핵심 속성으로 이론은 언어적으로 구축되어야 한다는 점, 이론은 (의미 혹은) 체제이어야 한다는 점, 이론을 사물, 실천적 과정, 현실적 상황 그 자체로 간주하는 경향이 있지만 이는 잘못된 것이라는 점을 제시한다. 이 중 언어에 의해 구축되는 이론의 속성은 나머지들을 함의하는 근본적인 속성으로, 모든 이론의 기본 전제이다. 이때, 이론은 추상적 표현으로 실제와 분리시킴으로서 그 힘이 발생한다는 점에서(이돈희, 1993:89), 실천상의 직관이나 경험지(經驗知) 역시 기호적 과정을 거쳐 추상적 표현으로 의미화할 경우에만 이론화 과정을 겪고 있다고 볼 수 있으며 그 행위의 결과물이 곧 이론이 된다(주세형, 2014:674).

로 구획할 수는 없기 때문이다.

요컨대, 실천의 맥락을 선불리 이론적인 틀로 재단하려 하거나 이론을 실천의 즉각성에 비추어 평가하는 방식은 이론과 실천 사이의 정합적 관계가 아니라는(부성희, 2008:177) 전제 아래 실천적 이론화를 지향하되, 둘 사이의 간극을 좁히기 위해 실천이 매개된 중간 층위의 이론을 두텁게 할 필요가 있다. 즉, 그간 이론이 관여되지 않는 실천의 영역으로만 간주해 온 교육 내용화의 문제를 이론의 층위에서 탐색하여 무수히 발산되는 실천상의 맥락들을 수렴적으로 예측하고 각각의 상황에 탄력적으로 대처할 수 있는 원형으로서의 교육 내용화를 구현할 수 있어야 한다.

이를 위해서는, 실행 패러다임의 지향이라는 이유로 선불리 경험적 지식을 근간으로 처방책을 진술하는 방향의 구현을 경계할 필요가 있다(주세형, 2014:679). 즉, 특정 문법 지식에 대한 모종의 교육적 구체물을 구안하는 일을 문법 교육 내용화의 구현 실제로 단순화하여 제시해서는 안 된다. 그보다는 교육 내용의 실체화라는 작업을 광범위하게 매개하고 관통할 수 있는 요인들을 추출하여 이를 이론화의 실천적 준거들로 환류할 필요가 있다. 학습자의 지식 구성을 추동할 수 있도록 문법 지식을 어떻게 구성하여 제공할 것인가의 측면에서 교육 내용화라는 개념을 상정하는 것도 이 때문이다.

다시 말해, 교육 내용화는 학습자가 지식과 경험을 스스로 통제할 수 있는 능력을 높일 수 있도록 체계적으로 개발된 지식과 경험의 재구조화에 부여되는 구체상임을 감안하여(Tanner & Tanner, 1980:43), 어떠한 장치를 통해 문법 개념들을 어떻게 배열할 것인가, 그렇게 배열된 문법 개념들을 어떠한 실체를 통해 드러낼 것인가의 보다 근원적인 국면에 삼투되는 교육 내용화의 기제들을 체계화해야 한다.

1. 문법 교육 내용화의 기준

지나치게 추상적인 학계의 언어와 지나치게 구체적인 교사의 언어가 서로 중화되어 만나는 중간 지점의 이론적 층위를 확보하기(주세형, 2011: 37-38) 위한 일환으로서의 문법 교육 내용화의 문제를 입론하기 위해서는 우선 무엇을 가늠자로 삼아 교육 내용의 실체를 형성하여 갈 것인지의 기준을 세워야 한다. 그간의 논의에서도 지속적으로 거론되었듯이, 학문 문법의 요약적 간결화만이 그 기준으로 작용해서는 문법 교육 내용화 방향이 정합적으로 정립되기 어렵기 때문이다.

양미경(2008:198-199)은, 어떤 개념이나 원리를 이해하기 위해 논리적으로 선행되어야 하는 개념 혹은 원리들을 앞세우는 방식을 '논리적 순서'로, 학습자의 질문이 발전되어 가는 계열을 중심으로 내용을 선정하고 조직하는 방식을 '교육적 순서'로 구분하고, 그간의 교과 교육에서는 후자와 무관하게 전자만을 교육 내용화의 기준으로 삼아 왔음을 비판한다. 그 결과로 학습자 스스로가 지니는 '나름의 지식 체계, 인지 구조' 등과는 관련이 없게 처음부터 체계적으로 짜인 형태로 최종 산물로서의 지식 체계 자체가 교육 내용으로 제공된다는 것이다. 인식 주체로서의 학습자가 형성하는 논리는 때로는 교육 내용 자체의 학문적 논리와는 배치됨에도 불구하고 후자만이 교육 내용을 실체화하는 과정의 유일한 기준으로 작용하는 현상을 문제적으로 인식함을 확인할 수 있다.

이러한 인식은 일찍이 듀이(Dewey, 1938)에서도 확인되는데, 그는 지식은 개인의 지속적이고도 사회적인 경험, 즉 '하나의 온전한 경험'을 통해 지속적으로 구성되고 재구성됨을 강조하면서도, 그러한 경험을 '논리적 측면'과 '심리적 측면'으로 구분하여 둘 사이의 관계를 탐색한다[30]. 전자

30) 듀이(Dewey)는 완성된 지도와 탐험가의 여행의 비유를 통해 둘 사이의 관계를 설명한다. 탐험가는 새로운 지역을 탐험할 때 비록 그 지역의 지도를 소유하고 있다고 할지라도 나뭇가지를 꺾어 표시를 하고, 여기저기 헤매면서 길을 찾아가며 그 과정을 메모로 남겨 놓는데, 완성된 지도는 이러한 경험들이 완료된 뒤에야 만들어진 체계라는 것이다. 이때, 지도

는 전문가 또는 교사에게 이해되는 상태로서의 교과를, 후자는 학습자의 마음속에 발달되어 가는 과정의 교과를 가리키며, 학습자가 교과를 학습하는 과정은 곧 그 심리적 측면이 논리적 측면에 접근 내지 일치하는 과정이라는 것이다(박재문, 1998:11). 이때, 논리적인 관점에서의 경험은 경험을 통하여 이룩한 결과와 그 결과를 낳기까지 밟았던 과정들을 분리하여 전자의 최종 결과만을 요약적으로 보여 주어 학습자들이 교과의 지식을 자신의 것으로 만들어 가는 심리적 측면을 간과해서는 안 되며(강현석, 2006:165-166), 따라서 교과를 경험하여 경험을 연속적으로 재구성하는 학습자를 지향하기 위해서는 교육 내용들을 학습자가 심리적으로 경험화할 수 있도록 교수적 결정을 내려야 한다.

교육 내용화의 참조 기준을 교육 내용 자체의 내재적 속성과 이를 대면하는 학습자의 인식적 속성의 양대 축으로 정립하는 이러한 논의는 문법 교육의 국면에서는 이성영(1998)에 의해 구체화된 바 있다. 이성영(1998: 204-211)은 국어학자들이 문법을 연구하는 것과 학습자들이 문법을 공부하는 것은 본질적으로 다르지 않다는 관점 아래[31], 문법 교육은 학습자들이 언어로 표현하고 표현된 언어를 이해할 때 작용하는 내재된 문법 능력을 가르치는 일임과 동시에 그것에 대해 학자들이 연구하여 기술한 내용을 가르치는 일로 파악하고 문법 학습 현상을 다음과 같이 구조화한다.

는 어떠한 경우에라도 그 지역을 탐험하는 직접적인 경험을 대신할 수는 없다. 지도는 이전의 경험들을 요약해 놓은 것이며 일정한 시각에 따라 질서를 부여하여 정리해 놓은 것일 뿐이다(박철홍, 2002:56-62).

31) 이른바 학문 중심 교육과정을 주창한 브루너(Bruner)의 '어느 수준에서의 학습자는 바로 그 수준에서의 해당 학문의 학자이다.'라는 언명에서도 이를 확인할 수 있다. 즉, 학자들이 해당 학문 분야를 연구할 때 동원하는 '기본 개념과 원리', '핵심적 아이디어' 등은 학습자들이 관련 현상을 이해할 때에도 그대로 '활용'된다는 점에서, 학습은 해당 학문 분야의 학자가 수행하는 활동과 무관할 수 없다는 것이다. 예컨대, 김진호(2005)의 논문 제목 자체가 '수학자가 수학을 탐구하듯이 학습자도 수학을 탐구할 수 있는 방안 모색'이라는 점에서도 이러한 관계를 확인할 수 있는데, 문법 교육에서는 문법 교육의 무용론의 핵심 논거로 쓰이는 '작은 국어학자'에도 미치지 못하는 학습자를 길러 왔다는 김은성(2005:349)의 비판을 상기할 필요가 있다.

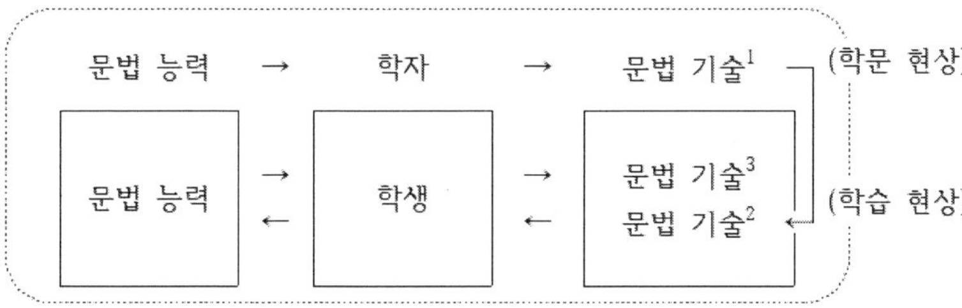

[그림 1] 문법 학습 현상의 구조(이성영, 1998:210)

[그림 1]에 따르면, 학문 현상의 층위에서는 '㉮ 문법 능력 → 학자 → 문법 기술^1'과 같이 전문가들이 모어 화자들의 문법 능력을 대상화하여 연구한 결과로 해당 언어의 구조와 규칙에 대한 기술, 곧 문법 기술^{1}이 산출된다. 문법 학습의 층위에서는 먼저 ㉮의 역방향으로 '㉯ 문법 기술^2 → 학습자 → 문법 능력'의 구조를 띠는데, 이는 전통적인 문법 학습으로써 학자들이 산출한 문법 기술^{2}를 학습하여 언어의 구조와 규칙에 대해 알고 이에 부합하는 언어생활을 영위하기 위한 문법 능력을 형성한다는 논리이다. 또한, '㉰ 문법 능력 → 학습자 → 문법 기술^3'의 층위에서도 학습 현상이 발생하는데, 모어 화자로써 학습자 자신에게 내재되어 있는 문법 능력을 메타적으로 대상화함으로써[32] 학자의 결과물과는 수준과 깊이의 차이는 있을지언정 문법 기술^{3}을 얻어 낼 수 있다는 것이다[33].

32) 그런데 이성영(1998)에서는 문법 기술의 범주를 정교하게 구분하여 각 층위에서 작용하는 양상에 대해서는 심도 깊게 논의하면서도 '문법 능력'에 대해서는 정교화 과정이 드러나지 않는다. 예컨대, ㉮와 ㉰의 층위에서 메타적 대상으로 삼는 '문법 능력'과 ㉯ 층위에서 문법 학습의 결과로 형성된 '문법 능력'은 동질적이지 않다. 전자는 촘스키 식의 모어 화자의 고정되고 생득적인 '언어 능력(linguistic competence)'임에 비해 후자는 후천적 학습을 통해 신장할 수 있는 능력이기 때문이다. 또한, 학습자의 입장에서만 보더라도 ㉰ 층위에서 문법 기술^{3}을 생산해 내는 과정에서도 인지적 사고력으로서의 문법 능력이 형성될 수도 있으며 이때의 능력은 ㉯ 층위에서 형성된 문법 능력과 변별적인 속성을 지닌다.

33) 심영택(2007:252)에서는 이러한 논의가 주는 첫 번째 시사점을 문법 현상의 구분과 문법 기술의 개념을 분화함으로써 문법 교육 무용론과 같은 부적절한 논의를 중단하고 생산적인 교수·학습 방법을 설계할 토대를 마련해 주었다는 점에서 찾는다. 다시 말해, 문법 교육의 이론과 실천이 생산적이지 못했던 원인으로 이질적인 층위에서 작동하는 개념을 오판하여 학문 현상을 학습 현상과 동일한 것으로 간주하였던 관행을 지적하는 것이다.

결국, 문법 학습은 ㉯와 ㉰의 층위에서 '문법 능력, 학습자, 문법 기술'의 요인이 서로 다른 방향으로 전개되는, 지속적이고도 반복적인 순환의 과정으로 이루어진다고 볼 수 있다. 이때 ㉮의 학문 현상 층위에서 생산된 문법 기술^{1}은 '여전히 버릴 수 없는 문법 교육의 중요한 한 축(이성영, 1998:208)'으로, ㉯의 출발 지점인 문법 기술^{2}를 교육 내용화하기 위한 준거 틀이자 ㉮와 같은 방향으로 전개되는 ㉰의 과정 및 결과를 조회하기 위한 참조 기준으로 작용한다[34]. 또한, 이성영(1998)은 이러한 구조화를 통해 '학습자들이 보유하고 있는 문법 능력이 어떤 특성을 지니는지, 문법 학습 과정에서 작용하는 학습자들의 심리적 특성은 어떠한지, 문법 기술^{1}과 문법 기술^{3}은 어떠한 차이를 보이는지' 등에 주목한다는 점에서 문법 학습자 역시 문법 교육을 설계하기 위한 핵심 기준으로 상정한다.

문법 학습 현상을 정교하게 층위화하는 이러한 논의에 비추어 볼 때, 결국 문법 지식을 문법 교육 내용화하는 과업은 문법 기술^{2}의 층위에서 구체화된다[35]. 문법 지식을 교육 내용화한다는 것은 학습자들이 언어 현상을 현상 그대로가 아닌 문법적 대상으로 추상하여 인식하는 과정에서 어떠한 요인이 반영된 자료를 제공할 것인가의 문제이기 때문이다. 즉, 문법을 학습의 대상으로 인식할 수 있게 하며 또한 문법 현상에 접근할 수 있는 방법을(이성영, 1998:212) 체득할 수 있도록 문법 기술^{2}를 실체화하는 일이 곧 문법 교육 내용화라는 것이다.

그런데 [그림 1]에서 학문 현상에서 학습 현상으로의 흐름을 나타내는 화살표에 주목할 때, 문법 기술^{2}는 학자의 연구 결과물인 문법 기술^{1}과 깊

---

34) 심영택(2007:253)은 이성영(1998)에서는 ㉮를 제외하고 ㉯와 ㉰만을 문법 교육에서 다루고자 하나 ㉮ 역시 교육적으로 가공만 하면 '탐구 학습 방법'으로 실체화될 수 있음을 지적한다. 그러나 이성영(1998)에서는 이미 ㉰를 통해 이미 탐구 학습의 원리를 제시하고 있으며 이때 ㉮는 문법 학습 전 과정의 참조점으로 작동한다는 점에서 이러한 지적은 타당하지 않다.

35) 이때의 기술(記述)은 비단 전통적인 방식의 '설명문'만을 의미하지는 않는다. 문법 개념을 암시적으로 내재하고 있는 언어 자료를 통해 문법 지식을 구성해 가는 과정 역시 학습자의 입장에서는 문법의 '기술'이기 때문이다. 이성영(1998)에서 ㉰의 결과물 역시 문법 기술로 명명한 것도 이러한 이유 때문일 것이다.

은 연관성을 지닌다. 다만, 이제까지 '문법 기술^{1} → 문법 기술^{2}'의 전환 과정에서 '학문적 정합성과 요약적 간결화'만이 유일한 요인으로 개재되어 왔다는 점이 문제였던 것이다. 물론, ㉯의 문법 학습은 문법적 개념화가 이미 이루어진 것들을 중심으로 설명 체계의 논리를 세워서 가장 설명력 높게 설명하는 메타적이고 학문 정향적인 활동이라는 점에서(김은성, 2013: 84) 전문가들의 표현 방식과 논리적 사고 방식을 함축한 문법 기술^{1}은 그 자체로 문법 기술^{2}의 생성 과정에 중요한 영향을 미친다. 그렇지만 문법 기술^{1}의 학문 논리만이 문법 교육 내용화의 지배적인 기준으로 영향력을 발휘할 경우에는 학습자들에게 문법 지식은 비활성화되고 저압제된 지식으로만 남을 공산이 크다.

문법 기술^{3}에서[36] 문법 기술^{2}로 이어지는 연결 고리 역시 문법 교육 내용화의 핵심 기제로 삼아야 하는 것도 이 때문이다. 즉, 학문적 엄밀성이나 교육적 경제성을 넘어 ㉮와 깊이의 층위는 다르되 나름의 의미와 구조를 구성해 가는 ㉰의 학습자 역시 문법 기술^{2}를 실체화하기 위한 일차적인 참조 기준으로 작용해야 한다는 것이다. 그간 미약하게 취급되었던 이 지점을 중요한 준거 틀로 삼을 때 문법 교육이 갖는 교육적인 가치를 실현하기 위한 최선의 내용과 방법을 표상해 놓은 문법 기술이(이성영, 1998:215) 문법 교육 내용으로 실체화될 수 있기 때문이다.

여기에서는 '교육 전문가는 논리적 순서와 교육적 순서를 적절히 결합하여 학습자의 지식 체계와 무관하지 않은 교육 내용(주세형 · 신호철, 2011:94)'을 마련할 수 있어야 한다는 전제 아래, 후자는 학습자의 지식

---

36) 문법 기술^{3} 역시 문법 기술^{1}의 지배적 영향력에서 자유로울 수 없다. 아주 특별한 경우가 아니고서는 학습자가 일련의 언어 자료를 해석하여 산출해 낸 문법 기술^{3} 역시 학자의 문법 기술^{1}과 '닮아 있을' 것이기 때문이다. 통상 탐구 학습을 축어적으로 수용하여 문법 기술^{1}과는 무관한 창발적인 문법 기술^{3}을 생산해 낼 것을 목표로 하기도 하나, 탐구 학습은 지식의 구조와 논리적으로 관련되어서 이해되어야 하고 그것은 학문의 탐구 활동 그 자체라는 점에서(강현석, 2006:128) 그러한 문법 기술^{1}이 확립되지 않은 상태에서의 창발은 불가능하다. 다만, 문법 기술^{3}을 강조하는 맥락은 지식의 구조가 학습자에게 내면화되는 과정에서 지식의 구조가 학습자가 가지고 있는 심리적 구조와 일치하도록 하는(강현석, 2006:130) 방향에서 형성되어야 한다.

구성 양상으로, 전자는 숙련가의 지식 구성 결과로 구체화하여 문법 교육 내용화를 위한 기준으로서의 가치를 논의할 것이다.

(1) 원심력: 학습자의 지식 구성 양상

학문 논리에 기반하여 형성된 문법 지식의 공고함은 이제까지 문법 교육의 중심에 놓여 왔다. 그 영향으로, 문법 지식 자체의 객관성이 지나치게 강조되어 온 것이 사실이나, 그렇다고 하여 문법 교육의 기획 및 실천 과정에서 학습자 요인의 중요성이 전혀 간과되었다고 보기는 어렵다. 모든 교육의 맥락에서 최우선적으로 고려되어야 할 변인이 바로 학습자라는 인식이 문법 교육에서 역시 거듭 강조되어 문법 교육 개신에 대한 탐색은 언제든 학습자로부터 출발해 왔기 때문이다. 문제는 이 과정에서 상정된 학습자가 '그러할 것으로' 예측되는 '가상의 학습자'였던 데 있다.

그간 문법 교육의 활성화를 꾀하기 위해 학습자에 주목해 온 방식은 크게 두 측면에서 재고되어야 한다. 첫째, 현실 속 학습자들을 핍진하게 반영한 가상의 문법 학습자가 설정될 때 실제로 문법 교육이 실행되는 국면에서 바로 적용될 수 있는 실천력 높은 설계가 가능함에도(김은성, 2012ㄴ:8), 학습자의 '실제성'을 정합적으로 상정하지 못해 왔다. 즉, '실제의 문법 학습자'들은 어떤 존재인지, 무엇을 어떻게 학습하는지 이해하고, 우리들이 의도한 문법 교육적 이론과 계획이 그들에게 어떻게 받아들여졌는지 그리고 다시 어떤 반응을 내보이는지에 대한 면밀한 검토가 충분하지 않았다는 것이다(김은성, 2012ㄴ:8). 물론, 여기에는 비가시적이고 추상성이 높은 문법 지식의 속성상 문법 학습자의 실제 학습 생태를 외현화하여 그려내기가 용이하지 않다는 점이 간여되었겠지만, 그보다는 학습자 요인을 어떻게 실제화하여 문법 교육의 설계에 반영할 것인가에 대한 고려가 충분치 않은 상태에서 '학습자의 실제'를 지나치게 협소하게 다루어 온 것은 아닌지 돌아볼 필요가 있다.

예컨대, 문법 지식의 교수학적 변환을 구체화하는 (5)에서도 이러한 양상이 발견된다. 해당 논의에서는 교수학적 변환의 주요 경로 중 하나인 '맥락화'를 '다루는 지식을 학습자가 친숙하게 받아들일 수 있도록 배려(정지은, 2007:89)'하여 예문의 실제성을 높임으로써 맥락을 구체화하는 일로 의미화하는데, 사실 쉐바야르(Chevallard, 1985)가 강조하는 맥락은 이러한 층위가 아니다. 그는 학자가 해당 지식을 만났을 때의 상황 혹은 그러한 지식을 생성하기까지에 개재되는 수많은 요인들 간의 관계를 '지식의 맥락'으로 보며, 학습자들 역시 이러한 맥락을 경험할 수 있도록 교수학적으로 변환하면 학습자와 학자 사이의 간접적인 대화가 가능해질 것으로서의 '맥락화'를 주창한다[37].

(5) 높임법의 경우 연령층에 따라 사용 양상에 큰 격차를 보인다. 성인인 교사가 10대 후반의 학생들과 함께 높임법 지식을 다룰 때에 이 점이 문제가 될 수 있다. 교사는 학생들이 한국어의 독특한 문법 범주인 높임법을 제대로 사용할 수 있도록 도와야 한다. 따라서 학생들의 언어 환경, 신세대에 의한 언어 변화를 무시한 채 교사 자신이 속한 연령층의 높임법 사용을 강요하는 식이 되어서는 곤란하다(정지은, 2007:96).

따라서 맥락을 복원하여 높임법이라는 언어 현상을 문법 교육 내용으로 변환하는 국면에서 고려되어야 하는 학습자의 실제는 '10대 후반 모국어 화자 학습자는 하게체나 하오체에 익숙하지 않음'의 정도로 치부되어서는

37) 교수학적 변환은 교육 내용을 선정하고 그것을 어떻게 다룰 것인가의 전 국면에서 영향을 미치는 개념이어야 함에도, 수업 전략이나 기법의 모색 혹은 학습자 활동의 구안 정도의 측면에서 협소하게 다루어져 온 경향이 짙어 해당 개념이 본질적으로 상정하는 '생생한 지식'을 되살리기 어렵게 한다. 이 문제는 사실 교수학적 변환이 '지식의 흐름'에만 과도한 방점을 두어 지식을 대면하는 학습자를 본격적으로 상정하지 않았기에 발생한 것일 수 있는데, 최초의 지식에 부착된 맥락을 있는 그대로 모사하는 일은 사실상 불가능하며 학습자의 맥락으로 복원하기 위해서는 학습자가 지식을 어떻게 다루는지를 실제적으로 관찰하는 일이 선행되어야 한다.

곤란하다. 그보다는 높임법 지식의 이해의 과정이나 그러한 이해를 통해 도달한 앎의 수준이 학습자에게 어떠한 의미인지를 해석하고 구체화함으로써(남가영, 2012:4) 학습자의 실제를 파악하고 그러한 실제가 학자가 최초에 경험했던 맥락과는 어떠한 공통점과 차이점을 지니는지에 기반하여 교수학적 변환을 이끄는 것이 진정한 의미의 '맥락화'일 것이다.

문법 교육 내용화의 과정에서 학습자 요인을 피상적으로 투영하는 두 번째 문제는 학습자가 지니는 다양한 부면들 중 어디에 초점을 두어 학습자를 읽어 낼 것인가를 명확하게 상정하지 않는 점에서 찾을 수 있다[38]. 그간의 학교 문법의 기술 방식을 논의하는 연구들은 대체로 학문적 정합성과 간결성을 중심축으로 하여 학교 문법을 어떻게 제시할 것인가에만 관심을 두어 왔는데, 여기에는 그것이 가능한지는 모르겠지만 정확한 문법 지식을 최대한 간결하게 기술하는 것이 학습자의 문법 지식 학습을 용이하게 해 줄 수 있다는 믿음이 전제되어 있는 듯하다(주세형, 2008:284). 요컨대, 학습자가 특정 지식의 설명을 용이하게 수용할 수 있는지의 가능성을 수준과 깊이에 관계없이 '정확하고 요약화된 기술'의 측면에서만 확인한다는 것이다. 그 결과, 학습자가 문법 지식을 구성해 가기 위해 켜켜이 쌓아야 하는 과정들은 소거된 채, 구성의 최종 결과물을 요약적으로 보여 주는 것으로 문법 교육 내용화가 진행되어 왔다.

반대로, 체계와 구조를 갖춘 형식적 연결망으로 문법 지식을 대면하는 경험을 중시하면서도 그러한 경험 중에 발현되는 학습자의 인식 수준과 양상을 면밀하게 조명하지 않고, 상정 가능한 모든 지점에서 학습자를 요인화하여 이를 문법 교육 내용화의 시발점으로 삼는 방식도 학습자의 실

---

38) 이러한 경향은 국어과 내 다른 영역과 비교하여 문법 교육 연구에서 '학습자를 통해 확보한 실제'를 어떻게 연구 자료화하는지에서도 여실히 드러난다. 기능교육이나 문학교육 연구들은 대개 학습자의 수행 혹은 감상 과정과 결과를 들여다봄으로써 학습자의 현재를 밝히고 그에 입각하여 교육의 방향을 정립하는 절차를 거침에 비해, 문법 교육 연구에서의 '학습자 자료'는 대개 부정적 현실태를 문제 삼는 근거로 활용되거나 '과정' 그 자체를 보여 주기 위함이라도 암시적인 차원에서 모어 화자의 직관적 인식 양태를 확인하는 정도에서 그치는 경우가 많다.

제성과는 거리가 멀다. 즉, 문법 학습에 직간접적으로 영향을 미치는 학습자 요인을 특수화하지 않은 상태에서 일반의 수준에서 논의된 인지 및 학습 이론을 그대로 차용해 오는 일은 문법 지식과 학습자 사이의 간극을 좁히는 데 기여하기 어렵다는 것이다.

예컨대, 송현정(2009)에서는 학습자의 이해를 최우선 목표로 하기 위해 교사가 지녀야 하는 지식인 PCK를 문법 교육에 '적용'하는 과정에서 '학습자에 대한 이해'와 관련된 지식을 [표 4]와 같이 구체화하는데[39], 일부 지표들에서 학습자의 현재를 파악하는 방식이 지나치게 추상적이거나 일반적이어서 교육 내용의 변환에 실질적인 도움을 주기 어려워 보인다. 가시적 표상 방식을 선택하고 그 방향성을 결정짓게 하는 ㉮는 '실제적이고 친숙한 사례'의 수준에 머물며, ㉯에서는 형태소에 대한 학습자의 난개념(難概念)이 구체적으로 밝혀지지 않다 보니 '비교, 차이, 활동, 연습' 정도의 보편적인 차원에서 교수적 결정을 내릴 수밖에 없게 한다. 또한, 학습자의 인지적 수준에 대한 고려인 ㉰는 '시각적, 촉각적 접근의 요구'로 치환되며 내용 제시의 깊이와 폭의 판단 근거인 ㉱ 역시 교육과정에서 제시한 수준을 넘어서지 못한다[40].

문법 학습자의 상태를 지금 현재의 문법 교육 설계와 실행의 절대적 출발점으로 삼고자 하면서도(김은성, 2012ㄴ:24), 교육 내용을 실체화하는 과정에서는 이렇듯 학습자 요인을 피상적으로만 투영해 온 한계의 이면에는 구성주의라는 인식론적 관점을 온전히 수용하지 못했던 문제가 자리한다. 객관주의 전통에 대한 대안적 인식론으로 등장한 구성주의는 지식에 관한 새로운 관점을 제시하면서 동시에 그러한 지식은 결국 인식 주체의

---

39) 송현정(2009:77-79)에서 '문법 수업의 목표 이해', '학습자 이해', '문법 교육 내용 지식', '교수·학습 방법 적용'의 네 항목으로 나누어 예시한 것들 중 '학습자에 대한 이해'로 분류되는 일부를 발췌하여 정리한 것이다(기호 구분은 인용자).

40) 2007 개정 교육과정의 8학년 '(3) 국어 단어 형성법을 이해하고 활용한다.'의 성취 기준에서는 '형태소와 단어의 개념을 이해하여 단어의 짜임을 탐구'할 것을 강조하여 '형태소와 단어 개념 이해하기'를 내용 요소의 하나로 제시한다.

구분	항목	내용
㉮	학생들에게 형태소에 대한 이해 수준이나 태도를 기르기에 가장 효과적인 비유, 은유, 사례, 시범, 시뮬레이션, 구체적 보조물 등은 무엇인가?	▪ 실제 대화에서 쓰이고 있는 문장과 단어를 시각적으로 제시한 자료, 친숙한 읽기 자료에서 문장을 추출하여 분석할 수 있도록 구안한 활동 자료 등
㉯	학생들이 어려워하거나 추상적이라고 생각하는 개념이나 내용을 이해할 수 있게 하기 위하여 교사가 할 수 있는 것은 무엇인가?	▪ 다양한 문장을 통해 단어, 어절, 형태소의 같은 측면과 다른 측면을 비교하여 제시하는 것. 학생들로 하여금 차이점을 인식하게 하는 것. ▪ 학생들에게 지식으로 설명하기보다 활동으로 익힐 수 있도록 함. ▪ 다양한 형태소 구성 활동, 분석 연습을 통해 개념적 차이를 인식하게 함.
㉰	학생들의 교수 · 학습 성향은 어떠한가?	▪ 7, 8학년 학생들은 초등학교 때와는 달리 촉각적 학습 성향을 넘어서 일반적으로 모든 학습 성향을 포괄할 수 있음. 그러나 형태소 학습은 이론적으로 어려운 부분이므로 학습 동기를 유발할 수 있는 시각적, 촉각적 접근이 필요할 것으로 판단됨.
㉱	학생 수준을 고려하여 형태소 지도 내용 수준을 어느 정도로 제시해야 하는가?	▪ 형태소에 대한 지식을 기반으로 하여 단어 형성법을 학습해야 하기 때문에, 우선 단어와의 개념 구분을 명확하게 하는 것이 전제되어야 하고, 단어의 짜임을 위한 형태소 개념에 대한 이해가 분명해야 함.

[표 4] 8학년 형태소에 대한 PCK 구안 예시(송현정, 2009:77-79)

능동적 구성으로 형성된다고 보는데, 문법 교육에서 구성주의적 지식을 강조하면서도 학습자가 지식을 내부로 표상하여 개인의 경험적 해석을 통해 구성해 가는 과정은(김신곤, 1998:110) 충분히 주목하지 못해 왔던 것이다. 그 결과, 문법 지식의 관점에 대한 논의는 무성하지만 그러한 지식을 만들어 가는 과정의 참여자이자 끊임없이 지식을 수정하고 확충해 감으로써 점진적으로 성장해 가는 존재인 학습자에게(이성영, 2001:60) 주어지는 시선이 부족했던 것이 사실이다.

지식의 개체적 성격을 강조하는 방향을 함축하는 구성주의에서는(전제아, 2001:208) 근본적으로 학습자의 능동적인 인지적 조작을 전제한다. 지식이란 개인이 환경과의 상호작용을 통하여 구성하는 의미이기 때문에 개인의 능동적인 조작 과정이 없다면 지식은 획득될 수 없기(허창범, 1992:21) 때문이다. 이 과정에서 구성주의는 지식을 감정이 이입되지 않는 관찰에 의해 정신 속에서 형성되는 것으로 보는 전통적인 객관적 인식론에 의문을 제기한다(박현주, 1998:279). 즉, 지식은 실재의 단순한 재현이나 모사가 아니어 인식 주체의 '마음속 지식'으로 구성되지 못한 지식은 더 이상 지식으로서의 가치가 부여되지 않는다는 것이다.

그렇다면 교육 설계의 국면에서는 학습자가 지식을 마음속으로 구성할 수 있게 하는 기제를 밝히고 이러한 기제를 최대한 노출하여 교육 내용화를 꾀할 수 있어야 할 것이다[41]. 인식의 과정에 주목하는 것은 그러한 과정에 개재하는 구체적인 경험의 조건들을 상정함으로써 실체를 갖출 수 있기 때문이다. 브루너(Bruner, 1996)는 인식 주체의 마음속의 의미 구성을 이끄는 기제로 '내러티브적 사고'를 제시하여 이 문제에 접근한다[42].

---

41) 사실, 구성주의는 지식관과 인식론에 대한 철학적 수준의 논의이어서 이를 교육의 국면에 적용하는 과정은 다층위적으로 실현된다. 그러나 구성주의가 학습을 개인이 의미를 구성해 가는 과정으로 봄으로서 제안하는 시각은 교육적 실천에 대해 반성적으로 돌아보게 한다(박현주, 1998:279).

42) 브루너(Bruner, 1996)에서는 내러티브적 사고의 속성을 다음과 같이 제시하여 지식을 조직하는 구조이며 교육의 과정에서 하나의 매개로 기능하는 사고 양식으로서의 속성을 구체화한다.

- 내러티브 시간은 시계로 잰 물리적 시간이 아니라 인간적으로 적절한 시간이며, 의미가 부여되는 시간의 구조를 지닌다.
- 내러티브는 불변의 원리가 아닌 개별적 특수성을 다룬다.
- 내러티브는 행위에 잠재된 의도적 상태의 이유를 찾으려 하며, 그 이유는 사물의 규범의 틀 속에서 판단되고 평가된다.
- 내러티브를 이해하는 방식은 유일하지 않고, 해석학적 구성을 상정한다.
- 내러티브는 철학이나 시적 용어처럼 지식의 모호성을 보인다.

즉, 인간의 마음을 컴퓨터 칩 정도로 간주하는 공학적 관점이나 두뇌 속의 세포 조직으로만 파악하는 관점으로는 어떠한 실제적 처방책을 내 놓아도 학습자의 구성을 이끌어 내기 어려우며, 인간이 매순간 하는 경험에 의미를 부여하는 수단을 제공하는 하나의 도식이자 인간이 의미를 만들기 위해 사용하는 구성의 도구로 내러티브를 가치화하는(강현석 외 역, 2009:321) 것이다[43].

사실, 브루너(Bruner, 1960)에서는 이미 학자의 학문 활동과 학습자의 학습 활동은 궁극적으로 동일한 가치를 지닌다고 보아 '지식의 구조'는 학습자의 내면적 경험의 구조가 되어야 함을 역설한다. 즉, 교육 내용을 나타내는 용어로서의 지식의 구조에는 교과의 의미와 경험의 의미가 포괄적으로 담겨 있다는 것이다(이홍우, 2006:50). 그러나 해당 개념을 소통하는 과정에서 이때의 구조를 정적인 것으로 파악하여 구조가 인식 주체와 격리되어 있는 독립적인 객관적 실체로 파악하는 경향이 짙어졌다(이홍우, 1985:25-26). 지식의 구조라는 말 그 자체의 언어적 의미만을 두고 지식을 가르치되 이를 구조화하여 가르친다는 의미로(허경철, 1999:114), 다시 말해 학습자들이 발견해야 할 외부의 대상으로 '지식의 구조'가 치부되었던 것이다. 당연하게도 그는 이러한 경향을 비판적으로 인식하였는데, 개념이 누구에게나 고정된 의미를 가지며 외부의 객관적인 대상과 대응하는 것처럼 가르치는 것은 특정 수준의 지식의 구조만이 유일한 지식

- 내러티브의 추진력과 그 가치는 갈등을 불러일으키는 문제에 있다.
- 문화의 상호 교섭과 경쟁 속에 존재하는 내러티브는 본질적으로 절충 가능성을 갖는다.
- 내러티브는 계속적으로 확장하여 역사를 구성한다.

43) 내러티브를 두고 '인물이 어떠한 맥락 안에서 사건을 시간의 계열성에 따라 구성된 하나의 플롯'의 의미인 이야기(story)로 협소화(Lauritzen & Jaeger, 1997)하기도 한다. 폴킹호른(Polkinghorne, 1988)에서는 내러티브를 일련의 사건들을 하나의 완결된 이야기 형태로 조직화하여 각각의 개별적인 사건에 의미를 부여하는 구조로 파악하고 이야기를 만드는 과정, 이야기의 인지적 도식, 결과로서의 이야기로 세분하기도 하지만, 브루너에게 있어 내러티브란 의미 구성을 가능케 하는 사고의 양식이어서 단순히 이야기로 대치되기는 어렵다. 란킨(Rankin, 2002)은 이를 감안하여 '이야기 혹은 결과물로서의 내러티브, 사고 양식으로서의 내러티브, 소통으로서의 내러티브'로 내러티브의 층위를 구분한다.

의 구조로 전락하기(강현석, 2006:169) 때문이다.

이러한 가운데, 그는 35년의 시간차를 두고[44] 브루너(Bruner, 1996)를 통해 인간의 사고를 패러다임적 사고와 내러티브적 사고로 구분하고, 전자를 외부에 존재하는 객관적 세계를 논리적으로 설명하고자 하는 사고로, 후자를 사고 주체인 인간의 의지에 의해 의미를 구축하고 해석하고자 하는 사고로 비교한다. 브루너(Bruner, 1960)에서 교육 내용으로서의 지식은 단순히 말하면 학문 그 자체이고 지식의 구조는 학문의 구조와 동일하다는 관점을 보였기에 전자는 새로울 것이 없지만, 후자는 그러한 구조를 형성해 가는 과정에 작용하는 인지적 기제를 강조한다는 점에서 지식의 구조에 대한 관점을 분명히 한다[45]. 즉, 지식의 구조는 인식 주체와 독립적으로 존재하는 객관적 실재가 아니라 인식 주체에 의해 의미가 부여되고 새롭게 형성되는 구성적 실재이며, 이때 내러티브적 사고는 이를 가능케 하는, 즉 지식을 구조되게 하는 인식적 도식이라는 것이다. 내러티브 자체가 사건이나 현상들을 관계 짓는 다양한 방식을 내포하고 있고 이러한 다양한 방식의 내적 관계의 총체를 하나의 단일한 전체로 나타내는 내러티브이기(강현석, 2006:278) 때문이다. 이 점에서, 구조는 '대상을 구성하는 양식이나 그 결과물'이라는 의미에서 확장되어 여러 구성 요소들이 서

44) 지식의 구조에 대한 관점 변화를 두고 전기와 후기로 구분하여 차이점을 밝힌 논의는 최영수(2009)를 참조할 수 있다.

45) 브루너(Bruner, 1996)를 인용하면서 문법은 언어에 내재되어 있는 원리와 규칙에 대한 지식이라는 점만을 부각하여 문법 지식을 패러다임적 사고와만 연관시키는 경우가 있는데, 이는 잘못이다. 물론, 브루너(Bruner, 1996)에서는 문법 지식을 패러다임적 사고를 필요로 하는 대표적인 지식으로 간주하였으나, 어떠한 지식이든 패러다임적 사고와 내러티브적 사고 중 하나만으로 구성되는 것은 불가능하다. 패러다임적 사고는 실재에 대한 객관적인 진리가 있다는 신념에 기반하여 필연적으로 '발견'이 강조되고 개인의 감정, 가치, 경험적 느낌, 기억 등은 패러다임적 사고 양식이 추구하는 확실성을 파괴하는 것으로서 무시되어야 할 것으로 간주되나(소경희, 2005:196), 이는 '구성'의 측면에서 수용하기 어려운 지점이다. 지식의 구조는 외부에 실재하는 대상을 발견하는 것이 아니라 해석적이고 구성적인 인지적 활동의 과정에서 구성되는 것이기 때문이다. 최호근(2013:96)에서는 이를 패러다임적 사고와 내러티브적 사고의 교호적 작용으로 설명하는데, 실상 브루너가 패러다임적 사고와 내러티브적 사고를 구분한 것은 후자를 주목하지 않음에 대한 반향이었지 둘 사이는 엄밀히 구분되지 않는다는 것이다.

로 연관되어 있으면서 자율적으로 조절되는 전체를 의미하며(김종우, 2007: 27-28)[46], 인식 주체의 조절을 가능케 하는 기제가 바로 내러티브인 것이다.

교수 · 학습의 상황에서는 내러티브적 사고가 더욱 강조되는데, 교사가 자신의 지식을 학습자에게 직접 전달하기만 하면 학습자들은 '내적인 공감'을 얻어 인격적인 동화를 거칠 겨를이 없이 '언어적인 모방'만을 하게 되기(장상호, 1998:107) 때문이다. 학습자가 소화할 수 없는, 학습자에게서 소외된 이러한 메마른 지식이 교육 내용으로서의 가치를 지니기 어려움은 주지의 사실인데, 브루너는 이를 극복하기 위한 기제로 내러티브적 사고를 제시하는 것이다. 즉, 사태를 인식하고 경험을 구성하는 틀로서 내러티브는 이제 학습을 구조화하는 기제이자 내면화의 또 다른 이름이라는 것이다(강현석, 2006:172). 사실, 이 지점은 듀이(Dewey, 1938)가 강조했던 교육 내용의 심리화와 크게 다르지 않다[47]. 듀이가 학습자의 경험에 내재한 교과의 내용에서 점차 논리적이고 합리적인 지식 체계로 나아가야 한다는 논리로(엄태동 편역, 2001:107) 교과의 진보적 조직 방식을 논의하는 것도 결국 교육 내용은 학습자의 구체적이고 직접적인 경험과의 관련 속에서 해석되고 이해되어야 한다는 의미이기 때문이다.

결국, 듀이(Dewey, 1938)의 심리화나 브루너(Bruner, 1996)의 내러티브적 사고는 공히 인식 주체를 인식 대상으로부터 분리시킴으로써 탈맥락적이고 절대적인 진리를 추구하는 기술적 합리주의(technical rationalism)를 통한 지식이 주관적 경험에 의한 지식보다 우월하다는 신념을 비판한다[48]. 특히, 교수 · 학습의 과정에서 지식은 이미 객관적으로 정해져 있어

46) 김종우(2007:61)에서는 질베르 뒤랑의 '상형 구조' 개념을 들어 구조 언어학과 구조 인류학에서 구조가 지닌 형식성을 비판한다. 즉, 인간 정신을 지배하는 구조는 비어 있거나 닫혀 있는 것이 아니라 외부 세계를 향해 열려 있다는 것이다. 뒤랑이 '형식적인(formelle)'에 대비하여 '상형적인(figurative)'이라는 표현을 통해 구조를 수식하는 것도 이 때문이다. 이때 '상형적'은 '형상들, 이미지들로 가득 차 있어 고정되어 있지 않고 유동하는'이라는 의미이다. 이렇게 볼 때, 구조주의는 구성주의와 대립되는 철학이 아님을 알 수 있다. 구조의 이러한 동적 속성에 비추어 보면 '구조의 구성'은 구조주의에서도 핵심 전제이기 때문이다.

47) 타바(Taba, 1962)는 구조에 대한 능동적 학습을 공유한다는 점에서 브루너와 듀이 논의의 핵심은 이질적이지 않다고 언명한다.

교수를 통해 그대로 전달 가능한 성질이 아니고, 어떠한 지식이든지 그것이 한 개인에게 유의미하게 내면화되기 위해서는 그 지식을 개인적으로 경험하는 것이 필수적이라는 것이다(장상호, 1998:81). 그렇다면 이러한 학습자들의 유의미한 내면화 경험을 추동하기 위해서는, 즉 학습자들의 심리 구조와 일치하고 내러티브적 앎을 보장하기 위해서는 어떻게 방향으로 교육 내용을 실체화할 것인가를 결정해야 한다.

이때, **그러할 것으로 간주되는 가상의 학습자가 아니라 현실 속의 실제 학습자들을 문법 지식의 구성자로 상정할 필요가 있다.** 이를 통해, 어느 지점에서 인지적 단절을 경험하는지, 단일 문법 개념을 어떻게 표상하여 구성하는지, 관계적 문법 개념들에 어떠한 연결소를 부여하여 구조화하는지를 세밀하게 살펴야 한다. 즉, 학습자가 내용을 학습할 때 사용하는 정신적인 조작 또는 과정으로서의 학습 경험을(Taba, 1962:265) 질서화된 경험으로 고도화되는 양상으로 파악하고 그 가운데 교육적 실천으로 전환 가능한 맹아적 요소들을 추출함으로써 이에 근거하여 교육 내용을 어떠한 학습 경험의 형태로 구성하고 구현할 것인가를(남가영, 2012:5) 결정할 수 있다.

이 과정에서, **학습자의 지식 구성적 현재를 준거로 삼아 지식 구성으로서의 문법 교육 내용화를 꾀하기 위해서는 학문 논리에 의해 기계적이고 규칙적으로 전개되고 조직되는 방식을 넘어 인간적으로 적절한 시간에 맞게 조직되고 의미가 서로 교섭되는 방식이(강현석, 2006:81) 우선적으로 고려되어야 한다.** 그러할 때, 어떤 맥락 속에서 학습자들의 문법 학습 경험을 놓을 것인가, 그 안에서 어떤 내용과 순서, 장치로 그 경험이 완전하고 총체적인 것이 되도록 할 것인가를(김은성, 2012ㄴ:23) 교육 논리로 결정할 수 있기 때문이다.

---

48) 오우크쇼트(Oakeshott, 1962)에서는 근대 인식론이 인간의 냄새를 제거한 가치중립적인 지식만을 객관적 지식의 이상적인 형식으로 간주한 데에서 문제가 발생한다고 지적한다. 즉, 지식의 객관성과 확실성만을 강조하면서 인식 주체의 주관을 배제하여 추상화되고 명제화된 결과로서의 지식만이 난무하는 근대적 지식관을 비판적으로 인식해야 한다는 것이다.

(2) 구심력: 숙련가의 지식 구성 결과

인식 주체에 능동적 유기체의 지위를 부여하여(심영택, 2001:118) 객관적이고 완결된 형태의 지식이 아닌 진행형의 앎(knowing) 또는 알아가는 과정을 중심하는 구성주의적 관점에서는, 필연적으로 지식의 개별성 문제가 지적된다. 지식은 보편적인 형태로 존재하는 것이 아니라 저마다의 능동적이고 자발적인 인지적 구성 과정을 통해 형성된다고 보기(전제아, 2001:210) 때문이다. 특히, 주체의 개체성을 극단적으로 강조함으로써 탈근대적 시각을 견지하는 급진적 구성주의 견해(Glasersfeld, 1998)는[49] 세계 인식의 공통 기반을 부정함으로써 많은 사람들을 '데카르트적인 불안' 속으로 몰아넣는(김재춘, 2000:2) 과도한 상대주의로 흐를 우려가 크다.

더욱이, 오랜 기간에 걸쳐 인류가 축적해 온 지식을 어느 정도의 제한된 환경에서 체계적으로 안내하고 조율해야 하는 교육의 국면에서는 예측치 못하는 방향으로 발산되는 학습자의 개별적 구성'들'을 있는 그대로 모두 수용하기는 어렵다. 지식이 개인에 의해 구성되는 잠정적이고 자의적인 설명 체계에 불과하다면 학습자가 인류의 지적 전통에 입문하도록 이끄는 교육의 이상과 공존할 수 없다는 것이다(김만희 · 김범기, 2003:104). 물론, 획일성을 특징으로 하는 전통적인 교육에서 개인의 수동성을 지나치게 강조한 것에 대한 반작용으로 학습의 다양성을 강조하는 구성주의가 등장하기는(김재춘, 2000:2) 하였으나, 성찰적 사고가 없는 즉각적인 실제들을(강현석 외 역, 2008:35) 학습자의 자율적이고 능동적인 구성이라

---

49) 급진적 구성주의를 단호하게 주장하는 학자로 글래스펠드(Glasersfeld, 1998)가 대표적이다. 그는 인간의 모든 지식은 '특수한 맥락'에 의해 구성된 것이라고 보고(조용기, 1998:4), 피아제(Piaget)의 발생적 기원론을 해석하여 주체에 의해 구성되는 것은 반성을 통해 행동양식으로 획득한 조작(operation)이며 이 조작은 주관적이고 불확실한 것이라고 언명한다. 그런데 전제아(2001:212-213)는 피아제는 지식 주체의 개별적인 구성의 과정을 주장하면서도 그것을 일반화하여 보편적인 지식 구성의 단계(전조작 → 구체적 조작 → 형식적 조작)를 상정한다는 점에서 근대적인 가치인 보편성이나 통일성과 그다지 큰 갈등을 일으키지 않았음을 지적한다. 요컨대, 글래스펠드가 피아제의 논의를 해석하는 방식은 근원적으로 부당하다는 것이다.

는 명목 하에 개인의 몫으로만 남겨 두는 것은 교육 본연의 가치에서 크게 벗어나기 때문이다.

특히, 학습자의 구성 자체만이 강조될 경우, 지식은 개별 학습자 및 학습 상황의 독특하고 고유한 맥락에 맞게 '빚어진' 것이어서(양미경, 2008:149) 인지적 주체의 행동과 사고를 둘러싸고 있는 경험의 장에 부합하기만 하면 구성의 결과물로서의 지식은 적합성 혹은 타당성을 가지는 것으로 간주된다(Glaserfeld, 1998:23). 각 수준에서의 지식은 아무리 상대적으로 불완전하더라도 주체는 그것을 보호막으로 하여 세계를 경험한다는(양미경, 2008:323) 이러한 입장에서는 외부에서 가해지는 교육적 처치나 개입의 가능성이 원천적으로 봉쇄된다.

인식 주체의 개체성과 그가 구성한 지식의 개별적 가치를 무한히 허용하는 이러한 입장의 한계를 극복하는 과정에서 등장한 인식론이 또 다른 형태의 구성주의인 사회적 구성주의이다. '사회적'이라는 수식에서 예상 가능하듯이, 사회적 구성주의는 '사회 속의 개인'에 주목한다. 즉, 인식 주체가 현실을 구성해 나갈 때 필요한 전제 조건은 다른 사람들과의 상호 작용과 그가 속한 사회에서의 문화적인 영향이어서(강인애, 1999:5) 개인이 구성한 지식이라 하더라도 사회 공동체 구성원들의 합의한 결과물에 부합하지 않을 때에는 지식으로 인정받지 못한다는 것이다[50]. 급진적 구성주의는 학습자의 개인적 구성 행위에 중점을 두어 실재란 바로 우리의 경험 세계라고 주장하는 반면, 사회적 구성주의는 집단 대화에 중점을 두어 실재는 일상적으로 의사소통하는 가운데 우리의 전통을 유지하기 위해 대화하는 방식으로 구성된다는, 즉 지식은 개인적으로 구성되지만 사회적으로 중재된다고(박현주, 1998:279) 보는 것이다.

이러한 인식론은 교육의 국면에도 유입되었는데, 교육 실천의 과정에서

---

50) 사회적 상호작용의 내면화로 구성을 설명하는 사회적 구성주의는 사회적 결정론의 성격을 부분적으로 함유하여 자칫 개체적 특성과 개인의 능동적인 구성의 기제라는 구성주의의 독특한 특성을 잃을 위험도 있다(전제아, 2001:216). 최영환(1998:46)에서 역시 사회적 구성주의는 이름이 구성주의일 뿐이지 구성주의의 본질로부터 상당히 벗어난 것이라고 지적한다.

사회적 중재와 조절을 실현한 대표적인 양상은 간주관성(intersubjectivity)을 통해 객관성을 확보하는 방식이다. 즉, 학습자 개인의 개체적 활동을 거쳐 주관적으로 구성한 지식의 결과물에 대해 다른 구성원들과 협상함으로써 공동체적 지식으로서의 객관성을 부여받는다는 것이다. 이때, 주관성과 객관성의 연결 고리로 기능하는 것은 구성원 간의 언어적 상호작용이며, 수업의 국면에서는 토의 · 토론을 통한 조회로 구체화되는 경우가 많다. 그런데 주관의 객관화를 위한 사회적 조회를 '교사-학습자', '학습자-학습자' 간의 대화 정도와 동일시하는 것은 '개인이 속한 공동체'의 의미를 폭 좁게 해석한 결과이다[51]. 교실이라는 한정된 공간은 사회문화적 상황이나 맥락을 담아내기에는 지나치게 협소하며, 교실 구성원들 역시 소규모로 집단화된 개인일 뿐이어서 그 속에서 타당한 객관성을 충분히 확보하기에는 한계가 있다.

그보다는 지식이 형성되어 온 그리고 형성되어 가는 통시적이고 공시적인 맥락 전체 속에서 사회적 중재와 조절 기능을 찾을 수 있어야 한다. 즉, 특정 교과로 포섭된 지식들은 대체로 해당 지식의 배경 학문이 지니는 언어적 관습, 해당 학문의 목적, 해당 학문 공동체 구성원들이 공유하는 가치 등에 의해 맥락을 부여받는 사실에 주목하여 학문 공동체가 소유하고 있는 언어와 문제의식, 해답의 기준 등을 내면화함으로써(김만희 · 김범기, 2003:110) 객관성을 담보할 수 있다는 것이다[52]. 개별 주체가 수행하는 해석으로서의 지식 구성은 그 자체를 규제하는 상황에서 벗어나 이루어질 수는 없기(김종우, 2007:62) 때문이다. 궁극적으로, 각 개인은 자신

51) 이종일(1998:73)에서는 급진적 구성주의와 사회적 구성주의를 서로 대립되는 관점으로 보지 않는다. 다만, 후자는 전자가 놓쳤던 지식의 사회적 기원 현상을 보완한 것으로 양자는 발전적 계기 관계에 있는 것으로 파악한다. 교육의 관점에서 요구되는 구성주의는 이러한 입장일 것이다. 특정 관점에만 부합하는 교육은 근본적으로 변화에 대응할 수 있는 힘을 길러 줄 수 없기 때문이다.

52) 기본적으로 사회적 구성주의는 인지 발달은 사회적 상호작용이 내면화되어 이루어진다고 보았던 비고츠키에서 출발한다. 구성주의적 시각에서 비고츠키의 핵심 개념인 '내면화'와 '근접 발달 영역'을 재해석한 논의로 김재춘(2000)을 참조할 수 있다.

의 사고에 따라 의미를 다르게 구성하고는 있지만 그 사고는 사회 공동체가 공유하는 문화로부터 끊임없이 조절을 받는다는(임성규, 2001:13) 점에서, 사회문화적 맥락과 무관하게 저절로 구성되는 지식은 상정되기 어렵다. 즉, 지식을 구성하는 개인 역시 이미 사회화된 개인이라는 것이다. 예컨대, 특정 개인이 문법 지식을 '그렇게' 구성한 데에는 이미 해당 지식이 학문적으로 소통되는 방식, 즉 국어학자가 지식을 다루는 방식이 직간접적으로 반영되어 있다는 것이다. 요컨대, 지식의 구성은 인식 주체 개인의 논리적인 활동인 동시에 해당 지식에 밀착된 학문적 맥락에 조회하는 사회적인 활동이라는 것이다.

사회적 구성주의자들이 지식의 개별적이고 주관적인 구성을 강조하면서도 견습자들이 선학에 대한 관찰과 모방을 핵심으로 하는 인지적 도제(cognitive apprenticeship)의 가치를 의심하지 않는 것도 이러한 이유 때문이다[53]. 즉, 맥락 속의 구성이 학습의 필수 전제라고 할 때, 학습자에게 전문적 실행의 문화를(권성기 · 임청환 역, 2000:61) 맥락으로 제시하여 해당 집단에 의해 공유되는 언어와 행동의 양식에 맞추어 지식을 구성할 수 있게 하는 것이 가장 합당한 처사라고 보는 것이다.

결국, 지식의 구성 과정에서 객관성을 확보하기 위해 인식 주체가 형성하는 조회 지점은 해당 지식을 전문적으로 다루는 숙련가들의 사고 양식이다. 특정 교과의 교육 내용은 해당 학문 분야의 학자가 핵심 개념과 아이디어, 고유한 방법론을 가지고 수행하는 일련의 활동과 같은 구조를 띠어야 한다고 천명한 브루너(Bruner, 1996)는 이를 '문화'라는 개념으로 설명한다. 그는 브루너(Bruner, 1960)에서 상정하였던 지식의 구조를 두고

53) 스노우맨과 바이럴(Snowman & Biehler, 2000)에서는 구성주의가 학습의 효과를 이루기 위해서는 '인지적 도제 이론, 상황적 학습 이론, 인지적 유연성의 원리'가 강화되어야 한다고 강조한다. 특히, 수업의 국면에서 인지적 도제 이론은 학습자들을 복잡한 상황으로 끌어들여 문제를 발견하고 해결하게 하고자 할 때, 유능한 동료나 교사가 제시하는 시범, 암시, 발문, 주장 등에 대한 주목으로 구체화된다. 구성주의적 교수 · 학습 모델로서의 인지적 도제 이론에 대한 자세한 논의는 강인애(1997:85-92)를 참조할 수 있다.

단일 실재를 가정함으로써 주체와 객체 간의 앎의 과정을 간과하고 지식의 생성적 본질이나 다원적 실재를 인정하지 않는다는 비판을 반박하면서(강현석, 2004:59) 문화가 개별 주체의 구성을 수렴하는 구심점 역할을 할 수 있음을 논구한다. 즉, '지식의 구조'라는 개인의 의미 구성 과정은 내러티브(narrative)를 통해 실재를 구성하는 일이며, 이러한 내러티브적 구성은 인간의 역사를 반영하는 문화의 도구들을 통해 이루어지는 문화 속의 구성이라는 것이다(Bruner, 1996:13-42). 문화 속에서의 삶의 방식은 공유된 의미와 개념에 의존하는데, 이 과정에서 인간은 의미와 해석상의 차이점을 대화하고 협상하기 위해서 공유된 담론의 양식에 의존하기(강현석, 2004:58) 때문이다[54].

따라서 특정 학문의 지식을 교육 내용으로 전환하고자 할 때, 해당 지식을 지식'답게' 하는 숙련가 역시 원심력을 띠어 발산하는 개별 학습자들의 조야한 지식 구성을 포집하기 위한 교육 내용화의 기준으로 설정되어야 한다. 특히, 학습자들이 각 학문에 종사하는 학자들과 수준은 다르지만 동일한 방식으로 사고할 수 있어야 한다고(박재문, 1998:6) 보는 관점에서는 숙련가의 지식 구성 결과물이나 구성 방식에 동화될 수 있도록 교육 내용을 실체화하는 일이 무엇보다 중요하다.

먼저, 표피적으로는 숙련가가 구성해 놓은 지식의 결과물 자체가 교육 내용화의 구심점 역할을 할 수 있다. 지식은 서로 뚜렷이 구별되는 형식(forms of knowledge)을 지니고 있어 각 지식의 형식마다 그에 특수한 일련의 진리 개념과 절차들이 존재한다고 할 때(김신곤, 1998:104), 숙련가들이 밝혀 놓은 지식 형식마다의 중심 개념과 논리 구조는 그 자체로 학습자들의 구성 과정에서 이정표 역할을 할 수 있기 때문이다. 다시 말해, 숙련가들이 기술해 놓은 결과물을 조회 지점으로 삼아 전문 용어와 표현

54) 강현석(2004)에서는 지식 구조론에 대한 브루너의 확장되고 변화된 입장을 문화 구성주의로 명명하며, 그 본질로 의미 구성의 문화 심리학, 해석적 구성주의 인식론, 내러티브 사고를 꼽는다. 즉, 상징적 문화의 체계 속에서 이루어지는 의미 생성과 교섭이 해석학적 체계 속에서 구성된다는 것이다(강현석, 2004:63).

방식, 각각의 개념들을 관계화시키는 양상 등을 어느 정도 모방하여 재현할 수 있다는 것이다.

특히, 허스트(Hirst, 1975)는 지식의 형성을 구분하는 준거의 하나로 개념들의 관계망을 제시하여 특정 지식을 올바른 형식으로 이해한다는 말은 곧 개념 구조의 망과 개념들 사이의 논리적 문법을 정당하게 이해한 상태임을 강조한다. 이러한 구조적 구성과 관련하여 학습자가 구성한 지식의 구조가 피상적이거나 추상적일 경우에는 학습자에게 적절하게 구성된 조직을 제공하는 일(이경옥 역, 2012:69) 자체가 학습자의 흩어지는 구성을 수렴하기 위한 선제적 대응으로 작용할 수 있다. 예컨대, 개념과 개념 사이, 또는 명제와 명제 사이의 관계를 정확하게 이해하고 있는 상태, 그리고 개념 및 명제들 사이의 관계망을 폭넓게 파악하고 있는 상태의(허경철, 1999:115) 학습자를 지향할 때, [그림 2]와 같이[55] 숙련가에 의해 구조화된 개념도를 제공하는 일이 교육 내용화의 한 방향이 된다.

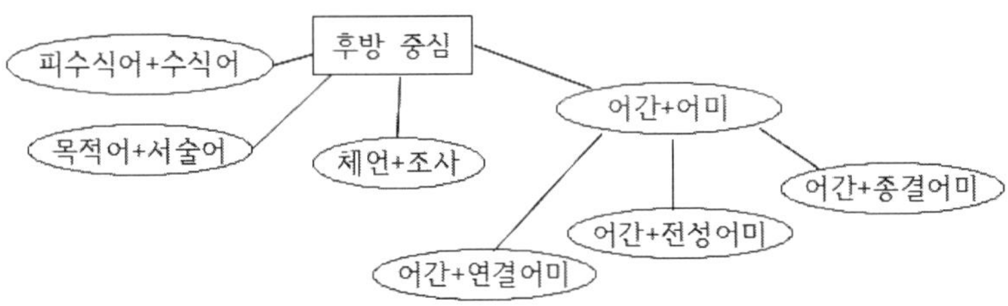

[그림 2] 한국어의 후방 중심 특성에 대한 지식 체계(김호정, 2010:22)

55) 김호정(2010)에서는 제2언어 교육의 최종 지향인 의사소통 능력 신장에 기여할 수 있는 문법 지식의 구성을 논의하였기에 이 책의 논의와는 다소 차이가 있다. 예컨대, [그림 2]는 한국어 학습자들이 지속적으로 범하는 오류 사이의 공통성을 파악하는 차원에서 체계화된 결과이다. 또한, 김호정(2010)에서의 '변환'은 가르치기 위한 지식의 재구성 혹은 표상 과정이 아닌 학습자의 자동화된 내용을 위한 명시적 지식의 암시적 지식화에 해당한다. 이에 따라, 학습자가 문법 지식을 구성하는 과정에서 부각되어야 하는 '의미화, 구조화, 내면화'의 개념이 기존의 교육적 인식론에서의 논의와 다소간 차이가 있다.

사실, 이러한 방식은 그간 문법 교육에서 진행되어 온 교육 내용화의 대표적인 양상이다. 학문 문법의 결과물은 외부에서 투입되는 요소이기는 하지만 문법 학습의 출발점의 하나로서, 그리고 문법 학습이 지향하는 도달점의 준거로서의 의의를 지녀 문법 현상에 접근할 수 있는 방법론을 제공하고 문법 학습의 순환 과정이 폭과 깊이를 더해 가며 용이하게 일어나도록 하는 역할을 한다고(이성영, 1998:208) 보아 왔던 것이다. 학습자가 지식의 조립식 집을 세우도록 도와주는 것이 적절할 때와 자신의 지식을 세우기를 원하고 그것을 세우는 방법을 발견하도록 환경을 제공하는 것이 적절할 때를 구분하여(Cole, 1992) 전자의 경우에는 이렇듯 언어 현상 그 자체에 대한 체계적인 기술을 교육 내용화하는 일이 도움이 될 수 있다. 다만, 이때에도 숙련가들이 체계화해 놓은 결과물을 그대로 제공할 것이 아니라 학습자의 구성 가능성을 최대한 확보할 수 있는, 즉 체계적 이해를 돕기 위한 장치나 기제들에 대한 고민이 필요하다.

그런데 숙련가에 의한 결과물 자체를 교육 내용화의 기준으로 삼는 이러한 방식에 대해 허경철(1999:108)은 특정의 지식을 제대로 이해하기 위해서는 그 지식이 생성된 과정, 즉 그 지식의 외적 구조를 이해해야 하는 것이 필수적인데도 이러한 구조를 이해하는 것이 어렵기 때문에 그 동안 많은 사람들은 탐구의 결과로서 이루어진 학문의 결과, 즉 지식을 그 자체로서 자명하고 결정적인 것으로 생각하는 것이 습관화되었다고 비판한다. 이때, 지식의 '외적 구조'는 슈왑(Schwab, 1964; 1978)에서 학문을 개념과 탐구 방법을 가진 지식 체계로 보아 실체적 구조(substantive structure)와 구문적 구조(syntatical structure)로 정의한 것 중 후자를 가리키는 것으로 교과 영역 안에서 지식임을 입증해 가는 방식을 의미한다. 즉, 앞서 살핀 결과물의 형식으로 체계화된 지식은 교과의 배경 학문의 기본 개념과 원리가 조직되는 다양한 방식으로, 지식 자체의 특성을 의미하는 실체적 구조임에 비해, 구문적 구조는 그러한 지식이 생성되기까지에 가해지는 논리적 조작으로서의 탐구 구조를 뜻한다는 것이다[56].

그는 학문에서 지식의 구조의 특성을 이와 같이 밝히고 교육에서 이러한 지식의 구조를 정합적으로 다루기 위해서는 전자뿐 아니라 후자의 구조도 동시에 작동되어야 함을 강조한다. 즉, 구조의 학습은 지식의 개념 체계(실체적 구조)와 탐구 구조(구문적 구조)의 차원에서 모두 이루어져야 하며 지식의 구조를 단순히 발견의 대상으로 치부하는 것은 후자를 배제한 결과라는 것이다[57]. 브루너(Bruner, 1960)가 '지식의 구조' 내에 기본이 되는 원리, 아이디어, 개념뿐 아니라 그것들을 다루는 방법적 원리나 태도까지도 편입하여(남가영, 2007:342) 교육 내용을 배워야 할 주제로서가 아니라 해야 할 활동으로서 바라볼 것을 요구하는, 교육 내용을 새로운 관점에서 규정해야 한다는 아이디어로 의미화한 것과 같은 맥락이다(이홍우, 2006:51). 학습자들이 배워야 할 교육 내용은 지식의 덩어리 그 자체가 아니라, 또는 적어도 그것만이 아니라, 그것을 낳게 한 탐구 과정이라는 뜻으로 해석되기(이홍우, 2006:53) 때문이다.

요컨대, 지식 혹은 지식의 구조를 교육 내용으로 전환하고자 할 때, 결과적 산물로서의 지식 체계를 재현하는 일과 그러한 체계가 형성되기까지 숙련가가 수행한 일련의 논리까지를 담아내는 일은 전혀 다른 논의이다[58]. 현재의 지식 체계는 숙련가들이 수행한 활동의 산물이며 학습자들이 해당 지식의 이면에 놓인 논리를 읽어 내게 하기 위해서는 숙련가의 논리 역시 교육 내용으로서의 실체를 띠어야 한다[59]. 지식을 산출하는 활동

56) 지식의 구조를 이렇게 바라볼 때, 구조가 가정하는 지식은 근본적으로 생성적이며 역동적인 지식이다. 즉, 구조는 내용 그 자체이면서도 지식이 탐구되는 과정을 동시에 담아내는 개념이라는 것이다.

57) 엄태동(1998:82-85)에서는 교육 인식론과 교육적 인식론이라는 변별적 개념을 통해 '교육 → 인식론'이 아닌 '인식론 → 교육'의 방향을 취하는 이러한 방식을 비판한다. 즉, 교육 인식론이 지식 자체의 성격을 논리적으로 분석하는 철학적 탐구라면 교육적 인식론은 교육의 과정에 내재되어 있는 인식론적 의의를 명시적으로 가치화하는 교육학적 탐구라는 점에서 후자를 지향해야 한다는 것이다. 구체적으로는 인식론적 질문의 성격을 그것이 제기되는 교육 사태 속에서 규명하는 접근이(유한구, 1998:25) 요구된다는 것이다.

58) 둘 사이가 이질적이라는 표현과 무관하다는 표현은 동일한 의미가 아니다. 어찌되었든 학습자에게 실체화되는 것은 결국 지식의 체계이기 때문이다. 다만, 결과로서의 체계인지, 과정으로서의 체계인지가 문제가 되는 것이다.

인 탐구의 과정에 구조가 있다면 지식을 가르치는 교수의 과정에도, 그리고 지식을 배우는 학습의 과정에도 구조는 있기 마련인데, 교수 · 학습의 구조가 교육 내용의 구조와 다를 때 후자는 전혀 변질된 내용이 될 수밖에 없기(허경철, 1999:122) 때문이다.

문법 교육에서 역시 문법의 이론(theory) 자체가 아닌 이론화(theorize)의 과정을 교육 내용화해야 하는 이유가 여기에 있다. **문법 교육 내용화가 학습자의 지식 구성을 추동하기 위한 지식의 구성이라고 할 때, 숙련가의 지식 구성에 관여되는 다단한 요인들을 교육 내용에 스며들 수 있도록 하면, 학습자들은 이를 인식의 틀이자 조회 지점으로 삼아 자신의 지식 구성을 수행할 수 있다는 것이다.** 구체적으로는, '언어 현상 그 자체에 대한 기술'과 함께, 숙련자가 언어 현상을 두고 전개해 나가는 논리적 사고의 양상을 문법 기술의 '방법론'으로 구축할 필요가 있다(주세형, 2008:284). **문법 교육 내용화의 과정에서 숙련가의 지식 구성 논리를 최대한 노출함으로써 학습자의 지식 구성이 지니는 발산적 역동성을 숙련가의 견고한 구성 논리와 접변시킬 수 있기 때문이다.**

그런데 수준의 차이를 보이는 학습자들의 산발적 구성을 특정 관점에서 최적의 상태로 판단되는 수준으로 수렴시키고자 하는 교육적 의도를 교육 내용화에 투영할 때, 숙련가가 지식을 엮어 나가는 논리의 전체는 학습자와의 거리감이 필연적이다. 숙련가의 입장에서는 굳이 노출하지 않아도 될 논리가 학습자에게는 반드시 필요한 경우도 있을 것이며, 반대로 숙련가에게는 반드시 요구되는 논리라 하더라도 학습자의 수준에서는 그다지 가치롭게 여겨지지 않는 경우도 예상 가능하다.

학습자의 현재를 토대로 성장을 도모하기 위한 설계가 요구되는 교육의 장에서 이를 결정하기 위한 준거는 역시 학습자에 놓일 것인데, 이를 위해

59) 이상은(2013:184)에서는 교육과정 개정 시마다 제기되는 '내용의 축소'가 '결국 탐구 과정을 생략한 채 결과적으로 도출된 지식 위주의 학습을 초래'할 수 있다고 지적한다. 짧은 분량으로 지식을 기술하는 것이 과연 교육 내용을 축소하는 일인가를 고민해야 할 필요가 있다.

서는 우선 주세형(2008), 제민경(2012)과 같이 숙련가들이 기술해 놓은 결과물에서 구성의 논리로 추정할 수 있는 요소들을 요목화하는 일이 선행되어야 한다. 이를 준거로 삼아 교육 내용화가 이루어져야 개별성에서 보편성으로 나아가는 인식의 통로 역할을 문법 교육이 담당할 수 있기 때문이다. 이후, 학습자들의 주체적인 지식 구성 과정에서 숙련가의 다층위적인 구성 논리들 중 어떠한 요인들이 조회 지점으로 작용하는지를 미시적으로 관찰하는 작업이 수행되어야 할 것이다.

2. 문법 교육 내용화의 층위

문법 교육 내용화는 단순히 교실 장면에 즉각적으로 투입 가능한 기법 차원의 방법론을 꾀하는 것을 넘어 문법 지식을 문법 교육의 장으로 끌어오는 전 국면에서 광범위하게 적용되는 개념이다. 이때, '화(化)'라는 표현이 지니는 범위의 확장은 기존의 인식을 전환하는 데는 유용하지만 구체상을 구안하기 위한 틀로 삼기에는 다소 성글어 그 층위를 명확하게 구분하여 접근할 필요가 있다.

먼저, 특정 문법 교육 내용을 설명하기 위해 어떤 내용 요소들을 선정해야 하고, 그 내용 요소들을 어떻게 설명해야 하며, 내용 요소 사이의 선후 관계는 어떻게 제시해야 하는지 등의 보다 본질적인 차원의 교육 내용화에 대한 고민이 선행되어야 한다. 특정 교육 내용이 포함하는 내용 요소들을 '조직(組織)'하는 방식이 결정되어야 한다는 것이다.

또한, '조직' 층위를 거친 내용 요소들을 실제로 학습자들에게 가르칠 수 있는 형태로 실체화하기 위해서는 언어화 과정이 요구된다. 교육 내용으로서의 실체를 갖추어 가는 과정의 근원에는 문법 개념 간의 관계를 어떠한 조직의 논리로 배열할 것인가의 문제와 더불어 그러한 논리를 확보한 개념들을 어떠한 장치에 실어 학습자들이 대면하는 직접적 실체로 표상할 것인가의 문제가 자리하기 때문이다.

이를 고려할 때, 문법 교육 내용화의 층위는 크게 '조직'과 '표상'의 두 층위에서 접근할 수 있다. 이때, 두 층위의 우선순위와 관련하여, 는 조직 층위를 표상 층위에 앞서 다룰 필요가 있다. 가시적 실체화로서의 표상 층위는 조직 층위라는 본질적 과정을 거친 이후에야 정합적 실체화가 가능하며, 이러한 방향성을 갖추지 않은 상태에서의 표상은 실체화된 교육 내용 내에 일정한 방향성이 소거되어, 논리가 삭제된 결과물로서의 문법 지식이 과연 어떠한 논리적 구조를 가졌는지, 각 지식이 어떤 의미가 있는지 파악하기 어렵게 하기 때문이다(주세형, 2008:300).

(1) 교육 내용 조직의 층위

일련의 체계로 조직되어 있는 문법 지식의 속성이 교육 내용화의 과정에서도 가장 근원적인 층위에서 영향을 미침은 자명하다. 그런데 교육 내용의 설정 차원에서 대상에 대한 분리와 분절은 불가피하다. 문제는 이러한 분리와 분절이 대상 자체가 지니는 총체성을 훼손할 우려가 있다는 점인데, 김명순(2007)에서는 이를 극복하기 위해서는 분리와 분절을 피할 것이 아니라 교육 내용의 구성 차원에서 총체성을 복구하기 위한 노력이 필요함을 역설한다. 지향점과 기준을 분명히 한다면 분리와 분절의 과정에서도 총체성을 유지할 수 있다는 것이다.

학습자가 어떠한 지점에서 어떠한 방식으로 연결소를 부여하여 하나의 체계로 문법 개념들을 조직하여 구성해 나가는지를 문법 교육 내용화를 위한 하나의 기준으로 삼는 것은 이 때문이다. 즉, 교육 내용화로서의 조직을 단순히 선정된 교육 내용을 배치하는 문제로 치환하지 않고 교육 내용을 구체화하는 섬세하고 실제적인 차원에서 실질적으로 작동하는 주요 층위로 상정하여 조직된 결과를 학습자들이 어떻게 받아들일 것인가를 염두에 두는 가운데 문법 개념들을 배열하는 방식과 개념들 사이의 연결 고리를 부여하는 방식을 고민해야 한다는 것이다.

이때, 해당 문법 지식이 지니는 학적 체계뿐 아니라 학습자의 인식 속에서 체계를 갖추어 가는 과정도 조직 층위의 참조 기준으로 기능해야 한다.

그런데 교육 내용이 지니는 중층적 범위를 고려할 때 교육 내용화로서의 조직의 층위는 개념 수준의 관계화 방식을 넘어 보다 거시적인 측면에서도 작동한다. 민현식(2002:89)에서는 외적 위계화와 내적 위계화의 변별을 통해 이를 구분하는데, 즉 학교급이나 학년에 따라 교육 내용을 일정한 원리로 조직하는 거시적 측면과 분절된 교육 내용 사이의 상하 관계를 조직하는 미시적 측면으로 이원화하여 접근하는 것이다. 보다 현실적인 측면을 고려하여, 민병곤(2006:13-15)에서는 '성취 기준'의 층위와 '내용 요소'의 층위로 이를 언명한다. 물론, 해당 논의는 말하기 · 듣기 교육 내용으로서의 지식의 문제를 다루기에 '경험이나 활동의 구조를 반영하는 것으로 수행을 통해서 표현되는 지식'과 '학문의 구조나 형식을 반영하는 것으로 명문화할 수 있는 지식'으로 이를 구분하지만, 대체로 '이해한다'의 측면에서 성취해야 할 목표가 결정되는 문법 교육의 국면에서는 문법 단위를 기준으로 한 촘촘한 개념 사이의 관계가 이러한 층위 구분의 대체적인 기준으로 작용한다. 예컨대, '품사의 개념, 분류 기준, 특성을 이해한다[2007개정-7학년-(3)].'와 '국어 단어 형성법을 이해하고 활용한다[2007개정-8학년-(3)].' 사이에 어떠한 논리를 부여하여 선후관계를 결정하고 두 범주 사이를 연결할 것인가는 성취 기준 차원의 조직 문제라면, 후자를 달성하기 위해 '형태소, 접사, 파생어, 복합어' 등의 개념들을 어떻게 배열하고 어떠한 고리를 부여하여 연결할 것인가는 내용 요소 차원의 조직으로 살필 수 있다는 것이다.

(2) 교육 내용 표상의 층위

조직 층위를 거친 교육 내용들을 학습자들이 실제로 대면할 수 있는 형태로 실체화하기 위해서는 언어화의 과정이 요구된다. 어떠한 언어적 장치에 실어 해당 교육 내용들을 가시화하여 드러낼 것인가의 표상화 방식이 고려되어야 한다는 것이다. 무엇을 가르칠 것인가에 더해 어떻게 가르칠 것인가에 대한 방법적 지식을 교사 전문성의 요인으로 부각하는 PCK 이론(Shulman, 1986, 1987)에서 학습자의 인지 수준 및 방식을 고려하여 특정 지식을 변환하는 표상 전략을 핵심 요소로 꼽는 것도 이 때문이다. 슐만(Shulman)은 교육 내용 변환 과정의 일환으로 표상을 설명하며 그 구체적인 방식으로 유추, 은유, 예시, 실연, 시뮬레이션 등을 제시한다. 표상은 교육 내용을 학습자들의 이해 수준에 맞게 변환하는 언어적 전략이며, 다양한 방식으로 실현될 수 있다는 것이다.

그런데 교육 내용의 변환을 단순히 실제적 형태화 정도로 협소하게 적용할 경우, 그러한 변환의 이면에서 치열하게 교차되었던 일련의 논리들이 무화될 위험이 높다. 예컨대, 최웅환(2009:335-337)에서는 실제 수업에 영향을 미치는 다양한 요인들을 변환 과정에 모두 담아내기 어려운 한계를 인정하여 다음과 같은 방식으로 변환의 사례를 제시한다. 즉, 문법 지식 자체는 교육과정이나 교과서의 내용을 그대로 수용하고 문장 성분에 대한 지식을 교수하는 방법론적 문제만을 다루는(최웅환, 2009:335) 차원에서의 변환을 다루는 것이다. 구체적으로, (6)에서는 비유를 통해 '구성 요소'에 접근하기 위한 표상의 사례를, (7)에서는 직접적인 언어 현상으로 전이하여 문장의 구조와 구성 요소를 익힐 수 있게 하는 활동 표상의 사례를 제시한다.

(6) 사과를 반으로 잘라 단면을 살펴보자. 사과는 껍질과 속, 그리고 중앙에 있는 씨로 구성되어 있다. 이런 것처럼 모든 사물은 몇몇의 부분으로 구성되어 있다. 우리가 쓰고 읽는, 그리고 듣고 말하는 문장도 마찬가지이다. 문장은 어떤 요소들이 어떻게 구성되어 있을까?

(7) 다음과 같은 방식의 문장을 더 만들어 보자.

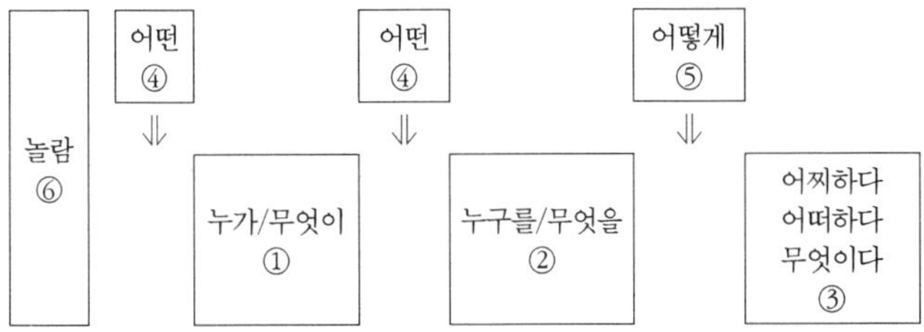

①+③: 자유가 그립다. ①+②+③: 소녀가 산길을 거닌다.
④+①+③: 저 별이 빛난다. ①+⑤+③: 삽살개가 빨리 달린다.

그러나 방법으로서의 표상은 내용과 분리될 수 없다. 만일, 위와 같이 교육 내용을 변환하고자 한다면, 그 이면에서는 문장 성분을 두고 전개된 학문적 지식의 형성 과정, 교육과정에서 문장 성분을 성취 기준화한 방식, 교과서에서 문장 성분을 다루는 양상 등이 지속적으로 교차되고 조회되었어야 한다. 이러한 이면의 논리를 노출하지 않은 상태에서, 즉 **방법적 변환 이전의 내용적 변환을 논리화하지 않은 상태에서 수많은 변환의 실제 사례들을 열거하는 일은 실상 교육 내용 표상의 전문성을 확보하는 일과는 무관할 공산이 크다.** 더구나 이러한 층위의 변환은 대개 경험과 직관에 의존하여 이루어지는 경우가 많아 이를 이론적 층위에서 탐색하기 위해서는 실제의 결과물들을 나열하기보다는 그러한 변환에 개재되는 요인들, 변환 결과의 타당성을 점검하기 위한 기제들을 체계적으로 제공해 줄 수 있어야 한다. 그래야만, 예측 불가능하게 전개되는 학습자의 구성과 무수한 교실의 실제 맥락들에 대처할 수 있는 이론으로서의 위상을 획득할 수 있게 된다.

그런데 개별 문법 개념들을 실체화하기 위한 이러한 층위의 표상에 더해 보다 거시적인 측면의 교육 내용 표상의 문제도 동시에 고려되어야 한다. 지식은 구조화된 실체로서 텍스트를 지니며 텍스트 없이는 외현을 가지지 못하기(제민경, 2012:176) 때문이다. 문법 교육의 실천 과정에서도 텍스트라는 일련의 실체가 상정되지 않은 상태에서의 낱낱의 문법은[60] 학습자의 외연에 존재하는 지식의 구조일 뿐(제민경, 2012:175), 학습자의 활동을 통해 촉발되고 구성되는 지식의 구조는 필연적으로 텍스트를 통해서만 상정될 수 있다. 따라서 거시적 층위의 표상 차원에서 문법 교육 내용화의 문제를 다루고자 할 때 그 핵심은 어떠한 형식적 실체로, 즉 어떠한 텍스트로 '조직된' 교육 내용을 담아낼 것인가에 놓인다. 구체적으로, 담아낼 내용 요소를 교육과정에서 확인하면서 다른 한편으로는 그 내용 요소를 얽어내기 위한 내러티브, 담아낼 공간의 분할과 주로 사용할 형식적 장치들을 고려하는 등의 고민을 통해(김은성, 2012ㄱ:85) 어떠한 '그릇[61]'을 학습자에게 내보일 것인가를 탐색해야 한다.

특히, 문법 교과의 경우 교과서의 체제나 내용의 틀이 개화기 이후의 틀을 맹목적으로 답습하여(성기철, 2002:16), 건조체의 설명 텍스트가 주를 이루며 문법 단원의 전형(典型)에 대해 유연하게 사고할 수 있는 여지가 별로 없어(김은성, 2012ㄱ:104) 왔던 것이 사실이다. 오히려 문법 지식을 결과물의 형식으로 압축적으로 제시하는 성향이 강하다 보니, 브루너(Bruner, 1960)가 학문의 중간 언어(middle language)와 그것을 통해 궁극적으로 배워야 할 것을 변별할 때 비판의 근거로 삼은 '지식의 표층', '사실의 더미들'을 축약적으로 정리하여 제공하는 것을 교육 내용의 실체화

60) 제민경(2012:175)에서는 이때의 '텍스트'의 층위를 중층적으로 파악한다. 즉, 단순히 결과물로서의 텍스트를 지칭하는 것이 아니라 수업의 국면에서 교사에 의해 구두로 산출되는 텍스트, 학습자가 머릿속에서 구두적 성격을 지닌 채 생산하는 텍스트의 존재를 상정하는 것이다. 이렇듯, 인식적인 텍스트를 상정할 때와 그렇지 않을 때의 결과물로서의 텍스트는 질적인 차이를 보일 수밖에 없다. '교육 내용화'와 '지식 구성'이 같은 맥락에서 논의될 수 있는 것도 이러한 이유 때문이다.

61) 김은성(2012ㄱ:85)에서는 이를 '요리'에 비유한다. 즉, 완성된 요리는 프라이팬 안의 조리된 그 상태를 말하는 게 아니라, 그 요리와 어울리면서 그 요리를 먹을 사람에게 맞는 그릇을 골라 적절한 양을 고려하면서 먹음직스럽고 보기 좋게 담기 위한 고민이 곧 문법 교육 내용화라는 것이다. 다만, 이러한 가공의 과정은 두 층위로 구분될 필요가 있다. 재질이나 모양 등을 고려하야 담아낼 그릇을 선택하는 과정이 형식적 실체화라면, 완성된 요리를 어떠한 모양으로 담아내고 어떠한 장식들로 돋보이게 할 것인가의 내용적 실체화 역시 미시적으로 고민해야 한다는 것이다.

로 간주하여 왔다. 그러나 내용은 항상 특정 형식을 거쳐 실현되고 결국 형식은 내용의 일부이기 때문에(이성만, 2005:398) 특정 교육 내용을 어떠한 형식으로 담아 낼 것인가의 문제는 교육 내용화 과정에서 배제할 수 없는 지점이다. 예컨대, 동일한 교육 내용에 대해 (8)과 같은 설명문의 형식으로 표상한 경우와 (9)와 같은 이야기 형식으로 표상한 경우의 차이를 고려할 수 있어야 한다는 것이다.

(8) 먼저 '형태'에 따라 단어를 분류해 보자. 형태란 단어가 문장에서 쓰일 때의 모습을 말한다. 단어들 중에는 문장에서 쓰일 때 모습이 변하는 것이 있고 그렇지 않은 것도 있다. 위의 단어들 중에서 문장에서 쓰일 때 형태가 변하는 것은 '먹었다', '붉구나' 두 개이다. 두 단어는 '먹고, 먹으니, 먹어서', '붉고, 붉으니, 붉어서' 등으로 쓰일 수 있다. [윤여탁 외(2010), 중학교 국어 1-2]

(9) 먼저 목소리를 높인 것은 '용언(用言)' 부서의 '동사(動詞)'와 '형용사(形容詞)' 형제였다. (…중략…) 그 둘은 매우 닮아 있었다. 둘은 늘 꼬리 같은 것을 달고 다니는데, 날마다 다른 색깔이다. 모든 일의 동작과 상태에 적응하려면 저렇게 변화무쌍해야 하나 하고 생각할 때 그들의 말을 받아친 것은 '체언(體言)' 부서의 '명사(名詞)'였다. (…중략…) "소신, 만물의 이름을 관장하는 '명사'이옵니다. 세상의 모든 것이 다 이름을 지니고 있을진대 제가 아니면 그들의 이름을 붙이는 일을 누가 담당하겠습니까. 하오니 제게 더 높은 품계를 내려 주시옵소서." [이삼형 외(2010), 중학교 국어 1-1]

(3) 조직 및 표상 층위의 중층성

앞서 다룬, 조직 및 포상이라는 문법 교육 내용화의 층위는 기술의 편의상 일종의 단계나 절차로 간주되지만, 실제 **교육 내용화를 실행하는 과정에는 각 층위가 중층적 구조를 이루어 상호 조회되는 가운데 최종적인 실**

체를 갖추게 된다. 예컨대, 품사 체계 및 품사별 특성이라는 교육 내용을 이야기라는 형식으로 표상하는 (9)의 경우에도 각 품사를 특정한 성격의 신하에 비유하는 지점에서부터 내용적 실체화 층위의 표상을 확인할 수 있으며, 세부적으로는 용언의 활용과 어미를 각각 '날마다 다른 색깔'과 '꼬리 같은 것'으로 표상하여 이야기 형식 안에 담아내고 있다. 또한, 보다 본질적으로 일반적인 설명 텍스트 형식의 품사 단원에서 내용 요소의 계열을 '체언(명사 → 대명사 → 수사) → 관계언(조사) → 용언(동사 → 형용사) → …'의 순으로 조직함에 비해, (9)에서는 '용언(동사 → 형용사) → 체언(명사) → …'의 순의 조직을 보인다. 조직의 층위에서부터 모종의 의도를 가지고 문법 개념들의 계열을 결정하는 것이다. 이에 앞서, 해당 교육과정 및 교과서에서는 품사를 7학년에, 단어 형성법을 8학년에 배치하는 방식의 거시적 차원의 교육 내용 조직을 보인다. 이러한 양상은 [그림 3]과 같이 동심원 구조로 층위화될 수 있다.

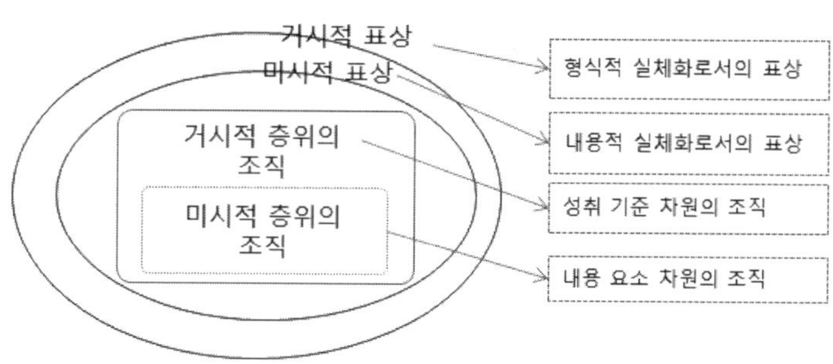

[그림 3] 문법 교육 내용화의 층위

제2부 문법 교육 내용화의 상세화

문법 교육 내용화를 포함한 교육 설계의 핵심 준거는 학습자의 이해이다. 학습자가 외부의 문법 지식을 두고 자신만의 마음속 의미 구성 과정을 통해 몇 겹의 해석을 덧씌워 이해한다고 할 때, 어떠한 인식적 기제들을 동원하는지가 문법 교육 내용화의 핵심 기준이 되어야 한다는 것이다. 학습은 얼마나 많은 것을 머릿속에 담는가의 문제가 아니라 어떤 문제를 어떤 구조 속에서 이해하고 해석하느냐의 문제이기 때문이다.

문법 교육 내용화를 위한 이러한 인식적 기제는 크게 개념적 구성과 관계적 구성의 양 측면에서 관여된다. 형태소, 홑문장, 음운동화 등의 단일 개념을 이해하기 위해 어떠한 기제들을 작동시키는지, 이들 개념들을 유기적으로 연결하여 관계를 구조화하여 이해하는 데는 어떠한 기제들이 작용하는지를 확인할 필요가 있다는 것이다.

이러한 관점의 이면에는 '학습자들이 소유하고 있는 문법 능력이 어떤 특성을 지니고 있는지', '문법을 학습하는 과정에서 작용하는 학습자들의 심리적 특성이 어떠한지', '학자들의 문법 기술과 학습자 스스로 찾아 낸 문법 기술 사이에는 어떤 차이가 있는지'를 관찰하여 문법 교육의 설계에 반영해야 한다는 당위가 전제된다.

제2부에서는 제1부에서 범주와 기제의 측면에서 구축한 문법 지식 구성의 논리적 틀을 격자로 삼아 학습자들이 전개하는 문법 지식 구성 과정을 살필 것이다. 이 과정은 자연스럽게 표상과 조직이라는 문법 교육 내용화의 두 층위를 상세화하는 작업과도 맞물릴 것인데, 학습자들이 동원하는 인식적 기제들은 곧 문법 교육 내용화를 위한 핵심 참조 지점이 될 수 있기 때문이다.

---

* 제2부의 내용은 이관희(2015)의 Ⅲ장 일부의 핵심 내용을 정리한 것이다. 또한, 인용된 학습자 자료들 역시 이관희(2015)에서 가져온 것이며, 이 책에서는 자료의 수집 절차, 인용 정보 등에 대해서는 별도로 명시하지 않는다.

제1장 표상 층위의 문법 교육 내용화

1. 단일 문법 개념의 표상

맨들러(Mandler, 1983)에 따르면 표상은 인식 주체가 내면화한 양상과 그것을 외적으로 표현한 산물의 두 가지 의미를 함의한다. 피아제(Piaget, 1962)는 이를 '개념적 표상'과 '상징적 표상'으로 구분하는데, 전자는 사고와 동일시되어 내적 표상의 형태로 형성되는 반면 후자는 외적으로 시각화·언어화된 실체이다. 이때, 전자의 표상은 개인의 마음에서 특정 순간에 일어나는 즉각적인 정신 경험이어서(권석일 외 역, 2010:64), 관찰과 분석의 적합한 대상이 되기 어렵다.

개념은 그 감각적 형식에 관계없이 인간 경험의 개인적 측면이며, 비록 그 개념을 소유하고 있는 사람에게는 그 개념이 명백할지라도 그 개념은 사적인 것이어서 그것이 공적인 것으로 바뀌기 전에는 결코 공유될 수 없기(박승배 역, 2014:87) 때문이다. 따라서 학습자가 문법 개념을 내적으로 구성하는 양상을 간접적으로나마 확인하는 일은 외적으로 표현된 산물로서의 표상에 초점을 둘 때에 가능하다.

이를 감안하여, 여기에서는 문법 교과서에서 대체로 명제의 형태로 표상된 문법 개념을 학습자가 내면적으로 구성하는 과정에서 어떠한 방식으로 표상을 동원하는지를 핵심적으로 다루되, 두드러지게 확인되는 '사례, 비유, 일상어'의 세 측면에서 살필 것이다.

(1) 사례의 표상

개념은 개별 현상들이 공유하는 속성을 추출해 낸 추상적인 관념이며 일련의 사례들을 규정하는 규칙, 정의, 속성 또는 속성들 간의 관계 등에 대한 심적 표상이다(신현정, 2000:24). 따라서 특정한 개념의 의미를 내면화하여 이해한다는 것은 사례'들'에서 핵심적인 공통 속성을 포착해 가는 과정이다. 이렇게 볼 때, 학습자의 입장에서 개념을 구성하는 인식적 활동의 핵심은 본질적이고 공통적인 요소를 찾기 위해 사례를 분석하는 과정이자 사례 속에서 의미를 찾아내는 과정이다(임청환 · 권성기 역, 2006:157).

특히, 문법 개념은 그 자체로는 가시적 형체가 없이 총체적이고 농축된 형태로 추상화되어 아무리 정밀하게 설명한다고 해도 학습자에게는 거리감이 있는 앎일 뿐 인식 주체의 내면화된 지식으로 체득되기 어려운 것이 사실이다. 이를 극복하기 위해서는 일반적이고 추상적인 명제로부터의 형식적 추론을 벗어나 구체적이고 맥락적인 이해를 담보할 수 있는 특정한 '상황'을 부여해야 하는데(권석일 외 역, 2010:19), 문법 교육에서는 말로 풀어 전달하고 그것을 입증해 주는 예를 드는 것이 가장 전형적인 상황 제시 방식이다(김은성, 2009:294).

문법 개념에 대한 인식적 구성은 해당 개념에 내포된 다양한 속성을 사례에 조회하는 가운데 이루어지며, 따라서 어떠한 언어 자료를 택하는가 하는 문제는 문법 지식에 대한 설명력을 담보하는 데 있어 매우 중요한(남가영, 2013ㄴ:124) 요인이다. 여기에서는 특정 문법 개념을 이해하기 위해 학습자가 사례를 표상하는 양상을 '전형적 사례, 비전형적 사례, 대조적 사례'의 세 범주로 체계화하여 살필 것이다.

가. 전형적 사례를 통한 개념의 단순화

학습자들은 특정 문법 개념에 내포된 다양한 속성들 중 자신의 입장에서 가장 핵심적이라 판단되는 속성이 반영된 전형적 사례를 표상함으로써 해당 개념의 의미를 단순화한다. 어떤 대상을 보다 일반적인 개념의 특수한 사례로 이해한다는 것은 해당 대상의 이해뿐 아니라 앞으로 당면하게 될 그것과 비슷한 대상들을 비추어 이해할 수 있는 모형을 배웠다는 것을 의미한다는(박재문, 1998:6) 점에서 전형적 사례는 추상적인 문법 개념을 인식적으로 구성하는 대표적인 표상 방식이다.

이 때문에, 교과서에서 특정 개념을 풀이하는 가운데 학습자들의 입장에서 전형성이 부족한 사례가 제시될 경우 학습자들은 해당 개념을 이해하기 어려워한다. (1)은 교과서에서 '겹문장'을 표상하는 사례들인데, ㉮와 ㉯는 각각 대등하게 이어진문장과 종속적으로 이어진문장의 사례이고, ㉰는 안은문장의 사례로 제시된다. 물론, ㉰와 관련하여 주어가 생략되고 관형절로 안기는 과정을 추가적으로 기술하지만, 문제는 이 사례가 관형절이 아닌 그 상위 개념으로서의 안은문장을 표상하는 첫 번째 사례라는 점이다. 실상, 관형절을 안은문장이 겹문장이라는 사실은 예비 국어 교사들조차 정합적인 이해의 어려움을 겪는 부분임을(남가영, 2013ㄱ:130) 고려할 때, ㉰가 안은문장에 대한 학습자들의 단순화된 개념 구성에 인지적 단절을 유발함은 어느 정도 예측 가능하다.

(1) ㉮ 이것은 장미꽃이고, 저것은 국화꽃이야.
㉯ 이 안개만 걷히면 비행기가 출발한다.
㉰ 예쁜 꽃이 피었다. [7차 문법 교과서, 160쪽]

해당 개념을 처음 접하는 학습자들에게 겹문장의 전형성은 '둘 이상의 절'이라는 핵심 속성이 표면적으로 드러날 때 확보될 수 있을 것인데, 문장 구조상 비교적 이를 관찰하기 용이한 이어진문장에 비해 안은문장은 보다 예리한 안목이 요구된다. 이때, '절'은 '주어-서술어'의 관계가 외면적으로 드러나야 전형성을 띰에도 불구하고[1], 주어가 생략된 관형절은 안

1) 6차 문법 교과서에서는 '넓은 바다'를 명사구로 처리하여 '구는 자체 내에 주어와 서술어의 관계를 가지지 못한다'는 7차 문법 교과서의 기술과 배치되는 양상을 보인다. 6차 문법 교과서의 처리에 대해, 표층의 문장 성분을 따질 때 변형 이전의 문장을 인식하여야 그 구조를 바로 이해할 수 있다는 점에서 문법 이론의 차이에서 기인한 온당하지 못한 기술이라는 지적은(서덕현, 2000:210-211) 이 때문이다. 그러나 겹문장을 처음 대면하는 학습자가 이러한

은문장으로서의 전형성을 의심받는 것이다. 그 결과, 자신이 겹문장 혹은 안은문장의 개념을 새롭게 구성한 양상을 보고하는 (2)에서는 '나는 네가 여름에 한 일을 안다.'라는 보다 전형적인 사례를 통해 안은문장을 표상한다. 성분의 생략이 '일을'이라는 목적어에서 실현되어 '주어-서술어'의 가시화에는 영향을 미치지 않기에 보다 전형적인 사례로 간주하는 것이다.

> (2) 자, 이번에는 겹문장입니다. 겹문장은 쉽게 말해서 홑문장이 두 개 이상 합쳐져 있는 거예요. 별로 안 어려워요. 교과서 보면, '이것은 장미꽃이고, 저것은 국화꽃이야.' 이건 누가 봐도 문장이 두 개 있는 거죠. 다음 꺼 '안개만 걷히면 비행기가 출발한다.' 이거도 딱 봐도 두 개 문장이죠. 다음에 나오는 '예쁜 꽃' 이거는 좀 어려워. 우선 체크해 두고 뒤에 가서 설명해 줄게요. 대신에, '나는 네가 여름에 한 일을 안다.' 이거 봐 봐. 아까처럼 딱 구분이 되지는 않지만, 여기 보면 '나는 일을 안다.' 겉에 이거 하나 있고, '네가 여름에 일을 하다.' 이거 하나 있죠. 옆으로 이어진 거는 아니고, 그 안에 쏙 들어가 있는데, '일을' 이거는 겹치니까 한 번만 쓰면 되겠네요. 이런 것도 문장 두 개, 겹문장입니다. 아까처럼 옆으로 딱 이어져서 한 눈에 봐도 구분이 잘 되는 겹문장을 '이어진문장'이라고 하고, '나는 네가 여름에 한 일을 안다.' 이거처럼 겉에 문장하고 속에 문장, 이렇게 포함되어 있는 겹문장을 '안은문장'이라고 합니다. [학습자 자료]

다음으로, 해당 개념을 포함하는 상위 개념의 속성을 얼마나 잘 담아내는가에 주목하여 사례의 전형성을 판단하는 경우도 있다. 문법 개념은 개념 하나하나에도 복수의 하위 개념들이 따라 붙는(김은성, 2007ㄴ:52) 구조로 체계화되기에 특정 개념을 적실하게 이해하기 위해서는 해당 개념을

사정을 이해하는 것은 불가능하며, '예쁜'을 두고 형용사의 단순 수식이 아닌 주어가 생략된 관형절을 구성해 내는 일은 쉽지 않을 것이다.

포함하는 상위 개념에 조회하여 조망할 수 있어야 한다. 그렇게 해야, 특정 개념에만 주목하였을 경우에 손실되기 쉬운 속성들을 보존할 수 있기 때문이다. (3)과 (4)에서 '대로'보다는 '것'이 의존 명사를 표상하는 전형적인 사례라고 판단하는 이유도 이 때문이다. 사용 빈도나 친숙도 면에서도 그러하지만, 무엇보다 '것'은 '대로'에 비해 조사 결합이 상대적으로 자유로워, 조사와 결합하여 다양한 문장 성분으로 쓰인다는[2] 체언의 핵심 속성을 반영할 수 있다는 것이다.

(3) 의존 명사의 예시로 '본 대로'를 제시하였는데, '것' 같은 것을 제시하는 게 더 이해가 쉬웠을 것 같다. 의존 명사도 체언이니까 조사가 붙어야 하는데, '대로'보다는 '것'을 제시하는 게 더 많이 쓰이는 사례이고, 조사도 다양하게 붙으니 더 대표적인 것을 가지고 이해하는 게 더 쉬웠을 것 같다. [학습자 자료]

(4) 또한 명사 중에는 그 앞에 꾸며 주는 말이 있어야만 문장에서 쓰일 수 있는 것들이 있습니다. 예를 들어, "기현이는 노래하는 것을 좋아한다."라는 문장에서 '노래하는'이 빠지고 '것'이라는 명사만 온다면 어떻게 될까요? "기현이는 것을 좋아한다." 문장이 어색해지지요? 이런 명사를 의존 명사라고 합니다. 의존 명사는 꾸밈을 받아야 문장에서 쓰일 수 있지만, 그 이전에 자립성을 가지는 형태소이고 명사에 속하는 단어입니다. 문장 속에서는 띄어서 써야겠지요. [학습자 자료]

이에 더해, (4)에서는 의존 명사가 통사론적 의존성을 지니기는 하지만 엄연히 '명사의 하위 개념'이며, 따라서 띄어쓰기의 단위이기도 하고 자립 형태소로 분류되어야 한다는 점이 추가적으로 구성된다[3]. 학습자들이 의

---

2) 고영근 · 구본관(2008:66)에서는 의존 명사가 어떠한 격 조사와 주로 결합하는가에 따라 '주어성 의존명사, 서술성 의존명사, 부사성 의존명사'로 분류하고 '것'과 같이 결합의 제약이 적은 의존 명사는 '보편성 의존 명사'의 지위를 부여한다. 이때, '대로'는 조사를 취하지 않은 채 부사어 노릇을 한다는 점에서도 더욱 비전형적인 의존 명사이다.

3) 김문기(2013:65)에서는 의존 명사는 홀로 쓰이지 못하고 반드시 수식어가 있어야 쓰일 수

존 명사의 띄어쓰기에 많은 오류를 보이며(남지애, 2008), '의존성'에 이끌려 의존 명사를 의존 형태소로 분류하는 경우가 많다는(조진수, 2014) 점을 고려할 때, 자립 명사와 대비되는 통사론적 의존성에만 함몰되지 않고 이러한 지점으로까지 개념 구성을 확장하는 것은 매우 유의미하다. 이 역시, '것'이라는 전형적인 사례를 표상하여 의존 명사를 체언이라는 상위 개념에 비추어 구성하였기에 가능한 인식이다.

또한, 교과서에서는 동등한 비중으로 기술된 사례들이라 하더라도, 학습자들은 이 가운데 상대적 차이가 두드러지는 사례들을 전형적이라 판단한다. 이러한 양상은 모음 체계의 분류 기준에 대한 내면적 구성 결과를 보고하는 (5)에서 확인되는데, 주지하듯이 모음은 능동부와 고정부 사이에 어느 정도 간격을 둔 상태에서 조음되어 그 조음 위치를 정확하게 지정하기가 매우 어려운 것이 사실이다(이문규, 2004:47). 특히, 학습자들에게 '입천장의 중간점을 기준으로 혀의 최고점이 앞쪽에 있느냐, 뒤쪽에 있느냐'라는 개념은 가시적으로 인식하기 어려운 대상이며, 개구도(開口度, aperture)에 따라 '고모음 : 중모음 : 저모음'으로 분류하는 '혀의 높낮이' 역시 상대적 비교를 통해 형성되는 개념이어서 명확한 이해가 쉽지 않다. (5)에서는 이러한 추상성을 극복하기 위해 [ㅣ]와 [ㅏ]만으로 '혀의 앞뒤', '혀의 높낮이' 개념을 구성하는데, 다른 모음들에 비해 상대적으로 '혀의 앞뒤'와 '혀의 높낮이'의 측면에서 간극이 큰 모음들을 전형적인 사례로 간주하여 해당 개념들을 표상하는 것이다.

(5) 자, 모음 체계를 정리해 보자. 하나하나 다 해 보면 좋겠지만 시간도 많이 걸리고 정확하게 이해하기도 힘들어. 그냥 쉽게 이해하기 위해서 가장 차이가 많이 나는 'ㅣ'하고 'ㅏ'만 가지고 비교해 보면

있다는 점에서 온전한 단어가 되기 어려우며, 어간, 조사, 어미, 접사 등과 같이 의존 형태소로 분류된다고 언명한다. 즉, 의존 명사는 형식 형태소에 가까울 정도로 그 의미가 추상화되어 있다고 보는 것이다. 그런데 이는 문법 교과서와는 배치되는 관점이다. 문법 교과서의 '단어의 형성' 단원에서는 '할 수 없지.'의 의존 명사 '수'를 자립 형태소로 분류한다.

편해. 자, 'ㅣ' 발음해 보면 혀가 앞으로 오지? 'ㅏ'는? 뒤로 가지? 각각 전설 모음, 후설 모음. 한 번 더 둘 다 발음해 보자. 'ㅣ', 'ㅏ'. 'ㅏ'가 입이 훨씬 더 벌어지지. 그러면 혀는 어떻게 돼? 따라가야지. 입이 벌어지면 혀는 아래쪽으로 같이 내려가지. 즉, 낮아지는 거야. 그래서 저모음이라고 하는 거야. 'ㅏ'는 저모음, 반대로 'ㅣ'는 고모음. [학습자 자료]

이처럼 특정 개념을 표상한 사례들을 일반화함으로써 학습자가 개념을 구성해 갈 때, 사례들이 개념의 속성을 얼마나 전형적으로 표상하는가는 해당 개념을 구성하는 데 결정적인 영향을 미친다. 그런데 학습자들이 이때의 전형성을 판단하는 양상은 보다 다양한 측면에서 확인된다.

우선, 학습자의 앎의 변화가 무에서 시작되는 것이 아니라 학습자가 이전에 갖고 있던 모종의 것에서 시작된다는(김호정 외, 2009:214) 점에서 학습자가 모어 화자로서 지니고 있는 언어적 직관이 사례의 전형성 판단에 일차적인 영향을 미친다.

또한, 제3의 개념이 비의도적으로 표상되어 해당 사례를 이해하기 위해서는 또 다른 문법 개념의 이해가 동시에 요구되는 사례에 대해서도 학습자들은 전형적이지 않다고 판단한다. (6)에서는 자음군 단순화와의 비교를 위해 연음 현상을 설명하는 과정에서 경음화라는 문법 개념이 추가적으로 요구되는 사례에 대해, (7)에서는 관형절을 표상하면서 후술되는 서술절 개념도 동시에 담고 있는 사례에 대해 전형성의 문제를 지적한다.

(6) 예로 든 '없어[업써]'는 자음이 다음 음절의 첫소리로 이어졌다면 [업서]라고 발음되어야 할 텐데, [ㅆ]으로 발음되어 의문이 든다. [학습자 자료]

(7) 163쪽에 '좋은 차는 몸이 먼저 느낍니다.'라는 문장이 나온다. '예쁜 꽃이 피었다.'를 배웠기 때문에 '좋은 차'에서 관형절을 뽑아내는 것은 할 수 있었는데, 보니까 '몸이 느끼다'도 포함되어 있어서

그냥 관형절만 뽑아내면 되는지 헷갈렸다. 뒤에 가서 나오는 서술절 개념이 들어간 것도 같은데, 이런 부분까지 명확하게 설명해 주었으면 좋겠다. [학습자 자료]

나. 비전형적 사례를 통한 개념의 정교화

일반적으로, 문법 개념과 그것이 표상된 사례 사이의 상응성이 떨어지는 비전형적인 사례는 학습자들이 해당 개념을 구성하는 데 방해 요인으로 작용한다. 그런데 개념이란 특정 사물이나 사건, 상징적인 대상들이 공통적인 속성이나 특성을 기초로 하여 독특한 이름으로 불릴 수 있도록 한 덩어리로 뭉쳐질 수 있는 총체이며(박영목 외, 1995:303), 따라서 특정 개념을 학습한다는 것은 여러 가지의 사상들을 어떤 일정한 규칙에 따라 특정 범주로 분류하는 능력을 갖는 것을 의미한다고(장언효, 2002:68-69) 할 때, 모든 범주가 명확하게 경계 지어질 수 있는 것은 아니다. 다시 말해, 범주화로서의 개념 안에는 경계선에 놓이는 대상들이 반드시 포함된다는 것이다.

특히, 문법은 '어느 정도 대체적인' 현상으로, 다른 것들보다 더 일관되게 적용되는 규칙들을 갖고 있을(김지홍 역, 2003:20) 뿐, '딱 들어맞는' 기준으로 언어 현상을 범주화하기 어렵다. 문법 용어 자체가 불완전하여 개념 정의가 쉽지 않음에(민현식, 1999:1) 연유하는 이러한 문법의 속성은 학습자들이 문법 교과를 경성 교과로 인식하게 하는 가장 큰 요인 중 하나이다.

그러나 문법을 배우는 과정은, 문법이 어떻게 작용하는지에 대하여 아주 이상화된 개념으로부터 조금 덜 이상화된 개념으로의 점진적인 변화를 포함한다(김지홍 역, 2003:24). 이 과정에서, **해당 개념의 특징을 전형적으로 보여 주는 언어 자료뿐 아니라 의도적으로 선택된 비전형적인 언어 자료는(주세형, 2008:313) 지식이 만들어지는 과정의 참여자로서의 학습자가 점진적 변화를 경험할 수 있게 하는 중요한 기제로 작용한다.**

먼저, (8)은 '누가 보더라도 형태소로 보이는' 전형적인 사례들만으로 해당 개념을 상정하다 보니, '형태소가 최소한 하나의 음절은 된다'는 정도의 오개념을 유발할 수 있음을 자각하고, 이러한 인지적 단절을 메움으로써 형태소 개념을 자기화하여 구성한 결과이다. 일반적으로는 어휘적 의미가 가시적으로 부각되는 단일어 명사를 통해 '최소의 유의미 단위' 개념을 구성함에 반해, (8)에서는 '-ㄴ-', '-ㅆ-', '-겠-'으로부터 형태소 개념에 접근한다. 학습자들의 입장에서 '-ㄴ-', '-ㅆ-'은 음운 단위가 하나의 형태소 지위를 부여받는다는 점, '-겠-'은 어휘적 의미가 아닌 문법적 의미를 띤다는 점에서 비전형적 사례임이 분명하다.

(8) 자, 오늘은 형태소부터 배워 볼 거예요. 이 문장을 보면, '아기가 잠을 잔다/잤다/자겠다' 뭔 말인 줄은 다 알죠? 근데 이걸 보면 어떤 요소로 인해서 세 가지 의미가 다 변했어요. 뭘로 변했을까? 현재, 과거, 미래. 그럼, 이러한 의미 변화를 가져오게 한 건 뭐 때문에 그럴까요? 잘 보면 알겠지만, '-ㄴ-', '-ㅆ-', '-겠-' 이것들 때문에 그렇죠? 근데 이 세 가지가 단어인가? 단어가 될 수는 없죠? 딱 봐도 어떻게 단어가 되겠어요. 그럼, 이런 걸 부를 수 있는 또 다른 개념이 필요해요. 형태소가 바로 그거예요. 교과서 보면, 형태소란 무엇인가? '일정한 뜻을 가진 가장 작은 말의 단위'라고 되어 있죠. 뜻을 가지고 있다는 겁니다. 현재, 과거, 미래 이것도 하나하나의 뜻이라고 볼 수 있지요. [학습자 자료]

형태소를 전형성을 지니는 것과 그렇지 않은 것으로 분류하는 인식은 개별 단어를 형태소로 쪼개는 과정에서도 드러난다. (9)에서는 교과서에서 일정한 기준이 없이 열거된 사례 중 일부는 전형성이 현저히 떨어짐에도 불구하고 이에 대한 추가적인 설명 없이 다른 사례들과 동등한 비중을 부여하는 점을 지적한다. 즉, '시원, 머뭇'은 어근임에는 분명하지만 홀로 쓰이지 못하고 여러 단어에 공통으로 나타나지도 않는 불규칙적 어근인데

(고영근 · 구본관, 2008:204), 이를 '공부, 걱정, 꿈틀' 등의 규칙적 어근과 구분지어 설명하지 않아 형태소 개념 구성에 어려움을 겪는다는 것이다.

(9) 형태소의 개념과 유형 구분을 학습한 뒤에, 주어진 단어를 보고 형태소 분석을 하는 활동을 제시한다. 비교적 간단한 것들도 있지만, '시원하다'의 경우, '시원'이라는 말이 홀로 쓰이는 경우가 아니라서 다소 주저된다. '공부하다', '걱정하다' 이런 말들은 '공부, 걱정'이 따로 분석이 되는 것이 쉽게 이해되지만, '시원'을 따로 분석하면 단어가 아니게 되어서 과연 그래도 되는 건지 의심이 간다. [학습자 자료]

보다 본질적으로, 형태소를 분석하여 단어의 구조를 파악하는 과정에서 용언은 체언에 비해 훨씬 더 비전형적인 속성을 지닌다. 이러한 비전형성을 형태소와 복합어 개념 안에 반영하지 못한 학습자들은 어미를 단어 형성에 참여하는 요소로 인식하여 형태소가 둘 이상이면 복합어로 인식하는 오개념을 흔히 형성한다. 즉, 용언은 단어 형성에 기여하는 어간 부분만을 놓고 형성법을 논하기 때문에 '먹다' 같은 용언의 경우 형태소가 두 개임에도 불구하고 단일어로 처리한다는 사실은 학생들이 늘 어려움을 겪는 설명이라는 것이다(남가영, 2012:22). 또한, 합성 용언 역시 합성 명사와 같이 합성어에 포함됨을 인식하지 못하기도 한다. (10)에서는 이러한 비전형성을 의도적으로 표상하여 단일어 및 합성어의 개념을 정교화하여 구성한다.

(10) 단일어는 하나의 형태소, 하나의 어근으로 이루어진 단어로, '산', '하늘', '동생', '먹었다'가 이에 속해요. 근데 좀 이상하네요. '먹었다'는 '먹-', '-었-', '-다' 세 개의 형태소인데, 왜 단일어일까요? 이때 어간과 어미의 정의가 필요하답니다. '먹었다'는 세 개의 형태소가 결합한 것이지만 어간 '먹-'을 기준으로 하면 하나의 형태소로 이루어진 것으로 본답니다. 어간은 항상 어미를 가지고 다니

는데, 이때의 어미는 문법적인 기능만 더해 주기 때문에 단어를 만드는 것보다는 활용하는 것에 가까워요. 때문에 단어 형성에서는 어미를 빼고 생각하는 거죠. [학습자 자료]

특정 문법 개념을 정의하거나 하위 범주화하는 과정에서 전형성을 벗어나는 속성들이 반영된 경우에도 의도적으로 비전형적 사례를 표상하여 해당 개념의 구성을 정교화한다. (11)에서는 반모음 'ㅣ'가 동화주로 기능하는 비전형적인 사례로 표상하여 구개음화라는 개념을 세밀하게 구성하는데, 특히 학습자들의 시각에서는 'ㅕ'에서 반모음 'ㅣ'가 가시화되지 않는다는 점에서 개념 구성상의 어려움이 예상되는 부분이다. (12)는 교과서의 '성상 형용사, 지시 형용사' 분류에 대해 후자를 '쉽게 형용사라고 생각하지 않는 부분'이라 표상함으로써 형용사 개념을 구성한다.

(11) 구개음화 현상, 딱 한 마디로 하면 'ㄷ, ㅌ'이 모음 'ㅣ' 만나서 'ㅈ, ㅊ'이 되는 거. 예를 들어, '굳이, 같이'. 원래대로라면 [구디], [가티]인데 [구지], [가치]잖아. 이런 게 구개음화야. 근데 이거 봐봐. '붙여' 이거 발음하면 [부쳐] 되지? 어? 'ㅣ'가 아닌데 왜 'ㅊ'으로 변했지? 이런 거도 구개음화야. 'ㅕ' 안에 사실은 'ㅣ'가 숨어 있어. 이중모음 배웠었지? 'ㅕ'는 반모음 'ㅣ'하고 'ㅓ'하고 결합이잖아. 진짜로는 그냥 'ㅣ'가 아니라 반모음 'ㅣ'라고 해야겠지. [학습자 자료]

(12) 형용사는 성질이나 상태라고 했지. '예쁘다, 아름답다, 좋다', 이런 거. 근데 우리가 쉽게 형용사라고 생각하지 않는 부분이 있어. 그런 게 이제 지시 형용사라고 하는데, 말에서도 드러나듯이 어떤 걸 지시할 때 쓰이는 말, '이러하다, 저러하다', 이런 거. 우리가 쉽게 형용사라고 생각하기 쉽지 않은데, 이런 거도 형용사야, 지시성을 나타내는 형용사. [학습자 자료]

다. 대조적 사례를 통한 개념의 구획화

하나의 개념은 다른 개념들과의 상대적인 속성에 비교되는 가운데 범주화되며, 인식 주체가 개념을 구성하는 행위는 결국 변별적 범주의 심적 표상이다. 따라서 유관 개념과의 대비를 통해 해당 개념의 고유한 속성을 파악하는 과정에서 대조적 사례를 반례로 표상하는 일은 일반적인 현상이다. 예컨대 과일이라는 개념을 설명하기 위해 일반적으로 채소라고 생각되기 쉬운 과일인 토마토나 호박 등을 반례로 드는 경우가 이에 해당한다(임청환 · 권성기 역, 2006:217).

특히, 문법은 개념들 간의 관계가 고도의 구조적인 논리 체계 아래 조직되어(김은성, 2012ㄷ:423) 하나의 개념을 정합적으로 이해하기 위해서는 유관 개념과의 비교가 필수적이다. (13) 역시 이에 주목하여 문법 개념을 내면화함을 보고하는데, 이 과정에서 '먹다 : 예쁘다', '젊다 : 늙다' 같은 대조적 사례를 의도적으로 표상하여 동사와 형용사라는 대비적 문법 개념을 구조화하여 구성하는 양상을 확인할 수 있다.

> (13) '먹다'가 동사인 것을 그냥 외우는 것보다는 '예쁘다'는 동사가 아닌 것이라고 외우는 게 편하다. 그러면 자연스럽게 '예쁘다'는 형용사가 된다. 저번에 수업 시간에 '젊다, 늙다'가 나왔는데 '젊다'가 형용사인 것은 쉽게 이해가 됐는데, '늙다'는 동사라고 해서 한참 헷갈렸다. 이런 것들도 왜 그런지 서로 비교해서 암기하면 콕 짚어서 금방 이해가 된다. [학습자 자료]

특정 개념의 속성들을 전형적으로 포함하는 사례와 그렇지 않은 사례들을 비교하는 가운데 명확한 개념을 획득하게 하는 이러한 방식은 개념 획득 모형 혹은 개념 학습 모형이라는 명명으로 이론화되기도 하였다(박영목, 2011:98). 탐구 학습이 개념과 원칙, 일반화 또는 법칙을 가르치는 데 반해, 개념 획득 학습은 개념에 중점을 둔 학습법으로 모든 연령의 학습자들로 하여금 개념을 이해하고 가설 검증을 하도록 짜인 교수 모형으로 의미화되는 것이다(Eggen & Kauchak, 2001:202, 215). 그런데 이는 가르치는 방식을 모형화한 것이어서 교사가 정교하게 위계화된 사례를 제시함으로써 수업 목표에 수월하게 도달하는 일련의 절차를 포함함에 비해(조창규, 2012:552), 학습자가 구성한 산출물을 분석하는 과정에서도 이러한 대조적 사례가 표상되는 양상이 관찰된다.

가장 뚜렷하게는, **일정한 속성을 공유하여 하나의 상위 개념 안에 포함되면서도 상대적으로 변별되는 차이로 인해 달리 범주화되는 인접 문법 개념들을 비교하여 구성하는 과정에서 대조적 사례의 표상이 두드러진다.** 문법 범주를 변별하여 확정하고 그 실현 형태를 체계화하는 문법적 경험이 형식·구조 중심적으로 문법 지식을 구성하는 중핵적인 활동이라고 할 때(남가영, 2007:356), 사례 표상에서도 특정 범주를 인접 범주와 비교하는 가운데 문법 개념을 세밀하게 포착한다는 것이다.

먼저, 교과서에서는 대등절과 종속절로 이원화되는 이어진문장의 하위 분류는 범주 간 경계를 두고 학문적 논쟁이 생생하게 전개된 사안 중 하나인데[4], 이로 인해 (14)는 해당 개념들을 이해하는 과정에서 인지적 단절이 발생함을 호소한다. 동형의 문장 구조를 형성하게 하는 어미 '-지만'을 두고 계열성이 확보되지 않은 문장 사례를 표상해서는 대등 접속과 종속 접속이라는 변별적 개념을 비교하기 어렵다는 것이다. 반면, (15)는 해당 사례들을 개념 구성상의 난점으로 남겨 놓지 않고, 의도적으로 대조화하여 표상함으로써 두 개념 간의 변별적 속성을 포착해 내는 양상을 확인할

4) 겹문장의 분류에 대한 가장 파격적인 주장은 민현식(1999)으로, 종속절뿐 아니라 대등절을 모두 부사절에 포함함으로써 접속의 개념을 상정하지 않는다. 한편, 이관규(2002)에서는 문법 교과서에서 대등절로 분류하는 '대조' 역시 선후행절 사이의 교호성과 대칭성을 고려하여 종속절에 포함한다. 또 한 가지 흥미로운 점은 한국어교육 문법에서는 대등 접속과 종속 접속을 굳이 구분하지 않는다는 사실인데, 외국인 화자에게는 연결의 표지가 되는 연결 어미의 의미가 문법적인 범주 구분보다 중요하기 때문인 것으로 해석됨을 고려할 때(유현경, 2013:108), 향후 '의미·기능 중심의 문법 교육'과 '형식·구조 중심의 문법 교육'에서 변별적으로 유표화되어야 하는 문법 범주를 고민하게 하는 부분이다.

수 있다.

(14) 166쪽에서 대등하게 이어진문장 '눈이 내리지만, 날씨가 춥지는 않다.'가 나와 있고, 168쪽에는 종속적으로 이어진문장으로 '나는 철수를 자주 만나지만, (그를) 좋아하지는 않는다.'가 나와 있다. 둘 다 '~하지만, ~하다'의 구조인데 하나는 대등이고 하나는 종속이다. 혼란스럽기만 한데도 이에 대한 명확한 설명은 어디에도 나와 있지 않아 이해가 가지 않는다. [학습자 자료]

(15) 종속적으로 이어진문장에서 예문 보면, '나는 철수를 자주 만나지만, (그를) 좋아하지는 않는다.' 이거 있죠. 근데 앞에서 보면, '눈이 내리지만, 날씨가 춥지는 않다.' 이거는 대등적으로 이어진문장이었죠. 이상하죠. 비슷한 거 같은데, 하나는 대등이라 하고 하나는 종속이네요. 의미를 잘 따져 봐야 해요. 눈이 내리는 거랑 날씨가 안 추운 거는 딱 반대되는 거니까 대조의 의미를 가지네요. 대조는 아까 대등한 것 중의 하나였죠. 근데 철수를 자주 만나는 거랑 좋아하는 거는 딱 대조의 의미는 아니죠. 뭔가 조건이라든가, 양보, 이런 말이죠. 철수를 자주 만날지라도, 이렇게 해도 되잖아요. 이런 거는 종속이 돼요. [학습자 자료]

실질 형태소와 형식 형태소 역시 경계가 명확하지 않아[5] 학습자들이 차이에 주목하여 구조화하기 어려워하는 문법 개념 중 하나이다. 남가영(2013ㄴ:113)에서는 단어 형성법의 대표적인 오개념으로 '문법적 의미, 문법적 기능의 의미를 이해하지 못한다는 점'과 '접사가 형식 형태소라는 점을 이해하지 못함'을 꼽는데, 이러한 양상은 문법 교과서에 표상된 사례가 두 개념을 관계 지어 구성하는 기능을 수행하지 못할 때 더욱 부각된다.

5) '형식적 의미, 형식 형태소'라는 용어 자체가 지나치게 '형식적'이어서, 문제의 대상이 지니는 성질을 드러내기에 매우 좋지 않은 용어라는 지적(이선웅 · 이은섭, 2013:270) 역시 수용할 필요가 있다. 학교 문법에서 형식적 의미는 곧 문법적 의미로 환언되는 마당에 개념어의 정확성 면에서나 교육의 편이성 면에서나 '문법적 의미, 문법 형태소'의 용어 선택이 더 바람직하다는 것이다(이선웅 · 이은섭, 2013:271).

실상, 국어의 접사에서 문법 형태소로 볼 수 있는 것은 겨우 얼마 안 되는 지배 접사 정도인데 그것조차 가의성을 지니고 있어 파생 접사는 전반적으로 어휘성이 두드러진다(민현식, 1994:116). 이 점에서, 파생 접사는 어휘 형태소와 문법 형태소의 중간 정도에 위치한다고(고영근, 1993:119) 볼 수 있는데[6], 다시 말해 '군-', '짓-', '새-/시-', '샛-/싯-' 등의 파생 접사는 '-가, -을, -고, -다' 등의 격 조사나 어미에 비해 문법 형태소로서의 전형성이 현저히 떨어진다는 것이다[7]. 이러한 사정에도, 교과서에서 실질 형태소와 형식 형태소에 대한 세밀한 비교가 없이 파생 접사를 표상하는 사례들을 하나의 범주 내에 일방적으로 편입시킴으로써 학습자들의 구조화된 문법 개념 구성의 가능성을 원천적으로 차단한다. 이에 반해, (16)의 학습자는 흔히 실질 형태소로 분류하기 쉬운 '헛-'을 의도적으로 노출하고 그 대조적 사례로 '책, 가방'을 표상함으로써 '실질 형태소에 붙어 의미를 더한다'는 형식 형태소의 개념 구성을 정교화함은 물론 실질 형태소와 형식 형태소 간의 변별적 관계도 표상한다.

(16) 이건 조금 헷갈리는 부분이니까 잘 봐야 합니다. 아까 실질 형태소와 형식 형태소로 형태소를 나누었습니다. 구체적인 대상이나 상태의 실질적 의미냐, 문법적 의미냐를 기준으로 구분했지요. '책가방', 이걸 나누어 보면 '책'과 '가방'입니다. 둘 다 딱 보기에도 실질 형태소네요. 그러면 '헛수고'를 나누어 볼까요? 일단 '헛'과 '수고'. 둘 다 의미가 있지요. '헛'은 '쓸 데 없는'의 의미이고, '수고'는 '수고하세요' 할 때의 그 '수고'이죠. 그러면 의미가 있으니까 이것도 둘 다 실질 형태소일까요? 아닙니다. '수고'는 실질 형태소

---

6) 민현식(1994)에서는 이렇듯 어휘성과 문법성이 혼재한 부류인 파생 접사를 '어휘문법 형태소'라는 제3의 범주로 분류해야 함을 언명한다.

7) 임지룡(2013:17-20)에서는 인지언어학의 원형 이론을 원용하여 문법 범주들 간의 전형성 차이를 설명하는데, 예컨대 자립 명사는 의존 명사에 비해 명사로서 원형적이며, 본동사는 보조동사에 비해 동사로서의 전형성을 확보할 수 있다는 것이다. 또한, 성상 부사, 지시 부사, 부정 부사, 접속 부사의 순으로 부사로서의 원형적 자질이 줄어든다.

가 맞지만 '헛'은 형식 형태소입니다. '쓸 데 없다'는 의미가 있는데도 왜 그럴까요? 이걸 여러분들이 많이 어려워합니다. '책, 가방, 수고'하고 '헛'은 어떤 차이가 있나를 따져 봐야 합니다. 바로, '혼자 쓰일 수 있느냐'가 차이가 나죠. '헛'은 혼자는 못 쓰이고 '수고, 일, 소리' 같은 다른 말에 붙어서 써야 하죠. 그러니까 아무리 의미를 가지고 있다고 하더라도 자기 혼자로는 의미를 못 드러내고 다른 말에 붙어 의미를 추가해 주는 기능을 할 뿐입니다. 그래서 실질이 아닌 형식인 겁니다. 잘 기억해 두세요. [학습자 자료]

반대로, **범주 간의 경계가 비교적 뚜렷한 경우에도 두 범주를 넘나들 수 있는 사례를 의도적으로 표상하여 범주 간 차이를 희석시킴으로써 오히려 문법 개념 간의 구조적 구성을 정교화해 나가는 양상도 관찰된다.** (17)에서는 자동사와 타동사를 구성하는 과정에서 '자동사 멈추다 : 타동사 멈추다'의 대조적 사례를 의도적으로 표상한다. 이를 통해, 상대적 문법 개념들을 비교적으로 구성함은 물론 하나의 동사가 형태 변화 없이 자동사와 타동사로 모두 쓰이는 이른바 능격 동사도 존재한다는 문법 개념까지도 확장적으로 구성한다. 교과서에서는 이와 관련된 기술이나 사례가 제시되지 않음에도, 굳이 이러한 대조적 사례를 개념의 구성 과정에서 표상하는 것은 문법 개념 간의 경계를 희미하게 함으로써 오히려 해당 문법 개념의 미세한 구성까지를 촉발하기 위함이라는 해석이 가능하다.

(17) 자동사는 주어에만 영향을 미치고, 타동사는 목적어까지 영향을 미치는 거라고 했잖아. 근데 이상한 것들도 있어. 좀 재밌어. 봐봐. '차가 멈추다' 이러면 목적어 없어도 되니까, 자동사잖아. 근데 '경찰이 차를 멈추다' 이거도 되잖아. 뭐야, 이건 목적어 있어야 하잖아. '멈추다' 같은 말은 자동사도 되고 타동사도 되고, 이런 말들이 몇 개 있어. 자동사랑 타동사랑 딱 나눠지는 게 아니고. [학습자 자료]

(2) 비유의 표상

표상의 주요 방식 중 하나인 비유는 새로운 것을 이미 알고 있는 지식에 능동적으로 접목시키는 구성주의적 학습의 과정(김영민, 2012:133) 그 자체이다. 무엇인가에 대해 학습하는 일이 친숙하지 않은 대상을 이해하기 위해 기존 지식을 배경으로 새로운 지식을 능동적으로 구성하는 속성을 지닌다면, 알고 있는 것과 학습해야 할 새로운 지식 사이의 유사점을 이끌어 내어 새로운 지식에 대한 의미를 구성하는 과정은 필수적이며, 이때 비유는 이 과정을 매개하는 인식 기제로(이관희, 2012:110) 동원될 수 있다는 것이다.

비유가 지니는 이러한 표상력은 문법 개념에 대해서도 예외가 아니어, 비유는 모어 화자로서 직관적으로 인식해 오던 언어 현상과 과학적 개념을 동원하여 언어 현상을 체계적으로 재인식하는 과정 사이의 간극을 좁히기 위한 중요한 기제로 기능한다. 즉, 추상적인 문법 개념을 자기화하여 구성하는 과정에서 보다 친숙하고 가시적인 구체물을 통해 문법 개념을 표상할 수 있다는 것이다.

그런데 비유는 비가시적 개념을 가시화함으로써 이미 알고 있는 지식과 새로운 지식 사이의 인식론적 간격을 극복하게 하는 핵심적 도구이면서도(권석일 외 역, 2010:118), 비유물과 대상 사이의 수많은 차이들에도 불구하고 특징적인 공통점들만을 선택적으로 사상(mapping)시키는 표상 방식이다.

가. 구체물로의 사상을 통한 개념의 가시화

비유의 핵심 속성은 막연하고 어렵고 낯선 범주의 대상을 구체적이고 쉽고 친숙한 범주의 대상에 사상함으로써 전자에 대한 이해를 도모하는 데 있다. 추상적인 개념의 이해와 명료화를 촉진하는(Duit, 1991) 비유의 이러한 역할은 (18)에서도 발견된다. 음운이라는 문법 개념을 학습자가 구성한 결과인데, 여타의 문법 단위가 사용 단위로 기능함에 비해 음운은 인식과 분석의 단위로 작용한다는 점에서 학습자들에게 개념적 구성이 어려운 대상이다. 음운이 지니고 있는 '음성에서 공통적인 요소만을 뽑아서 머릿속에서 같은 소리로 인식하는 추상적인 말소리'라는 의미 자체에 구체성이 확보되지 않아 학습자들의 구성을 돕지 못하기 때문이다. 이러한 추상성을 극복하기 위해 **'글꼴과 글자'라는 구체물에 음성과 음운의 관계라는 문법적 속성을 사상하는 비유적 표상을 거치며, 이를 통해 음운이라는 추상적 개념을 가시화하여 구성한다.**

(18) 자, 예를 들어서 컴퓨터로 '한글'이라고 친다고 해 보자. 신명조로 쓰든, 굴림으로 쓰든, 궁서체로 쓰든 글자 모양은 제각각이지만 우리는 이것들을 모두 '한글'이라고 읽지. 음운도 마찬가지. 사람에 따라 'ㄱ'을 시로 다르게 발음하고, 상황에 따라서도 막 기계로 분석하고 그러면 서로 다른 소리일 거야. 근데도 우리는 이거를 전부 'ㄱ'이라고 인식을 하고 알아듣지. 이런 게 음운이야. 음성과 음운의 차이. 글꼴과 글자의 차이. [학습자 자료]

(19)에서도 이러한 양상을 확인할 수 있는데, 보조 용언 그 자체는 비교적 구체적인 문법 개념이지만 본용언과 대비되는 보조 용언의 개별 속성들은 추상성이 높아 이를 '보조 요리사'라는 구체물로 사상하여 개념을 가시화하는 것이다. 예컨대, 보조 용언의 통사론적 의존성은 ㉯로 구체화되고 '완료, 진행, 보유, 당위, 짐작, 강조' 등의 가의성은 ㉰로 사상된다. 또한, 의존성을 지니는 보조 용언 역시 하나의 단어로서의 위상을 지닌다는 점, 즉 의존명사와 함께 준자립 형식으로 다루어짐은(고영근 · 구본관, 2008: 101) ㉮를 통해 가시적으로 표상된다.

(19) 용언은 그 자체로도 구분이 가능해요. 본용언, 그리고 보조 용언. (…중략…) 호텔 같은 데에서 밥 먹을 때, 쉐프가 있고, 그 밑에

보조 쉐프가 있잖아요. ㉮ 얘도 쉐프는 쉐프이지. 쉐프 혼자도 요리를 만들 수 있지만 보조들이 막 도와주지. ㉯ 근데 보조들은 혼자 요리를 만들지는 못해. 그리고 ㉰ 쉐프랑 보조 쉐프랑 같이 만들면 쉐프 혼자 만든 거랑은 다른 요리가 나오겠지요. 용언도 마찬가지. 본용언은 혼자서도 쓰이지만 보조 용언이랑 같이 쓰이면 다른 의미가 됩니다. [학습자 자료]

한편, 문법 개념 자체는 아니지만 해당 개념을 구성하는 과정에서 필연적으로 개입되어야 하는 언어 현상의 가시성을 획득하기도 한다. (20)에서는 동화라는 추상적 개념에 전제되는 '조음 위치나 방식을 고려한 발음 경제성 혹은 효율성'을 가시화하여 다루기 위해 '유사한 부류의 신체 활동'이라는 구체물을 상정한다.

(20) 그러면 이 동화는 왜 일어나는가? 우리가 예를 들어 보면, 우리가 막 배드민턴을 치다가 막 달리기를 하는 것보다는 배드민턴을 치다가 비슷한 운동인 테니스를 치는 게 더 쉽겠지. 동화도 비슷한 의미로 발음하는 하는 방법이 비슷하거나 위치가 비슷하면 더 발음하기가 쉽겠지. 그래서 동화가 일어나는 거야. [학습자 자료]

그런데 비유는 추상적이고 낯선 개념이나 현상을 설명하고 모델링(modeling)하며 재개념화하는 표상 방식이라는 점에서(신선경, 2006:140), 구체물을 상정하여 개념을 가시화하는 과정에는 인식 주체의 가치 판단이 개재하기 마련이다. 다시 말해, 비유를 통해 정보나 경험을 대상의 특징에 대한 개념적 이해에 맞추어 조절하고 동화할 때(이기홍, 2008:137), 여기에는 이미 해당 개념을 특정의 무엇으로 본다는 관점이 반영되는 것이다. 예를 들어, (21)에서는 부사를 쓰레기통에 비유하여 다른 품사들보다 범주적 개방성이 높음을 표상하는데, 용언 수식이라는 기능 이외에 체언 수식, 부사 수식, 문장 수식, 문장 접속, 단어 접속 등을 모두 포함하는 부사 범주에 대한 가치 부여 양상이 확인된다.

(21) 그런데 부사는 품사계의 쓰레기통이라는 별명을 가지고 있어요. 단어들의 품사를 분류하다가 어디로 분류해야 할지 모르겠는 단어들은 모두 부사로 분류해 버리기 때문이에요. 그래서 꼭 다른 단어나 문장을 꾸며 주지 않더라도 부사에 속한 단어들이 있어요. 예를 들어, 우리 영어에서 접속사로 배우는 것들 있죠? 국어에도 그런 말들이 있는데, '그리고, 그러나, 및'과 같은 단어들은 부사로 분류시킨답니다. [학습자 자료]

비유 표상에 작용하는 이러한 가치 판단은 자칫 문법 개념을 가시화하는 과정에서 적절하지 않은 구체물을 상정하게 하기도 한다. 예컨대, (22)는 ㉣와 같은 가치를 부여하여 품사 분류 기준의 하나인 '형태'를 '외형적인 생김새나 모양'으로 과도하게 가시화한다. 구조적이거나 기능적인 유사성이 아니라 표면적으로 드러나는 유사성에만 주목한다는 것이다. 문법 개념으로서의 '형태(form)'는 문장의 일정한 자리에서 단어가 보이는 형태, 즉 어미에 의한 굴절의 양상을 의미함에도 불구하고 이를 '단어의 생김새' 정도로 구체화함으로써 '가변성과 불변성'이라는 핵심 속성으로까지 연결되기 어려운 구체물을 상정하기 때문이다.

(22) 잠시 여러분이 동생이 늘어놓은 장난감들을 치우게 되었다고 상상해 봐요. 바구니는 3개가 있고, 그 앞에는 야구공, 곰인형, 레고, 그림책, 바비인형, 축구공이 있어요. 여러분은 어떻게 담을 것 같나요? 저라면 아마도 야구공과 축구공, 곰인형과 바비인형, 레고와 그림책으로 나누어 담을 것 같아요. ㉣ <u>제일 쉬운 건, 아마도 생긴 모습이겠죠</u>. 그냥 눈에 보이는 대로 분류하면 되니까요. 동그랗게 생긴 것끼리 담고, 인형의 모습을 띤 것 같이 담고, 딱딱하고 각진 건 또 나누면 되겠죠. [학습자 자료]

나. 선택적 사상을 통한 개념의 초점화

비유 과정에서 개념이 지니는 수많은 속성들을 완벽하게 사상하는 것은 불가능하기 때문에 비유물과 개념 사이의 수많은 차이들에도 불구하고 핵심적인 속성만이 선택적으로 사상된다. 즉, 개념과 관련된 국면들이 전부 사상되는 것이 아니라 상대적으로 우선순위가 높은 것이 우선적으로 사상된다는 것이다(신선경, 2009:144). 레이코프와 존슨(Lakoff & Johnson, 1980:10)에서 비유의 본질적인 특성 중 하나로 '부각(highlighting)'과 '숨기기(hiding)'를 꼽는 것도 이러한 이유 때문이다.

추상적 문법 개념을 비유하는 과정에서도 이러한 속성이 그대로 전이되어 해당 개념이 지니는 다양한 속성들 중 일부만이 선택되어 구체물에 사상되고 나머지 속성들은 소거되거나 주변적인 것으로 전락한다. 이때, 어떤 속성이 선택되어 표상되는가는 학습자들이 해당 개념의 다양한 속성 중 어디에 초점을 두어 개념을 구성하는가에 따라 결정된다. 예컨대, (23)에서 서술절을 표상하기 위해 기숙사생이라는 비유물을 상정한 것은 해당 개념이 지니는 다양한 문법적 속성들 중 '절 표지 없음'이라는 속성을 초점화한 결과이다.

> (23) 여타의 안은문장들 속에 안긴 명사절, 관형절, 부사절, 인용절은 통학하는 학생, 안긴문장을 해당 절로 만들어 주는 요소들은 집에서 배웅하고 학교 갈 수 있도록 준비를 도와주는 어머니와 같다면, 이 서술절은 혼자 준비하고 학교로 가야 하는 기숙사에서 생활하는 기숙사생이라 볼 수 있습니다. 혼자서 척척 결합하는 것이죠. "내가 밥이 적다"와 같은 형태를 흔히 보이게 되는데, '밥이 적다'가 전체가 서술어의 역할을 해서 주어 '내가'에 결합하는 형태입니다. [학습자 자료]

학습자들이 절 표지에 주목하여 서술절 개념을 구성하는 이유는 (24)에서 확인 가능한데, 전성 어미, 연결 어미, 인용격 조사 등의 특정 표지가 등장하지 않는 것이 서술절의 핵심 속성임에도, 교과서에서는 이를 추상적으로만 기술하다 보니 해당 개념을 구체화하기 어려웠던 것이다.

(24) 절 표지가 따로 없다는 것이 무엇을 의미하는 것인지 잘 모르겠고, 절 표지가 무엇인지, 따로 없다는 게 무엇인지 잘 몰라도, 다른 안긴문장과 비교함으로서 차이를 보여 주면 무엇을 의미하는지 알 수 있을 텐데 주어진 문장만으로는 의미하는 바가 무엇인지 잘 모르겠다. [학습자 자료]

한편, 절 표지 자체를 구체물로 표상하는 비유도 확인되는데, (25)에서는 '안은문장'이라는 용어에 주목하여 '안기 위한 도구'인 '포대기'에 전성 어미를 사상한다. 즉, 명사절, 관형절, 부사절에서는 이러한 포대기가 상정되지만 서술절에서는 '서술어형 어미'라는 포대기가 필요하지 않다는 것이다. 그런데 전성 어미가 용언의 본래 기능인 서술 기능을 체언 혹은 수식언의 기능으로 바꾸는 것은 아니며 이들 용언은 여전히 서술어로 기능한다는 점에서(이정택, 2005:12-13), 전성 어미에는 여전히 서술성이 전제되어 있다[8]. 그러나 학습자의 입장에서는 전성 어미가 결합한 용언이 내포문에서 여전히 서술어로 쓰이는 지점은 주변적인 속성이며, 전성 어미의 핵심 속성은 '전성'에 있다는 초점화가 이루어진 것이다.

(25) 안은문장은 엄마가 아이를 안고 있는 모습 생각하면 쉽다고 했잖아. 근데 그냥 안으려면 아무래도 힘이 들지. 잘 안기고 잘 안으려면 포대기 같은 게 필요해. 예를 들어서, '나는 그가 성공했음을 알았다.' 여기에 '그가 성공했다.' 이게 안겨 있지. 그런데 그냥

8) 허웅(1995:519-520)에서는 어말 어미를 한 자격을 지니는 어미와 두 자격을 지니는 어미로 구분한다. 즉, 서술어로서의 기능만을 수행하는 어미와 이에 더해 체언 또는 수식언으로서의 기능을 동시에 수행하는 어미가 존재한다는 것이다. 전성 어미는 후자에 해당할 것인데 학습자의 시각에서는 모든 어말 어미에 공통적으로 부여되는 서술어로서의 기능은 초점의 대상이 되지 못한다.

안 안겨 있지. '그가 성공했다를 알았다.' 말이 안 되잖아. 안기려면 '-다'를 빼고 '-음'이 들어간 거지. 이런 거 포대기 같은 거. 안기려면 필요한 거. 이런 걸 명사형 어미라고 불러. 뒤에 관형사형 어미, 부사형 어미 뭐 이런 거 나오는데, 다 마찬가지야. 안으려고 쓰는 포대기. 이렇게 생각하면 돼. (…중략…) 아까 포대기 필요했잖아. 근데 서술절은 포대기가 없어. 그냥 맨몸으로 안는 거지. '토끼는 앞발이 짧다.' 여기 뭐 없잖아. 그냥 분리해도 '앞발이 짧다.'잖아. 뭐가 바뀐 게 없잖아. 그래서 포대기가 필요 없으니까, 서술어형 어미? 뭐 이런 건 없는 거야. [학습자 자료]

이처럼, 어떠한 비유도 절대적 일치를 보여 주지는 않아 비유는 무언가를 드러나게 하는 만큼이나 무언가를 숨기는 구실을 한다(김영민, 2012:28). 이때, 비유의 질은 비유물 영역에서 목표 영역으로 대응할 수 있는 관계의 수에 따라 좌우되지만(Gentner, 1983), 사상되는 속성의 수효보다 더 중요한 것은 어떠한 속성을 사상의 대상으로 삼느냐 하는 문제이다. 결국 개념을 이해한다는 것은 그 개념에 대해 '어떤' 이해를 한다는 것이고, 비유물로 사상할 개념의 속성을 결정하는 단계에서부터 이미 '어떤'의 방향성이 결정되기 때문이다. 예를 들어, (27)에서 목적어 개념을 건더기 스프라는 구체물에 비유하는 것은[9] '서술어에 따른 수의성'을 목적어가 지니는 핵심 속성으로 간주하였기 때문일 것인데, 해당 학습자가 목적어의 개념 구성 과정에서 어려움을 호소한 (26)에서 그 원인을 추적할 수 있다.

(26) 목적어와 보어를 왜 주성분이라고 하는지 모르겠다. 주성분은 쉽게 말해 반드시 있어야 하는 성분인데 이건 그때그때 다르다. 서

9) 그런데 이 비유는 '서술어에 따른'이라는 중심 전제가 사상되지 않아 다소 위험한 표상일 수 있다. 단순히 수의성에만 주목하여 상정된 비유물이기 때문에 관형어, 부사어 등의 수의 성분과의 변별을 담보하기 어렵다는 것이다. 건더기 스프는 '수의적이지만 있으면 맛을 더 잘 낸다'는 속성을 부각하게 하여 오히려 수의 성분의 표상에 적합한 점도 해당 비유의 타당성을 떨어뜨린다.

술어 자릿수 할 때나 자동사랑 타동사 구분할 때만 생각해 봐도 쉽게 알 수 있다. 결국, 목적어와 보어가 필수적으로 필요한 경우는 일부 서술어에서만 그런 것인데도 무조건 필수 성분이라고 해야 한다는 것이다. [학습자 자료]

(27) 목적어도 문장의 주성분으로 사용됩니다. 라면을 끓이는 상황을 생각해 봅시다. 라면에는 사리와 분말 스프와 함께 건더기 스프도 들었죠? 건더기 스프는 라면의 본래의 맛을 이루는 데 필요하지만, 사리와 분말 스프처럼 핵심적인 요소는 아닙니다. 건더기 스프를 넣지 않아도, 나머지 두 요소만으로도 라면을 먹을 수 있기 때문이죠. 그렇지만 상당수의 경우, 건더기 스프를 넣지 않으면 라면 맛이 불충분하게 되죠. 목적어가 마치 건더기 스프와 같은 역할을 문장 속에서 담당합니다. 목적어는 서술어의 동작 대상이 되는 문장 성분을 뜻해요. '초롱이는 공부를 좋아해.'라는 문장을 보면, 초롱이가 좋아하는 동작 대상이 '공부'라는 것을 의미하죠. 위 문장의 '공부를'과 같은 성분을 목적어라고 합니다. 다만, 건더기 스프처럼, 목적어가 필요 없는 경우도 존재합니다. 수업 초반에 '그것은 불이다.'라는 문장을 살펴보았죠? 여기서 서술어인 '불이다'가 영향을 미치는 대상은 나타나지 않으며, 따로 쓰일 필요가 없다는 것을 알 수 있습니다. 이처럼 몇몇 서술어에서는 목적어가 필요하지 않기 때문에, 문장의 뼈대를 이루면서도 주어, 서술어와 같이 모든 문장에서 필수적으로 사용되지는 않습니다. [학습자 자료]

(3) 일상어의 표상

특정 대상에 대한 인식은 모든 의식적이고 명확한 이해 이전의 이해, 곧 전이해를 출발점으로 삼아 이루어진다(전숙경, 2004:65). 특히, 지식을 고정된 채로 존재하는 대상이 아니라 학습자에 의해 만들어져야 할 것으로 규정하는 구성주의적 인식론에서는 학습자가 이미 알고 있는 앎이 더욱 강조된다.

비고츠키(Vygotsky, 1934)에서는 이를 '자발적 개념'과 '과학적 개념' 사이의 교차를 통한 개념의 발달로 설명하는데[10], 후자는 교과나 학문에서의 인위적인 문화적 경로로 습득되는 개념인 반면 전자는 과학적 개념의 이전 형태로 생활이나 경험을 통해 자연 발생적으로 확보되는 개념인데, 개념의 형성은 자발적 개념이 과학적 개념으로 근접해 가는 양상으로 전개되어 이를 통해 학습자는 지속성과 계속성을 확보한다는 것이다.

남가영(2011ㄴ)은 문법 교육의 장면에서 이 문제를 다루는데[11], 문법 교육은 결국 모어 화자로서 직관적으로 인식하고 있던 언어 현상을 과학적 개념을 동원하여 구조적·체계적으로 재인식하는 과정이며, 이 과정에서 개념에 대한 학습자의 기존 인식은 언어적·명시적·구조적 형태로 재구성되어 좀 더 수준 높은 형태로 발달한다(남가영, 2011ㄴ:122).

이때, 용어는 개념을 표상하는 음가적 또는 상징적 표현물이며 따라서 개념은 용어를 통해 소통되고 구성된다는 점에서, 개념이 표층화된 용어에 주목할 필요가 있다. 특히, 전문어는 일반적으로 해당 분야의 효율적 소통을 가능케 하는 도구일 뿐 아니라 그 분야에 대한 앎을 드러내는 표지 역할을 하기 때문에 일종의 전문어로서의 문법 용어는 문법적 내용을 담은 개념어이며 용어의 학습은 학습자들에게 곧 문법 개념의 학습과 같은 가치를 지닌다(김은성 외, 2007:23).

그런데 문법 용어는 학습자들이 일상에서 접하는 언어와는 그 성격이 매우 이질적인 고도의 전문성을 띤다. 때문에 학습자들에게 문법 용어는 그 자체로도 생소할 뿐 아니라 일상어와는 다른 의미를 지녀 개념의 구성

---

10) 비고츠키(Vygotsky, 1934)는 '할머니'를 사례로 들어 이를 설명한다. 즉, 아동에게 할머니는 '따뜻한 베개와 같은 존재'라는 자연 발생적 개념으로 형성되지만, 학교 교육을 통해 '혈연 체계 속에 있는 아버지의 어머니'라는 과학적 개념이 형성되어야 해당 개념에 대한 온전한 이해에 도달한 것으로 볼 수 있다는 것이다.

11) 남가영(2011ㄴ)은 자발적 개념에 좀 더 무게가 실리는 초등 문법 교육을 대상으로 논의를 전개하지만 해당 논의의 근본적인 의의를 고려할 때 문법 교육 전반으로까지 충분히 확장될 수 있다.

에 방해 요인으로 작용하는 경우가 많다. 이때, **학습자들은 새롭게 대면하는 문법 용어의 의미를 자신의 자발적 개념 내에서 일상 언어의 의미로 동화하는 양상을 보이기도 하는데, 이는 자신의 입장에서 해당 용어가 지니는 개념적 의미를 구성해 가기 위한 일환으로 해석된다.**

여기에서는 일상어에 조회하여 형식적 문법 용어를 탄력적으로 표상하는 양상을 크게 두 측면에서 살핀다. '일상어 → 전문어'의 과정은 대체로 전문어의 자의적(字義的) 의미를 일상어적으로 풀이하는 양상으로, '전문어 → 일상어'의 과정은 전문어가 일상어화되어 쓰이는 장면을 상정하는 양상으로 구체화된다.

가. 자의(字義)에 주목한 개념의 비형식화

우리말 문법 용어가 정립되는 과정은 주로 순우리말 계열과 한자어 계열의 논쟁으로 압축된다. 학교 문법에서는 음운론의 일부 용어를 제외하고는 후자가 선택된 경우가 많은데 이들 용어들은 대체로 서구식 표현의 번역어이다. 그러나 이들 용어들은 나름대로 그 용어가 나타내는 개념을 잘 드러내도록 교안된 것이며 문법의 전문적 속성만을 고집하지 않고 일상어들에서 목적에 맞게 전용한 경우가 많다. 학술 용어는 그 단어를 접했을 때에 사전을 찾지 않고도 그 단어의 뜻을 짐작할 수 있다면 학술적 개념의 이해가 더 쉬울 것이라는 당연한 전제 하에 그러한 용어가 선정되도록 노력한(류근식 · 권경일, 2014:59) 결과일 것이다[12].

학습자가 문법 개념의 구성을 위해 일상어를 표상하는 양상은 이 지점에서 구체화된다. 즉, **과학적 개념을 직면하고 해당 개념을 중심으로 언어 현상을 조망하는 과정에서(남가영, 2011ㄴ:117) 자발적으로 형성된 자의(字義)로의 번역 과정을 거쳐 특정 문법 용어에 접근하는 것이다.** 쉽게 말

12) 류근식 · 권경일(2014:59-60)에서는 이러한 노력이 배제된 가운데 선정된 대표적인 용어로 수학에서의 '유리수'를 꼽는다. 유리수는 'rational number'의 일본식 번역어를 차용한 경우인데, 유리(有理)라는 표현에서 '정수들의 비례로 표시할 수 있는 수'라는 개념을 추출하는 것은 학습자들에게 거의 불가능하다는 것이다.

해, 특정 문법 개념을 담고 있는 문법 용어 중 '들어보았을 법한' 표현들을 일상적 의미로 풀어 가는 과정을 통해 비형식적이나마 문법 개념을 구성하는 것이다.

(28)에서는 주성분과 대비되는 부속 성분의 의미를 포착하기 위해 '부속실'이라는 일상어에 쓰인 '부속'의 의미를 표상한다. 즉, 논항을 이루어 필수적 성분으로 기능하는 문장 성분들에 '딸림'의 의미를 일상어에 조회하여 표상하면서 '수의성'과 '수식성'까지도 개념화하는 것이다. 불완전 용언 '되다'와 '아니다' 앞에 오는 명사구 논항인 '보어'의 개념을 구성하기 위해 '보(補)'의 자의적 의미를 '보충'으로 풀이하는 (29)에서도 이러한 양상이 확인되는데[13], 특히 '무엇을 보충하는가'로까지 범위를 확장하여 학교문법에서 '합의한' 보어 개념을 표상한다.

(28) 그렇다면 주성분 말고 다음으로는 부속 성분이라는 것이 있는데, '부속'이라는 말이 원래 의미하는 바가 그렇듯이 부속 성분은 문장 속에서 자신이 주인공이 아니라는 겁니다. 왜, 사장님 방 옆에 '부속실'이라고 따로 붙어 있는 거 봤지요? 부속실은 사장님이 일을 잘 수행하게 도움을 주는 기구지요. 있으면 좋겠지만 없다고 해서 사장님이 살지 못하는 건 아니죠. 부속 성분도 그런 겁니다. 도와주는 성분들입니다. 다른 성분들을 돕는 건 대개 꾸며 준다는 말입니다. 그래서 부속 성분에는 꾸며 주는 성분, 관형어와 부사어가 있습니다. [학습자 자료]

(29) 보어는 말 그대로 보충한다는 말입니다. 채워 준다, 보충해 준다. '보충어'에서 '충' 하나 빼고 보면 되네요. 보충해 주는 말. 뭘 보충해 주느냐 하면, 서술어가 꼭 필요로 하는 성분을 보충해 줍니다. 주어나 목적어는 원래 있는 말이니까 보충해 주는 것이 아니고,

13) 학문 문법상으로도 '보충어'라는 용어가 채택되기도 한다. 고영근 · 구본관(2008:299)의 정리에 따르면, '의존 문법의 영향을 받아 서술어 밖의 주성분을 보충어라는 이름 아래 포괄하기도 하며 서술어와 보충어를 주성분으로 간주하고 보충어에 다시 필수적 보충어와 수의적 보충어를 두기도 하는' 등의 대안이 제시되기도 하여 왔다.

'나는 학생이 아니다.', '나는 학생이 되었다.' 이 문장들 보면 '학생이' 이게 없으면 문장이 안 되지요? 그런데 이건 목적어는 또 아닌 것 같습니다. 이런 말들, 그러니까 '되다/아니다' 앞에 있는 것 중에서 주어는 아닌데, 꼭 보충적으로 필요한 말들을 '보어'라고 합니다. [학습자 자료]

한편, 문법 용어 중에는 일상어에서 차용하였더라도 그 의미가 본래 의미와 매우 다르게 전문화된 경우도 있다. 이러한 경우에는 일상적 의미와 문법적 의미의 연결 관계가 비교적 희미하여 학습자들의 해당 용어의 자의적 의미를 풀이하더라도 이를 통해 문법 개념을 정교하게 구성하기 어렵게 한다. 즉, 일상어의 쓰임 때문에 개념의 정확한 이해를 어렵게 한다는(류근식 · 권경일, 2014:65) 것이다. 예컨대, 어간에 어미가 결합하여 형태가 변화하는 현상인 '활용'과 그 상위 개념으로서의 '굴절'은 일상어와는 상이한 의미로 특정화된 용어인데, 학습자들은 해당 개념을 구성하는 과정에서 오히려 이러한 차이를 기착점으로 삼아 문법 개념을 구성하는 양상을 보인다.

(30)에서는 '활용 → 움직임 → 변형'의 일상어로서의 의미 연관성을 추적하여 문법 개념 '활용'의 의미를 비형식적으로 연상하며, (31)은 일상어로서의 '굴절'이 지니는 '꺾임'이라는 자의에 조회하여 어간과 어미를 구분한다. 물론, 문법 용어로서의 굴절은 어미뿐 아니라 조사가 보이는 문법적 관계를 담아낸다는 점에서 이러한 개념적 구성이 완전한 것은 아니지만, 추가적인 도움이 없는 가운데 학습자의 입장에서는 생소하고 추상적인 개념을 두고 '나름대로의' 이해로서의 구성을 시도하는 양상을 확인할 수 있다.

(30) 용언 같은 경우는 우리말 교착어의 특성상 활용을 하게 돼요. '활용'이라는 말을 보게 되면 '활어회', 이거 '활'이랑 같은 말입니다. 살아 있는 회를 먹는 거잖아. '활용'이라고 하면 활동해서, 움직여서 이용해라. 움직이면서 변형을 하라는 말입니다. 또 우리가 '그

책을 활용해라!'라는 말에서처럼 활용은 그냥 그거 그대로 갖다 쓰라는 말이 아니라 변형해서 쓰라는 말이잖아. 용언도 막 변형을 하는데, 그걸 활용이라고 하는 겁니다. [학습자 자료]

(31) 굴절 접사라는 말이 있습니다. 파생 접사랑은 다른 말입니다. 우리가 뭐가 꺾인다고 할 때 '굴절'이라는 말을 쓰지요. '빛의 굴절' 이렇게 쓰기도 합니다. 비슷합니다. 어디를 꺾어 주는 기능을 하는 접사입니다. 예를 들어, '가다'가 '가고, 가서, 가니'가 된다고 할 때 '가-'는 가만히 있고 나머지 부분들이 꺾이지요. 이런 부분들을 가리켜 굴절 접사라고 합니다. [학습자 자료]

나. 일상 용법에 주목한 개념의 공고화

전문어로서의 문법 용어가 일상어에 기반을 두어 차용되었다 하더라도 해당 용어가 지니는 다양한 속성 중 특징적인 자질이 선택되어 다시 일상어로 확장되어 쓰이기도 한다. 이때, **학습자들은 과학적 현상을 설명하는 과정에서 동일한 언어를 맥락이나 상황에 따라 과학적 의미로 사용하기도 하고 일상적 의미로 사용하기도 한다는 점을(양찬종 외, 2011:751) 포착하여 새로운 문법 용어를 자신의 개념 체계 내에 자리 잡고 있는 일상어의 의미로 동화하기도 한다.**

전문어가 일상어로 쓰이는 장면에 주목하는 첫 번째 양상은 일종의 비유어로 전문어가 선택되는 경우이다. 예컨대, (32)는 전문어 '대명사'가 지니는 다양한 속성들을 '대표성'으로 환원하여 일상어로서의 '대명사'에 조회하는 양상을 보인다. 즉, '꽃미남의 대표'를 의미하기 위해 '대명사'라는 표현이 비유적으로 쓰이는 일상 언어적 현상을 표상하여 대명사에 대한 개념 구성을 시도하는 것이다[14].

14) 물론, 문법 용어로서의 대명사와 일상어로서의 대명사는 그 의미 체계가 일치하는 것은 아니어 학습자들에게 오개념을 형성할 위험이 있다. 예컨대, 품사 범주로서의 대명사의 문법적 핵심 속성을 대표성으로 파악하는 것은 온당하지 않으며, 일상어에서의 대명사는 단어 단위 이상의 표현들에서도 사용된다는 차이가 있다.

(32) 다음, 대명사입니다. 대명사 말 그대로 명사를 대신해 주는 말이죠. 우리가 연예인 중에 꽃미남의 대명사? 이러면 누가 떠오르죠? 뭐, 강동원, 원빈 이런 사람들. 꽃미남이라는 말을 한 번에 대신해 주는 말. 이렇게 대명사도 어떤 대상을 대신하여 가리키는 품사입니다. [학습자 자료]

전문어의 일상어화에 주목하는 두 번째 양상은 둘 사이의 차이에 주목하여 문법 개념을 정교하게 구성하는 경우이다. 문법 용어가 일상어로 쓰이는 중에 문법적 맥락과 단절되어 이질적 의미로 전환되는 경우에도 학습자들은 일상적인 경험을 문법적 맥락과 연관 지어 표상함으로써 해당 개념에 대한 구성을 시도하는 것이다. 예컨대, 일상의 범주를 '시험'이라는 특정 장면으로 국한하기는 하지만 (33)은 일상어 '음절'이 문법 용어 '음절'과 의미가 일치하지 않음을 부각하는 ㉮를 통해 해당 용어에 대한 개념적 의미를 구성한다. 특히, 일반적으로 학습자들이 소리 단위인 음소와 문자 단위인 자소의 구별을 어려워한다는 점에 주목하여, 그 원인을 해당 용어의 일상적 의미로서의 사용에서 찾는 점이 특징적이다.

(33) 학교 시험 볼 때 '3음절로 적으시오.' 뭐 이런 말 들어본 적 있지? 대개 몇 글자로 적으라고 하잖아. ㉮ 근데 이게 사실은 조금 잘못된 말이야. 책 보면 '높은 꿈'이 음절이 아니라 '노픈 꿈'이 음절이라고 되어 있지. 그러니까 음절은 소리의 단위야. '높은' 이렇게 쓰는 것은 그렇게 적기로 약속을 한 거고. [학습자 자료]

'단어'에 대한 (34)의 구성 양상 역시 이러한 경우인데, 특히 일상어 '단어'는 그 의미가 전문어 '단어'에 비해 월등하게 우세하여 일상어에 내재한 과도한 비형식성이 오히려 학습자의 문법 개념에 대한 형식적 구성을 왜곡할 위험이 높은 말이다. 즉, '단어'는 일상어에서의 사용 빈도가 대단히 높으면서도 문법적 맥락에서는 일상어와는 아주 다른 특별한 의미로 소통되어 이 사이의 간극을 조정하지 않고, 단어의 개념을 최소의 자립 형식으로 정의한 채[15] 이에 대한 아무런 설명 없이 넘어간다면 학습자는 단어의 개념을 외워야 하는 것으로 받아들일 수밖에 없다(제민경, 2012:196). (34)에서는 일상어 '단어'와 문법 용어 '단어' 사이를 매개하는 과정을 통해 간극을 좁히는데, '영어 단어 암기', '끝말잇기' 등의 일상적 맥락에서 쓰이는 '단어'는 명사로만 한정됨에 비해 품사 분류의 대상이 되는 단위로서의 '단어'는 문법적 맥락에서 특정됨을 표상한다.

(34) 단어라는 말 많이 들어 봤지? 막 영어 단어 줄 치고 외우고 그러잖아. 끝말잇기 같은 거 할 때도 단어 계속 말하잖아. 근데 단어들이라고 하면 흔히 명사 같은 거만 생각하기 쉬워. 끝말잇기 할 때도 그러지. 구두, 두건, 건물 뭐 이런 식으로. 근데 단어는 그런 말, 명사만 말하는 게 아니야. 영어 단어 외울 때 딱 명사 같은 거만 외우지 않잖아. 막 동사, 형용사 이런 거 다 외우고, 전치사 이런 거도 막 외우잖아. [학습자 자료]

2. 문법 개념 관계의 표상 구조화

문법 개념은 그 자체만으로도 인식적 구성의 대상이면서 개념들 사이에서 유도되는 관계의 구성을 위한 기저 역할을 한다. 따라서 단일 문법 개념들을 구성하는 과정에서 발휘되는 조작적 사고로서의 표상은 문법 개념들 사이의 관계를 구성하는 과정에서도 동원된다. 여기에서는 사례와 비유의 두 측면에서 이러한 양상을 살필 것이다.

15) 단어는 정의하기 어렵다기보다는 관점에 따라 달리 정의되어야 할 개념이다(이선웅, 2006: 449). 최소의 자립 형식이라는 가장 고전적인 정의는 블룸필드(Bloomfield, 1933)의 음운론적 관점에 따른 것인데, 관점에 따라서는 음운론적 단어와 통사원자(박진호, 1994), 어소, 문법론적 단어, 변이어(시정곤, 2006), 어휘소, 등재소(구본관, 2002) 등의 용어로 재정립되기도 한다. 한편, 이익섭(2005)에서처럼 단어의 정의에 대해 의도적으로 배재한 채 문법을 서술하기도 한다.

(1) 구조적 사례의 표상

사례는 항상 풍부한 상황 속에 들어 있는데, 그 상황에는 예시한 대상과 직접적으로 관련된 것 이상의 더 많은 요소가 포함된다(권석일 외 역, 2010: 112). 이때, 그러한 사례들을 어떻게 다루는가에 따라 소수의 자료만으로도 지식의 구조, 지식의 핵심, 사고 능력을 유발하고 개념과 개념 구조화의 핵심을 찌를 수 있다는 점에서(주세형, 2007:238), 학습자가 소수의 사례들을 응집적으로 표상함으로써 개념 간의 관계를 구조화하는 양상의 분석은 의미를 지닌다.

가. 사례 공유를 통한 개념 관계 구성

각각의 요소를 아는 것과 더불어 이들이 서로에게 연관되어 있는 방식이 의미를 갖도록 하는 것은 심도 깊은 이해를 위해 매우 중요하다(이경옥 역, 2012:51). 따라서 개념에 대한 인식은 사실들의 무작위적인 목록이 아니라 관련된 정보를 구조화한 연결망의 형식을 갖추어 이루어져야 한다(권성기 · 임청환 역, 2000:6). 즉, 특정 문법 개념을 단일하게 파악하는 데 머물지 않고 관련된 전체 체계 속에서 해당 개념을 구성할 수 있어야 한다는 것이다.

이때, **특정 언어 자료를 사례로 삼아 문법 개념을 표상하는 방식은 학습자의 핵심적인 구성 기제임을 감안하면 개념 간의 관계를 구성하는 중에도 사례가 활용될 것임은 충분히 예측 가능하다.** 예컨대, (35)는 결합 환경의 형태론적 조건 차이로 인해 음절 말 평폐쇄음화의 발생 유무가 달라짐을 학습자가 구성한 결과물이다. 교과서에서는 '낫으로'와 '꽂 위'가 비교됨에 비해, '꽂'이라는 공통 요소를 지닌 두 사례를 의도적으로 표상하여 '이'와 '위'의 차이에만 주목함으로써 형식 형태소와 실질 형태소의 관계를 구성한다는 것이다.

(35) '꽃이' 발음하면 [꼬치] 이렇지? 그러면 [꽃 위] 발음해 보면 [꼬취]? 아니지. [꼬뒤] 이렇게 발음하지. 왜냐면은 꽃 뒤에 뭐가 붙느냐에 따라 발음하는 방식이 달라지거든. '이'는 조사, 조사지. '위'는 그냥 혼자서도 쓰이는 말이지. 책에 형식 형태소, 실질 형태소 이런 용어로 써 있잖아. 개념은 조금 있다가 나오는데, 일단 '이'랑 '위'는 확실히 다른 거 알겠지? [학습자 자료]

단어 형성법 단원의 합성어와 파생어는 문법적으로도 어근이라는 개념이 공유되기에, 사례 표상 과정에서도 의도적으로 동일한 언어 자료로 어근을 표상하는 가운데 나머지 요소들의 차이에만 주목하는 방식으로 사례의 응집성을 높이는 양상이 쉽게 발견된다. (36)에서는 '주먹'을 공유하는 단어들을 나열하면서 앞뒤에 결합되는 '돌, 맨-, 밥, -질'의 형태론적 차이에만 주목함으로써 어근과 접사, 단일어와 복합어, 합성어와 파생어의 관계를 유기적으로 구성해 냄을 확인할 수 있다.

(36) 합성어, 파생어 쉽게 설명해 줄게. '주먹' 가지고 말 만들어 보자. 앞에 뭘 붙여도 되고, 뒤에 붙여도 되고. '돌주먹, 맨주먹' 이거랑, '주먹밥, 주먹질' 이거 다 말 되지? 잘 쓰는 말이잖아. 근데 딱 보면 다 '주먹'이 들어 있지? '주먹'은 혼자서도 쓰이는 말이지. 아까, 어근이라고 했잖아. 또 '주먹' 그냥 하나는 단일어겠지. 그럼, 뭐 붙은 말들은? 두 개로 형태소 분석되니까 복합어지. 근데 나눠 보고 나면, 이거 '돌'하고 '밥'은 또 혼자 쓰이는 말이지. 뭐야? 이것도 '주먹'하고 차이 없네. 어근이지. 그럼, '돌주먹', '주먹밥'은 어근 더하기 어근, 이런 게 합성어. 딱 나오지? 그럼, '맨-' 이거하고 '-질'은? 아니지. 얘들은 혼자는 안 되지. 붙어야만 쓰이지. 붙는다? 뭐? 접사. 그럼, 주먹질하고 맨주먹은 어근이랑 접사 붙은 거네. 이런 게 바로바로 파생어. 쉽네. 근데 접사가 앞에 붙기도 하고, 뒤에 붙기도 하고. 접두사, 접미사. 어근은 둘 다 뭐가 중심인 건 아니니까 이걸 안 나누고. [학습자 자료]

문장의 짜임 역시 고도로 정치하게 짜인 개념망 속에서 각각의 문법 개념들이 서로 관련되고 교차되어 체계화된 단원인데, 겹문장에 포함된 둘 이상의 절 가운데 하나를 공유 사례로 표상함으로써 이를 각각의 겹문장 간의 관계를 구성하는 결속 장치로 활용하는 양상을 확인할 수 있다. 예를 들어, (37)에서는 '나는 학생이다.'라는 문장 혹은 절을 공유 요소로 유지하는 가운데 또 다른 절들을 다양한 방식으로 결합함으로써 이어진문장, 명사절을 안은문장, 관형절을 안은문장, 서술절을 안은문장 간의 관계를 구조화한다. 즉, 교과서에서는 포함되지 않은 사례를 통해 경우에 따라 동일한 절이 관형절로 안길 수도, 부사절로 안길 수도 있다는 관계적 양상을 관계화하여 구성하는 것이다. 그동안 문법 학습에서 개념과 지식은 강조했으나 '자료'에 대한 안목은 강조하지 않았다는 지적을(주세형, 2008:313) 상기하게 하는 지점이다.

(37) '나는 학생이다.' 이러면 주어, 서술어가 한 번씩 나오니까 홑문장이잖아. 근데, 여기에 '나는 학생이고 너는 선생님이다.' 이러면 두 번씩 나오니까 겹문장 되지. 근데 이건 딱 봐도 두 개의 문장이 이어져 있으니까 이어진문장이라고. '그녀는 내가 학생임을 알았다.' 이래 버리면? 문장이 두 개인 건 알겠지? 근데 어때? 쏙 들어가 있지? 안은문장이 바로 이런 거야. '내가 학생인 사실이 밝혀졌다.' 이런 것도 안은문장. 아까랑은 좀 다르지? '내가 학생이다.' 이게 사실을 꾸며 주잖아. 관형절로 안은문장이라고 해. '나는 신분이 학생이다.' 이건 어때? 별로 겹문장 안 같지? 근데 이것도 겹문장이야. 문장 두 개가 어딨나를 봐야 하는데, '(나는) - (신분이 학생이다.)' 이렇게 한 번 만나고 그 안에서 '신분이-학생이다.' 이렇게 한 번 만나는 거야. 작은 문장이 전체 문장에서 어떤 역할을 하나. 서술어 역할. 그래서 서술절로 안긴문장이라고 부르는 거야. [학습자 자료]

나. 복합 사례를 통한 개념 관계 구성

낱낱의 문법 개념들이 학습자들의 구성 과정에서 단편적이고 기계적인 지식으로 머무는 주된 이유로 교육과정의 특성상 교육 내용들이 시차를 두어 분절되어 교수 · 학습되기 마련이라는 점도(남가영, 2012:29) 무시될 수 없다. 즉, 영역별로, 단원별로, 문법 개념별로 쪼개어 교수 · 학습된 문법 지식들에 대해 일련의 연결 고리가 확보되지 않는다는 것이다. 그러나 단편적인 지식은 전체 구조에 비추어 이해되고 가르쳐질 때 그 지식은 비로소 '논리적으로 의미 있는 지식(홍은숙, 1999:306)'으로 의미화될 수 있다. 따라서 국어를 분석적으로 다루고 분석의 결과로 범주화한 개념들을 체계화하는 과정에서 문법 형태를 범주로 구획하는 데 얽매이기보다는 이들 사이의 상관이나 결합된 전체를 연결하는 일이 중요하며, 이를 위한 연결 고리를 탐색할 수 있어야 한다.

여기에서는 하나의 사례 내에 둘 이상의 문법 개념이 표상된 복합 사례가 연결 고리로 기능할 수 있음을 논구할 것인데, 다시 말해 **외부의 문법 개념을 인식 주체 스스로와 연결하기 위해 표상한 사례들 중 일부는 그 자체의 복합성으로 인해 인식 주체가 특정 문법 개념을 인접 개념과 연결하여 구성하는 과정도 도울 수 있다는 것이다.**

(38)에서는 유기음화라는 음운 변동 현상을 구성하면서 자칫 비전형적 사례로 치부될 수 있는 '닫히다'를 의도적으로 표상하여 유기음화와 구개음화가 순차적으로 발생하는 현상임을, 즉 한 단어 내에서도 둘 이상의 음운 변동이 일어날 수 있음을 표상한다.

(38) '닫히다' 발음해 보면 [다치다]. 이렇게 되지. '몸이 다치다' 할 때처럼 같은 말이 되지. 근데 이건 이상하다. 'ㄷ'하고 'ㅎ'하고 만나면 'ㅌ'이 되니까 [다티다]가 돼야잖아. 근데 '다티다'라고 하는 사람은 없지. 이거 아까 배운 거. 구개음화. 'ㅌ'이 'ㅣ'모음하고 만나서 'ㅊ'이 된다. 구개음화. '닫히다'에는 축약도 있고 구개음화도

있고. 이렇게 보면 돼. [학습자 자료]

한편, 문장 단위는 형태소나 단어보다 상대적으로 많은 요소들을 포함할 수 있어 복합 사례로 표상되기에 적합한데, (39)는 관형어라는 문법 개념을 내면화하면서 해당 개념들의 하위 요소를 일관되게 표상하는 복합 사례를 문장 차원에서 확보한다. 교과서에서는 개별 사례를 들어 관형어가 체언을 수식하는 방식을 열거함에 비해 (39)에서는 '그 책은 나의 소중한 보물이다.'라는 하나의 문장 내에 '관형사가 그대로 관형어가 되는 경우', '체언에 관형격 조사가 결합하여 관형어로 쓰이는 경우', '용언의 활용형이 관형어로 쓰이는 경우'를 모두 표상하여 관형어 형성 방식의 하위 요소들을 관계화한다.

(39) '그 책은 나의 소중한 보물이다.'라는 문장을 보도록 합시다. '책'이라는 말을 '그'라는 말이 꾸며 주고 있고, '것'이라는 말을 '나의'라는 말이 꾸며 주고 있습니다. 이렇게 문장에서 '책'이나 '것'과 같은 체언을 꾸며 주는 말을 '관형어'라고 합니다. 이 문장 보면, 관형어가 세 개나 쓰였습니다. '그 책은'의 '그', '나의', '소중한' 이거 다 관형어입니다. '그'는 원래 품사 자체가 관형사죠. 관형사가 그냥 관형어가 된 경우이고, '나의'는 대명사, 즉 체언에 관형격 조사 '의'가 붙은 경우이고, '소중한 보물'은 '소중하다'가 활용된 경우이죠. [학습자 자료]

같은 목적으로 복합 사례를 표상하면서도, (40)은 과목의 본질 및 학문의 세계를 숨긴 채 백과사전식 요약이 주를 이루는 교과서에서는(강현석 외 역, 2008:289-292) 유표적으로 드러나지 않은 위계적 관계를 구성한다는 점이 특징적이다. 즉, 교과서에서는 문장, 구, 어절 등의 문법 단위와 문장 성분의 종류에 대한 기술이 단절적임에 비해, (40)의 학습자는 문장과 어절을 구성하면서도 의도적으로 7성분이 모두 포함된 문장을 복합 사례로 표상함으로써 어절 단위와 문장 성분 사이의 숨어 있는 관계를 유표화한다는 것이다. 띄어쓰기의 단위인 어절을 문장 내에서의 역할에 따라 분류한 문법 개념이 문장 성분임을, 어절 개념을 표상하였던 언어 자료가 ㉮ 이후에는 문장 성분의 표상 사례로 전유되는 양상을 통해 관계화하는 것이다.

(40) '이웃집의 점순이가 나에게 갑자기 감자를 건넸다. 나는 얼음이 되었다.' 먼저 뭐가 보이나요? 맨 마지막에 마침표를 볼 수 있지요? 문장 내용이 우리 생각을 온전하게 나타낸 것처럼 문장 형식도 우리 생각이 여기까지라는 것을 온전하게 알려 주는 표시가 있어야 하는 거예요. 그래서 문장은 마침표나 물음표, 느낌표 등의 문장부호로 끝이 난답니다. 또 무엇을 발견할 수 있을까요? 문장 안에 띄어쓰기가 되어 있죠? 이때 띄어쓰기가 되어 있는 각각의 단어 묶음을 '어절'이라고 합니다. 어절은 한 단어가 될 수도 있고, 단어와 조사가 붙은 형태가 될 수도 있어요. 즉, '이웃집의' '점순이가' '나에게' '갑자기' '감자를' '건넸다' '나는' '얼음이' '되었다' 모두 다 하나의 어절입니다. 이 어절들이 모여서 문장이 되는 거예요. 그리고 모든 물건에 쓸모가 있듯이 각 어절들도 문장 안에서 다들 하나씩 역할을 맡고 있답니다. 그래서 어절을 문장 안에서 일정한 역할을 맡는 가장 작은 말의 단위로 볼 수 있어요. 문장을 구성하는 중요한 성분이라고 하여 문장 성분이라고도 부른답니다. 어절이 맡고 있는 역할에 따라 문장성분을 부르는 이름이 주어지는데, 여기에는 주어, 서술어, 목적어, 보어, 관형어, 부사어, 독립어가 있답니다. 각각의 문장성분들은 뒤에서 더 자세하게 살펴볼게요. (…중략…) ㉮ <u>지금까지 본 문장성분을 통해 수업 시작할 때 맨 처음에 본 문장을 한번 분석해 볼까요?</u> [학습자 자료]

상이한 단원으로 편성된 문법 개념들 사이의 연관성을 복합 사례로 표상하는 양상도 발견되는데, 품사와 문장 성분 사이의 관계에 대한 것이 대표적이다. 학교 문법에서 각 품사를 개별적으로 다루지 않고 '체언, 수식언, 독립언, 관계언, 용언' 아래 묶어 제시하는 것 자체가 품사 분류가 문장 구조를 익히는 능력으로 확장되기를 의도하는 것이지만(주세형, 2008) 이들 사이의 연결 고리가 표상화되지 않으면 학습자들은 해당 지식이 같은 주제의 지식의 범주에서 어떤 위치를 보이기 위해 연관되는 지식들을 함께 다루어 범위가 확대된 지식의 구조를(김은성, 2009:309) 구성하기 어려워한다. 이에 반해, (41)은 낱낱의 단어가 아닌 '내가 배가 아닌 사과를 먹었다.'라는 문장을 품사 분류의 사례로 표상한 뒤, 동사-형용사, 불변어-가변어 사이의 비교적 관계를 구성한다. 더욱이, 동일한 사례를 통해 ㉯ 이후에서는 체언이 주어, 보어, 목적어로 쓰이는 양상을 표상함으로써 개별 단어들에 대한 품사 개념에 그치지 않고 품사와 문장 성분 사이의 유기적 관계까지도 구성 대상으로 삼는다.

(41) 먼저 문장 속의 일정한 자리에서 단어가 보이는 형태를 기준으로 단어를 분류할 수 있어요. 예를 들어, '내가 배가 아닌 사과를 먹었다.'라는 문장을 보세요. '내가 배가 아니고 사과를 먹는다.', '내가 배가 아니라 사과를 먹음.' 등으로 다양하게 형태를 변화시킬 수 있어요. 여기서 '먹었다'는 '먹다'를 기본형으로 해서 '먹는다' '먹음' 혹은 '먹고, 먹으니, 먹어서, 먹은, 먹어라, 먹으려' 등 여러 형태를 취할 수 있어요. 마찬가지로 '아닌'도 '아니다'를 기본형으로 해서 '아니고, 아니라' 등으로 변하지요. 이렇게 모양이 변하는 단어를 가변어라고 하고, '사과'나 '배'처럼 문장에서 어떻게 쓰이든 형태가 변하지 않는 단어를 불변어라고 합니다. (…중략…) 같은 기능을 하는 단어들끼리 묶어서 체언, 용언, 수식언, 관계언, 독립언으로 나눌 수 있는데, 각각이 어떤 기능을 하는지는 조금 뒤에 설명해 주도록 할게요. (…중략…) 그럼 먼저 ㉯ <u>체언에 대해 학습해 보도록 할게요</u>. 체언은 문장에서 주로 주어가 되는

자리에 오며, 때로는 목적어나 보어가 되는 자리에도 옵니다. 무슨 말인지 잘 이해가 안 가죠? '내가 배가 아닌 사과를 먹었다.'를 다시 보면 '내, 배, 사과'의 자리에 들어갈 수 있는 단어들을 말해요. '내' 대신에 '엄마, 너, 영희, 강아지' 등이 올 수 있겠죠? '배' 대신에 '물, 초코파이' 등이 올 수 있고, '사과' 대신에도 '그것, 새콤한 것, 감 하나' 등 역시 다양한 단어들이 올 수 있어요. 조금 느낌이 오나요? 그리고 '내, 배, 사과'는 각각 '가, 가, 를'과 함께 쓰이는데, 이것들은 '조사'라고 조금 뒤에 배울 거예요. 또 체언은 아까 봤듯이 형태의 변화가 없는 불변어예요. [학습자 자료]

(2) 구조적 비유의 표상

추상적 개념을 비유로 표상하는 것은 엄밀한 논리성을 필요로 하기보다는 일종의 직관적이고 비약적인 사고이다. 직관적 사고는 논리적이고 형식적인 사고 과정을 한 단계씩 거치면서 이루어지는 점진적 · 분석적 사고가 아니라 사고 단계에서 단절이 있을 때 과감한 추리와 통찰을 하는 다소 무분별한 사고이지만 이러한 사고는 창조, 새로움, 비약의 원동력이 되며 모든 학문을 발전시키는 데 중요한 역할을 한다(주세형, 2008:299). 특히, 완전한 교육적 경험을 위해서는 학습자와 학습 내용 사이의 상호작용과 계속성이 전제되어야 함을(엄태동 편역, 2001:60) 감안하면, 주어진 언어 현상 속에서 문법적 속성을 포착하고 이를 내면화하기 위한 과정에서 비유는 해석의 원동력을 제공할 수 있다.

이러한 원동력은 문법 개념 간의 유기적 관계를 구성하는 과정에서도 내러티브를 부여하는 기제로 작용하는데, 여러 관련 없는 사건들을 응집력 있는 맥락 안에 위치시키고 우리가 일종의 안목을 지닐 수 있도록 돕는(양미경, 2008:149) 역할을 할 수 있다는 것이다. 겐트너(Gentner, 1983)는 비유의 구조 대응(Structure-Mapping) 방식을 통해 이에 접근하는바 비유는 단순히 비유물 영역과 목표물 영역 사이의 체계적인 대응으로만 기능하지 둘 이상의 비유물 사이의 관계와 둘 이상의 목표물 사이의 구조적 관계까지도 사상하는 인식적 기제라는 것이다. 고틀리(Goatly, 1997)에서는 **전자를 국지적 비유(local metaphoricity)로, 후자를 전국적 비유(global metaphoricity)로 대별하는데, 후자의 비유는 단일 개념을 넘어 개념 간의 관계적 차이까지도 표상하는 기능을 한다.**

가. 변별적 속성 사상을 통한 개념 관계 구성

일반적으로 교과서의 단원은 하나의 상위 범주로 귀결되는 문법 개념들이 종적 · 횡적으로 촘촘하게 짜이는 구조로 편성된다. 구조적 비유는 이러한 관계를 표상하는 과정에서 주로 생성되는데, (42)에서는 문장 성분의 하위 개념들을 구성하는 과정에서 주성분과 부속성분의 관계는 물론 주성분 내의 주어, 서술어, 목적어, 보어 사이의 관계, 부사어, 관형어의 관계도 동시에 비유로 표상한다. 즉, 전자는 영화의 등장인물과 세트장, 분장 팀의 관계로, 후자는 '주인공, 주인공의 행동, 주인공이 잡을 범인, 주인공의 역할'과 '세트장, 분장'라는 구조적 비유물로 표상하는 것이다.

> (42) 자, 지금까지 문장 성분의 절반을 했는데, 여기까지 한 문장 성분을 문장의 주성분이라고 해요. 왜냐? 위의 주성분을 뺀다면 문장이 형성될 수 없거든요. 영화에서 주인공을 뺀다면? 주인공이 아무런 행동도 안 한다면? 주인공이 붙잡을 범인이 없다면? 영화에서 누구도 무엇이 될 수 없다면? 그렇다면 영화는 있을 수가 없겠죠? 자, 이제 영화의 세트장, 분장을 맡아 주는 부속성분들이 있어요. '관형어, 부사어'가 이것인데, 이 녀석들은 실질적으로 주인공이나 등장인물이 될 순 없지만, 멋진 의상이 되고, 세트장이 되죠. 자 그럼 하나씩 살펴볼게요. [학습자 자료]

(43)은 부속성분에 특정하여 구조적 비유를 표상한다. 먼저 '부속성분 ⊂ 관형어 + 부사어'의 상하위 관계가 '양념 ⊂ 고추냉이, 간장이나 소금'의

비유물로 표상되어 구성됨을 확인할 수 있는데, 이에 그치지 않고 고추냉이와, 간장이나 소금이 지니는 요리에서의 활용도를 관형어와 부사어의 수식 범위 차이에 사상하여 두 개념 사이의 관계를 표상하는 데까지 확장된다. 즉, 관형어는 그 수식 범위가 체언으로만 한정됨에 비해 부사어는 용언, 관형어, 부사어, 문장 전체의 보다 다양한 범위를 수식할 수 있다는 점을 구성한다. 이때, 관형어-부사어는 문장성분의 하위 범주로서 동위성을 띠고 있으며 이들 사이의 변별적 속성 차이를 관계적 비유를 통해 표상함으로써 문법 개념 사이의 연결을 시도한다. 학습자가 외부적 지식을 경험하면서 내면적 지식의 구조를 구성하기 위해 지식에 내러티브를 부여한다고 할 때(제민경, 2012:181), 구조적 비유가 그러한 내러티브로 기능함을 읽어 낼 수 있는 부분이다.

(43) 다음으로 보게 될 부분은 요리의 양념 역할을 하는 부속성분입니다. 요리에서 기호에 따라서 첨가해 먹는 양념처럼 부속성분은 요리에서 반드시 들어가야 하는 것들은 아닙니다. 하지만 요리에 양념이 들어감으로써 다양한 맛을 느낄 수 있는 것처럼 문장에서도 부속성분이 들어감으로써 다양하고 복잡한 의미를 전달할 수 있게 됩니다. 이러한 양념 역할을 하는 부속성분에는 관형어와 부사어가 있습니다. (…중략…) 관형어는 양념에 비유하자면 고추냉이라고 할 수 있겠네요. 취향은 존중하지만 일반적으로 생선회가 아닌 이상 고추냉이를 양념으로 자주 사용하지는 않습니다. 고추냉이가 양념으로 사용되는 경우는 제한되어 있죠. 마찬가지로 관형어도 수식하는 품사가 제한되어 있습니다. (…중략…) 부사어는 관형어보다 훨씬 다양한 말들을 꾸며 줄 수 있습니다. 우리가 주위에서 흔히 찾아볼 수 있는, 소금이나 간장 같은 양념들이겠네요. 아까 고추냉이는 생선회에서만 양념 역할을 하지만 이런 양념들은 훨씬 다양한 요리에 쓰이지요. 마찬가지로, 체언만을 수식하는 관형어와는 달리 부사어는 용언뿐만 아니라 다른 관

형어와 부사어 그리고 문장 전체까지 수식할 수 있습니다. [학습자 자료]

(44)는 겹문장의 하위 개념들을 구조적 비유로 표상하는데, 먼저 이어진문장을 '옆집에 주술 부부가 각각 사는 경우'로, 안은문장을 '한 집의 방 한 칸에 얹혀사는 경우'로 각각 구체화하고 '서로 터치할 것 없이'와 '집주인과의 종속적 관계'를 핵심 속성을 사상하여 이어진문장과 안은문장의 변별적 속성을 가시화한다. 또한, '옆집에 각각의 주술 부부'가 사는 경우더라도 자가인지, 전세인지에 따라 독립성 여부가 차이가 있음을 구조적으로 표상하여 대등하게 이어진문장과 종속적으로 이어진문장 사이의 유기적 관계를 내면화한다.

(44) 겹문장은 홑문장들이 모이는 방식에 따라 크게 두 가지로 나뉩니다. 하나는 홑문장과 홑문장이 나란히 놓인 '이어진문장'이고, 또 하나는 어떤 문장이 다른 문장 속에서 한 문장 성분이 되는 '안은문장'입니다. 다세대 빌라에 비유를 하자면 주술 부부가 옆집에 이사 온 경우가 '이어진문장'이 되는 것이고, 원래 부부가 살던 집의 방 한 칸에서 얹혀사는 경우라면 '안은문장'이 되겠네요. 이와 같이 홑문장들이 모여 하나의 겹문장이 되는 과정을 문장의 확장이라고 합니다. 근데 이어진문장에서 서로 다른 집에 주술 부부가 각각 살고는 있는데, 각자 자기 돈 가지고 집을 산 경우면 서로 터치할 것 없이, 딱 대등한 관계겠죠. 그러나 집주인인 주어-서술어 부부가 이사 온 주어-서술어 부부에게 세를 준 것이라고 상상해 볼까요? 그렇다면 그 둘의 관계는 종속적일 수밖에 없을 것입니다. 새로 온 주어-서술어 부부가 살고 있기는 하지만 소유권은 원래 부부에게 있으니까요. 종속적으로 이어진문장은 앞절과 뒷절의 의미가 독립적이지 못하고 종속적인 관계에 있는 문장을 말합니다. 이런 것처럼 서로 다른 집에 주술 부부가 사는 이어진문장도 대등하냐, 종속적이냐에 따라 대등하게 이어진문장하

고 종속적으로 이어진문장으로 나눕니다. [학습자 자료]

유사한 비유로 문장의 짜임 내의 문법 개념들을 구조적으로 표상하면서도 (45)는 (44)와 다소 차이를 보인다. '손을 잡고 걷는 경우'라도 '친구끼리의 대등한 관계'이냐, '모자 사이의 종속적 관계'이냐에 따라 대등하게 이어진문장과 종속적으로 이어진문장을 관계적으로 사상한다는 점에서는 유사하지만, 특히 서술절을 안은문장을 특정하여 '덩치의 차이가 없어' 안겨 있는 것인지, 이어져 있는 것인지 외형적으로는 변별이 용이하지 않음을 유표적으로 표상한다는 점에서는 차이가 있다. 해당 학습자에게는 서술절을 안은문장이 여타의 안은문장들에 비해[16] 변별적 속성이 부각되는 문법 개념으로 자리하고 있음을 추정할 수 있다.

(45) 비유를 써서 말하면, 이어진문장은 문장 두 개가 서로 나란히 손을 잡고 있는 것이고, 안은문장은 한 문장이 다른 문장을 안고 있는 경우입니다. 그런데 우리가 손을 잡고 걸을 때에도 친구끼리 손을 잡는 경우도 있고 엄마랑 아이랑 손을 잡는 경우도 있습니다. 친구끼리 잡을 때는 누가 끌려가는 건 아니죠. 그냥 서로 대등하게 같은 데를 가면서 손을 잡고 있는 경우입니다. 이런 문장을 대등하게 이어진문장이라고 합니다. 반대로 아이랑 엄마랑 손을 잡을 때는 아무래도 엄마가 아이를 끌고 가겠죠. 아이는 엄마한테 종속되어 있겠죠. 손을 잡기는 잡았지만, 종속적으로 잡은 경우. 이런 걸 종속적으로 이어진문장. 이렇게 말합니다. (…중략…) 아까 안은문장은 딱 누가 누구한테 안겨 있는 모습이었죠. 근데 가끔 보다 보면, 왜 연인끼리 안고 있을 때 별로 덩치 차이가 안 나서 이게 안겨 있는 건지, 그냥 이어져 있는 건지 구분이 안 될 때도 있습니다. '정아는 얼굴이 예쁘다.' 이런 문장이 그런

16) 실상, 학습자들이 구분을 어려워하는 개념은 서술절을 안은문장과 보어나 필수적 부사어가 쓰인 홑문장이지, 서술절을 안은문장을 이어진문장으로 혼동하는 경우는 자주 발견되지 않는다는 점에서 (45)의 초점화는 특징적이다.

건데, '얼굴이 예쁘다.' 이게 안겨 있기는 안겨 있습니다. 언뜻 보면, 그냥 정아는 옆에 이어져 있는 것처럼도 보이는데, 이런 걸 '서술절로 안긴문장'이라고 합니다. [학습자 자료]

한편, (46)에서는 단어 형성에 참여하는 요소들을 꽃다발을 만들 때 필요한 꽃들의 종류에 관계적으로 사상함으로써 구조적 비유를 표상한다. 장미, 백합, 튤립과 안개꽃의 변별적 속성은 어근과 접사라는 문법 개념 사이의 관계를 구조화하기 위한 표상으로 구체화되며, 장미, 장미와 백합의 결합, 장미와 안개꽃의 결합은 다시 단일어, 합성어, 파생어의 유기적 관계를 구조화하는 데 표상된다. 이때, 형태소의 자립성을 단순히 부각하기보다는 ㉯의 형식화를 통해 꽃다발을 만들 때, 즉 단어 형성 시의 자립성으로 특정하여 표상하는 양상이 특징적이다[17]. 한편, 구조적 비유의 표상 과정에서 ㉮와 같은 요소는 자칫 어근과 접사의 변별적 차이를 소거한다는 점에서 오개념 유발 기제로 작용할 위험이 있다.

(46) 형태소라고 해서 다 같은 형태소일까요? 예를 들어 꽃다발을 생각해 볼까요. 음, 가장 흔한 꽃다발의 모습으로는 아무래도 장미와 안개꽃을 사용한 게 생각나네요. ㉮ <u>장미나 안개꽃이나 다 같은 꽃이죠</u>. 그런데 여기서 뭐가 더 꽃다발에 중요한 역할을 할까요? 맞아요, 장미예요. 장미만으로 꽃다발을 만들 수도 있고, 때로는 장미 한 송이만 예쁘게 포장해서 선물하기도 하죠. 장미 말고 백합이나 튤립 같은 꽃들도 다 꽃다발에서 이런 중요한 역할을 해요. 한편 안개꽃은 어떤가요? 안개꽃만으로는 꽃다발을 만들지 않아요. 안개꽃은 그저 장미꽃, 백합, 튤립 같은 꽃들 옆에

17) 학습자가 형태론적 층위와 통사론적 층위에서의 '자립성과 의존성'을 혼동하는 양상은 조진수(2014)에서 구체적으로 보고되는데, 예컨대 '의존 명사'는 자립 형태소인가, 의존 형태소인가의 의문을 해소하기 어려워한다는 것이다. 이 점을 고려할 때, 꽃다발을 '만들 때'의 비유적 표상은 '형태론적 환경'에 특정하여 형태소의 자립성과 의존성을 논의할 수 있게 하는 장치로도 기능한다.

서 보조적인 역할을 할 뿐이죠. 형태소도 마찬가집니다. 형태소 중에서도 ㉯ 그 자체만으로 단어를 만들거나, 단어를 만들 때 중심적인 역할을 하는 형태소가 있어요. 이런 형태소를 '어근'이라고 해요. 이것과 반대로 어근에 붙어서 단어를 만드는 보조적인 형태소를 '접사'라고 한답니다. (…중략…) 아까 꽃다발의 예를 다시 한 번 떠올려 볼까요? 장미나 백합 한 송이만 예쁘게 포장된 꽃 선물, 즉 어근이라는 형태소 하나로만 이루어진 쉬운 단어의 경우를 '단일어'라고 해요. '아이', '발'과 같은 단어가 단일어겠죠. 반면 장미와 백합을 섞은 꽃다발을 생각해 보세요. 이렇게 두 개 이상의 어근이 결합한 단어를 '합성어'라고 한답니다. '돌다리'가 합성어의 예겠네요. 마지막으로 장미 한 송이에 안개꽃을 사용한 꽃다발을 생각해 볼까요? 이렇게 어근에 접사가 결합한 단어를 '파생어'라고 해요. 아까 분석한 '헛디디다'가 파생어에 들어갑니다. [학습자 자료]

형성 방식에 따라 단어의 부류를 문법 개념화하는 과정에서 구조적 비유를 표상하는 양상은 (47)과 (48)에서도 발견되는데, (47)에서는 '기차 한 칸', '기차 두 칸', '기관실과 기차'를 비유물로 표상함으로써 단일어, 합성어, 파생어의 관계를 구조화한다. 또한, (48)에서는 '쌀만으로 만든 밥', '보리와 쌀로 섞어 만든 밥', '녹차 가루와 쌀을 섞어 만든 밥'의 관계 지향적 비유로 이들 문법 개념 간의 관계를 표상한다. 그런데 이러한 구조적 비유 과정에서 '기관실이 기차에 딸려 있다'거나 ㉰와 ㉱ 사이의 논리적 충돌은 자칫 교수·학습의 장면에서 학습자들이 문법 개념 간의 관계적 구성을 방해하는 요인으로 작용할 소지가 있다.

(47) 기차 전체를 단어라고 해 보자. 근데 기차를 보면은 그냥 기차 한 칸만으로도 이루어진 기차도 있지. 이런 기차를 단일어라고 해. 홀로 쓰일 수 있는 형태소 하나만으로 이루어진 단일어. 다음으로, 복합어라고 하는 것도 있는데 하나짜리 말고, 그 이상이 붙은

거지. 그중에서도 합성어는 기차 칸이 두 개 이상 연달아 달려 있는 것처럼 동일한 성질의 기차 칸이 붙어 있는 거고, 파생어는 기차 한 칸에 기관실이 딸려 있는 것처럼 생긴 거. 이거는 두 개가 같은 성질은 아니겠지. 자, 그럼 자세히 알아보자. [학습자 자료]

(48) 이제는 쌀밥과 보리밥, 녹차밥에서 나온 쌀, 보리, 녹차 가루의 성격을 살펴보도록 해요. 우리는 쌀만으로 지은 밥을 먹기도 하죠. ㉰ 보리만으로도 밥을 지어서 먹을 수 있겠죠. 그런데 녹차 가루를 따로 먹는 사람은 없겠죠? 우리는 여기서 단어를 형성하는 두 가지 차원의 요소를 유추해 낼 수 있어요. 하나는 쌀이나 보리와 비슷하다고 볼 수 있는 어근이에요. 어근은 단어 형성에 있어서 중심적인 의미를 지니는 요소예요. 대신에 녹차 가루는 접사라고 볼 수 있겠어요. 쌀밥은 쌀로만 지은 것이죠? 이것을 단어에 대응한다면, 어근 하나로만 이루어진 것이라고 볼 수 있겠네요. 어근으로만 이루어진 단어를 '단일어'라고 불러요. 그런데 ㉱ 보리밥은 보리도 들어 있고 쌀도 들어 있네요. 이는 어근이 두 개로 이루어진 단어라고 볼 수 있겠죠? 단어 분류에서 이를 '합성어'라고 불러요. 녹차밥은 녹차 가루와 쌀로 구성되어 있네요. 그럼 이는 단어로 따지자면 접사와 어근의 결합이라고 볼 수 있겠죠? 우리말에서는 접사와 어근이 결합한 것을 '파생어'라고 부른답니다. 그리고 합성어와 파생어를 합쳐서 '복합어'라고 부른답니다. [학습자 자료]

나. 범주적 속성 사상을 통한 개념 관계 구성

문법 개념들은 학문 문법의 주요한 구분 기준은 문법 단위에 따라 음운론, 형태론, 통사론 등의 대범주들 속에 산재되어 있다. 교과서 역시 크게는 이러한 편제를 단원 구획의 기준점으로 삼는다. 그런데 문법 개념 간의 관계는 하나의 범주, 곧 단원 내에서만 맺어지는 것이 아니라 서로 다른 단원에 분포된 개념 사이에서도 중층적으로 확인되며, 학습자들이 일반적으로 변별적 이해를 어려워하는 지점이 바로 이 부분이다.

따라서 특정 문법 개념이 어떠한 체계 속에서, 어떠한 위상을 지니는가를 온전하게 구성해 내기 위해서는 해당 문법 개념이 포함된 상위 범주를 정합적으로 인식할 수 있어야 하며, 나아가 유사하거나 동일한 언어 현상들이 각각의 범주 속에서 어떠한 개념으로 상정되는지도 주목할 수 있어야 한다. 이는 결국 상위 범주 간의 차이가 어떠한 속성이 변별점으로 형성되어 발생하는지를 관계화하여 구성할 것을 요구한다.

상이한 범주에 포함된 문법 개념들 간의 관계를 특히 구조화해야 이해할 것을 요구하는 지점이 바로 품사와 문장 성분 간의 관계이다. 주지하듯이, 둘 사이의 변별은 문법 현상 전반을 체계적으로 이해하기 위한 핵심 요소임에도 불구하고, '관형사-관형어', '부사-부사어'와 같이 기능에 의해 명명된 용어가 유사하여 통상적으로 학습자들이 범주적 이해의 어려움을 호소하는 지점이기도 하다. (49)에서도 ㉤를 통해 이를 전제하면서도, 조사의 격 부여 기능을 '이름표에 의한 역할 부여'라는 구체물을 표상한다. 즉, 이름표가 특정 인물의 역할을 규정하듯이 특정 단어의 문장 성분으로서의 지위를 결정하는 요소가 조사라는 것이다. 물론, 이러한 표상은 격조사가 결합되어야만 문장 성분으로 기능할 수 있다는 오개념을 형성할 위험이 크지만 품사와 문장 성분 간의 상위 범주적 관계를 연결하여 구성한다는 점에서 그 의의를 확인할 수 있다.

(49) ㉤ <u>역할을 맡는다는 점에서 앞에서 배운 품사와 헷갈려하는 사람도 있는 것 같은데</u>, 간단하게 정리해 줄게요. 문장 성분은 어떤 이름표가 붙었느냐에 따라 한 단어가 이리저리 주어도 되고 목적어도 되고 한다는 점에서 품사와 다르답니다. 품사는 이름표가 필요 없습니다. 이름표도 하나의 품사잖아요. 조사잖아요. 예를 들어, '이웃집'이라는 명사에 '의'라는 관형어를 만들어 주는 조사가 붙으면 관형어가 되기도 하고 '을'이라는 목적어를 만들어 주는 조사가 붙으면 목적어가 되는 것이에요. 여기서 '의', '을' 이런 이름표들은 품사에서는 조사라고 했었지요. 그렇지만 '의'가 붙었다

고 해서 '이웃집'이 명사가 아니라 관형사가 되나요? 아니죠. '이웃집' 자체는 명사이지만 '의'라는 이름표가 붙었기에 관형어라는 문장 안에서의 역할을 맡게 되는 거예요. [학습자 자료]

(50)에서는 문장 성분의 관형어와 문장의 짜임의 관형절을 관계화하여 구성하기 위해 구조적 비유를 표상한다는 점에서 특징적이다. 사실, (50)의 학습자는 관형어의 형성 방식인 '관형사가 관형어로', '명사에 관형격 조사가 결합하여 관형어로', '용언의 활용형이 관형어로'를 각각 '화장 전공자가 분장 팀으로', '등장인물이 기술을 배워 분장 팀으로', '과학자가 잠시 역할을 바꾸어 분장 팀으로'라는 각각의 상황에 체계적으로 대응시킴으로써 관형어 개념을 구성한다. 그런데 ㉶ 이후에서는 '과학자가 본래의 역할 이외에 분장 팀으로 참여하여' '투 잡을 뛰는' 상황을 특정적으로 표상함으로써 용언의 활용형이 관형어로 쓰이더라도 본래의 시술성을 지니고 있으며 이는 절 단위로 기능한다는 점을 부각시켜 관형어와 관형절 간의 상위 범주적 관계를 암시적으로나마 연결시킴을 확인할 수 있다.

(50) 관형어는 체언을 수식하는 역할을 해요. 말하자면 영화의 인물들을 꾸며 주는 분장 팀입니다. 그런데 분장 팀 안에는 원래 직업이 뭐였는가에 따라 약간씩 달라요. 첫 번째는 원래부터 화장하는 것 전공한 사람이 있어요. 관형사가 그대로 관형어가 되는 경우지요. '새 옷', '헌 책' 이런 것들입니다. 다음으로는, 영화에 나오는 등장인물이었는데 사정이 너무 급해서 기술을 배워서 분장을 하는 사람도 있어요. 그러니까 명사가 관형어로 쓰이는 상황입니다. 이때 관형격 조사가 붙는 경우도 있습니다. '시골 풍경', '시골의 풍경', 둘 다 되지요. 마지막으로 이거는 좀 복합한 사람들인데 특수 분장 팀도 있습니다. ㉶ <u>이 사람들은 투 잡 뛰는 사람들이에요</u>. 로봇으로 변신하는 등장인물 만들려고 과학자들이 분장 팀에 참여하는 경우 생각해 보면 됩니다. 원래는 서술어인데 이게 관형어로 쓰이는 경우입니다. '달리는 사람, 좋은 책' 원래는 '사

람이 달리다.', '책이 좋다.' 근데 앞에 거는 관형어죠. 뒤에 거는 서술어죠. '달리는 사람, 좋은 책' 할 때에도 서술어의 성격이 남아 있죠. 이런 걸 성분으로는 관형어라고 하고 뒤에 가면 관형절이라고도 하는데, 다음 시간에 다시 설명해 줄게요. [학습자 자료]

제2장 조직 층위의 문법 교육 내용화

조직 층위에서 문법 교육 내용화의 문제를 다루기 위해서는 앞서 제1부에서 논의했던바, 학습자들이 둘 이상의 문법 개념을 관계화하여 구성할 때 어떠한 지점에서 연결소를 부여하는가를 핵심적으로 살필 필요가 있다. 이때, 학습자가 부여한 연결소는 자기 나름의 인지적 도식으로 문법 개념 간의 관계를 구성하는 과정에서 연결상의 단절을 극복할 수 있게 하기 때문이다. 각각의 경우마다 교과서의 편제를 기준으로 '하나의 단원 내에 포함된 개념들을 구성하는 양상'과 '서로 다른 단원에 분포된 개념들을 구성하는 양상'으로 양분하여 논의할 것이다.

1. 정의항 내에 연결 항목 배치

김대수(1991:30)에 따르면, 정의 그 자체가 개념은 아니지만 개념을 한정 짓는 한 가지 방식으로 쓰인다는 점에서 일반적으로 개념이 무엇인가를 설명하는 방법의 하나로 사용된다. 그런데 정의의 맞물림(interlocking definition) 현상으로 인해 명제적 정의를 명확하게 이해하기 위해서는 유개념(類概念)으로 상정되는 상위 개념이나 종차(種差)에 의해 변별되는 인접 개념에 대한 이해가 선행되어야 한다. 특히, 개념 간의 종적·횡적 관계에 대한 밀도가 높은 문법은, 하나의 문법 개념을 정의하는 가운데 다른 문법 개념들이 정의항(定義項) 내에 포함되는 경우가 잦아 '정의 내리기' 자체가 학습자들이 선호하는 연결소 부여 방식이 되기는 어렵다.

그럼에도 불구하고, '정의 내리기'는 학문 문법과 문법 교과 모두에서 수많은 개념들의 체계화 과정에서 빈도 높게 발견되는 설명 방식 중 하나이다. 학습자들 역시 문법 교과서의 정의에 주목하거나 자신이 새롭게 정의를 내림으로써 문법 개념들을 연결 지어 구성하고자 하는 양상이 확인되는데, 문법 개념을 정의할 때 동원되는 관련 지식을 인지적 내러티브를 형성하는 중요한 연결소로(제민경, 2012:190) 인식한 결과이다.

(1) 단원 내의 문법 개념 관계 구성

정의항의 유개념은 일반적으로 피정의항을 포함하는 상위 개념으로 설정되기에 어떠한 상위 개념을 정의항에 포함하는가에 따라 해당 개념의 위계적 연결 관계가 달리 형성된다. (51)에서 이를 확인할 수 있는데, 교과서에서는 조사를 정의하면서 유개념으로 의존 형태소를 상정함에 비해[18] 해당 학습자는 의도적으로 단어를 유개념화함으로써 '조사-의존 형태소'가 아닌 '조사-단어'의 위계적 구조를 형성한다. 특히, ㉮를 통해 조사의 변별적 종차를 주목하면서도 품사 단원에서 요구되는 상위 개념은 의존 형태소가 아닌 단어임을 인식하는 것이다.

(51) 조사는 자립성이 있는 말에 붙어 그 말과 다른 말과의 관계를 표시하거나 그 말에 특수한 뜻을 더해 주는 단어예요. ㉮ <u>근데 조사는 다른 단어들하고는 조금 다르죠. '이, 가, 을, 를' 이런 게 혼자 쓰이지는 못하잖아요</u>. 우리가 전에 단어를 '자립할 수 있는 말이나, 자립할 수 있는 형태소에 붙어서 쉽게 분리할 수 있는 말'이라고 배웠었는데요. 조사를 단어에 포함시켜 정의하기 위해서 '자립할 수 있는 형태소에 붙어서 쉽게 분리할 수 있는 말'이라는 정의가 덧붙은 거예요. [학습자 자료]

이러한 지점은 조사의 상위 개념인 '단어'에 대한 정의 과정에서도 확인

18) 문법 교과서에서는 조사를 '주로 체언 뒤에 붙어서 다양한 문법적 관계를 나타내거나 의미를 추가하는 의존 형태소'로 정의한다.

되는데, 주지하듯이 문법 교육에서 단어는 정의 내리기 쉽지 않은 개념 중 하나이다. 특히, 조사를 단어에 포함하는 학교 문법의 입장에서는 (52)와 교과서의 정의만 비교해 보더라도 '조사 = 단어 = 의존 형태소'라는 관계가 성립되어 '의존 형태소'가 '최소 자립 형식'이 되어야 하는 단절이 발생한다. 더구나 교과서에서 단어에 대한 정의는 '품사'가 아닌 '단어 형성법'에서 내려져 학습자들의 입장에서는 조사와 단어 사이의 위계 관계를 구성하기 어렵게 한다.

(52) 단어를 설명할 때 '하늘, 우리, 하나, 어느, 얼른'과 같은 자립 형태소는 그대로 하나의 단어가 되고, 의존 형태소들인 '맑-', '-다'는 '맑다'처럼 서로 어울려야 비로소 자립할 수 있으므로, '맑다' 전체가 하나의 단어가 된다고 하였다. 그렇다면 '이'는 어디에 속하는가? '이'는 앞의 설명에 의하면 의존 형태소인데 왜 의존 형태소의 예로는 들지 않았는가? [학습자 자료]

(53)에서도 교과서의 단어 정의에 기반하여 문법 개념 사이의 관계를 구성하면서 '자립할 수 있는 말'을 '자립 형태소'와 등치하여 자립 형태소가 곧 단어라는 단순화된 관계를 구조화하고[19] '조사의 단어 포함 문제'는 문법에서 단어 개념을 구성할 때 지위적 특수성을 지님에도 이에 대해서는 구성을 미루는 것이다. 정의를 통해 문법 개념 간의 위계적 관계를 구성할 때, 유개념으로서의 상위 개념을 어떻게 상정해야 할 것인가의 문제를 고민하게 하는 지점이다.

(53) 단어의 정의 보겠습니다. 자립할 수 있는 말이나, 자립할 수 있는 형태소에 붙어서 쉽게 분리할 수 있는 말들. 거기 보면, '하늘, 우리, 하나, 어느' 이런 것들은 자립 형태소니까 당연히 단어가 되는 거고, 거기에 붙어서 쉽게 분리할 수 있는 말. 이거 뭐냐면, 아

19) 예컨대, 둘 이상의 자립 형태소가 결합한 합성어는 '자립 형태소가 아닌 단어'이다.

까 나왔던 '하늘이' 할 때 '이' 이런 겁니다. '은, 는, 이, 가' 이런 거. 조사라고 하죠. 특이하게 조사는 자립은 안 되는데, 우리말에서는 단어로 인정합니다. 이건 나중에 품사 배울 때 또 나오고, 어차피 우리 배울 합성어, 파생어 같은 데서는 별로 안 중요하니까 넘어갑니다. [학습자 자료]

유개념을 어떻게 상정하는가에 따라 문법 개념 간의 관계적 구성이 달리 활성화되는 양상은 문장 성분을 정의 내리는 지점에서도 발견된다. 교과서에서는 문법 단위와 문장 성분을 별도의 절로 다루면서 문장 성분을 '문장 안에서 일정한 문법적 기능을 하는 부분들'로 정의하는데, 이 지점에서 (54)는 '부분들'이라는 추상적 유개념으로 인해 문법 단위와 문장 성분의 연결 짓지 못함을 보고한다.

(54) 문법 단위에 뒤이어서 문장 성분에 대한 내용이 나오는데 문법 단위와 문장 성분이 어떤 상관관계를 가지는지 궁금하다. 문장 성분은 문장 안에서 일정한 문법적 기능을 하는 부분이라고 했는데 문장 안에서 일정한 문법적 기능을 하는 부분들이, 구 단위인 건지, 어절 단위인 건지, 절 단위인 건지 설명을 해 주지 않으니 알 수 없다. [학습자 자료]

이는 문장 성분의 유개념을 문장 표층의 어절 단위로 설정할지, 문장 심층의 직접 구성 성분으로 설정할지에서 파생되는 문제인데, 학문 문법상으로도 의견이 갈려 고영근 · 구본관(2008:272)은 '어절과 성분'을 하나의 소단원으로 두어서 어절 중심 성분론의 입장을 비침에 비해, 남기심(1996:514)에서는 어절은 통사론의 층위에서 필요한 개념이 아니라고 보아 후자의 관점을 취한다[20]. 주지하듯이, 7차 문법 교과서에는 문장 성분이 어

20) 결국, 문장 성분을 구성 과정의 요소로 보아 서술어 중심으로 기술하느냐, 구성 결과의 요소로 보다 어절 단위와 일치시키는가의 문제로 귀결된다.

절 단위와 절연하여 문장 성분을 계층적으로 인식하는 관점이 반영되었는데, 문장 성분의 정의에는 이러한 관점이 직접적으로 명시되지 않아 이러한 문제가 발생하는 것이다.

이러한 가운데, (55), (56)은 유개념으로서의 문법 단위를 서로 다르게 상정하는 양상을 보인다. 전자에서는 '어절, 구, 절'을, 후자에서는 '어절'을 문장 성분의 상위 개념으로 보는 것이다. 국어학적 타당성을 기준으로 둘 사이의 정오를 가르기 이전에[21], 문장 성분을 어떻게 정의 내리는가에 따라 문법 단위와 문장 성분의 관계가[22] 달리 구성되는 양상을 주목할 필요가 있다.

(55) 자! 그렇다면 이제는 문장에서 어절, 구, 절의 하위 단위가 어떤 역할을 하고 있는지 살펴보겠습니다. 아까 살펴보았던 예시를 다시 볼까요? '초롱이는 그것이 새 스마트폰임을 알았다.'는 '초롱이는', '알았다'의 어절과 '그것이 새 스마트폰임+을'의 절의 구조로 이루어진 문장이지요. 두 개의 어절과 하나의 절은, 나름대로 독특한 의미를 지니며 말하는 이의 생각과 감정을 온전하게 전달하고 있습니다. '초롱이는'이라는 어절은 문장의 주체를, '그것이 새 스마트폰임을'이라는 절의 쓰임은 문장의 대상을, 그리고 '알았다'의 어절은 앞말의 상태나 성질을 풀이하는 기능을 가지고 있죠. 이와 같이, 문장을 구성하는 '어절, 구, 절'이 일정한 역할들을 하며 이를 '문장 성분'이라고 부릅니다. [학습자 자료]

(56) 어절을 문장 안에서 일정한 역할을 맡는 가장 작은 말의 단위로 볼 수 있어요. 문장을 구성하는 중요한 성분이라고 하여 문장성분이라고도 부른답니다. 어절이 맡고 있는 역할에 따라 문장성분

---

21) 문법 교과서는 성분격을 중심으로 격 조사를 설정한다는 점을 고려하면, 이러한 양상은 품사 단원에서 조사를 어떻게 기술할 것인가의 문제로도 연결된다. 7차 문법 교과서에서는 문장 성분을 어절 이상으로 단위화하면서도 '조사의 통사론적 범주로서의 기능(정희창, 2014:246)'은 기술하지 않아 문장 성분과 격 조사 사이의 관계가 분명하지 않다.

22) 흥미로운 점은, 6차 문법 교과서에서는 '어절, 구'의 문법 단위를 문장 성분이 아닌 단어 형성법 단원에서 다루어 형태소 개념 이해를 위한 비교적 도구로 활용한다는 사실이다.

을 부르는 이름이 주어지는데, 여기에는 주어, 서술어, 목적어, 보어, 관형어, 부사어, 독립어가 있답니다. [학습자 자료]

한편, 종차(種差)의 구성 방식에 따라서도 개념 간의 연결 관계가 달라지기도 한다. 문법 교과서에서는 이중 모음을 '혀가 일정한 자리에서 시작하여 다른 자리로 옮겨 가면서 발음되는 모음'으로 정의함으로써 종차의 변별을 통해 단모음과의 연결을 요구함에 비해, (57)은 '반모음과 단모음이 결합된 약간 두 개짜리 모음'이라는 새로운 정의항을 통해 이중 모음과 반모음 사이의 연결을 도모한다. 교과서에서는 이중 모음의 자질 속성[23] 중 하나로 기술된 내용을 종차에 반영한 (57)에 대해 두 가지 해석이 가능한데, 학습자의 입장에서 문법 교과서의 정의를 통해 이중 모음이라는 개념을 구성해 내기가 쉽지 않으리라는 추정과 이러한 정의를 통해서는 이중 모음, 단모음, 반모음 사이의 관계를 구성하기에는 부족하리라는 판단이 그것이다. 김은성 외(2007)에 따르면 음운 단원에서 반모음은 특히 학습자들이 구성을 어려워하는 개념 중 하나인데, 반모음 자체는 한글 자모로 표시되지 않기 때문에 학습자에게는 종종 독립 음소로 인식되기(이선웅, 2014:190) 어렵기 때문이다. 그런데 반모음의 개념을 어떻게 구성하는가의 문제는 학습자들이 단모음과 이중 모음의 관계를 온전하게 구성할 수 있느냐의 문제와 직결된다는 점에서, (57)에서는 이중 모음을 정의하는 차원에서부터 단모음과 반모음을 종차로 담아내는 것이다.

(57) 단모음은 진짜 하나짜리 모음이고, 이중 모음은 반모음과 단모음이 결합된 약간 두 개짜리 모음이라고 볼 수 있어. 여기서 반모음이라는 말은 모음은 모음인데 반만 모음이라는 말이야. 책에 나

23) 문법 교과서에서는 이중 모음을 '혀가 일정한 자리에서 시작하여 다른 자리로 옮겨 가면서 발음되는 소리'로 정의하는데, 문제는 이러한 정의가 단모음에 대한 분류가 완료된 뒤에 나타나 학습자들이 단모음과 이중모음 사이의 관계를 구성하기 어렵게 한다는 데 있다. 또한, 이중 모음의 속성에 대해서는 '반모음과 단모음의 결합으로 이루어진다'고 기술한다.

온 예를 보면 'ㅑ'를 발음할 때 'ㅣ'에서 시작해서 'ㅏ'로 끝난다고 있잖아. 이때 'ㅣ'는 사실 '이빨' 할 때 그 'ㅣ'하고는 좀 다르게 약하지. 완전한 'ㅣ'가 아니잖아. 완전한 'ㅣ'는 혼자서도 발음하지만 반모음 'ㅣ'는 혼자서 발음은 안 돼. 즉, 음절을 못 이루는 거지. 그래서 반만 모음, 반짜리 모음, 반모음. 그러니까 정확하게 말하면, 이중모음은 두 개의 모음이 합쳐진 것은 아니지. 사실, 모음 하나하고 모음 반 개가 이중이라는 말이지. [학습자 자료]

또한, 상위 개념의 정의항에 포함된 종차(種差)의 의미에 의도적으로 주목함으로써 이후 분류될 하위 개념들 간의 관계를 정교하게 구성하는 양상도 발견된다. 교과서에서는 형태소를 '일정한 의미를 가진 가장 작은 말의 단위'로 정의한 이후에 '자립/의존 → 실질/형식'의 순으로 하위분류를 함에 비해, (58)에서는 종차로 쓰인 '일정한 의미'에 초점을 두어 '실질/형식'의 분류를 먼저 구성한다. 종차 자체를 축자적으로 풀이하여 '가장 작은'과 '뜻을 지니다'의 의미를 구체화하고 '뜻'을 '정보'라는 표현으로 대체하여 '구체적인 진짜 의미의 정보'와 '문법적인 것과 관련된 정보'로 구분함으로써 하위개념들 간의 관계를 구조화한다는 점에서 특징적이다.

(58) 형태소가 '뜻을 지닌 가장 작은 말의 단위'라고 했죠? 문장을 쪼개고 쪼개서 가장 작게 만들면 그게 바로 형태소인 겁니다. 그런데 또 '뜻을 지니고 있다'고 했죠? 그러니까 무작정 막 쪼개면 안 돼요. 뜻이 있는 상태까지 최대한 쪼개야 합니다. 여기서 '뜻을 지녔다'는 게 어려울 수 있는데, 쉽게 생각하면 어떤 '정보'를 가지고 있다는 의미에요. 설명 그만하고 우리 쉽게 예를 들어 볼까요? '철수가 씻는다.' 이걸 볼까요? 일단, '철수' 당연히 정보죠. 사람 이름이잖아요. 근데 '가'가 남아요. '가'도 어떤 정보를 줘요. 앞말이, 그러니까 '철수' 이게 주어라는 정보를 주죠. 그러니까 이것도 형태소예요. 남은 '씻는다'를 봅시다. 이건 좀 어려운데, 먼저 비누칠해서 닦는 행위는 뭘 보면 알 수 있죠? '씻-'까지만 봐요. 여

기에 정보가 담긴 거죠. 그럼 '-는-'은? 지금 하고 있다는 정보죠. 아까 했으면? '씻었다'가 되겠죠. 마지막 '-다'는? 문장이 끝난다는 정보를 주죠. 이렇게 형태소에는 정보가 담겨 있어요. 그런데 분석한 것을 보니까, 제공하는 정보의 성격이 좀 달라요. 아까 '철수'랑 '씻-'은 딱 구체적인 진짜 의미의 정보를 주죠. 그래서 이런 형태소를 실질적인 의미가 있다고 해서 실질 형태소라고 합니다. 그런데 '가, -는-, -다'는 좀 달라요. 주어가 된다. 현재이다. 문장이 끝난다. 문법적인 것과 관련된 정보들이죠. 의미가 뭔가 좀 형식적이죠. 그래서 이런 형태소는 형식 형태소라고 합니다. [학습자 자료]

(2) 단원 간의 문법 개념 관계 구성

정의항의 구성 요소로 어떠한 개념을 포함하는가에 따라 문법 개념 간의 관계가 달리 구성되는 양상은 서로 다른 단원에 산재되어 있지만 보다 정교한 관계화를 위해서는 연결이 필요한 문법 개념들의 구성 과정에서도 확인된다. 교과서에서는 연결을 표면화하지 않는 단원 외적 문법 개념들에 대해서도 학습자들은 관계적으로 구성하여 새로운 구조 틀을 재구성하는 것이다.

먼저 어떠한 상위 개념을 유개념으로 상정할 것인가의 문제이다. (59)에서는 교과서의 유개념을 그대로 유지하여 품사론과 형태론의 상이한 범주를 연결 짓는 양상을 보인다. 자칫, 형태소 층위와 단어 층위의 기술이 착종되어 혼란을 부추길 수 있는 정의항을 두고, '의존 형태소로서의 조사'라는 형태소적 자질과 '조사의 단어 포함 여부'라는 품사적 자질을 연결시켜 구성하는 양상을 확인할 수 있다. 조사의 단어 지위와 관련해서는 그간 단어의 범주에 대한 논란 사안 중 하나였는데, 학교 문법에서는 조사를 단어에 포함하는 절충적 체계를 취함을 고려하여, (59)에서는 의존 형태소를 조사의 유개념으로 상정함으로써 이 지점을 구성하기 위한 연결소를 부여하는 것이다.

(59) 조사가 뭐래? 의존 형태소래. 앞에서 자립 형태소, 의존 형태소 배웠지. 이게 이상한 거거든. 조사는 품사의 하나이고 품사는 단어를 분류한 건데, 그럼 단어가 의존 형태소라는 이상한 말이 되거든. 딱, 조사만 그런 거야. 다른 단어들은 자립적이야. 조사는 일단 단어로는 취급해 주는데, 형태소로는 의존 형태소인 거야. 다른 단어들은 하나씩 있을 때 다 자립 형태소야. [학습자 자료]

다음으로, 종차에 주목하여 단원 간 문법 개념 사이를 연결하는 양상은 음운론과 형태론의 범주에서 발견된다. 교과서에서는 음운 변동을 '어떤 형태소가 다른 형태소와 결합할 때 그 환경에 따라 발음이 달라지는 현상'으로 정의하여 종차에 형태소 개념을 포함한다[24]. 음운 단위에 쓰인 문법 용어를 계량한 결과를 보고하는 김호정 외(2007:178)에서 '형태소와 단어는 음운 영역에 직접적으로 관련되어 있지 않은 용어들이지만 빈도가 높아 주목해야 하는 용어들'임을 지적하는 것도 이 때문이다. 이와 관련하여, (60)은 음운 변동의 개념을 구성하는 가운데 형태소에 대한 정보가 오히려 구성을 방해하는 요인으로 판단하여 정의를 단순화함에 비해, (61)에서는 비교적 상세하게 형태소 개념에 주목함으로써 음운 변동과 형태소 사이의 관계를 구조화한다.

(60) 이거 읽어 보자. 국어에서는 어떤 형태소의 음운이 조건에 따라 다른 음운으로 바뀌는 현상. 이런 걸 음운 변동이라고 합니다. 근데 5줄 밑으로 가면 어떤 형태소가 다른 형태소와 결합할 때, 그

24) 한편, 문법 교과서에서 음운 변동의 하위 유형으로 제시한 '옷, 히읗' 등의 음절의 끝소리 규칙, '아비, 어미, 고기' 등의 모음 동화, '깡충깡충, 오순도순'의 모음조화, '한 일, 먹은 엿'의 사잇소리 현상은 형태소 결합 환경이 아니라는 점에서, 음운 변동에 대한 이러한 정의는 재고의 여지가 있다. 또한, 문법 교과서에서는 한자어의 형태소 분석에 대해 명확한 기술을 하지 않으면서도, '종로, 백로' 등의 한자어들에 대해서도 형태소 결합 과정에서의 음운 변동으로 설명한다는 점에서도 그러하다.

환경에 따라 발음이 달라지는 현상을 음운의 변동이라고 한다. 나옵니다. 그렇다고 막 외우고 할 필요는 없습니다. 좀 헷갈리죠. 선생님도 처음에 헷갈렸습니다. 이거는 그냥 외우지 말고, '조건에 따라 변한다' 이 정도만 이해하면 좋습니다. [학습자 자료]

(61) 국어에서는 어떤 형태소가 형태소랑 결합할 때 그 환경에 따라 음운이 달라지는 것을 음운의 변동이라고 해. 근데 내가 지금 형태소라는 말을 했잖아. 형태소라는 말이 뭔지 알고 있어? 형태소는 가장 작은 말의 단위라고 할 수 있는데, 일정한 뜻을 가져야 해. 그래서 이 형태소는 실질 형태소와 형식 형태소로 나눠 볼 수가 있어. 그래서 실질 형태소는 진짜 의미를 가진 말, 실질적인 형태소라고 할 수 있고, 형식 형태소는 그 반대 개념으로 형식적인 의미를 가진 거. 이렇게 말로만 하면 잘 모를 것 같아서 문장을 하나 준비했어. 보면, '아이가 책을 읽었다.' 아까 일정한 뜻을 가진 가장 작은 말의 단위. 형태소로 분석을 해 보면 이렇게 되겠지. '아이/가/ 책/을/ 읽/었/다' 여기서 실질 형태소를 찾아볼까? '아이, 책', 근데 '읽-'도 실질이야. 나머지는 형식 형태소. [학습자 자료]

또한, 형태 음운 규칙(morphophonological rule)의 측면에서 개별 음운 변동 현상들을 설명하기 위해서는 다양한 형태론적 정보가 동원되어야 하는데, 학습자들의 음운 변동에 대한 구성 과정에서도 이러한 지점이 포착된다. (62)에서는 형태소의 실질적/형식적 의미에 따라 연음 현상이 달리 발생함을[25], (63)에서는 구개음화의 형태론적 조건이 형식 형태소와의 결합임을 개념적으로 이해하면서 종차에 포함된 형태소 관련 개념에 주목하여 음운론의 문법 개념과 형태론의 문법 개념을 연결시켜 구조화한다.

(62) 뒤에 어떤 종류의 형태소가 오느냐에 따라 받침이 그냥 넘어가기

25) 자립성을 기준으로 실질 형태소와 형식 형태소를 구분한다는 점에서 정합적인 형태소 개념 이해로 보기는 어렵다.

도 하고 음절의 끝소리 규칙이 적용되어 넘어가기도 하지. 뭔 말인 줄 알겠어? 거기 보면 형식 형태소, 실질 형태소 있지. 이걸 알아야 이해가 돼. 나중에 자세히 배울 거기는 한데, '위' 하면 혼자도 쓰이는 말이지. 근데 '으로' 같은 조사는 그게 안 돼. '위' 같은 말이 실질 형태소이고, '으로' 같은 게 형식 형태소야. 그러면 이해가 되지. 실질 형태소가 있는 '꽃 위'는 음절의 끝소리 되어서 [꼬뒤]가 되고, '낫으로'는 형식 형태소니까 그냥 [나스로] 이렇게 발음되는 거지. [학습자 자료]

(63) 구개음화 설명합니다. 책에 정의가 있는데, 여기에 형식 형태소라는 말이 나옵니다. 이거는 다음 단원에 나옵니다. 우선 간략하게 알아보면 형태소를 나눈 것들 중에서 딱 어떤 의미가 없는 형태소들, 그러니까 조사, 어미, 접사 뭐 이런 것들이 다 형식 형태소들입니다. '같이'는 '같다'에서 왔으니까 '같-'하고 '-이'로 형태소 나누고, '-이'가 형식 형태소죠. 딱 구개음화 정의에 맞습니다. 'ㅌ'으로 끝나고 'ㅣ'로 시작하는 형식 형태소. 그러니까 [가치] 이렇게 구개음화가 일어납니다. [학습자 자료]

역으로, 형태소의 정의 과정에서 종차를 어떠한 방향에서 조건화하느냐에 따라 음운론의 개념이 개입되는 양상도 확인된다. 특히 형태소는 문법 용어의 자의(字義)와 '최소의 유의미 단위'라는 정의항이 일련의 논리로 꿰어지지 않아 학습자들이 개념적 이해의 어려움을 겪는 대표적인 문법 개념이다. 무엇인가를 이해한다는 것은 다른 사물과의 관련 속에서, 즉 그것이 어떻게 작용하고 기능하는지, 어떤 결과가 나오는지, 원인이 무엇인지를 토대로 그것을 아는 것임에도(Dewey, 1933:137) 불구하고, '형태(形態)', '소(素)'의 자의 풀이가 불가능하여 '그저 용어와 그 정의를 외우게' 된다는 것이다.

이에 반해, (64)에서는 형태음소의 개념을 종차에 두어 형태소 개념을 구성하는데, '음상을 달리하는 교체로서의 이형태, 상보적 · 배타적 분포'

등의 표현까지는 노출하지 않으면서도 형태'소'와 음'소'를 일정한 논리로 연결하고 음운의 변동이 형태소의 개념 정립에 어떻게 연관되는지를 관계화한다. 물론, ㉮와 같은 단서를 통해 해당 학습자는 이러한 관계화 양상이 이후의 단어 형성 관련 문법 지식을 구성해 나가는 데 어떠한 영향력을 미칠지에 대해서는 확신이 없음을 추론할 수 있다. 문법 교육 내용으로서의 형태소가 어떠한 확산적 지위를 지녀야 하며, 이를 위해서는 어떠한 방향에서 어떠한 종차로 형태소 개념을 정의해야 하는가를 심도 깊게 탐색해야 한다.

(64) 형태소는 뜻을 가진 가장 작은 말의 단위라고 했죠. 그러니까 더 이상 쪼개면, 내용이 사라져 버려요. 사람을 '사' 떼고, '람' 떼면 이게 뭔 말인지 모르죠. 그냥 '사람' 이렇게가 형태소입니다. 근데 이걸 왜 형태소라고 부를까 궁금하죠. ㉮ <u>이거는 일단 그냥 참고만 하세요</u>. 우선 음성이랑 음소랑 구분했던 거 기억나요? 음소에도 '소'가 있고 형태소에도 '소'가 있네요. '소'는 대표가 된다는 말입니다. 음들의 대표가 음소이고 형태들의 대표가 형태소죠. 형태들의 대표라는 게 무슨 말이냐면, 우리가 앞에서 음운 변동 배운 거 떠올려 보면, '집도', '집만', '집이'를 각각 발음하면 [집또], [짐만], [지비] 이렇게 되죠. 그러니까 어떤 때는 '집'이었다고, '짐'도 되고 '지'도 돼요. 이런 걸 형태라고 합니다. 근데 이 중에서 대표를 하나 정하는 거죠. 역시 '집'을 대표로 해 놔야 나머지 형태들도 쉽게 연관이 되겠죠. 그래서 형태들 중에 하나 잡은 것을 형태소라고 합니다. [학습자 자료]

2. 조회 지점으로서의 상위 개념 상정

일반적으로, 구조는 가장 포괄적 개념이 최상단에 자리하고, 다면적 속성들의 공유 및 변별을 기준으로 점차 하위 개념들이 계열적으로 분화되는 양상을 띤다. 따라서 추상적 지식 체계에서는 분류와 이에 따른 상하 관계의 개념이 지식 내용을 체계적으로 이해하는 데 중요한 역할을 한다(류근식 · 권경일, 2014:64). 특히, 언어를 체계와 구조를 갖춘 형식적 연결망의 일환으로 관찰하고 분석하는 가운데 일련의 구조를 형성해 가는 경험을 중시하는 문법 교육에서는 특정 문법 개념들을 하나의 범주로 가두어 주는 상위 개념을 기준으로 삼아 지속적으로 문법 개념들을 연결해 가야 한다.

이때, 대상 간의 차이를 견줌으로써 대상의 기능과 본질을 이해할 수 있게 하는 '비교'는 지식의 체계화를 촉진하는 핵심적인 요인으로 기능하는데, 비교 대상 사이의 공유 속성과 변별 속성에 대한 판단을 교차적으로 투입하는 가운데 상위 개념이 비교의 가늠자 역할을 한다는 것이다.

주세형(2008, 2009)에서는 이를 '이론적 범주'와 '기술적 범주'라는 개념으로 설명한다. 요컨대, 전자는 탐구 활동의 사고 도구가 되는 개념이며 후자는 탐구의 대상이 되는 개념이어서 학습자들이 지식의 구조를 구성하고자 할 때 전자는 후자를 탐색하기 위한 인식의 틀로 기능한다는 것이다.

그런데 이론적 범주와 기술적 범주는 모든 상황에서 뚜렷하게 분리가 되는 개념은 아니고 탐구 대상에 따라 상대적인 변별이 되는 개념이다(주세형, 2009:270). 즉, 탐구의 대상을 잡다한 현상들의 집합체로 보는 것이 아니라 변별적 요소들을 분리하고 이 요소들의 결합 법칙을 세워(김종우, 2007:29) 일련의 위계적 구조를 체화해 갈 때, 어떠한 개념을 비교 기준으로서의 상위 개념으로 삼을 것인가의 문제는 무엇을 비교하는가에 따라 달리 결정된다는 것이다.

또한, 이때의 결정은 외부에서 제공되는 결과물에 의존해서만 내려지지 않고, 인식 주체로서의 학습자들이 지식을 체화하고 전유하여 의미 및 체계를 부여하는 과정에서 주관적으로 이루어지기도 한다. 물론, 상위 개념에 대한 학습자의 자발적 결정을 통해 마련된 지식의 구조는 전문가의 그것에 비해 단편적이고 헐거울 수 있지만 학습자의 시각에서 구성된 '구조'

그 자체는 향후의 지속적인 탐구 과정에 막대한 영향을 끼친다. '구조'라는 말은 여러 가지 요소들이 체계를 형성해 가는 방법과 행위를 말하는 것이지 그렇게 얻은 결과만을 의미하는 것은 아니기(김종우, 2007:78) 때문이다. 중요한 것은 완결된 형태의 구조 그 자체가 아니라 거기에 도달하기까지의 긴장을 이끌어 가는 힘이다. 여기에서는 상위 개념에 조회하여 둘 이상의 문법 개념을 비교하는 행위가 그러한 힘을 발휘하게 하는 연결소의 기능을 수행하는 양상을 살필 것이다.

(1) 단원 내의 문법 개념 관계 구성

하나의 단원 내에서 계층적으로 조직된 문법 개념들을 연결 짓는 가장 대표적인 방식은 해당 단원의 최상위 개념, 곧 특정의 언어 단위를 비교의 기준으로 삼아 이에 지속적으로 조회하여 개념 사이의 위계 관계를 구성하는 양상이다. (65)에서는 음운 단원의 최상위 개념인 음운 개념을 조회지점으로 삼아 음운 체계와 음운 변동에 포함된 문법 개념들을 관계화한다. 이 학습자는 자음 체계의 기술 중에 삽입된 이른바 무성음의 유성음화 현상에 이질감을 느끼며, '변동'에만 주목하여 정합적인 개념 구성을 어려워하는 모습을 보였다. 이러한 단절을 해소하는 과정에서 '음성과 음운의 개념적 차이'라는 최상위 개념을 들여와, 유성음화는 음소가 변이음으로 실현되는 이음 변동(allophonic alternation)이어서 음운 변동과는 구분이 되며, 한 음소 내의 말소리 바뀜 현상이기 때문에 그 바뀜의 영향력이나 결과도 음소 내부에 국한됨을(이문규, 2004:114) 정교화한다. 음운이라는 최상위 개념에 조회함으로써 '음소-음운, 이음 변동-음운 변동'의 변별적 관계를 물론 '음운-음운 변동' 사이의 위계적 관계도 구조화하는 것이다.

(65) 거기 보면, 'ㅂ, ㄷ, ㅈ, ㄱ'는 원래 안울림소리인데, 울림소리와 울

림소리 사이에서는 울림소리라고 되어 있지. 이게 뭐냐면, 예를 들어 '감기' 쓸 때는 똑같이 'ㄱ'이라고 쓰지만 사실 앞의 'ㄱ'하고 뒤의 'ㄱ'은 서로 다른 소리야. 목에 손을 대고 발음해 보면 뒤의 'ㄱ'만 떨림이 있지. 원래 안 울리는 소리인데, 떨리는 소리로 바뀐 거지. 그런데 바뀌긴 바뀌었어도 이건 그냥 음성이 바뀐 거지. 우리가 음운을 뭐라고 했어? 많은 음성들의 대표라고 했잖아. 즉, 'ㄱ'이라는 음운은 그냥 유지되고 음성만 바뀐 거야. 이런 건 음운 변동은 아니야. [학습자 자료]

이러한 양상은 (66)에서도 보이는데, 즉 음운 축약은 음운과 관련된 현상이어야 함에도, '글자가 줄어드는[26]' 음절 축약이 그 하위 유형으로 설정된 데에서 인지적 단절을 보고한다. 사실, 이 지점은 배영환(2010), 이진호(2012) 등에서도 지속적인 문제제기가 있어 온 바, 축약이라는 하위 유형을 두었으면 일관되게 음운의 변동 양상을 고려해야 하는데 반모음화 예들에 대해서는 음운이 아닌 음절이 줄어드는 것을 기준 삼아 축약에 포함하는 잘못을 범했다는 것이다. 오히려, 음운의 차원에서 다루기 위해서는 '오-[o] + -아서[asə] → 와서[wasə]'에서 확인되듯이 [o]가 반모음 [w]로 '교체'되는 현상을 분류해야 한다고 본다[27)28)]. 교과서 기술의 타당성 문제는 차치하고라도 (66)의 학습자가 지닌 문제의식은 배영환(2010), 이진호(2012) 등과 마찬가지로 최상위 개념으로서의 음운을 상정하였기에 형성된 것이며, 이러한 인식은 '음운-음운 변동'으로 이어지는 위계적 구조를 관계적으로 구성하기 위한 주요한 요인으로 작용한다.

---

26) 물론, 이는 표기 층위와 발음 층위를 구분하지 못하는 오개념이다.

27) 남가영(2013ㄱ:130)에서도 예비 국어 교사들이 활음화 현상을 모음 축약으로 인식하는 것을 오개념으로 분석하여 해당 현상을 교체로 보는 관점이 드러난다.

28) 모음의 하나로 설정한 반모음을 음운 변동을 설명하면서 어떻게 다루어지는가의 문제이기도 하다. 국어의 반모음으로 'y, w'를 제시했으면 이중모음의 분석이나 반모음과 관련된 음운 현상의 설명에서 반모음이라는 단위를 분리하여 적극적으로 이용해야 하는데 현재는 그렇지 못한 상황이다(이진호, 2012:53).

(66) 음운 축약을 설명하면서 '두 형태소가 서로 만날 때에 앞뒤 형태소의 두 음절이 한 음절로 줄어드는 일이 있는데 이것도 축약의 하나'라고 설명한다. 음운 축약을 다루면서 음절이 축약되는 것도 음운 축약이라고 하니 뭔가 위아래가 바뀐 것 같아 이해가 잘 안 된다. 음절 축약이라면 말 그대로 글자가 줄었다는 의미인데 이걸 'ㅂ+ㅎ→ㅍ' 같은 거하고 같이 볼 수 있을지 의문이다. [학습자 자료]

품사 단원에서는 분류 기준 자체를 상위 개념으로 상정하여 하위분류된 개념들 간의 관계를 구성하는 양상이 발견된다. 즉, 분류 기준을 '이론적 범주'로서의 인식의 틀로 삼아 개별 품사들을 기술적으로 관계화해 간다는 것이다. 인간이 언어 기호 속에서 포착할 수 있는 것은 선험적으로 주어져 있는 개념이 아니라 체계 안에서 상대적으로 규정되는 가치라는 점에서(김종우, 2007:22), 개념들의 이면에 놓인 관계를 구조화해 가는 과정에서 상대적 변별을 유인하는 분류 기준 자체도 상위 개념으로서의 가치를 지니는 것이다. 이와 관련하여, (67)에서는 교과서에 이론적 범주에 대한 기술이 소략하여 이후의 기술적 범주들 간의 관계를 맺는 데 단절이 발생함을 호소한다. 이에 반해, (68)은 '형태, 기능, 의미'라는 상위 개념에 지속적으로 조회하여 개별 품사들의 관계를 구조화하는데, 보다 상위의 층위에서 '기능에 의한 분류'와 '의미에 의한 분류'를 위계적으로 연결하는 것이다.

(67) 교과서에서는 품사를 설명하기에 앞서 품사 기준에 대해서 설명한다. 그런데 품사는 기능·형태·의미에 따라 나눈다고 하고 곧바로 '명사, 대명사, 수사, 조사, 동사, 형용사, 관형사, 부사, 감탄사'의 아홉 개의 품사를 제시한다. 그런데 이런 설명만 보고는 기능, 형태, 의미라는 분류 기준이 실제로 품사를 나누는 데 어떻게 작용되었는지 이해가 잘 안 된다. 물론, 품사 하나하나 설명하는 부분을 꼼꼼하게 확인해 보면, 기능, 형태, 의미에 대한 설명이

부분적으로 들어가 있기는 하지만, 단순히 분류 기준이 기능, 형태, 의미이고, 그래서 나온 품사가 이렇게 9개이다 식으로는 아, 그렇구나 정도이지 제대로 체계가 이해가 안 된다. [학습자 자료]

(68) 체언에는 명사, 대명사, 수사, 용언에는 동사, 형용사, 수식언에는 관형사와 부사, 그리고 조사를 관계언이라고 하고, 감탄사는 독립언이라고 하고. 5개의 '언'에 9개의 '사'. 관계언하고 독립언에는 하나씩밖에 들어 있지 않아서[29] 다른 것보다 좀 더 쉽죠. 그래도 5개의 언 안에 9개의 품사가 들어 있다. 이렇게 정리하면 훨씬 체계적으로 이해하기 좋아요. [학습자 자료]

끝으로, 학습자들은 상대적 차이보다 공통된 속성이 두드러져 변별적 연결의 어려움이 예상되는 문법 개념들에 대해서도 상위 개념에 조회하여 비교하는 양상을 보인다. 수식언과 용언이라는 서로 다른 상위 개념을 지니면서도 관형사와 형용사는 학습자들이 구분을 어려워하는 품사 중 하나이다. 형용사 역시 활용을 통해 체언을 수식할 수 있기 때문이다. (69)의 학습자는 이 지점에 주목하여 둘 사이를 변별적으로 연결하되, 형용사의 상위 개념으로만 지위를 갖는 용언과 그 속성에 조회하여 둘 사이의 상대적 차이를 부각한다. 또한, (70)에서는 통상 품사 통용 현상으로 다루어지는 수사와 수관형사의 변별적 비교 과정에서 각각의 상위 개념인 체언과 관형사에 조회하여 '조사 결합 가능 여부', '체언 수식'이라는 속성을 도출함으로써 둘 사이의 관계를 구조화한다.

(69) 형용사랑 다른 점은 관형사는 형태 변화를 하지 않고, 오로지 체언의 앞에서 체언만 꾸며 주는 역할만 한다는 거예요. '새 신을

---

29) 이 점에 대해 이선웅(2012:173)은 관계언, 독립언은 어떠어떠한 품사를 묶는 개념이 아니라 단지 각각 조사, 감탄사의 특성을 설명하기 위한 말이라는 점에서 분류의 상위 개념으로는 적당하지 않다고 지적한다. 하위 항목이 하나밖에 없는 상위 항목을 분류하는 일이 형식논리학의 상식을 벗어난다는 것이다. 그러나 이 역시 학습자들의 입장에서는 불필요한 인지적 부담으로 작용하기보다는 분류 기준에 따른 범주의 층위적 관계의 구성을 돕는 인식적 도구로 쓰일 수 있다는 점에서 문법 교육의 시각에서는 재고의 여지가 있다.

신고 팔짝 뛰어 보자'이라는 문장에서 체언인 '신'을 꾸며 주는 '새'가 바로 관형사예요. 이런 관형사에는 '이, 그, 저, 헌, 어느, 여러, 웬, 옛' 등이 있어요. 물론 형용사로도 체언을 꾸며 줄 수 있어요. '예쁜 신' 같은 경우가 그렇죠. 그런데 형용사는 아까 용언에 속한다고 했었죠. 용언의 가장 중요한 특징, 가변어라고 했었죠. 즉, 문장 속에서 마음대로 변신을 할 수 있다는 말입니다. '예쁜'은 형용사 '예쁘다'가 활용한 것으로 꼭 '예쁜 신'이 아니라도 '신이 예쁘다'처럼 다양하게 활용할 수 있다는 점에서 관형사와는 차이점이 있어요. 그리고 형용사는 '예쁘게 신다'에서 볼 수 있듯이 체언뿐만 아니라 용언도 꾸며 줄 수 있어요. 관형사는 절대 형태 변화하지 않는다는 점, 그리고 오로지 체언만을 꾸민다는 점에서 형용사랑 다르다는 거 기억하세요. [학습자 자료]

(70) 이거 봐. 아까 숫자 같은 거 뭐였지? 수사, 수사였지. 순서나 수량, 이런 거. 근데, '다섯 명이 간다.'랑 '다섯이 간다.' 둘 다 다섯, 숫자네. 그럼, 둘 다 수사? 아니야. '한 명이 간다.'랑 '하나가 간다.' 그럼 이것도 둘 다 수사이게? 아까, 수사는 체언이었잖아. 그러면 조사가 붙을 수 있고, 뭔가 좀 명사스러운 거여야지. '다섯이 간다, 하나가 간다.' 이건 수사네. 조사가 붙잖아. 그럼, '다섯 명, 한 명'은? '명'이 뭐야? 의존 명사. 이것도 명사는 명사지. 명사를 꾸며 준다, '새 책' 이거 '새' 관형사였지. 똑같아. '다섯 명, 한 명'은 관형사야. 명을 꾸며 주잖아. [학습자 자료]

반대로, 학습자들이 어느 지점에서 문법 개념 사이의 연결을 어려워하는가를 분석함으로써도 문법 지식 구조의 구성 과정에서 상위 개념의 역할을 조명할 수 있다. 먼저, 학습자들은 자신의 입장에서 상위 개념이 추상적이고 모호하다고 판단되며 이를 문법 개념 간의 연결 고리로 삼기 어려워한다. 음운의 분류 기준이 대표적인 경우인데, 개별 음운 범주들을 연결하는 과정은 비가시적인 조음 기관의 움직임을 추상적인 언어로 풀어서 진술해야 한다는 점에서 많은 학습자들이 이해의 어려움을 호소한다.

(71) 역시 '혀의 앞뒤'와 '혀의 높이'라는 분류 기준의 추상성으로 인해 후자의 속성인 '입이 벌어지면'을 통해 전자를 상세화하는 혼란을 보이기도 한다. 그럼에도 불구하고, 음운 체계는 소리 날 때 장애의 유무, 소리의 세기나 울림 정도와 같은 조음 위치에 방법, 혀의 높이나 위치, 입술의 모양 등 특정한 기준에 입각하여 음운이 변별되고 체계화되는 지식인 관계로, 개별 용어에 대한 개념적 지식은 그 자체로 해당 체계에 대한 구조적 지식에 터해 있으며, 구조적 지식이 뒷받침되어야 해당 개념에 대한 온전한 이해가 가능하다(김은성 외, 2007:19).

(71) 먼저 전설 모음하고 후설 모음하고 구분이야. 'ㅣ'하고 'ㅏ'하고 발음해 보면 'ㅏ' 발음할 때 'ㅏ'가 입이 더 벌어지지. 입이 벌어지면 혀가 약간 뒤로 빠지는 느낌이 들지? 그래서 'ㅏ'는 후설 모음이야. 'ㅣ'는? 혀가 약간 당겨지지? 그래서 이건 전설 모음. [학습자 자료]

상위 개념으로서의 분류 기준을 모호하게 상정할 경우에도 학습자들이 문법 개념들을 관계화하는 데 방해 요인으로 작용한다. 교과서에서는 (72)와 같이 '복잡성'을 기준으로 ㉮와 ㉯를 구분하는데, 학습자들의 입장에서는 이 기준이 지나치게 작위적이고 모호하여 분류된 사례들을 연결하기 위한 상위 개념으로서의 가치를 지니지 못한다. (73)의 학습자는 '복잡성'이라는 기준이 오히려 통상적인 합성어 분류의 상위 개념인 '통사적 여부'와 충돌하여 합성어에 대한 체계적 이해를 방해한다고 보고한다.

(72) ㉮ 어근과 어근이 직접 합쳐져서 만들어진 단어(고추잠자리, 밤낮, 새해, 빛나다, 보슬비, 알뜰살뜰, 돌보다, 높푸르다) / ㉯ 복잡한 합성어(나뭇잎, 너도밤나무, 갈림길, 큰아버지, 날아가다)

(73) 탐구 활동에서 '덮밥, 접칼, 늦더위'를 주고 이 합성어들을 구성하고 있는 요소들의 특징을 알아보자고 한다. 문제의 해답을 찾기

어렵다. 왜냐하면 이제까지 '작(은)+아버지'처럼 '은'에 괄호를 쳐 놓아 '은'이 중요하지 않은 듯이 배워 왔고(크게 신경 쓰지 않아도 되는 것처럼), 87쪽의 상단에서 합성어의 예로서 '보슬비, 알뜰살뜰, 돌보다, 높푸르다' 같은 말들을 들어놓아 이러한 결합이 정상적이고 '갈림길, 큰아버지, 날아가다'와 같은 말들이 복잡한 합성어, 예외적인 합성어로 배워 왔다. 따라서 '덮은+밥'보다는 '덮밥'이 정상적으로 여겨짐은 당연하다. [학습자 자료]

그간 문법 교과서의 기술 방식에 대해 상위 개념 충돌의 측면에서 지속적으로 지적이 되어 왔던 지점들 역시 학습자들에게 구성상의 난점으로 작용한다. 전술한 '교체, 동화, 축약, 탈락, 첨가'의 음운 변동의 유형화 역시 이러한 경우인데, 이문규(2004), 배영환(2010, 2012), 이진호(2012) 등에서 거론된 바와 같이 '동화'는 음운론적 동기에 따른 분류이어서 변동 전후의 변화 양상이 기준인 다른 유형들과는 상이한 층위의 분류이다. 이 지점에서, (74)의 학습자는 '교체[30]'와 '동화'라는 상위 개념이 상충함에서 오는 혼란을 호소하며, (75)에서는 오히려 이러한 상이함을 연결소로 설정하여 교체 범주와 동화 범주 사이의 관계화를 시도한다.

(74) '낫, 낮, 낱, 낯, 낟'이 다 똑같이 [낟]으로 발음되는 것을 교체라고 정의한다. 그렇다면 예를 들어 '신라→[실라]'와 같은 동화 현상 또한 'ㄴ→ㄹ'로 교체되었다고 말할 수 있지 않을까 한다. 그런데도 음절의 끝소리 규칙만을 교체라고 분류하니까 뭔가 어색하다. 앞에서 교체, 동화, 축약, 탈락, 첨가를 각각의 범주로 제시했으니까 분명 그 각각에 해당하는 사례가 나와야 하는데 뭔가 어색하다. [학습자 자료]

(75) 음운의 변동 유형으로 교체, 동화, 축약, 탈락, 첨가 이렇게 나와

30) '교체'라는 용어는 형태소가 환경에 따라 이형태로 달리 나타나는 현상을 가리키기도 하는데, 이혁화(2002), 배주채(2011), 이진호(2012) 등에서는 둘 상이의 충돌을 피하기 위해 음운 변동의 하위 유형에서는 '대치'라는 용어를 사용하기도 한다.

있어. 근데 여기서 좀 조심해야 해. 동화 때문이야. 예를 들어, '국물'이 [궁물]로 발음될 때 'ㄱ'이 [ㅇ]으로 변했잖아. 'ㅁ'을 닮기 위해 그런 거니까 자음 동화이지. 근데 또 딱 보니까 'ㄱ'이 'ㅇ'으로 교체됐다고 해도 되잖아. 그치? 맞아. 사실, 동화도 교체의 한 종류야. 워낙 중요한 거라서 책에서는 따로 빼 놨지만 닮은 결과로 결국 바뀌는 거니까 교체로 봐도 되지. [학습자 자료]

상위 개념으로 기능하는 분류 기준이 일관성을 잃을 경우에도 학습자들은 연결상의 단절을 경험한다. (76)과 (77)은 비교적 단편적인 사례인데, 전자는 관형사와 부사의 관계적 구성 과정에서 하위분류의 제시 순서가 비교 기준의 유무가 상이하여 둘 사이의 연결에 추가적인 인지적 부담이 지워진다는 호소이며, 후자는 교과서에서는 '대등하게 이어진문장'으로 명명된 용어를 '대등적으로'라는 일관된 용어로 대체한 학습자이다.

(76) 수식언에서 관형사와 부사를 하나로 모아서 설명하면서도 관형사는 지시 관형사, 성상 관형사의 순으로 제시하고 부사는 성상 부사, 지시 부사의 순서로 나온다. 또한, 관형사는 조사와 결합할 수 없고 형태가 변화하지도 않는다고 했는데, 부사는 그런 말이 나오지 않아 그럴 수 있다는 건지, 없다는 건지가 분명하게 설명되지 않는다. [학습자 자료]

(77) 이렇게 홑문장들이 모여 하나의 겹문장이 되는 과정을 문장의 확장이라고 하며, 이어서 이어진문장과 안은문장에 대해 더 자세하게 알아보겠습니다. 우선 이어진문장은 다시 대등적으로 이어진문장과 종속적으로 이어진문장, 두 종류로 나뉩니다. [학습자 자료]

(78) 역시 하나의 상위 개념에서 분절된 개념들 사이에 적용된 기준이 일관성을 잃어 학습자들이 관계적 구성을 어려워하는 경우이다. 즉, 상위 개념 안은문장의 분류를 위해서는 전성의 역할을 하는 '절 표지'가 비교의 기준으로 작용함에도 불구하고, 교과서에서는 명사형 어미, 관형사형 어

미와 달리 부사형 어미는 별도로 노출하지 않아 학습자들은 상위 개념에의 조회를 어려워한다. 즉, 안은문장이라면 '절 표지'가 드러나야 하고 그에 대한 명명이 곧 하위분류의 과정인데도[31] 부사절에서는 그러한 일관성이 확보되지 않는다는 것이다. 사실, 교과서에서 부사형 어미를 직접적으로 명명하지 않은 것은 '-이'의 정체 때문일 것인데, 단어를 형성하는 파생 접미사가 부사절을 만든다는 이상한 결론에(이선웅, 2014:190) 도달하기 때문이다. 수많은 언어 현상을 몇몇의 범주로 일관되게 체계화하는 일의 어려움을 인정한다고 하더라도 상위 개념에서 파생된 비교의 기준이 일관성을 잃을 경우 학습자들은 개념 간의 연결 과정에서 단절을 경험할 수밖에 없음을 상기할 필요가 있다.

(78) 명사절, 관형절에서는 명사형 어미, 관형사형 어미가 붙어서 만들어진다고 하였는데, 부사절에서는 부사형 어미라는 말이 없다. 대신에 '-(아)서'만 콕 집어서 종속적 연결 어미로 된 절들은 부사절로도 볼 수 있는 면이 있다고 말하고 있다. 이것으로는 예문에서 쓰인 '-이, -게, -도록'은 '-(아)서'와 같은 종속적 연결 어미인지 아닌지 알 수 없고, 왜 종속적 연결 어미로 된 절들은 부사절로도 볼 수 있는지 이유도 설명해 주지 않는다. [학습자 자료]

(2) 단원 간의 문법 개념 관계 구성

특정 범주 내의 개념들을 연결하는 일은 분리된 체계 내에서만 의미를 지님에 비해 여러 범주에 흩어져 있는 개념들을 특정의 상위 개념에 조회하여 관계화함으로써 형성한 구조는 다양한 문제적 상황에 유연하게 대처

31) 이선웅 · 이은섭(2013:268)에서는 '-어서'가 '원인 · 이유'를 나타내는 부사형 어미라고 기술하는 것과 같이 '-(이)라고, -고'는 인용을 나타내는 부사형 어미라고 명명하는 것이 체계의 일관성을 확보할 수 있음을 논구한다. 그러나 이러한 경우에는 아무리 절 단위를 기준으로 본다고 하더라도 종결 어미 뒤에 다시 부사형 어미가 결합하게 되어 어미의 근본적인 정의에 위배되는 문제가 발생할 수 있다.

할 수 있게 한다는 점에서 중요한 의의를 갖는다. 여기에서는 학습자들이 서로 다른 단원에 산발적으로 분산된 문법 개념들을 관계적으로 구성하는 과정에서 상위 개념의 상정 및 조회라는 연결소를 부여하는 양상을 확인할 것이다.

먼저, 학습자들은 서로 다른 범주에서 하위분류를 거친 문법 개념들일지라도 분류의 기준이 동일하다고 판단되면, 이를 상위 개념으로 간주하여 상이한 범주의 문법 개념들을 연결한다. 품사와 문장 성분의 하위분류 기준인 '기능'이 대표적인데, 학교 문법에서 각 품사를 개별적으로 다루지 않고 체언, 수식언, 독립언, 관계언, 용언 아래 묶어 제시하는 것 자체가 품사 분류가 문장 구조를 익히는 능력으로 확장되기를 의도하는 것이기 때문이다(주세형, 2008). 다시 말해, 단어를 문장 내에서의 기능에 따라 분류한 것 자체가 이미 문장 성분과의 연계성을 염두에 두었다는 것이다. (79) 역시 이 지점에 주목하여 품사와 문장 성분의 관계를 '기능'이라는 상위 개념에 조회하여 구성하는데, 보다 상위 층위에서 품사와 문장 성분 사이의 관계를 부감하는데, 역시 그 중심에는 '기능'이라는 상위 개념에 대한 초점화가 자리하고 있으며 '명칭의 유사함[32]'과 '관점의 차이'에 주목하여 품사론과 문장 성분론을 관계화한다.

(79) 부속성분은, 필수적이진 않지만 문장의 의미를 보다 다채롭게 하는 역할을 담당하고 있습니다. 문법 체계에서는, 부속성분으로 '관형어'와 '부사어'를 설정하고 있습니다. 그런데 여러분은 앞에서 관형사와 부사에 대해 학습하였지요? 주성분의 용어와 달리, 부속 성분의 용어들은 품사 명칭과 비슷하네요. 왜 명칭이 비슷할까요? 네. 품사에서 하는 역할을 문장 속에서도 담당하기 때문에 두 용어의 명칭이 유사한 것입니다. 즉, 품사는 단어 자체의

32) 학교 문법에서는 '관형사, 부사' 층위의 품사 용어는 '의미'의 층위에서 생성된 것으로 기술하지만, 실제 이들 용어는 다른 것과의 관계 속에서 그 의미를 파악해야 한다는 점에서(이관규, 2002:124) '기능'에 따른 분류로 보는 것이 합당하다.

기능이었다면, 문장 성분에서는 문장 속에서 어떠한 역할을 하는지 살펴본다는 점에서 관점의 차이만 존재할 뿐입니다. [학습자 자료]

학교 문법에서의 '격(格, case)'은 일부 경우를 제외하고는 대체로 문장 안에서의 일정한 자격, 즉 성분격을 의미한다는 점에서 격 조사와 문장 성분의 하위분류의 기준이 되는 '격' 역시 두 범주를 관계화하기 위한 상위 개념으로 간주된다. 즉, 학습자들은 '격'이라는 상위 개념에 조회하여 격 조사와 문장 성분을 연결함으로써 두 범주가 유사한 하위분류 체계로 이루어져 있음을 파악한다. 물론, 교과서에서도 '주어가 되게 하는 주격 조사, 목적어가 되게 하는 목적격 조사…' 식의 기술을 통해 이러한 관계를 드러내지만, 학습자들은 보다 명시적으로 '격' 개념에 조회하는 양상을 보인다. (80)에서는 품사 단원에서 격 조사의 체계를 구성하는 과정에서 문장 성분과의 연결을 시도하는 양상을 확인할 수 있다. (81)에서는 보다 전면적으로 격 조사 체계와 문장 성분 체계를 대응시키는 양상이 보이는데, 격 조사가 체언에 결합하여 그 말의 다른 말에 대한 관계를 표시하기에 격 조사는 문장 성분을 확인하는 표지로 기능함을 부각시키는 것이다.

(80) 우선 격 조사에 대해 알아보도록 해요. '개가 사람을 물었다, 개를 사람이 물었다.' 이 두 문장의 의미가 서로 다르다는 걸 알 수 있을 텐데, 조사가 변하면서 누가 물었는지가 달라졌기 때문이죠. 이처럼 문장 속에서 그 앞의 단어들의 문법적 관계를 나타내 주는 것을 '격조사'라고 해요. '이/가'는 주어를 만들어 주니까 주격 조사, '을/를'은 목적어를 만들어 주니까 목적격 조사라 해요. 이외에도 관형격 조사, 부사격 조사, 보격 조사, 호격 조사 등이 있는데 가만 보면 주어, 목적어, 관형어, 부사어, 보어가 되죠. 또 우리가 '이다'를 서술격 조사라고 하잖아요. 여기서도 서술어 나오죠. 호격 조사는 조금 예외이기는 하지만, 이렇게 격 조사는 그

대로 문장 성분하고 연결이 돼요. [학습자 자료]

(81) 문장 성분을 큰 틀에서 보려면 예전에 배웠던 격 조사 이거 기억하면 좋아. 격 조사가 결국 문장 성분을 만들어 주는 거거든. 잠깐 앞에 갔다 와 볼까? 96쪽이네. 거기 보면 격 조사 종류 쓴 것들 있지. 주격 조사, 부사격 조사, 관형격 조사, 목적격 조사, 보격 조사, 서술격 조사, 호격 조사. 여기다가 '어'를 붙여 봐. 주어, 부사어, 관형어, 목적어, 보어, 서술어 이렇게 6개. 근데 '호어'는 아니야, 이건 좀 이상하잖아. 이건 독립어라고 해. 자, 이거 가지고 하나하나 문장 성분 따져 보자. [학습자 자료]

다음으로, 학습자들은 상이한 범주 속에서 형성된 문법 개념이라 할지라도 일정한 속성을 공유하는, 혹은 공유하는 것처럼 보이는 경우에는 해당 개념들을 각각의 상위 개념에 조회하여 변별적 관계를 비교한다. 예컨대, (82)는 관형사의 개념을 구성하는 중에 단원 체계상으로는 비교 대상이 되기 어려운 접두사를 비교 대상으로 상정한다. 접두사의 가의성이 후속 명사를 수식하는 것처럼 보일 수 있음을 포착한 것이다. 또한, 단어와 접사라는 상이한 상위 개념 아래 형성된 개념임을 비교하여 둘 사이의 차이를 연결적으로 구성한다.

(82) 수식언 중에서 체언, 명사 같은 거 꾸며 주는 거, 관형사. 꾸며 주려면 앞에 있어야겠지. 새 책, 이러면은 관형사 더하기 명사이지. 관형사가 명사 꾸며 주지. 근데 이거는 저 앞에 나왔던 접두사 이거랑 좀 헷갈려. 헛수고, 이런 말 있잖아. '헛-'이 수고라는 명사 꾸며 주는 것 같잖아. 비슷하잖아. 근데 좀 틀린 거야. 새 책 하면 단어가 두 개이지. 헛수고 하면 한 개. 새는 혼자서도 단어이지만 헛은 혼자서는 단어 아니야. 이거는 단어가 아니라 접사였지. 이런 거 잘 봐 둬야 해. [학습자 자료]

전성 어미와 파생 접사를 구별하지 못해 전성 어미가 붙은 단어를 전성된 품사로 오인하는 일은 예비 국어 교사들에게서도 확인되는(남가영, 2013ㄱ:130) 구분상의 난점인데, 학습자들 역시 이 지점에 주목하되 특히 명사형 전성 어미와[33] 명사 파생 접사를 비교 대상으로 삼아 둘 사이의 관계를 구성하는 양상을 보인다. 흥미로운 점은, (83)에서 확인 가능하듯이 두 개념의 변별적 차이를 각각의 상위 개념에 조회하여 구성하는 양상은 단어 형성, 품사, 문장의 짜임에 걸쳐 지속적으로 발견된다는 사실인데, 상이한 단원 사이를 관통하여 각각의 상위 개념에 조회하는 가운데 비교가 요구되는 문법 개념들을 선정하고 이를 각 단원에서 어떠한 논리를 갖추어 배치할 것인가의 문제를 고민하게 하는 부분이다.

(83) 여기서 니들이 주의해야 할 게 있어. 명사형 어미라고 했잖아? 어미는 어디 붙어? 용언에 붙지. 그럼 어미가 붙은 게 명사인 건 말이 안 되지. 그냥 명사형인 거지, 명사는 아니야. '나는 얼음이 얼기를 기다린다.' 이거 봐라. '얼음'은 그냥 명사야. 명사를 만들어 주려면 '-음'은 접미사가 되어야지. 아까 '정당했음'의 '-음'과는 다른 거야. 근데 '얼기'는 사전에 안 나오겠지. 품사는? 동사, 동사. 용언이네. 그러니까 '-기'는 어미. 그것도 명사형 어미. 명사형 어미는 명사로 만들어 주는 게 아니고, 명사처럼 만드는 거야. 이거 잘 구분해야 안 헷갈린다. [학습자 자료]

---

33) '전성(轉成)'이라는 용어에 대한 고민도 필요하다. 이선웅(2012:201)에서는 품사의 '전성/전환'에 대한 용어로서의 적절성 판단 과정에서 '전성 어미와의 용어적 관련성을 맺기가 좋다'는 점을 들어 '품사 전성'이 적합함을 논구한다. 반면, 유현경 외(2013:133)는 전성은 형태론에서 파생 접사가 붙어 품사가 바뀌는 경우에도 사용하는데 용언에 소위 전성 어미가 붙으면 품사가 바뀌는 것이 아니라 용언의 품사는 그대로 있고 명사절, 관형사절, 부사절 등의 내포절이 되게 하다는 점을 근거로 전성 어미라는 용어가 바람직하지 않음을 지적한다. 즉, 품사론의 '전성'은 실제로 품사를 바꾸어 준다는 의미를 지님에 비해 '전성' 어미는 그러한 품사에 해당하는 자격으로 바꾸어 준다는 의미이지 실제 품사가 변화하는 것은 아니라는 점에서 학습자들의 혼동이 예상될 수 있다는 것이다. 학습자들로 하여금 어떤 문법 개념 사이의 관계를 구성하게 할 것인가의 지점에서 용어 선정의 고민이 필요한 지점이다.

3. 구성 거점으로서의 핵심 개념 반복

학습자들은 다양한 문법 개념들을 난삽한 형태로 나열하지 않고 핵심적으로 반복되는 소수의 개념을 포착하여 이를 연결 고리로 삼아 구조의 밀도를 높여 가기도 한다. 여기에서는 동위 층위의 개념들을 연결하는 과정에서 핵심적이라 판단되는 개념을 반복적인 조회 지점으로 삼는 양상을 살필 것이다. 그런데 연결 고리로서의 반복적 개념은 문법 지식 자체의 속성에 기인하여 중핵성을 부여받기도 하지만, 결국 이에 대한 판단은 학습자의 몫으로 남는다.

(1) 단원 내의 문법 개념 관계 구성

하나의 단원 내에서 핵심 개념을 반복적으로 노출함으로써 둘 이상의 문법 개념을 연결 짓는 양상은, 단편적으로는 문법 용어로 표층화된 개념이 반복을 보일 경우에 이를 핵심 개념으로 간주하는 모습으로 드러난다. 음운 변동을 명명하는 문법 용어들은 대체로 변동 이후의 특정 음운으로의 변화 양상이 용어화되기 때문에 일정한 개념들이 반복될 수밖에 없는데, 조창규(2012), 이진호(2012)의 지적대로 교과서에서는 음운에 대한 서술 내용이 음운 변동의 설명에 적극적으로 활용되지 않아 둘 사이가 연계되지 않고 분절적으로 다루어지는 문제를 안고 있다. 이와 대비하여, (84)에서는 '센입천장소리 → 경구개음 → 구개음 → 구개음화'의 흐름 속에서 '구개음'이라는 핵심 문법 개념을 반복함으로써 음운 체계로서의 구개음과 음운 변동에서의 구개음화를 연결시킨다.

(84) ㅈ, ㅉ, ㅊ은 센입천장소리야. 한자어로 뭐라고 적혀 있지? 경구개음. 즉, 딱딱한 입천장이다. 근데 '구개음' 어디서 들어본 것 같지 않아? 구개음화라는 말 들어봤을 거야. 이건 뒤에 나오는데 그때 자세히 배우면 돼. 그런데 여린입천장도 한자어로는 구개음이

라고 해. 연구개음. 대개 구개음이라고 하면 경구개음을 가리키기 때문에 구개음화는 'ㅈ, ㅊ'이랑만 관련이 있어. [학습자 자료]

또한, 하위분류의 기준이 수식 술어로 부착된 문법 개념들 가운데 해당 술어가 반복적으로 노출될 경우 학습자들은 이를 핵심적이라 판단하여 수식 술어를 중심으로 문법 개념들을 연결한다. (85)는 품사를 일정한 기준으로 하위분류하는 과정에서 반복적으로 나타나는 '성상', '지시'라는 의미적 술어에 주목하는 학습자들의 목소리인데, '성상 형용사, 성상 관형사, 성상 부사', '지시 대명사, 지시 형용사, 지시 관형사, 지시 부사'에 공통된 수식 술어를 공고하게 이해한 연후에야 이들 개념 간의 관계를 구조화할 수 있음을 보고한다.

(85) 기본적인 품사를 한 번 더 세분화하는 과정에서 '성상'이니, '지시'니 하는 용어가 붙는다. '지시'는 비교적 일상생활에서도 자주 쓰이는 단어이기 때문에 학생들이 그 뜻을 이해하는데 큰 어려움이 없을 것이라 생각한다. 다만, '성상'이라는 단어는 그 뜻을 잘 모르는 학생들이 많을 것 같다는 생각이 들었다. 그럼에도 불구하고 계속해서 '성상○○○'과 같은 개념이 등장한다. '성상'이라는 어려운 용어를 사용함으로써 학생들에게 거리감을 주고 있는 것은 아닌지 생각해 볼 필요가 있다. [학습자 자료]

다음으로, 동위 층위에서 범주화된 개념들 중에서 다른 개념으로의 전이 가능성이 상대적으로 높은, 즉 다른 문법 개념을 이해하기 위한 인식적 도구로 기능하는 문법 개념에 대해서도 학습자들은 핵심적이라 가치화한다. 먼저, 단어 형성법 단원에서도 이러한 양상이 발견되는데, 형태소는 단어 형성의 기본 단위이어서 교과서에서는 합성법과 파생법을 기술하기에 앞서 형태소의 개념과 유형 분류를 앞서 다룬다. 문제는 (86)에서 호소하듯이, 형태소에 관한 서술과 단어 형성에 관한 서술의 연계성이 약하여

(이정택, 2005:6), 자립/의존, 실질/형식으로 분류된 형태소의 유형이 이후의 단어 형성에 대한 이해 과정에서는 역할을 하지 못한다는 점이다. 학습자의 입장에서는 전자는 전자대로의 학습 내용이고 후자의 학습 과정에서는 '새롭게 등장하는 또 다른 개념'을 상정할 수밖에 없다는 것이다.

(86) 교과서는 어근과 접사 개념으로 단어의 형성을 설명하는데, 앞서 배웠던 형태소를 사용하면서 유기적인 설명이 전혀 이루어지고 있지 않다. '실질적인 의미를 나타내는' 어근은 자립·의존, 혹은 실질·형식 중 어떤 형태소인지 학습자는 궁금해 할 것으로 본다. 특히, 본문에서는 '치솟다'를 '파생 접사-어근-굴절 접사'로 분석하였는데, 형태소로 분석하였음에도 불구하고 실질·자립과 같은 형태소가 나와 있지 않으니 새롭게 등장하는 또 다른 개념으로 읽힐 수밖에 없다. [학습자 자료]

반면, 나름대로의 연결한 구성 결과를 보고하는 (87)에서는 형태소의 하위 유형 중 하나인 실질/형식 형태소를 핵심 개념으로 상정하여[34] 어근과 접사 개념으로 연결하고 이를 통해 합성어와 파생어 개념을 도출하는 양상이 확인된다. 이때, 동위 층위에서 범주화된 '의존/자립'과 '실질/형식'은 해당 학습자들에게 동일한 무게를 지니지 않으며 후자의 전이 가능성에 상대적으로 높은 가치를 부여할 것이다. 물론, 용언 어간과 어미의 형태소 위상을 정교하게 구성하지 못한다는 점에서[35] 일정 정도 오개념 형성 가능성이 예상되지만 교과서에서는 단절적으로 기술된 개념들 사이의

34) 윤구희(2009)에서는 단어 형성법을 이해하기 위해서는 형태소 개념을 반드시 함께 가르쳐야 한다고 주장하는 반면, 이지수(2014)에서는 그러할 필요가 없이 어근과 접사 개념의 도입만으로도 충분하다고 논구하여 대비를 이룬다.

35) 어근과 접사가 주된 구성 요소로 참여하는 단어 형성과, 조사와 어미가 주된 구성 요소로 참여하는 단어 굴절은 서로 구별되는 언어 현상으로서, 이 둘을 구별하는 것은 매우 중요하다. 어간과 어미의 결합으로 이루어진 용언의 경우, 어간만이 단어 형성법에 관여하는 요소라는 점, 즉 어미는 비록 형태소이긴 하나 단어의 짜임새 분석에는 제외된다는 점은 이들 두 현상을 구별하는 데 있어 매우 중요한 지점 중 하나이다(남가영, 2013ㄴ:118).

관계를 연계하기 위해 '실질/형식'이라는 핵심 개념을 반복적인 조회 지점으로 삼는 양상을 확인할 수 있다.

(87) '겨울', '군살', '춥다'라는 단어가 있어요. 각각을 형태소 분석하면 '겨울', '군-+살', '춥-+-다'입니다. 이때 '겨울'과 '살', '춥-'은 실질적인 의미를 지닌 실질 형태소인데 단어 형성법에서는 어근이라고 부릅니다. 반면에 '군-', '-다'는 형식적이고 문법적인 의미를 표시하는 형식 형태소인데 이는 접사라고 부릅니다. 접사는 다시 파생 접사와 굴절 접사로 나뉘는데 파생 접사란 이름에서 알 수 있듯이 단어 파생에 기여하는 접사이고, 굴절 접사는 단순히 문법적 기능을 하는 어미를 가리킵니다. 즉 위에서 '군-'은 파생 접사이고, '-다'는 굴절 접사입니다. 그런데 단어 형성법에서 가리키는 접사는 파생 접사만을 말해요. 굴절 접사는 단어 형성, 즉 단어 파생에 관여하지 못하기 때문이죠. [학습자 자료]

서술어가 지니는 속성 정도로만 다루어지는 서술어의 자릿수 개념 역시 다른 문장 성분들을 이해하기 위한 인식적 도구로서의 가치를 부여받는 개념이다. 서술어의 자릿수를 이해하기 위해서는 주어, 목적어, 보어, 필수적 부사어의 개념적 이해가 전제되어야 한다는 점에서 학습자들은 이들 문장 성분을 구성해 가는 과정에서도 서술어 자릿수 개념을 반복적인 조회 지점으로 삼는 것이다. (88)은 서술어 자릿수를 전이적 문법 개념으로 활용하는데, 각각의 문장 성분은 결국 서술어가 요구하는 논항이라는 점에서 서술어 자릿수를 각 성분의 구성 과정에 분산 배치하여 문장 성분 간의 관계를 구조적으로 구성하는 양상을 확인할 수 있다[36].

---

36) 한편, 2007 개정 교육과정에서는 9학년 문법 영역의 '문장의 짜임새를 설명한다.'라는 성취기준의 내용 요소로 '서술어와 자릿수의 기능 이해하기'를 설정하여 문장 성분 단원에서 서술어 자릿수를 다루는 7차 문법 교과서와 변별된다. 제민경(2012:199-201)에서는 서술어의 자릿수는 '문장의 구성'과 보다 밀접하게 관련된다는 점에서 후자보다 전자의 구성이 타당하다고 보고, 실제 9학년 국어 교과서들을 분석한 결과 문장의 짜임새와 서술어의 자릿수 사이의 일관된 연결소가 부여되지 않았음을 지적한다.

(88) 주어라는 문장 성분 하나만을 필요로 하는 '한 자리 서술어'라고 해요. 그렇다면 주어 외의 다른 성분도 필요로 한다면? 그 성분이 두 개라면 '두 자리 서술어', 세 개라면 '세 자리 서술어'겠죠. 일단은 주어 하나만을 필요로 하는 서술어는 '한 자리 서술어'라는 것을 알아두도록 하고, 다른 문장 성분을 배우면서 차근차근 더 알아가도록 해요. (…중략…) 그렇다면 우리가 주어를 배우면서 서술어의 자릿수를 배웠는데, 목적어도 필요로 하는 서술어는 몇 자리 서술어일까요? 맞아요. 주어와 목적어 모두를 필요로 하고 있기 때문에 '두 자리 서술어'라고 할 수 있어요. 어렵지 않죠? (…중략…) 그리고 각 문장 성분을 배우면서 함께 배웠던 '서술어 자릿수'가 있었죠? 서술어가 문장 성분 몇 개를 필요로 하느냐에 따라서 자릿수가 나누어졌어요. [학습자 자료]

교과서에서는 문법 단위의 기술 과정에서 문장, 어절, 구와 동위적 가치가 부여된 '절' 역시 (89)에서 확인 가능하듯이 이후의 문장 성분, 문장의 짜임에 반복적으로 등장하는 개념이다. 그런데 교과서에서는 핵심 개념으로서의 지위를 지니는 '절' 개념을 정교하게 설명해 주지 않아 (90)의 학습자는 몇몇 지점에서 관계적 구성상의 어려움을 호소한다. 먼저, ㉣, ㉤, ㉥에 따르면 '홑문장 ⊃ 안긴 문장 = 절'로 관계화되는데, 이는 ㉠의 '문장 ≠절'과 배치된다. 안긴문장이라는 용어에는 그것이 일단 문장이 된다는 뜻이 포함되는데 안긴문장이 절이지만 절은 문장이 아니라는 설명이 되어, 내적인 설명 체계에서 상하 관계의 논리적 문제점(류근식 · 권경일, 2014: 65)이 드러난다는 것이다[37]. 또한, ㉤의 '안긴문장 = 절'에서 확인되는 절이 하나의 문장 성분처럼 쓰인다는 기술은 안은문장에서만 유효한 기술(정희창, 2014:245)이어서 ㉥ 이어진문장의 선후행절을 포괄하지 못하는 문제를 안게 된다.

37) 사실 이 문제는 이선웅 · 이은섭(2013)의 지적대로 문장의 계층적 구조상의 문제이다. '절'은 심층에서 주술 관계가 성립된 단위를 지칭하기 위한 개념이고, 홑문장과 겹문장의 표층에서 몇 개의 절을 포함하고 있는가에 따른 구분이다.

(89) ㉠ 절은 더 큰 문장 속에 들어 있다는 점에서 문장과 구별된다. 전체 문장의 일부분으로 쓰였으므로 문장이 아니라 절이 된다. [문법 교과서, 149쪽]

㉡ 주어는 체언이나, 체언 구실을 하는 구나 절에 주격 조사 '이/가', '께서'가 붙어 나타나는데, [문법 교과서, 151쪽]

㉢ 겹문장은 하나 이상의 절을 가진다. [문법 교과서, 160쪽]

㉣ 홑문장이 다른 문장 속의 한 문장 성분이 되는 것이다. [문법 교과서, 161쪽]

㉤ 다른 문장 속에 들어가 하나의 성분처럼 쓰이는 홑문장을 안긴문장이라고 하여, (…중략…) 안긴문장을 '절'이라고 하는데, [문법 교과서, 162쪽]

㉥ 이어진문장은 홑문장 두 개가 이어지는 방법이 어떠한가에 따라, (…중략…) 대등하게 이어진문장에서 앞절은 뒷절과 '나열, 대조' 등의 의미 관계를 가진다. [문법 교과서, 166쪽]

(90) '절'이라는 말이 여기저기에서 다르게 쓰이는 것 같아 이상했다. 149쪽에서는 '절은 두 개 이상의 어절이 모여 하나의 의미 단위를 이루는 것인데, 주어와 서술어를 갖고 있다는 점에서 구와 구별되며 더 큰 문장 속에 들어 있다는 점에서 문장과 구별된다.' 이렇게 나와 있다. 그런데 162쪽에서는 '안긴문장을 절이라고 한다.' 이렇게 딱 못 박아서 절 = 안긴문장으로 설명한다. 근데 또 보면, 이어진문장 설명하면서는 앞절과 뒷절 이런 말도 나와서 이건 안긴문장은 아닌 것 같다. 이어진문장에는 안긴문장이 없기 때문이다. [학습자 자료]

'절' 개념이 지니는 이러한 혼란스러움에도, 학습자들은 '절' 개념을 반복적으로 부각시킴으로써 문법 단위, 문장 성분, 문장 짜임 간의 연결을 시도한다. (91)은 '절'이 서술어라는 성분의 단위가 될 수 있으며 이때에는 서술절 개념과 연결됨을 내면화하여 구성하면서 '절'을 핵심 개념으로 삼아 문법 개념 간의 관계를 구조화한다.

(91) 서술어라는 문장 성분은 어떻게 구성될까요? 서술어는 주어와 마찬가지로 어절과 구, 절로 구성되어 있습니다. '초롱이가 집에 간다.'에서 '가다'라는 어절이 서술어입니다. 그렇다면 구나 절로 이루어진 서술어는 무엇이 있을까요? 다음 예문을 살펴보도록 합시다. '토끼는 앞발이 짧다.'는 '토끼는'이라는 어절이 주어이며 '앞발이 짧다'라는 온전한 의미를 이루는 절이 서술어가 됩니다. 이건 좀 이상하죠. '앞발이'도 같이 있는데? 이럴 때는 좀 더 계층적으로 분석을 합니다. '토끼는'의 서술어는 '앞발이 짧다.'이고, '앞발이'의 서술어는 '짧다.' 이렇게 보면 됩니다. 이거는 나중에 또 나와요. 지금 잘 기억해 두시고, 지금은 절도 서술어가 될 수 있다는 정도만 기억해 두면 좋겠습니다. [학습자 자료]

(2) 단원 간의 문법 개념 관계 구성

학자의 탐구 활동의 결과물인 문법 지식들은 일련의 논리로 꿰어지는 구조적 속성을 전제한다. 그러나 그것을 가르치고 배우는 장면에서는 필연적으로 유기적 관계를 분절하여 다룰 수밖에 없다. 유관 문법 개념들이 하나의 상위 개념 안에 포섭되어 체계적으로 조직된 단일 단원에 비해, 둘 이상의 단원에 문법 개념들이 파편화되어 편제된 경우에는 이러한 분절성이 더욱 강화되는데, 이들 문법 개념들을 엮어 나가기 위해서도 학습자들은 일련의 연결소를 부여한다. 무엇인가를 이해한다는 것은 분절된 단편적 지식을 이해하기 위해 인간의 마음으로 형성되는 정신 구조를 형성한다는(강현석 외 역, 2008:60) 말이기 때문이다. 여기에서는 학습자의 입장에서 상정된 핵심 문법 개념을 반복적으로 노출하여 이를 기준으로 문법 지식의 관계적 구성을 도모하는 양상을 살피는데, 이러한 연결소는 둘 이상의 단원에 분포된 문법 개념들을 구조화하는 데에서도 역할을 한다.

먼저, 하나의 단원 내에서 위계적으로 조직된 문법 개념들 사이의 관계를 구성하는 과정에서 반복적으로 출현하는 수식 술어를 핵심 개념으로 상정하는 지점은 서로 다른 범주의 문법 개념들의 관계를 구조화할 때에도 포착된다. (92)에서는 '접속'이 그러한 역할을 하는데, 겹문장 중 이어진문장에 대한 개념을 구성하면서 품사 범주에 속하는 접속 부사를 비교 대상으로 설정한다. 학문 문법의 논리로는 통사론과 품사론의 이질적인 문법 범주에 속하는 문법 개념이지만 학습자의 입장에서는 '접속'이라는 수식 술어에 대한 반복이 이 둘을 관계화하는 연결소로 작용하는 것이다[38].

(92) 전에 품사 배울 때, '그리고, 그러나, 그래서, 그러면', 이런 것들 뭐라고 했는지 기억나? 일단 품사는 부사인데, 앞 문장과 뒷문장을 이어 주는 부사니까 '접속 부사'라고 했지. 예를 들어, '나는 밥을 먹는다. 그리고 너는 라면을 먹는다.' 이렇게 만들지. 근데 이거 한 문장으로 만들 수 있지. '나는 밥을 먹고 너는 라면을 먹는다.' 이런 문장을 이어진문장이라고 해. 아까 접속 부사였잖아. 두 문장을 접속했다, 이어진문장. 근데 '그리고' 이거 붙을 때는 두 문장이 무게감이 좀 비슷하지? 반대로 '비가 온다. 그래서 날씨가 춥다.' 이거 만들면 '비가 와서 날씨가 춥다.' 이렇게 되지. 여기에서는 두 문장이 원인, 결과로 이어지지. 무게감이 안 비슷해. 원인이 있어야 결과가 있어. 이런 문장은 종속적으로 이어진 문장이라고 해. 이어진문장은 별로 안 어려워. 두 문장을 접속해 주는 거니까 접속 부사로 바꿔 보면 돼. 다만 어떤 접속 부사로 바꾸는가에 따라 무게감을 잘 따져 봐야 해. [학습자 자료]

'의존' 역시 의존 명사와 의존 형태소의 명명에서 반복되는 술어인데,

---

38) 물론, 학교 문법상으로는 '접속 (부사)', '연결 (어미)', '이어진 (문장)'으로 달리 명명되지만 학습자의 입장에서는 세 술어의 의미 차이는 거의 없을 것이다. 이선웅(2012:71)에서는 연결어미는 학교 문법의 용어이고 접속어미는 기술문법의 용어이지만 두 용어의 개념은 같아 용어의 우열을 따질 수 없다고 본다. 그러나 이어진문장을 '접속절'로 명명한다는 점, 접속조사와의 일관성을 확보할 수 있다는 점에서 후자가 더 효율적인 용어임을 지적한다. 반면, 유현경 외(2013:138)에서는 어미 체계만을 기준으로 놓고 보면, 종결 어미와 대비되는 연결 어미라는 명칭이 더 나을 수 있다고 판단한다.

(93)에서는 범주적 차이에 기반하여 '의존성'을 달리 개념화한다. 즉, 형태소 분석에서의 의존성은 음운론적인 의존성 내지 형태론적 의존성이 되고 의존 명사에서의 의존성은 통사론적인 의존성을 의미한다는 점을(고영근, 2010:25) 정교화하여 형태론과 통사론의 범주적 관계를 구조화하는 연결소로 작용한다.

(93) 그런데 우리 형태소에 대해 배울 때, 의존 형태소에 대해 배웠었던 거 기억하나요? 의존 명사와 의존 형태소 둘 다 '의존'이라는 말이 들어가서 의존 명사는 의존 형태소일 거라고 생각하는 사람들이 있어요. 하지만 의존 명사는 모두 자립 형태소예요. 둘 다 '의존'이라는 말이 붙었지만 의존하는 대상이 다르기 때문에 이런 차이가 생겨난 거예요. 먼저 의존 형태소는 아직 단어가 되기 전이에요. 예를 들어서 '풋사랑'의 '풋-'은 혼자서는 단어가 되지 못하고 다른 형태소를 만나야 단어가 될 수 있어요. 이렇게 의존 형태소는 '단어가 되기 위해서' '다른 형태소'에 의존해요. 반면에 의존 명사는 이미 그 자체로 단어예요. 명사잖아요. '수, 만큼, 개, 킬로그램'은 모두 단어랍니다. 다만 문장 속에서 쓰일 때 '뜻을 제대로 전달하기 위해서' '앞의 꾸며 주는 말'에 의존하는 명사입니다. [학습자 자료]

또한, 특정 개념이 다른 범주에 포함된 문법 개념을 이해하기 위한 인식적 도구로 기능할 때에도 핵심 개념으로서의 가치를 부여받는데, (94)는 문장의 짜임 단원에서 관형절을 구성하기 위한 전제 개념으로 형태소를 설정한다. 물론, 문장 중심의 문법에서 그 자체가 문법 기능을 기준으로 한 범주인 조사와 어미의 기능을 설명하기 위해 형태소 개념을 별도로 도입하는 것은 비경제적이기는 하지만(최경봉, 2006:452), 학습자들의 입장에서는 형태소 단위가 설정되어야 이들 범주들을 가시적으로 포착해 낼 수 있다는 점을 고려하면 통사론에서도 형태소 단위는 충분히 핵심 개념으로 간주될 수 있다. 특히, 문법적 의미를 띠는 지배 접사나 어미 등에 대한 분석적 인식을 학습자들이 어려워한다는 점을 고려하면 이와 같은 방식으로 관형사형 어미의 구성 과정에서 형태소 개념을 상정하는 일은 학습자들에게 인식적 도구를 제공할 수 있게 한다.

(94) 이번에는 관형절 얘기할 건데, '이 책은 내가 읽은 책이다.'를 형태소로 나눠 보자. 앞에서 형태소 분석하는 거 배웠잖아. 이것도 그거야. '이, 책, 은, 내, 가' 여기까지는 쉽지. 그때도 그랬을 거야. 다음이 문제인데, '읽은' 이것도 '읽-, -은' 이렇게 나눠지지. 원래는 '읽다'잖아. 여기에서 '-은'이 뭐냐, 원래는 '읽다'인데 '-은'이 붙은 거지. 이게 붙어서 뒤에 '책' 체언을 꾸며 주지. 이게 관형사형 어미야. 원래 관형사가 아니었는데 관형사처럼 만들어 주잖아. 근데 또 보면 원래는 '내가 (책을) 읽다.' 이런 문장이었을 텐데, 이거 전체를 관형사처럼 만드는 거지. 이런 게 관형절이야. 그러니까 무슨 절 잘 이해하려면 어떤 어미가 있는가를 봐야 되고, 그러려면 형태소를 잘 분석할 수 있어야 돼. [학습자 자료]

한편, 구성의 대상으로서의 문법 개념은 아니지만 그러한 구성을 돕는 인식적 도구로서의 개념이 단원 사이의 문법 개념들을 연결하기 위한 핵심 개념으로 상정되기도 한다. (95)가 그러한 경우인데, 해당 학습자는 이어진문장과 안은문장이 섞여 있는 문장의 짜임을 분석적으로 이해하는 과정에서 단어 형성 단원에서 주로 다루어지는 '직접 성분(IC)'이라는 도구적 개념을 차용한다. 즉, 직접 성분(IC)에 따라 '놀이터'와 같은 파생 후 합성을 겪은 단어는 합성어로, '집집이'와 같이 합성 후 파생을 겪은 단어는 파생어로 파악하는 것과 마찬가지로 문장의 통사 구조도 마찬가지 원리로 파악하는 것이다(이익섭 · 채완, 1999:379). 이러한 접근은 반대로 단어와 문장의 생성 원리로도 확장될 수 있는데, 이미 만들어 놓은 단어를 활용하여 복합어들을 늘려 가는 방식을 문장을 확대해 가는 방식에도 적용할 수 있다는 것이다. 같은 구성 원리를 제대로만 파악한다면, 개별적인 문법 현상으로 보이는 단어와 문장을 보다 체계적이고 간명하게 이해할 수 있을 것이다(서상준 외, 2011:66).

(95) 한국인의 따뜻한 마음을 안고 떠납니다. 여기서 관형절 찾기. 이건 뭐, 그냥 나오네. '마음이 따뜻하다.' 이거 있으니까 '따뜻한' 여기 관형절 쓰였네. 근데 이 문장 잘 보면 문장이, 아니아니, 절이 두 개가 아니라 3개야. 뒤에 '안다'도 있고, '떠납니다.'도 있잖아. 그럼, 이런 건 뭐라고 해야 할까? 안은문장일까? 이어진문장일까? 뭐, 둘 다 되기는 하지만, 뭐가 먼저 있는지 보면 좋아. 왜, 파생 후 합성, 합성 후 파생, 이런 말 있었잖아. 그거랑 비슷한 거지. 따뜻한 마음을 안다. 이거 먼저 안은문장 되고, 그 다음에 떠납니다. 이어지잖아. 말을 만들어 보면 안은 후 이어짐? 이어진 문장으로 보는 게 맞겠네. 안 어렵지? [학습자 자료]

4. 유사 언어 현상의 명명 차이 주목

신현정(2000:14)에 따르면, 범주란 사람들이 동일 유목에 함께 속한다고 생각하는 사물들의 유목을 지칭하며 개념이란 범주의 심적 표상이다. 따라서 일련의 언어 자료를 재료로 삼아 언어의 내적 짜임이 어떠한 규칙으로 이루어져 있는가를 살피는 경험으로 진행되는 문법 교육의 장면에서도 해당 언어 자료에서 어떠한 문법 개념을 도출할 것인가의 문제는 결국 어떠한 범주적 시각에서 접근하는가에 따라 결정된다. 예컨대, '먹히다'라는 사례를 두고도 음운론의 관점에서는 '파열음, 유기음화' 등의 개념이 도출될 것이고, 품사론의 관점으로는 '용언, 활용, 어간, 어미' 등이 확인된다. 또한, '접미사, 파생' 등의 개념은 형태론의 소관이며 '서술어, 논항' 등은 성분론에서, '능동, 피동' 등은 의미론에서 관찰 가능한 개념들일 것이다.

이처럼, **유사하거나 동일한 언어 현상에 대해 어떠한 문법 범주의 렌즈**

로 들여다보는가에 따라 상이한 개념이 형성되는데, 하나의 자료를 여러 개념으로 달리 분석할 수 있다는 점은 학습자들이 문법 교과를 어려워하는 요인으로 작용하면서도 반대로 문법 개념 간의 관계를 구조적으로 구성할 수 있게 하기도 한다.

여기에서는 학습자들이 유사하거나 동일해 보이는 언어 현상에 붙여지는 둘 이상의 명명 방식의 차이에 주목하고, 이를 연결소로 삼아 문법 개념 간의 관계를 구성하는 양상을 살필 것이다.

(1) 단원 내의 문법 개념 관계 구성

특정한 언어 현상에 대한 명명 차이는 대개 상이한 범주 사이에서 발생한다는 점에서 하나의 단원 내에서 이러한 양상은 많이 확인되지는 않는다. (96)은 음운에 대한 개념적 구성 과정에서 명명의 차이에 연결소를 부여하여 문법 개념 간의 관계를 구성한 경우인데, 학습자들에게 '소리의 길이'가 '자음, 모음'과 동일한 층위의 음운이라는 점은 쉽게 이해되지 않는 지점 중 하나이다. 이상신(2014:216)에서 지적하듯이, 비분절 음운, 즉 운소에 대한 음운 교육 내에서의 홀대는 자연스럽게 음운이라는 용어의 불투명성으로 이어져[39] 음운의 '운'에 대한 개념이 자리 잡기 어려운 결과를 초래하기 때문이다. 이를 두고 (96)에서는 '소리의 길이', '비분절 음운', '음소'라는 명명의 차이를 관계화하여 구성하는 양상을 확인할 수 있다. 이 과정에서, 음운 = 음소(=분절음운 ⊃ 자음, 모음) + 운소(=비분절음운 ⊃ 소리의 길이)의 관계적 구성을 통해 이해를 구조화한다.

---

39) 이진호(2012:37)에서는 음운 교육은 문법적 개념이나 사실의 교육에 더 가깝지만 발음 교육은 문법적 지식을 활용하고 응용하는 교육에 더 가깝다는 점을 들어 전자의 관점에서 문법 교과서의 현재를 비판적으로 분석함을 밝힌다. 문법 교육에서 음운 교육과 발음 교육 모두 중요한 가치를 지니지만 전자의 입장에 설 때 문법 개념을 어떻게 기술하고 어떠한 구조로 엮어 낼지의 문제는 더욱 중요한 과제로 부각된다.

(96) 음운 종류로 '소리의 길이'가 제시되어 있어. 근데 좀 이상하지? 자음, 모음이 음운이라는 것은 쉽게 알 수 있겠는데, '소리의 길이'도 음운의 한 종류라고? 소리의 길이도 뜻을 변별하는 기능을 가지기 때문이야. 그러면 소리의 길이는 자음이나 모음과는 어떤 차이가 있느냐. 자음이나 모음은 경계가 분명해서 잘 끊어지기 때문에 분절 음운이라고 하고, 소리의 길이 같은 것은 어디까지가 길고 짧은지가 딱 떨어지지 않기 때문에 비분절 음운이라고 하지. 사실, 음운이라는 말은 음소와 운소가 합쳐진 말인데, 분절 음운이 음소이고 비분절 음운이 운소. [학습자 자료]

문장의 짜임 단원에서 종속적으로 이어진문장의 종속절을 부사절로도 볼 수 있는 가능성을 열어 둔 것은 7차 문법 교과서의 획기적인 변화 중 하나인데, 주지하듯이 6차 문법 교과서에서는 부사 파생 접사나 '-게, -도록'이 절 표지로 기능하는 겹문장만을 부사절로 처리했던 것과는 대비되는 지점이다. 물론, 7차의 변화된 관점은[40] 교사용 지도서를 통해 직접적으로 적시되었지만, 교과서에서는 암시적으로 노출되거나 탐구 과제로 이러한 관점을 구현한다는 점에서, 이 지점에 대한 주목 역시 관계적 구성 과정에서 학습자가 부여한 혹은 주목한 연결소로 볼 수 있다. (97)에서는 교과서의 배치와는 다르게 대등하게 이어진문장, 종속적으로 이어진문장, 부사절로 안은문장, 명사절로 안은문장의 순으로 겹문장의 체계를 구조화한다. ㉮에서 적시하듯이, 동일한 문장을 종속절로 볼 수도, 부사절로 볼 수도 있음을 연결 고리로 삼아 해당 문법 개념들의 관계를 구조화하기 위함이다. 즉, 해당 학습자는 해당 개념의 비전형성으로 인해 자칫 구성상

40) 한편, 의미적으로는 종속절과 부사절을 구분해야 한다는 주장이 고영근(2004)에서 제기되었으며, 최근 김억조(2014)에서는 인지언어학의 '배경-전경' 개념을 토대로 둘 사이의 의미 차이를 언명한다. 예컨대, '바람이 부니 날씨가 춥다.'와 '날씨가 바람이 부니 춥다.'는 전경화되는 내용이 다르다는 점에서 의미 차이를 지니며 이를 학교 문법에서도 반영해야 한다는 것이다. 이러한 논의는 종속 접속문의 모든 선행절을 내포문의 부사절로 처리할 수 없다는 주장(김태엽, 2009)으로도 나타난다.

의 방해 요인으로 작용할 수 있는 '동일 현상에 대한 두 가지 명명'을 오히려 이어진문장과 안은문장의 관계를 구성하기 위한 교두보로 삼는다는 것이다.

(97) 안은문장은 하나의 절이 문장 속에 쏙 들어가서 하나의 문장 성분으로 쓰이는 겹문장입니다. ㉮ 책에는 명사절부터 되어 있는데, 우리는 부사절부터 합시다. 그 이유는 조금 있다가 나와요. 예를 들어, 거기 '길이 비가 와서 질다.' 보면, '비가 오다'가 '질다'의 원인이지요. 즉, '비가 오다' 전체가 '질다'를 꾸며 주는 부사어로 쓰인 거예요. 그래서 부사절로 안은문장이라고 부릅니다. 여기서 잠깐, 눈치 빠른 사람들은 확인했겠지만 이 문장 아까도 나왔죠? 종속적으로 이어진문장에서, '비가 와서 길이 질다.' 했잖아요. 순서만 바꾸었다고 하나는 이어진문장이고 하나는 안은문장이라고요? 그러면 안 되겠죠? 의미가 거의 비슷한데. 그래서 거기 그런 표현이 있는 겁니다. '종속적 연결 어미로 된 절들은 부사절로도 볼 수 있는 면이 있다.' 이렇게. 결론을 내리자면, 종속절로 보아도 되고 부사절로 보아도 된다는 겁니다. 반드시 어느 한 쪽으로만 분류하는 것은 안 됩니다. 왜 안은문장에서 부사절을 먼저 했는지 알겠지요? 다음은 명사절입니다. [학습자 자료]

(2) 단원 간의 문법 개념 관계 구성

엄밀한 학문적 관점을 견지하면 하나의 범주는 다른 범주와의 대별을 통해 대상을 조직하는 순서와 방식의 경계가 결정된다. 그러나 해당 학문의 지식의 구조가 빈약한 학습자의 입장에서는 범주 간의 경계가 희미하여 오히려 보다 유연하게 범주를 넘나들 수 있다. 문법 교육의 기획 및 설계 과정에서도 이러한 유연성을 어떻게 의미화하느냐에 따라 문법 지식을 전체적으로 조망할 수 있는 지적 안목을 길러 줄 수 있을 것인데, 여기에서는 그 맹아적 요소로써 특정 언어 현상에 대해 둘 이상의 개념으로 명명하는 지점을 학습자가 어떻게 내면화하는지의 양상을 단원과 단원 사이의 관계를 중심으로 살필 것이다.

(98)에서 이러한 양상이 관찰되는데, 품사 차원과 문장 성분 차원에서 명명이 달라지는 차이에 주목하여 동사와 서술어 사이의 관계를 구조화함은 물론, 이를 통해 자동사/타동사와 서술어 자릿수 간의 관계적 양상도 동시에 구성함을 확인할 수 있다.

(98) 동사 나오네. 거기 보면 자동사와 타동사로 나누고, 주어, 목적어 이런 말 나오지. 주어, 목적어는 별로 안 어려우니까 알고 있을 거야. 사실, 동사 같은 것도 문장 속에서 부를 때는 서술어라고 부르는 거야. '-사'짜리 계열이 있고 '-어'짜리 계열이 있는 거야. 그러면, '나는 걷다' 이거는 자동사 되고, '나는 모기를 잡다' 이거는 타동사 되고. 주어만 있으면 되느냐, 목적어까지도 있어야 되느냐. 동사를 서술어라고도 부를 수 있다고 했잖아? 나중에 나오는데, 서술어 자릿수라는 게 있어. 말이 되게 하기 위해서는 몇 자리가 필요하냐, 뭐 이런 거야. 그럼 자동사가 서술어로 쓰일 때는 주어만 있으면 되니까, 한 자리 서술어. 타동사는 목적어도 있어야 되니까 두 자리 서술어. 금방 이해되지? 세 자리 서술어도 있는데 이건 나중에 배우자. [학습자 자료]

단어 형성 단원에서는 '굴절 접사와 어미', '어근과 어간'의 관계를 구조적으로 이해하는 과정에서 이러한 양상이 발견된다. 주지하듯이, 7차 문법 교과서에서는 종전의 교과서에서는 노출하지 않았던 굴절 접사라는 개념이 등장한다. 해당 개념은 또 하나의 학습 내용이라는 점에서 학습자의 인지적 부담으로 작용하면서도, (99)에서는 오히려 굴절 접사와 어미가 동일 언어 현상에 대한 명명의 차이라는 점을 부각하여 조어론적 차원의 어근, 접사 결합과 굴절론적 차원의 어간, 어미 결합 사이의 층위적 관계를 공고하게 구성한다[41)][42)]. 특히, 어근과 어간은 형태론에서 가장 기본적인 개념이면서도(정희창, 2014:236), 용어상의 유사성 때문에 학습자들이 흔히 정확한 구분을 어려워하는 개념들인데, '굴절 접사 = 어미'라는 명명 차이 방식에 주목하여 이들의 관계를 구성함으로써 이러한 오개념 형성 가능성을 해소하기 위한 의도를 읽어 낼 수 있다.

> (99) 접사에는 크게 파생 접사와 굴절 접사가 있습니다. 그런데 우리는 지금 파생에 대해서 얘기하고 있기 때문에 그냥 접사라고 하면 파생 접사를 생각하면 됩니다. 그러면 굴절 접사는 뭐냐면 거기 보면 문법적 기능을 하는 어미라고 되어 있습니다. '어미'가 나오면 짝을 지어 나와야 되는 개념이 있는데, 그게 바로 '어간'이죠. '가다, 가고, 가니, 가서'에서 '가-'가 어간이고 나머지는 어미이죠. 그럼, 파생 접사는? 아까 접사는 어디에 붙는다고 했죠? 어근에 붙죠. 어간이랑 어근이랑 이름이 비슷해서 헷갈리기 쉬운데 다른 겁니다. 어근은 파생 접사랑 만나는 거고, 어간은 굴절 접사, 즉 어미랑 만나는 겁니다. 이렇게 파생 접사, 굴절 접사 구분할 수 있어야 합니다. [학습자 자료]

한편, 단어 형성법에 대한 논의 과정에서 등장하는 품사 용어들은 (100)과 같은 학습자들에게는 형태소에 대한 개념적 구성을 방해하는 요인으로 작용한다. 이홍식(2010)에서 역시 형태소가 품사와는 무관한 단위임에도 '명사, 부사 또는 동사나 형용사의 어간 등은 실질 형태소이고[43] 조사와

41) 논자에 따라서는, 접사를 파생 접사와 굴절 접사로 구분하는 점에 대를 맞추어 어근과 어간을 포괄하는 어기(語基) 개념을 상정하기도 한다. 어기, 어간, 어근의 개념과 관련된 국어학적 쟁점에 대한 정리는 이선웅(2012:41-47)에서 확인할 수 있다.

42) 한편, 조어론과 굴절론 층위의 명확한 구분은 오히려 '먹보, 먹다, 먹이다'의 모두 '먹-'이라는 동일한 형태소를 지니고 있다는 직관을 포착해 주지 못하는 단점도 있다(정희창, 2014:237). 문법 지식 구조의 구성 과정에서 각 범주를 관통하는 상위 개념을 놓치지 말아야 하는 이유가 여기에 있다.

43) 예컨대 합성 명사나 파생 명사는 그 자체로는 형태소를 논의할 수 없는 대상이라는 점에서 이러한 기술은 '언어 자료를 바탕으로 한 어려운 학문적 논증이 필요한 것이 아니라 단순한 형식 논리에 비추어서도 그 불합리성을 바로 알 수 있는 사안(이선웅, 2014:195)'이라 비판한다.

어미는 형식 형태소'와 같이 기술하는 방식을 비판하기도 한다. 즉, 형태소의 종류를 설명하면서 품사에 기대는 것은 정확한 문법 기술과는 거리가 있다는 것이다(이선웅 · 이은섭, 2013:271). 보다 본질적으로 이 문제는 학문 문법에서 품사론이 지니는 위상과 관련되는데, 이선웅(2012:126)에서는 품사론이 독자적인 것으로 보이는 이유는 관습에 따른 착시 현상일 뿐 그 내용 하나하나는 형태론적 지식, 통사론적 지식, 어휘론적 지식의 일부이어서 그 독자성이 적음을 지적한다.

> (100) 형태소에 관한 설명을 이해하면서 애를 먹었다. '하늘이 맑다'라는 문장으로 형태소 단위들을 나누어 제시하고 있는데, 각 형태소별 용어에 대한 선행 지식이 없어서이다. 구체적으로 명사, 조사, 형용사 어간, 종결 어미와 같은 용어들이 나열되어 있어서 형태소에 대한 지식을 습득하기 위해서는 이런 용어의 학습이 선행되어야 할 것 같다. 그런데 이런 부분에 대한 배려 없이 무작정 편한 대로만 나열해 놓았다. [학습자 자료]

그런데 품사론에 형태론적, 통사론적, 어휘론적 지식을 모두 포함하고 있다는 말은, 바꾸어 생각해 보면 품사가 다른 문법 지식에 접근성을 용이하게 해 주는 완충 장치 역할을 할 수 있다는(주세형, 2008) 말이기도 하다. (101)에서는 이러한 양상이 보다 분명하게 드러나는데, 해당 학습자는 형태소를 실질 형태소와 형식 형태소로 분류하고 형성 방식에 따른 단어를 합성어와 파생어로 구분하는 과정에서 지속적으로 해당 단어의 품사를 조회한다. 학습자의 입장에서는 '돌다리, 새파랗다' 등의 단일한 언어 자료에 부여되는 수많은 문법 개념들의 구조를 층위적으로 인식하여야 해당 범주 간의 관계를 공고하게 구성할 수 있기 때문이다. 이때, '명명의 차이'는 해당 학습자가 서로 다른 범주로 분류되는 문법 개념들에 대한 관계적 구성을 위한 핵심 연결소로 기능한다.

(101) 자, 정리해 줄게. 이거 잘 보고 있어야 안 헷갈려. 먼저, 돌다리. 이 단어의 품사는? 명사지. 딱 봐도. 이걸 형태소로 나누면 실질 형태소 돌, 또 다른 실질 형태소 다리. 이건 형태소 차원이고. 근데 그 각각도 명사이지. 혼자 쓰일 수 있으니까. 자 그럼 실질 형태소끼리 만났어. 단어 형성으로는 합성어이지. 또 실질적인 부분이니까 어근이라고 부를 수도 있지. 이건 단어 형성 차원이지. 새파랗다 같은 건 좀 더 복잡해. 이 말의 품사는? '파란 거니까 상태' 형용사잖아. 이건 품사야, 품사 차원. 근데 이걸 형태소로 분석해 봐. '새, 파랗-, -다' 이거잖아. 아까 했었지? 그래서 실질/형식으로 나누면 형식, 실질, 형식 이렇게 되지. 이거는 형태소 차원이야. 근데 아까 또 파생어 할 때, '새'는 접사이고 '파랗-' 여기가 어근이었잖아. 이건 뭐야, 형태소 차원이기는 하지만 또 그래서 파생어가 된다 하는 단어의 종류 차원이기도 하지. 하나 더, 활용, 기본형 이런 말 생각나? 변하는 부분, 변하지 않는 부분 하는 거. '새파랗다'는 '새파랗고, 새파라니' 이렇게 되니까 '새파랗-' 이거 전체가 어간이고, 나머지가 어미겠지. 뭔 말인 줄 알겠어? 그러니까 그냥 부분적으로 부르는 이름만 달라지는 거야. 사실은 같은 걸 가지고 이거 할 때는 이 이름으로, 저거 할 때는 저 이름으로 부르는 거야. 왜 가끔 집에서 쓰는 이름, 학교에서 쓰는 이름, 회사에서 부르는 이름 따로 있는 사람 있잖아. 그런 거랑 마찬가지야. 단, 이때 짝지어지는 것들은 있겠지? 어근 할 때는 접사랑 같이 가야 하고, 어간은 어미랑 짝이고. 그런 거야. 좀 정리가 되니? [학습자 자료]

제3부 문법 교육 내용화의 실제

문법 교육 이론의 정립을 위한 연구는 교육의 실현태를 대상으로 하여 진행한다고 하더라도 결국 수많은 실현태들을 관통할 수 있는 잠재태를 도출할 수 있어야 한다. 일과(一過)로서의 실현태들은 예측 불가능한 변수와 맥락들로 가득하여 모든 실현태들을 통어하는 이론의 정립은 현실적으로 불가능하기 때문이다.

이러한 관점에 터해, 제2부에서 학습자의 실제 사례들을 통해 확인한 지점들을 문법 교육 내용화의 기제들로 환원해 내기 위해서는 이론 층위에서의 정련화 과정이 요구된다. 즉, 학습자들의 산출물들을 재해석함으로써 문법 교육 내용화의 실천적이고도 이론적인 요인들로 환류하기 위한 논의가 요구된다는 것이다.

이러한 인식 속에서 제3부에서는 구체적으로 어떠한 층위에서 무엇을 기점으로 삼아 문법 교육 내용화할 것인가의 문제를 탐색할 것이다. 먼저 제1장에서는 교육 내용 표상에 초점을 두어서 정규 교과의 외부에서 전개되는 문법 지식의 비유적 표상 문제를 다룬다. 또한, 제2장에서는 '언어의 특성'이라는 특정 교육 내용을 학습자의 지식 구성을 추동하는 방향으로 조직하는 문제에 대해 다룰 것이다. 제3장에서는 표상과 조직의 두 층위를 모두 다룰 것인데, '단어 형성법'을 사례로 하여 문법 교육 내용화의 논리를 모형의 수준에서 고안할 것이다.

이 과정에서, 제3부에서 보이는 문법 교육 내용화의 실제들은 일종의 금형(金型)으로만 기능함을 전제한다. 모든 교육적 맥락에서 고정적인 위상을 지니는 확고한 틀이 아니라 실천적 이론을 정립하는 데 유용한 지점에 대한 포착 과정을 보여 주는 일종의 가능태로서의 의미를 지님을 분명히 하고자 한다.

---

* 제3부의 제1장은 이관희(2012), 제2장은 이관희(2013), 제3장은 이관희(2015)의 Ⅳ장 일부를 정리한 것이다. 또한, 일부 인용된 학습자 자료들은 이관희(2015)에서 가져온 것임을 밝힌다.

제1장 문법 교육 내용 표상으로서의 비유

학습자들에게 문법 학습은 분명 낯설고 이질적인 경험이다. 이 경험은 이제까지는 사용의 단위이고 소통의 단위였던 언어가 문법 교육의 국면에서는 분석의 단위가 되어 쪼개지고, 각종 문법 용어들로 명명되고 설명되면서(남가영, 2011ㄴ:118-119) 이루어지기 때문이다. 이 과정에서 학습자들은 직관적으로 인식하던 언어 현상을 분절화·구조화시킬 것을 요구받는다. 문제는 이 과정이 학습자의 인식 방식이나 경험에 기초한 해석과 의미 구성이 전제되지 않은 상태에서 이루어지다 보니, 학습자들에게 문법 지식은 철저히 외부의 지식으로만 남는다는 점이다.

이때, 비유는 문법 지식과 학습자의 인식을 연계해 주는 매개체 역할을 한다. 따라서 학습자들에게는 대단히 추상적일 수밖에 없는 국어에 대한 메타 분석 경험을, 학습자의 의미 구성을 전제로 하여 구체화하고자 할 때, 비유가 지니는 표상력에 주목할 필요가 있다.

비유는 추상적이고 낯선 개념이나 현상을 설명하고 모델링(modeling)하며 재개념화(신선경, 2006:140)한다. 무엇인가에 대해 학습한다는 것이 친숙하지 않은 대상을 이해하기 위해 기존 지식을 배경으로 새로운 지식을 능동적으로 구성하는 속성을 지닌다면, 알고 있는 것과 학습해야 할 새로운 지식 사이의 유사점을 이끌어 내어 새로운 지식에 대한 의미를 구성하는 과정은 필연적이며, 비유는 이 과정을 매개할 수 있는 설명력을 지닌다.

이러한 이유로, 비유는 추상적인 개념의 이해와 명료화를 촉진하고 학습자의 흥미를 불러일으킬 수 있는 유용한 학습 수단이며, 교사에게는 학습자의 선지식을 알기 위한 척도가 될 수 있다. 이러한 접근은 소쉬르가 '언어학의 공시태와 통시태'라는 대단히 추상적인 개념을 체스 놀이에 '빗대어' 설명하는 (1)에서도 확인된다.

(1) 상상할 수 있는 모든 비교 중에서 가장 명시적인 것은 ㉮ 언어 작용과 체스 놀이 간에 설정할 수 있는 비교이다. 이 두 놀이 모두에 있어 우리 앞에 있는 것은 가치 체계이며, 우리는 이들 가치의 변경을 본다. 체스 놀이는 언어가 우리에게 자연 형태로 보여 주는 것을 인위적으로 실현하는 것과 마찬가지이다.

㉯ 우선 놀이의 어떤 상태는 언어의 어떤 상태에 잘 부합된다. 말[馬]들이 지니는 각각의 가치는 체스판 위에서 이들이 갖는 위치에 의존하며, 마찬가지로 언어에 있어서 각 사항은 다른 모든 사항들과의 대립에 의해 그 가치를 지니게 된다.

㉰ 두 번째로, 체계는 언제나 순간적일 뿐이다. 즉, 체계는 말의 위치가 바뀜에 따라 변화한다. 가치들이 또한 그리고 특히, 불면의 규약에 의존한다는 것은 사실이다. 이 불면의 규약은 놀이의 규칙으로서 놀이가 시작되기 전에도 존재했으며 매 수를 놓은 다음에도 역시 존속한다. 일단 완전히 인정된 이 규칙은 언어에서도 존재한다. 이것이 바로 기호학의 항구적인 원칙들이다. (……중략……)

㉱ 비교가 불가능한 점이 단 한 군데 있다. 체스 놀이꾼은 말을 이동시킴으로써 체계에 영향을 주려는 의도가 있다. 반면 언어는 아무 것도 미리 계획하지 않는다(최승언 역, 1990:107-109).

다만, 교육 내용 표상의 일환으로서의 비유가 지니는 가치와 한계를 보다 다각도로 논의하기 위해서는 다음과 같은 지점들이 분명하게 탐색되어야 한다.

- ㉮의 비유는 문법 지식을 설명하는 데 어떠한 효과를 지니는가?
- ㉮의 전체 비유가 ㉯, ㉰의 속성 비유로 전환되는 양상은 타당하며, 어떠한 요인에 의해 특정 속성들이 선택되는가?
- ㉮를 설정할 때 ㉱가 지니는 한계는 무엇이며, 문법 교육에서 이는 어떻게 고려되어야 하는가?

제1장에서는 이른바 교양 문법서를 대상으로, 문법 기술 과정에서 동원되는 비유적 표상의 양상을 살피고자 한다. 이때, 문법 교과서가 아닌 교양 문법서를 연구 대상으로 선정한 것은 다음의 이유 때문이다.

첫째, 문법 교육에서 교육 도구로서의 비유에 대한 논의가 본격적으로 이루어지지 않은 현 시점에서 문법 교과서를 연구 대상으로 삼기보다는 문법 기술 방식이 비교적 자유로운 텍스트를 분석하는 것이 보다 효과적일 것이라는 판단 때문이다. 둘째, 현재의 검인정 체계 내에서 문법 교과서의 기술은 제한된 분량, 보수적 접근 등의 제약이 있음에 비해 교양 문법서는 보다 다채로운 설명을 시도할 가능성이 높기 때문이다. 셋째, 제민경(2012)과 같은 이유인데, 문법 학습이라는 동일한 목적을 지니면서도 학문 문법서나 문법 교과서에 비해 교양 문법서에 대한 선택이 많은 것은 그 안에 학습자 혹은 독자의 흥미나 이해도를 제고하기 위한 모종의 텍스트적 장치가 내재해 있을 것이라 기대하기 때문이다. 이러한 이유로, 제1장에서는 이재성(2006), 김철호(2008), 김남미(2010)의 세 종을 분석 대상으로 삼는다.

1. 교양 문법서에서 표상한 비유의 양상

(1) 문법 학습의 의의 및 관점에 대한 비유

학습의 출발점은 해당 학습을 왜 해야 하는지, 학습자 자신에게 어떠한 도움이 되는지를 인식하는 데 있다. 이러한 인식이 배제된 가운데 이루어지는 학습은 일방적인 전달과 수동적인 암기의 과정으로 전락할 위험이 크다. 그런데 학습 의의에 대한 인식은 추상적 논리나 교조적 명제를 통해서보다는 학습자 자신이 접하는 현실을 바탕으로 한 귀납적이고 직관적 수준에서 이루어져야 한다. 학습의 출발점에 선 학습자들은 자신들이 학습해야 할 대상의 가치와 특성에 대해 온전히 인식하지 못하는 단계에 있기 때문이다.

교양 문법서들에서는 (2), (3)과 같이 문법 학습의 의의를 구체적으로 드러내기 위해 비유를 활용한다. (2)에서는 '영어와의 비교를 통한 국어 문법의 특성 인식'이라는 목표를 실현하기 위해 국어에 대한 메타화 경험을 '물고기 : 물'의 비유를 통해 강조하며, (3)은 '핸드폰 사용 : 매뉴얼 = 글쓰기 : 문법'의 비유를 통해 '멋진 글쓰기'를 위한 문법 학습의 의의를 제시한다. 이때, '비유'는 '왜 학습하는지, 무엇을 학습하는지'를 자신의 경험 세계에 비추어 진술하게 함으로써 학습자들이 문법 학습의 의의를 '체감' 할 수 있게 한다.

(2) 물고기는 자기가 물속에 살고 있다는 걸 모른다. 태어나서 죽을 때까지 물속에만 있기 때문이다. 우리는 한시도 쉬지 않고 숨을 쉬고 있으면서도 평소에는 공기의 존재를 잘 의식하지 못한다. 한국인인 우리에게 한국어는 바로 그런 존재다. 우리에게 제1언어인 한국어는 저도 모르는 사이에 익혀서 저도 모르게 말하고 저도 모르게 알아듣게 된 언어다 - 사람들이 자각 없이 공기를 호흡하듯이, 물고기가 물을 의식하지 못한 채 물속을 헤엄치듯이. (…중략…) 어느 순간부터 내 안으로 들어와 내 몸의 일부처럼 되어버린 우리말을 칼로 썩 베어내듯이 '나'하고 갈라서 적당한 거리로 떼어놔 보자. 그래야 우리말의 진면목이 제대로 들여다보이기 때문이다(김철호, 2008:7-8).

(3) 새로 핸드폰을 샀을 때 이것저것 눌러 보다 보면 기본적인 몇 가지 기능은 금방 알 수 있어요. 그러나 새 핸드폰이 갖고 있는 여러 기능을 제대로 사용하려면 반드시 매뉴얼을 보고 익혀야 합니다. 마찬가지로 우리말을 제대로 사용하고 싶으면 우리말 사용 매뉴얼인 문법을 꼭 익혀야 합니다. 문법을 익혀야 말을 자유자재로 사용할 수 있고, 또 말을 자유자재로 사용할 수 있어야 멋진 글쓰기를 할 수 있으니까요(이재성, 2006:6).

한편, 교양 문법서들에서는 (4), (5)와 같이, 본격적인 문법 학습 이전에 문법이라는 학문의 체계, 즉 언어 단위에 따른 구분에 대해 비유적으로 표상하여 설명함으로써 독자들이 생소한 용어를 이질감 없이 수용하여 문법의 체계를 인식할 수 있게 한다. 기실, 문법 교과는 언어 단위를 중심으로 한 정교한 논리 체계를 근간으로 삼는 교과이다. 따라서 문법 지식을 학습한다는 것은 단순히 관련 명제를 병렬적 · 누적적으로 나열하는 상태가 아니라, 촘촘한 논리적 체계 속에서 해당 문법 지식의 위치를 감식하고 구조화할 수 있어야 함을 의미한다. 이 점에서, 문법이라는 학문이 지니는 체계, 또 그러한 체계를 구획하는 기준에 대해 본격적인 학습 이전 단계에서부터 '자신이 이해할 수 있는 언어'로 인식하는 것은 분석적 안목으로 문법을 온전하게 이해하기 위한 중요한 지표 역할을 한다.

(4) 병원에 가면 사람 몸을 다루는 분야에 따라 진료 과목이 외과, 내과로 구분되어 있듯이, 말도 다루는 분야가 나누어져 있습니다. 문법책을 보면 음운론, 형태론, 통사론이라고 나누어져 있는 것을 볼 수 있는데, 이런 음운론, 형태론, 통사론이 말을 다루는 분야입니다(이재성, 2006:18).

(5) 통사론과 형태론을 단어의 측면에서 살펴보면, 통사론은 문장이라는 큰물에서 다른 말들과 어떻게 관계를 맺으며 노는지를 살펴보는 것이고, 형태론은 단어라는 우물 안에서 단어가 무엇으로 구성되어 있고, 어떻게 만들어졌으며, 어떤 종류에 속하는지에 대해서 살펴보는 거예요. 다시 말해, 춘향이가 방 안에서 혼자 이 옷 저 옷을 입어 보며 놀고 있는 것을 형태론에 비유한다면, 통사론은 춘향이가 밖에 나가 사람들과 어울리면서, 향단이하고 있으면 향단이 친구가 되고, 몽룡이와 있으면 몽룡이 애인이 되고, 월매하고 있으면 딸이 되기도 하는 것에 비유할 수 있습니다(이재성, 2006:20).

또한, 학습 대상에 대한 관점을 형성하는 일 역시 본격적인 학습 이전 단계에서부터 이루어져야 한다. 향후의 학습 방법 및 태도를 결정할 수 있기 때문이다. 이 점에서 (6), (7)과 같은 진술은 중요한 의의를 지닌다. (6)의 경우, 민현식(2002:115)의 지적대로 조기 영어교육의 영향으로 영문법의 용어가 국어 문법보다 먼저 교수되는 상황에서 국어 문법 탐구에 대한 독자적 관점을 형성하게 해 준다. 또한, (7)의 진술을 통해 그간 문법을 고정 불변의 고정체로 인식하던 학습자들에게 문법 체계가 완벽한 체계가 아닌 '합의된 체계'라는 관점을 형성해 줄 수 있으며, 그에 따라 본격적으로 문법을 학습하면서는 국어학적 논란 사항들을 기술의 난점으로 치부하여 주변적인 요소로 배제할 것이 아니라 오히려 비판적으로 접근할 수 있는 여지(이관희, 2008:76)를 마련할 수 있다. 이 과정에서, '포크, 숟가락, 지도' 등의 비유물이 학습자의 체감적인 이해를 도모함은 주지의 사실이다.

(6) 포크는 스테이크를 찍어 먹는 데 알맞은 도구다. 국밥을 먹을 때는 숟가락이 제격이다. 스테이크도 음식이고 국밥도 음식이다. 하지만 스테이크는 국밥이 아니다. 한국어도 말이고 영어도 말이다. 둘 다 의사소통에 쓰이는 도구다. 하지만 한국어는 영어가 아니다. 둘은 다르다. 달라도 한참 다르다. 영어와 한국어는 아예 씨가 다른 언어다. 그러니 영어를 보던 눈으로 한국어를 들여다보면 그 면모가 제대로 보일 리 없다. 영어 시간에 배운 문법 틀을 한국어에 갖다 들이대서도 안 된다(김철호 2008:21).

(7) 몽룡이는 교보문고에서 여러 가지 지도를 구경하다가 세계지도가 한 가지가 아니라는 것을 알게 되었습니다. 우리가 흔히 보던 세계지도는 태평양이 가운데 있는데, 미국에서 만든 세계지도에는 대서양이 가운데 있었습니다. 그리고 또, 어떤 세계지도를 가지고 이야기하느냐에 따라 우리나라에 대한 설명이 달라지는 것도 알게 되었습니다. (…중략…) 문법도 마찬가지입니다. 말을 어떻게 보느냐에 따라 문법이 달라집니다. (…중략…) 그렇기 때문에 학교

에서 배운 문법만이 옳다거나 그것밖에 없다고 생각해서는 안 됩니다(이재성, 2006:30-31).

(2) 언어 형식의 의미기능에 대한 비유

어떤 언어이든지 특정 언어 형식이 지니는 기능은 문법의 체계화 과정에서 중요한 요인으로 작용한다. 의미 · 기능주의적 문법과 대별되는 형식 · 구조주의적 문법에서 역시 특정 언어 형식의 기능은 각각의 형식들을 비교하고 분류하는 데 중요한 기준이 된다.

주지하듯이, 국어 문법에서 조사와 어미는 핵심적인 기능을 지니는 언어 형식이다. (8)에서는 이 점을 비유를 통해 강조한다. 특히, '구슬이 서 말이라도 꿰어야 보배다.'라는 속담을 활용하여 실사와 허사의 개념을 비유함으로써 학습자들로 하여금 조사와 어미가 국어 문법에서 차지하는 비중을 인식하게 한다.

> (8) 한국어에서 실사는 구슬이다. 허사, 즉 조사와 어미는 실이다. 조사와 어미는 구슬을 꿰어서 보배를 만드는 실이기도 하고, 그렇게 해서 만든 보배를 공주의 목에 걸어주기도 하고 진흙탕에 내팽개치기도 하는 무소불위의 손이다(김철호, 2008:41-42).

또한, (9)와 같이 '이름표, 계급장'이라는 비유물을 통해 격조사의 기능을 설명하기도 한다. 이는 (10)의 문법 교과서 설명과는 대별되는데, (10)에서는 격조사를 정의한 후 격조사의 유형화에만 초점을 두고 있어, 학습자들이 격조사가 지니는 핵심적인 기능에 대해 제대로 인식하지 못한 상태에서 결과적으로 분류된 격조사의 유형에 대한 학습에만 치우칠 우려가 있다.

> (9) 문장에서 조사는 사또 놀이할 때 역할을 적은 이름표와 같은 기

능을 합니다. 몽룡이가 방자가 달고 있던 형방 이름표를 빼앗아 달고서 형방 역할을 할 수 있었던 것처럼요(이재성, 2006:93).

문장에서 주어 역할을 맡으려면 주어임을 나타내는 일정한 표시를 달아야 해요. 군대에서 군인들이 역할에 따라 일정한 표시인 계급장을 다는 것처럼요. 그 표시가 바로 조사이지요(이재성, 2006:102).

(10) 격조사는 앞에 오는 체언이 문장 안에서 일정한 자격을 가지도록 하여 주는 조사를 말한다. (…중략…) 주어가 되게 하는 '이'를 주격 조사, 목적어가 되게 하는 '을'을 목적격 조사, 관형어가 되게 하는 '의'를 관형격 조사라고 한다(7차 문법 교과서, 96쪽).

한편, 문법 용어의 사용 면에서도 교양 문법서와 문법 교과서는 차이를 보인다. (11)은 명사절 내포문에 대한 설명인데, '명사형 어미'라는 문법 용어를 '특수한 부품'으로 비유한다. 문법 교과에서 문법 용어의 특성을 설명어인 동시에 대상어로 파악한 김호정 외(2007:278)에 의하면, 문법 용어는 문법 현상을 탐색 · 기술 · 설명하기 위한 유용한 도구로 기능함은 물론, 문법 현상에 대한 탐색 과정의 결과 하나의 지식으로 체계화되는 개념이기도 하다. 그런데 이러한 문법 용어의 특성은 학습자들이 문법 학습을 어려워하는 이유로도 작용한다. 대상어로서의 문법 용어에 대한 학습을 위해서는 설명어로서의 문법 용어에 대한 이해가 선행되어야 하기 때문이다. 예컨대, '명사절 내포문'을 이해하기 위해서는 '명사형 어미, 명사형, 주어, 목적어, 부사어' 등의 문법 용어에 대한 이해가 선행되어야 한다. (11)에서 '명사형 어미'를 '부품'이라는 구체물로 비유하여 표상한 것은 이러한 인식의 결과로 볼 수 있다. 즉, 학습자들에게 문법 지식을 연성화시키기 위한 장치로, 도구어로 쓰이는 문법 용어를 비유로 표상하여 제시한 것이다.

(11) 주어 - 서술어가 명사 자리에 들어가려면 특수한 부품이 필요하

기 때문입니다. 그 부품으로 갈아 끼우고 들어가야 하는데 그냥 들어가서 이상한 말이 됐어요. 주어 - 서술어가 명사 자리에 들어갈 때 필요한 부품은 '-기, -음, -는 것' 이렇게 세 가지입니다(이재성, 2006:63-64).

(3) 개별 문법 개념에 대한 비유

교양 문법서에서는 특정 문법 개념 자체를 비유적으로 표상하여 설명하기도 한다. 먼저, (12)에서는 '음운'이라는 추상적 개념을 설명하기 위해 '표기'라는 구체적 비유물을 활용한다.

(12) 그림의 'ㄱ'이라는 글자는 모두 다른 모양, 다른 크기를 지녔습니다. 하지만 이 글자를 보는 우리는 이를 '기역'이라고만 알아듣게 되지요. 이렇게 실상 다르게 나타나는 말소리를 '음성'이라 하고 그것을 하나의 소리로 인식하는 것을 '음운'이라고 한답니다(김남미, 2010:66).

(13)에서는 '형태소'라는 추상적인 개념을 '회장, 소나무, 비단'이라는 다양한 대상에 비유함으로써 설명을 구체화하여 '학습자의 이해'를 도모한다.

(13) 같은 생각을 가진 사람들이 모여 모임을 만들면 거기에서 대표를 뽑아 회장이라고 하지요? 마찬가지로 같은 뜻을 나타내는 형태들이 모이면 그 중에서 대표를 뽑아 그것을 형태소라고 하는 거예요. 형태란 다양한 모습으로 실재하는 구체적인 것이고, 형태소는 그 모든 것을 대표해서 부르는 말로, 머릿속에서만 인식하는 추상적인 것입니다.

산이나 들에 가 보면 다양한 모습으로 실재하는 소나무를 볼 수 있습니다. 그 수많은 소나무 중에서 같은 모양은 하나도 없어요. 그런데 우리가 일일이 소나무 하나하나를 다 알고 있을 수는 없습니다. 그래서 우리는 그 하나하나의 소나무를 그냥 소나무라고 머릿속에서 인식하는 겁니다. 우리 머릿속에서 인식하고 있는 소나무는 실제로 만질 수 없는 추상적인 거예요. 우리 머릿속에 있는 소나무의 모양은 사람마다 자기가 본 적이 있는 소나무이거나 아니면 여러 소나무의 공통점만 모아 상상해서 만든 소나무일 겁니다. 여기서 산이나 들에 실재하는 다양한 소나무를 형태라고 한다면, 우리 머릿속에 인식하고 있는 소나무는 형태소가 됩니다.

포목점에는 여러 종류의 비단이 있었는데, 춘향이는 그 모든 것을 그냥 '비단'이라고 말하지요? 정확하게 말하려면 "자수가 놓인 것도 있고, 금박이 찍힌 것, 진주 구슬이 달린 것, 두터운 것, 얇은 것, 번쩍이는 것, 은은한 것 등등."이라고 말해야 하는데 말이지요. 이렇게 포목점에 비단이 다양하게 진열되어 실재하는 것이 '형태'이고 이런 것들을 모두 대표해서 '비단'이라고 말할 때, 이 '비단'이라는 말이 '형태소'랍니다(이재성 2006:269-270).

끝으로, 품사 단원의 '관형사'를 설명하기 위해 세 종의 교양 문법서 모두에서 비슷한 비유물을 상정한다. 자의(字義)에 기반하여 관형사를 '모자, 갓, 왕관'에 비유하여 관형사의 수식 기능과 수식 위치를 설명하는 것이다.

(14) 위의 두 문장에서 '문법'을 꾸민 '그, 새'는 명사를 꾸미기 위한 수식언입니다. 이런 품사를 관형사라고 합니다. '관(冠)'이라는 말이 모자라는 뜻이라 했었지요. 명사 위에 놓여 형태를 보여 준다 해서 이름 붙여진 것이에요(김남미, 2010:116).

(15) 관형사의 '관(冠)'은 머리에 쓰는 '갓'을 뜻한다. 왜 품사 이름에 '갓'이 들어갔을까? 그러고 보니 영어의 관사(冠詞)에도 이 관자가 들어가 있다. (…중략…) 체언을 머리라고 했을 때, 그 위에 '갓'처럼 덧붙는 말이 바로 관형사다. 관형사는 '체언이 쓰는 모자'이다. 영어에서도 관사는 항상 명사 앞에 온다(김철호, 2008:223).

(16) 관형사는 명사가 쓰는 왕관입니다. 관형사의 '관(冠)'이라는 글자는 왕관의 '관'과 같은 글자입니다. '형(形)'이라는 글자는 형용사의 '형'과 같은 글자로, 모양을 뜻합니다. 그러니까 관형사는 명사 앞에서 붙어 명사의 모양을 장식해 주는 왕관입니다(이재성, 2006:65).

그런데 교양 문법서들에서 비유를 통해 설명하는 문법 개념이 '음운, 형태소, 관형사'에 한정하여 나타난다는 점은 특징적이다. 설명 과정에서 이루어지는 비유적 표상은 친숙하지 않은 추상적 대상을 친숙한 구체적 대상에 빗대어 표현함으로서 대상에 대한 학습자의 이해를 용이하게 하는 전략이다. 그렇지만, 비유적 표상은 암시적으로 대상을 설명하다 보니 설명 대상과 비유물 사이의 관계에 대한 설명이 추가적으로 요구된다는 점에서는 '비경제적인' 설명 방식이다. 또한, 비유물이 설명 대상의 모든 속성을 온전히 보존할 수 없다는 점에서도 한계가 있는 설명 방식이다. 따라서 모든 문법 지식을 비유로 표상하여 설명할 수는 없으며, 또 그럴 필요도 없다.

그렇다면, 왜 하필 '음운, 형태소, 관형사'인가의 의문이 생기는데, 이들 문법 개념들은 학습자들에게 상대적으로 낯설고 어려운 것들이기 때문이다. 우선, 언어생활에서 사용의 단위로 기능하는 '단어'나 '문장'에 비해[1], '음운'과 '형태소'는 대단히 추상적인 언어 단위로 문법 학습을 위해 메타적으로 상정해야 하는 개념이다. 또한, 영어의 품사 용어에 익숙한 학습자들에게 '관형사'는 국어 문법에만 존재하는 품사이며 영어의 '형용사'와 변별하여 이해해야 할 개념이기도 하다.

1) 그렇다고 하여, '음운, 형태소'에 비해 '단어, 문장'의 학습 부담량이 낮은 것은 아니다. 오히려 '단어, 문장'에 대해 학습자들이 일상적인 의미로 지니고 있는 '선개념(先概念)'은 문법 단위로서의 '단어, 문장'에 대한 학습을 방해하는 요인으로 작용할 수도 있다.

(4) 문법 개념 간의 관계에 대한 비유

문법은 각각의 언어 형식들 간의 비교적 관계에 의해 체계화된다. 이러한 문법 체계를 이해하고, 그러한 체계 속에서 특정 문법 개념의 위치를 조망하기 위해서는 개념 사이의 관계에 대한 인식이 필수적이다. 이때, 비유적 표상은 대상의 차이를 보다 분명히 드러나게 한다는 점에서 '문법 개념 간의 관계' 설명에 효과적인 방식이 될 수 있다. 이러한 이유로, 교양 문법서들에서는 음운론, 형태론, 통사론의 전 영역에 걸쳐 문법 개념 간의 관계를 비유적으로 표상하기도 한다.

먼저, 음운론에서는 자음과 모음의 관계를 비교하기 위해 (17), (18)처럼 악기에 비유하여 장애음과 비장애음을 설명한다. 그런데 여기에 쓰인 비유의 타당성에 대해서는 재고의 여지가 있다. (18)의 경우, '리코더로 반음 파 소리 내기'라는 표상은 학습자들에게 익숙한 비유물이 아니라는 점에서 설명의 효과를 반감시킬 수 있다. 또한, (17)에서는 '책상 두드림 혹은 박수 : 피리 불기 = 타악기나 현악기 : 관악기 = 장애음 : 비장애음'의 비유를 통해 자음과 모음의 관계를 설명하는데, 이때 '장애'라는 말은 이해에 따라서는 모호한 기준이어서 '피리 불기'나 '관악기' 역시 '장애음'으로 인식할 수 있다. (18)에서 리코더를 부는 방식에 따라 자음과 모음, 즉 장애음과 비장애음을 모두 설명하는 점에 비추어 보아서도 (17)의 비유물 설정의 한계를 확인할 수 있다.

(17) 책상을 두드리거나 박수를 친 것은 어떤 원리로 소리를 낸 것일까요? 어떤 부분을 다른 것으로 부딪혀 장애를 일으켜서 소리를 낸 것입니다. 피리를 부는 것은 어떨까요? 이 소리는 두드리거나 문지르는 것과는 다른 방식의 소리입니다. 앞의 것을 '장애음'이라 하고 피리와 같은 소리를 '비장애음'이라 할 수 있을 거예요. 악기로 비유한다면 타악기나 현악기는 장애음이 될 것이고 관악기는 비장애음이겠지요. 자음과 모음의 구별도 이와 같습니다.

(…중략…) 자음은 입 속의 어느 부분에 장애를 일으키면서 내는 소리이고요, 모음은 장애를 일으키지 않으면서 내는 소리입니다(김남미, 2010:33).

(18) 리코더는 구멍을 어떻게 막느냐에 따라 소리가 다르게 납니다. 이렇게 리코더가 손가락으로 구멍을 막아서 여러 소리를 만들어 내는 것처럼 우리가 하는 말은 혀와 입술이 입 안의 여기저기에 닿아 그곳을 막아서 소리를 냅니다. 이렇게 해서 나는 소리가 닿소리, 바로 자음입니다.

리코더로 '파'보다 조금 높은 '반음 파' 소리를 낼 때는 어떻게 하는지 아세요? 혀끝으로 바람이 들어가는 피리 구멍을 반쯤 막으면 되지요. 그러면 좁은 곳으로 바람이 들어가니까 높은 소리가 나게 됩니다. 말할 때도 마찬가지 현상이 일어나요. 폐에서 나가는 바람이 우리 입을 통과하면서 여러 소리가 나는 거예요. 입 안을 좁히거나 넓히거나 모양을 달리하거나 하면 바람이 입 안을 통과하면서 여러 소리를 만들어 내지요. 이렇게 해서 나는 소리가 홀소리, 곧 모음이에요(이재성, 2006:349-350).

다음으로, 형태론에서는 품사를 설명하며 '명사'와 '동사'를 (19)와 같이 '당구공'과 '호박죽'에 비유하여 그 관계를 설명하는데, 학습 목표를 어떻게 설정하느냐에 따라 이러한 비유적 표상 그 자체도 중요한 문법 교육 내용이 될 수 있다. 예컨대, 이관희(2008:163)에서는 '품사 범주는 그 언어를 사용하는 사람들의 세계관이 반영된 산물임을 인식한다.'라는 학습 목표를 설정한 뒤, '명사 중심 언어인 영어를 쓰는 사람들이 대상과 범주에 의거해 사고하는 경향이 강한 반면, 동사 중심 언어인 국어를 사용하는 한국인들은 관계와 맥락을 상대적으로 중시한다.'라는 언어문화적 특성을 탐구하기 위한 학습 활동을 구안한 바 있다. 또한, 의미기능적 관점에서는 명사문과 동사문의 의미 차이를 품사 지식을 통해 인식하게 하는 학습[2)]

---

2) 김철호(2008:113)에서는 '① 나는 이렇게 사는 게 좋아.'와 '② 나는 이런 삶이 좋아.'의 의미

을 할 수도 있다.

(19) 명사는 상호분리를 전제로 한다. 세상에 널린 사물들을 이것과 저것으로 똑 부러지게 나누어야 명사가 성립한다. 명사의 세계는 당구공들이 굴러다니는 당구대와 비슷하다. 공들은 각자 따로따로 존재한다. 그러다 가끔씩 서로 부딪히면서 영향을 주고받는다. 하지만 모든 공은 항상 그 모습 그대로다. 명사는 굳어 있는 세계다. 이미 결정된 세계다. 그래서 변화가 일어나기 힘든 세계다.
동사는 상호결합 혹은 상호침투의 세계다. 거품을 올리며 끓고 있는 호박죽처럼, 모든 존재들이 끊임없이 움직이면서 서로 섞여들고 변화해가는 세계다. 그래서 두루뭉수리하고, 불확실하고, 예측하기가 어렵다. 동사의 세계에서는 너와 나의 구별도 모호하고, 산 것과 죽은 것 사이의 경계도 불분명하다. 모든 것이 한 덩어리다(김철호, 2008:119).

끝으로, 이재성(2006)에서는 (20), (21)과 같은 비유를 통해 '단문과 복문의 차이', '접속문과 내포문의 차이'를 설명한다. (20)에서는 단문과 복문을 '증명사진과 스냅사진'에 비유하여 복문의 선행절 혹은 내포절을 '배경'이라는 개념으로 설명한다. 이는 이재성(2006)이 '글쓰기를 위한'이라는 부제를 설정하는 것과 관련이 있는데, 단순히 단문과 복문의 구분에 학습 목표가 있는 것이 아니라, '화제 - 초점'의 의미 단위 인식을 목표로 하기 때문에 '복문'을 '스냅사진'에 비유한 것이다.

(20) 방자가 가지고 간 증명사진에는 배경은 없고 춘향이만 찍혀 있고,

차이를 다음과 같이 설명한다.
①에서는 '사는'이라는 동사를 썼고, ②에서는 '삶'이라는 명사를 썼다. 여러분은 둘 사이에서 어떤 차이가 느껴지는가? 나는 이렇게 느꼈다. '사는'에서는 말하는 사람의 표정과 입음새와 집 안팎의 풍경이 떠올랐고, '삶'에서는 '행복', '평화', '구원' 같은 낱말들이 떠올랐다. ①에서는 농사꾼의 땀 냄새가 났고, ②에서는 책상물림 특유의 먹물 냄새가 났다(김철호, 2008:113).

몽룡이가 가지고 간 스냅사진에는 춘향이 뒤로 바닷가 풍경이 배경으로 찍혀 있습니다. 몽룡이와 방자가 가져간 사진은 모두 춘향이 사진입니다. 두 사진 모두 춘향이를 찍은 사진이기 때문입니다. 배경이 있든 없든, 배경이 산이든 바다이든 상관이 없습니다.

문장도 마찬가지예요. 춘향이만 있고 배경이 없는 증명사진이 '주어 - 서술어'가 하나만 있는 단문이라면, 춘향이가 바닷가를 배경으로 찍은 스냅사진은 '주어 - 서술어'가 두 개인 복문입니다. (…중략…) 배경에 따라 어떤 사진은 무척 모범생 같아 보이는데 어떤 사진은 그렇지 않고 그렇잖아요? 이렇게 문장에서도 같은 생각(주어 - 서술어)이 배경이 되는 생각(주어 - 서술어)에 따라 느낌이 달라진답니다(이재성, 2006:40-42).

(21)에서는 복문을 다시 접속문과 내포문으로 구분하여 '걷기 방식'에 비유하여 설명한다. 또한, 접속문과 내포문의 통사적 차이를 '자리바꿈'에 비유하여 설명하기도 한다. 이러한 비유적 표상은 학습자들로 하여금, 접속문과 내포문의 구조와 특성을 시각적으로 형상화하게 해 준다는 점에서 둘 사이의 관계를 비교하여 이해할 수 있게 한다.

(21) 손을 잡고 가는 춘향이와 몽룡이를 문장에 비유하면, '접속문(또는 연결문)'이 됩니다. '주어 - 서술어'와 '주어 - 서술어'가 마치 손을 잡고 있는 것처럼 나란히 접속(연결)되어 있어서 붙은 이름이지요. 접속문은 춘향이와 몽룡이가 손을 잡고 가는 것처럼 앞뒤에 있는 '주어 - 서술어'가 서로 자리를 바꿀 수 있어요. (…중략…) 몽룡이가 춘향이를 업고 있는 것처럼 하나의 '주어 - 서술어'가 다른 '주어 - 서술어'를 업고 있는 문장을 '내포문'이라고 합니다. 배경이 되는 '주어 - 서술어'가 그렇지 않은 '주어 - 서술어' 안으로 들어가, 마치 업혀 있거나 안겨 있는 것처럼 내포되어 있어서 붙은 이름이에요. 내포문에서는 배경이 되는 '주어 - 서술어'와 그렇지 않은 '주어 - 서술어'가 서로 자리를 바꿀 수 없어요. 마

치 발목을 다친 춘향이가 멀쩡한 몽룡이를 업을 수 없는 것과 마찬가지예요(이재성, 2006:49-51).

2. 비유적 표상의 문법 교육적 의의와 한계

문법 교육 내용화를 위한 비유적 표상의 가치가 항상 절대화될 수는 없다. 교육 내용으로서의 지식이 모든 교과에서 동일한 위상과 성격을 지니는 것도 아니며, 무엇보다 해당 교과에서 상정하는 '학습자가 성취해야 할 능력'에 따라 비유적 표상의 가치도 달라지기 때문이다.

(1) 핵심 속성의 선택과 문법 지식의 파손

박제문(1998:7)에서 지적하는바, 교과의 지식의 구조에 따라 학문 지식을 교육과정 내용으로 조직하거나 또는 학문 지식을 교과 지식으로, 교과 지식을 학교 지식으로 조직할 때, 지식을 변환하는 작업이 어떻게 이루어지느냐에 따라 교육의 성패가 결정된다. 이때, 학문 지식을 교과 지식으로 변환하는 작업은 '선택과 배제'가 주된 기준으로 작용함에 비해, 교과 지식을 학교 지식으로 변환하는 작업은 앞서 PCK 이론에서 살폈듯이 '학습자에 대한 이해'와 '표상'이 핵심 기준으로 작용한다.

그런데 표상 과정에서 역시 '선택과 배제'는 피할 수 없는 요인이다. 표상을 통해 외부 세계 그 자체를 복사하듯이 직접적으로 완전하게 반영할 수는 없기 때문이다. 특히 비유는, 신선경(2006:144)에서 지적하는바, 두 대상의 차이들에도 불구하고 특징적인 공통점들만을 선택적으로 사상(mapping)시키는 표상 방식이라는 점에서, 두 개념에 관련된 국면들이 전부 사상되는 것이 아니라 상대적으로 우선순위가 높은 것이 우선적으로 사상된다. 즉, 부각과 숨기기는 비유가 지니는 본질적인 특성이라는 것이다. 은유의 사용은 지식을 전달하는 데 있어서 참된 지식을 훼손하는 관용 불가능한 언어적 오용(이찬주, 2011:78)이라 보는 것도 이러한 이유 때문이다.

특히 지식을 중핵 교육 내용으로 삼는 문법 교육에서 비유적 표상을 설명 방식으로 선택할 경우, 문법 지식은 학문 지식이나 교과 지식의 본래 상태를 그대로 유지하기 어렵다. 특정 문법 지식이 지니는 여러 속성들 중 일부를 선택하여 비유물에 사상시키고, 이 과정에서 나머지 속성들은 소거되거나 주변적인 지식으로 전락되기 때문이다. 예컨대, '문장의 짜임'을 비유적으로 표상하여 설명하는 (20), (21)을 문법 교과서에서 다루는 교육 내용과 비교해 보면 이 점을 확인할 수 있다.

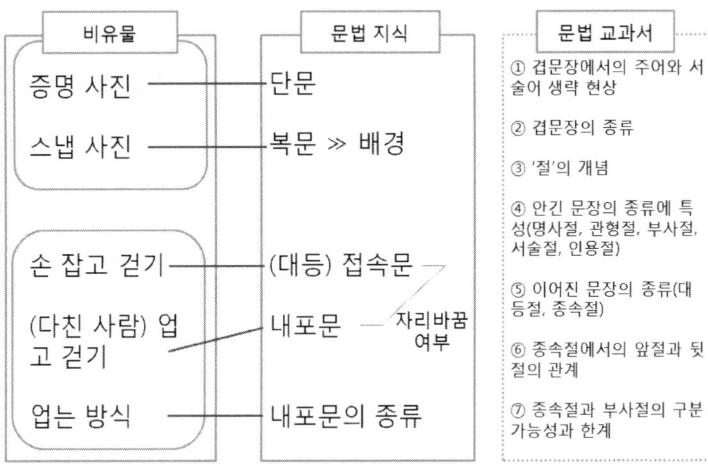

[그림 4] '문장의 짜임' 관련 교육 내용 비교

(20), (21)의 비유적 표상을 통해서는 문법 교과서의 ①, ⑤, ⑥, ⑦은 설명되기 어렵다. 특히, 접속문을 '손 잡고 걷기'에 비유하여 '대등절'로만 한정하면서 '종속절'은 상정하지 않는다. 그렇다면 이때의 비유는 '문장의 짜임'이라는 문법 지식을 파손시켰기 때문에 설명의 타당성을 담보하기 어려울 것이다. 그러나 지식의 파손만으로 비유적 표상의 가치를 평가 절하

할 수는 없다. 지식의 속성 자체가 본래 추상적이고 불규칙하여 그것이 이차원적 실체로 형상화될 때는 일정 정도의 파손은 불가피하기 때문이다. 다만, 해당 지식 중에서 어떤 속성을 선택하여 형상화하고 또 다른 속성들은 형상화의 이면에 남겨 둘 것인가를 선택해야 하며, 교육의 국면에서의 선택은 '교육 목표'가 기준이 되어야 한다.

이재성(2006)이 문법 교과서의 문법 지식을 모두 다루지 못하면서도 비유적 표상을 시도한 것은, '문장의 짜임'을 설명하는 목적이 '멋진 문장 쓰기'에 있기 때문이다. 이에 비해, 문법 교과서의 '문장의 짜임' 단원은 문장의 확대 차원에서 국어 문장의 종류를 유형화하여 문장의 짜임을 정확하게 이해할 것을 목표로 한다. 만일, 이재성(2006) 역시 문장 종류의 유형화를 목표로 삼았다면 '배경'이라는 개념을 이끌어 내기 위한 '증명사진과 스냅 사진'의 비유는 불필요했으며, '따로 가기'와 '함께 가기'로 단문과 복문을 비유하고, 복문을 '함께 가는 방식'에 따라 접속문과 내포문으로 비유하면 단일한 차원의 표상으로 '문장의 짜임'을 설명할 수 있었을 것이다.

또한, 문법 교과서에서는 '문장의 종류 구분'이 목표이기 때문에, 분류의 타당성이 떨어지더라도 종속절을 설정하여 부사절과 비교하게 함으로써 학습자 스스로 문장의 짜임 체계를 탐구하게 함에 비해, 문장의 종류에 따른 문장 쓰기를 목표로 하는 이재성(2006)에서는 굳이 종속절을 설정할 필요가 없었다. 이 점은 이재성(2006)에서 '문장의 짜임'을 다루면서 '단문 두 개로 쓸까, 복문 하나로 쓸까?', '접속문에서 앞뒤 주어 - 서술어의 자리를 바꾸면?', '부사절 부품을 정확하게 쓰는 방법', '글을 쓸 때 부사절 내포문을 쓰는 요령', '기본 문장 7가지로 글쓰기'를 핵심 내용으로 제시함을 통해서도 확인할 수 있다.

결국, 특정 문법 지식이 내포하는 다양한 속성들 중 무엇을 부각하여 비유로 표상할 것인가의 문제는 해당 문법 지식을 왜 설명하는지, 즉 해당 문법 지식의 교육 목표에 달려 있다. 이 점에서 문법 교육에서 문법 지식의 설명을 위한 비유적 표상은 단순히 해당 교육 내용을 '이해하기 쉽게'

설명하는 차원이 아니라 해당 교육 내용의 교육 목표에 대한 철저한 천착을 통해 시도되어야 한다. 문법 교육에서 중요한 것은 모습 그대로 얼마나 잘 꺼내 놓을 것인가가 아니라 목표에 따라 잘 인식하도록 어떻게 잘 구성할 것인가의 문제이기 때문이다.

(2) 문법에 대한 직관적 · 해석적 이해의 가치 제고

앎을 명제적 언어로 한정하는 관점에서, '직관과 해석'은 언제나 경계의 대상이었다. 직관은 해당 지식을 온전하게 알지 못하는 상태로, 해석은 해당 지식을 제멋대로 이해한 상태로 간주되기 때문이다. 그러나 학습자에 의한 지식의 구성을 강조하는 관점에 서면 오히려 명제적 언어는 의미의 구성과 창조를 위해 학습자로 하여금 다양한 해석의 여지를 열어 놓는 간접 전달의 언어라기보다는 정보 전달의 효율성을 최우선에 두고, 해석과 정답이 결정된 내용을 그대로 전달하는 교사 중심의 언어(이찬주, 2011:76)로 작용할 우려가 있다.

학습자들은 교사나 교과서의 언어를 자신의 직관적 의미 체계에 기반하여 해석한다는 점에서 교사나 교과서의 지식을 그대로 수용하지는 않는다. 이때, 학습자 자신의 직관과 해석 수준을 넘어서는 언어는 학습자에게 이해되지 못하는 상태에서 단순 모방될 뿐이다. 이러한 지점은 듀이(Dewey)에 의해 자세히 논의되었는데, 그는 직관적 수준의 조야(粗野)한 각각의 활동을 소재로 삼아 상호작용하는 가운데 학습자들은 현재의 경험을 재구성(엄태동 편역, 2001:208)하며, 이것을 출발점으로 삼아 교과의 논리적 측면에 접근할 수 있다고 언명한다. 다시 말해, 인지적 사고가 이성적 과정의 산물이기는 하지만 그 출발점은 경험과 감각에 의한 직관적 사고에 있으며, 이는 결코 이분법적인 배제의 대상이 아니라는 것이다.

비유는 문법 지식 전체를 완벽하게 담아내지는 못한다. 본래 두 대상이 지니고 있던 많은 속성들 중 일부만이 표상되기 때문이다. 따라서 학습자들은 비유적 표상만으로 해당 문법 지식의 전체를 완전하게 이해할 수 없으며, 표상된 속성만을 직관적으로 이해할 뿐이다. 그리고 이때의 '이해'도 문법 지식 그 자체에 대한 '명제적 차원의 이해'가 아닌 비유물로 구체화된 대상에 대한 '직관적 이해'일 뿐이다. 예컨대, '관형사'를 '체언의 모자'로 이해했다고 하여, 관형사를 명제적으로 정의할 수 있다거나 관형사의 문법적 특성을 이해했다거나 단어들 중에서 관형사를 분류해 낼 수 있다거나 하지는 않는다.

또한, 비유가 추상적인 대상을 구체물에 빗대어 표상하는 방식이기는 하지만, 학습자들은 다시 비유로부터 추상화된 개념을 문법 지식으로 재개념화하는 과정을 거쳐야 한다. 즉, 두 대상 사이의 해석적 순환에 의한 의미 생성 과정이 필수적이라는 것이다. 예컨대, '모자는 머리 위에 쓰고, 얼굴을 꾸며 준다'는 속성을 통해 '관형사의 위치와 기능'을 재개념화하는 해석적 사고를 동반해야 한다는 것이다. 이에 더해, 비유를 통한 문법 지식의 직관적 · 해석적 이해는 자칫 비논리적인 결론에 도달하여 해당 문법 지식에 대한 오개념을 형성할 수도 있다. 예를 들어, 직관과 해석을 통해 관형사를 '체언의 모자'로 파악하고 나면, '새 책', '재미있는 책', '팔리는 책'을 모두 '관형사 + 명사'로 잘못 파악할 위험이 높다.

이러한 한계에도 불구하고 여전히 **비유적 표상은 문법 지식에 대한 직관적 · 해석적 사고를 촉발한다는 점에서 중요한 의의를 지닌다.** 해당 교과의 '지식의 구조'는 외재적으로 주어지는 것이 아니라 지식과 인식 주체 사이의 상호작용을 통해 학습자 스스로 '구성'하는 성질의 것이기 때문이다. 이러한 관점이 전제될 때만이, 학습자들은 학교 문법을 통해 '언어 현상에 대한 내용적 지식'과 함께 '지식의 구조를 엮어 나가는 논리'를 '방법적 지식'으로 함께 학습하는 것이 가능해진다(주세형, 2008:284).

또한, 문법 교육에서 학습자들에게 강조하는 지식이, 탈맥락적으로 '발견'되는 지식이 아니라 맥락적으로 '구성'하는 지식임을 감안하면, 어떤 지식이나 사건에 대해 개인이 소유한 의미를 투입시켜, 특정 의미를 산출하는 해석 중심 교육(박재문, 1998:84)이 요구되며, **비유적으로 표상된 문법 지식은 이러한 해석의 실마리를 제공함은 물론, 해당 문법 지식을 맥락화할 수 있는 안목을 형성하게 한다.**

물론, 이 과정에서 형성된 학습자들의 직관적 · 해석적 수준의 인식은 향후 지속되는 문법 탐구 경험을 통해 파기되어야 하는 과도기적 형식으로, 일종의 '유사 지식(pseudo-knowledge)'의 성격을 띤다. 그러나 논리적 · 분석적 탐구 경험 이전에 일종의 비계로 기능하는 직관적 · 해석적 사고는 학습자들로 하여금 문법 지식의 의미를 구성하게 하는 원동력이 된다. 이 점에서 직관적이며 해석적인 사고는 본질적으로 탐구 학습의 패러다임과도 상통한다.

(3) 문법 지식 간의 가치 판별 및 구조적 이해

비유적 표상의 의의를 인정한다고 해도 모든 문법 지식을 비유로 설명할 수는 없다. 그렇다면 어떤 문법 지식을 비유로 설명할 것인가, 또 선택의 기준은 무엇인가의 문제에 직면하게 된다.

먼저, **추상성이 높은 문법 지식을 비유적 표상을 통해 설명하는 것이 효과적이다.** 주지하듯이, 비유는 추상적 개념을 구체적이고 친숙한 대상으로 변환하여 이해하는 인지적 기제를 언어적으로 표현한 표상 방식이다. 그러하기에, 구체적으로 인식할 수 있는 대상을 비유로 표상하는 것은 효율성이 떨어진다. 그런데 모어 화자에게 문법 지식은 '구체적인 장면에서 사용하던 언어'를 메타화하여 따져 본 결과로 형성되는 추상적인 개념이다. 따라서 모든 문법 지식은 사용으로서의 언어에 비해 높은 수준의 추상성을 띨 수밖에 없다. 그렇다면 문법 지식 사이의 추상성을 판단하는 기준은 결국 학습자에게서 도출되어야 한다. 교과 내용에 대한 지식이 아니라 그것을 어떻게 교수적으로 변환하여 다룰 것인가의 지식을 강조하는 PCK 이론에서 '표상'과 '학습자에 대한 이해'를 동시에 핵심 축으로 설정하는 것도 이러한 이유 때문이다.

앞서 다루었듯이, 사용 단위인 '단어'와 '문장'에 비해 '음운'과 '형태소'는 학습자에게 추상적으로 인식될 가능성이 높은 문법 지식[3]이다. (22), (23)의 '단어'와 '문장'에 대한 설명이 학습자들의 '어느 정도 앎을 형성한 개념'을 바탕으로 이루어지는 것도 이러한 이유 때문일 것이다.

(22) 단어란 무엇일까요? 문법을 배울 때 우리가 놀라는 사실은 아주 익숙한 것일수록 무엇인지 정의하기가 어렵다는 데 있어요. 단어라는 말은 우리가 아주 많이 쓰는 말이잖아요. 그런데 단어가 무엇이냐고 물으면 대답하기가 어렵습니다(김남미, 2010:87).

(23) 우리가 글을 쓸 때 가장 익숙한 단위는 문장입니다. 그런데 문장이란 무엇일까요? 이런 질문을 받았을 때 가장 먼저 떠오르는 것은 마침표입니다. 문장이 끝났다는 표시로 우리는 마침표를 사용합니다. 그런데 거꾸로 생각할 필요가 있어요. 마침표를 찍는다는 것은 무엇이 끝났다는 것인데 무엇이 끝났다고 하는 것일까요? 여기서 끝은 완성을 의미합니다. 하나의 문장은 생각이나 느낌이 완성된 단위입니다(김남미, 2010:161).

다음으로, **학습자들이 지식의 구조를 구성하기 위한 연결소의 기능 부담량이 높은 문법 지식일수록 비유를 통해 설명하는 것이 효과적이다.** 쉽게 말해, 해당 지식을 학습함으로써 그것을 토대로 하여 다른 문법 지식에 적용 · 심화 · 확장하여 새로운 문법 지식의 학습을 가능하게 하는 지식이 비유적 표상의 대상이라는 것이다. 예컨대, '형태소'는 해당 단원 내에서 '형태소의 종류 구분, 단어 형성법'을 이해하기 위한 핵심 개념으로 기능함은 물론, 계열 관계에 대한 이해를 통해 '어간과 어미, 선어말 어미, 조사'

3) 이 점에서 학습자들의 '언어적 현재'를 파악하기 위한 연구가 반드시 요구된다. 한때 국어교육의 패러다임을 바꾸는 결정적인 역할을 한 '구성주의'가 교육의 '전제'만을 형성한 채 보다 구체적이고 세부적인 수준으로 논의되지 못한 것은 결국 '학습자에 대한 이해'를 본격적으로 다루지 못했기 때문이다.

등의 허사를 이해하는 데 반드시 요구되는 개념이다. 당연히, '자립 형태소'나 '접두사'와 같은 층위에서 설명되어서는 안 된다. 또한, 문법 지식 사이의 층위가 비슷할지라도 그것이 지니는 전이력에 따라 비유적 표상 여부는 달리 결정될 수 있다. 예컨대, '관형사'는 '대명사', '수사', '동사' 등과 함께 9품사 중 하나로 분류되지만, 이후 '관형어, 관형절' 등을 이해하기 위한 지식으로 기능한다는 점에서 전이력에는 차이가 있다[4].

지식의 구조는 학습자들이 발견해야 할 고정불변의 대상이 아니라, 그들이 자신의 의미 체계 속에서 구성해 내야 하는 조작적 대상이다. 이때, 비유는 학습자들이 접해야 할 설명 텍스트에 응집성을 부여하는 기능을 함으로써 학습자들이 촘촘한 체계를 구축해 가며 지식의 구조를 구성할 수 있게 한다. 전이력이 높은 지식일수록 비유를 통해 텍스트의 응집성과 내러티브를 전국적으로 확장시킬 수 있음은 자명하다.

---

4) 이러한 관점을 바탕으로 어떤 문법 지식을 어떤 비유로 표상하여 설명할 것인가의 문제, 이를 학습자의 발달에 비추어 어떻게 활용할 것인가의 문제 등에 대한 심도 깊은 논의가 이루어져야 할 것이다.

제2장 '언어의 특성'의 교육 내용 조직

(1) 다음으로, 언어의 '창조성'에 대해 알아보자. 인간은 한정된 음운이나 어휘를 가지고 무한하게 말을 만들 수 있다. 어린 아이들이 한 번도 들어본 적이 없는 말을 할 수 있는 것도 이러한 이유 때문이다. ㉠ 예를 들어, 우리는 'ㄷ', 'ㅏ', 'ㄹ'의 세 가지 음운만 가지고도 '다, 라, 달, 닫, 랄' 등의 다양한 글자를 만들어 쓸 수 있다. 또한 '나', '달', '보다'라는 한정된 어휘만으로도 '나는 달을 보았다. 나는 달을 보고 싶다. 나에게 달이 보인다. 나는 달에 가 보고 싶다.'에서처럼 수많은 문장들을 만들어 쓸 수 있다. 언어의 이러한 특성을 '창조성(創造性)'이라고 한다.

(1)′ ㉠의 개별 음운으로 여러 음절을 만들 수 있는 것은 언어의 창조성과 관련이 없음. 적절한 사례로 교체하기 바람. 예시 선정의 미흡.

(2) 그런데 이때 말을 만드는 방식은 일정한 규칙을 따른다. ㉡ 예를 들어, 'ㄷ'과 'ㅏ'를 가지고 'ㅏㄷ'를 만드는 것은 규칙을 벗어난다. 또한 우리가 '나는 어제 달을 볼 것이다.', '나는 달이 봤습니다.' 같은 문장을 이상하다고 느끼는 것도 이 문장들이 우리말의 규칙에서 벗어나기 때문이다. 이처럼 언어는 일정한 규칙에 따라 사용이 되는데, 이를 언어의 '규칙성(規則性)'이라고 한다.

(2)′ ㉡은 언어의 규칙성과는 관련이 없는 내용임. 적절한 예로 교체하기 바람. 예시 선정의 오류.

(3) 언어의 자의성: 언어에서 소리와 의미의 관계가 ㉢ 사회적 약속에 의하여 임의적으로 이루어지는 특성.

(3)′ 자의성에 대한 내용을 설명할 때는 '㉢ 사회적 약속에 의하여'라는

표현이 필요 없으며 오히려 오해를 불러일으킬 수 있음. 이 부분을 삭제하기 바람. 사실의 설명 미흡.

(1)~(3)은 필자가 공동 집필자로 참여하여 기술한 중학교 3학년 교과서의 일부이고, (1)′~(3)′는 각각에 대한 교과용 도서 검정 심위 위원회의 검정 의견이다. 이 교과서는 2007 개정 교육과정에 따라 집필되었으며 2011년 1월에 검정 결과를 통보받았으니, 시의성은 다소 떨어진다. 그럼에도 불구하고 위 사례들로 논의를 출발하는 것은, 언어의 특성을 이해하는 것은 교과로서의 문법의 중핵적 목표(김은성, 2012ㄱ:94)이면서도 이제까지 문법 교육 논의에서 본격적인 조명을 받아 오지 못했으며, 더구나 '언어의 특성'을 어떻게 문법 교육 내용으로 변환할 것인가, 즉 문법 교육 내용화에 대한 탐색은 전무하다고 판단하였기 때문이다[5].

'언어의 특성'은 4차 교육과정에서부터 지속적으로 선정된 교육 내용이다. 물론, 교육과정 개정에 따라 다른 내용 요소들과 묶여 좀 더 큰 단위의 성취 기준으로 제시되거나, '기호성, 자의성, 사회성' 등의 개별 특성들이 세분화되어 각각 하나의 성취 기준으로 제시되기도 하였다. 4차와 5차에서는 '언어의 본질'이 '언어의 특성'을 포괄하여 성취 기준화되었고, 6차와 7차에서는 '규칙성, 창조성, 사회성, 기호성, 역사성' 등이 학년별로 배분되었다. 그러다가 2007 개정 교육과정에서는 '언어의 특성'이 독립된 성취 기준으로 제시되었으며, 2009 개정 교육과정에서는 다시 '언어의 본질' 속에 '언어의 특성'이 포함되었다[6].

---

5) (1)~(3)과 (1)′~(3)′의 괴리 역시 이러한 상황적 요인에서 배태되었을 것이다. 다시 말해, (1)~(3)을 기술하면서 '언어의 특성'의 문법 교육 내용화를 위한 모종의 교육적 의도를 담고자 하였으나, 그것이 검정 위원들의 문법 교육관에 배치되었을 것이라 추정하는 것이다. 더구나, '언어의 특성'이라는 문법 교육 내용은 정오를 가르기보다는 관점의 선택에 따라 달리 기술될 수 있는 특성을 띤다는 점에서 더욱 그러하다.

6) 추측컨대, 이러한 변화는 교육과정 개정에 따라 국어 교과 혹은 문법 영역에서 '확보할 수 있었던' 성취 기준의 수와 관계가 있을 것이다. 변화 양상을 통해서도 확인할 수 있듯이, '언어의 특성'은 유연성이 높은 교육 내용인데, 이는 역으로 보면 교육 내용으로서의 가치와 위상, 교육 내용화의 방향성이 확정적이지 못한 교육 내용이기도 하다.

더구나, '언어의 특성'은 내용 체계 요소로 기능한다는 점에서도 여타의 성취 기준들과 차별화된다. 즉, '음운, 단어, 문장, 담화' 등의 언어 단위들이 여러 성취 기준으로 제시되어도 내용 체계상으로는 '국어의 구조'로 체계화되는 반면, '언어의 특성'은 그 자체가 성취 기준이자 내용 체계의 요소이다[7]. 뿐만 아니라, 문법 영역의 내용 체계를 논의하는 최영환(1995), 권재일(1995), 김광해(1997), 이관규(1998) 등에서도 '언어의 특성'은 내용 체계상의 대영역 혹은 중영역의 하나로 빠지지 않고 설정된다.

이러한 위상[8]에도 불구하고, '언어의 특성'은 본격적인 문법 지식이라고 보기는 힘든, 언어에 대한 일반적 수준의 안내(김은성, 2012ㄱ:93-94) 정도로 치부되기 쉬우며, 실제 수업에서도 '가볍게' 다루어져 온 것이 사실이다. 이러한 경향은 문법 교육 연구에서도 마찬가지이어서, '언어의 특성'은 관심의 대상에서 다소 벗어나 있었으며, 다만 문법 교육 내용의 체계나 틀을 마련하는 자리에서 하나의 범주로 할당하는 정도로 다루어져 왔다.

이러한 가운데, 문법 교과서의 다양화라는 새로운 교육적 경험은 또 다른 차원의 고민을 동반하게 되었다. 교육과정에서 '선정해 준' 교육 내용을 구체화하기 위해 어떠한 교육 내용화 과정을 거쳐야 하는가에 대한 고민이, 이전과는 달리 다각도로 실체화된 것이다.

그러나 다른 문법 지식들에 비해 '언어의 특성'은 이러한 고민의 결과물들이 충분히 축적되지 못하였으며, 그에 따라 교과서 집필자들이 선택할 수 있는 교육 내용화 방향은 대체로 '경험적으로 고착화되어 온 내용'을 따르는 정도였다. (1)~(3)과 (1)′~(3)′의 배치 문제 역시 이 지점에서 배태

7) 이는 비단 2009 개정 교육과정에서뿐만이 아니다. 2007 개정 교육과정에서는 지식 범주에서 '언어의 본질'이 내용 요소로 설정되었으며, 7차 교육과정에서는 '국어의 본질'을 범주로 설정하고 그 내용 요소에 '언어의 특성'을 두었다. 뿐만 아니라, 선택 교육과정의 문법 과목에서 역시 '언어의 특성'은 내용 체계상의 한 축으로 기능해 왔다.

8) 김은성(2012ㄱ:94-95)에서는 '언어의 본질과 특성'이라는 내용 요소가 지니는 중요성에 대해, 첫째 문법 교과를 통해 학습해야 하는 다양한 문법 현상들을 통어하는 본질적 앎을 제공한다는 점, 둘째 문법에 대한 흥미를 유도할 수 있는 전략적 요충지로서 기능한다는 점을 들고 있다.

되었다고 판단된다. 즉, (1)~(3)이 '그간의 문법 교육 내용화'와는 차이가 있어 이를 '오류'로 판정했으리라 추정된다는 것이다.

1. 교육 내용 조직 방향 ① : '성취'에 기반한 '범위'의 설정

(1)′, (2)′는 결국 언어의 창조성과 규칙성을 교육 내용화할 때, 설명의 '범위'를 어떻게 설정하느냐의 문제이다. 즉, 한정된 음운으로 다양한 음절을 만들어 내는 과정이 창조성의 범위에 포함되는지, 이 과정이 일련의 규칙을 따른다는 진술이 규칙성의 범위에 포함되는지의 문제라는 것이다.

예상 가능하듯이, 음운의 음절화 과정은 창조성과 규칙성의 범위에 포함되기 어렵다는 지적은 이들 개념이 촘스키 언어학을 통해 표방된 것이라는 전제에 기반한 것이다. 촘스키는 창조성을 화자로 하여금 듣거나 발화해 본 일이 없는 문장을 이해하고 발화할 수 있게 하는 모든 인간의 성질(이정민 · 배영남, 1987:238)로 파악하며, 그 근거를 문법 규칙의 귀환성(recursiveness)으로 설명한다. 즉, 문법이 유한한 어휘에 작용하는 유한한 일련의 규칙으로 이루어져 있고, 그럼에도 무한히 많은 문장을 생산할 수 있다고 한다면 적어도 몇 개의 규칙이 문장을 생성하는 데 관여(서창렬 역, 1999:68)한다[9]는 것이다. 이 과정에서 '규칙'은 변형 문법의 가장 기본적인 용어의 하나(이정민 · 배영남, 1987:782)로 정립되었다.

이렇듯, 창조성과 규칙성의 범위를 촘스키 언어학만으로 규정한다면, (1), (2)는 '오류'이다. 그러나 문제는 문법 교육 내용으로서의 창조성과 규칙성이 과연 촘스키 언어학만을 상정하여 설정되어야 하는가를 확신하기 어렵다는 데 있다.

그러나 창조성과 규칙성은 촘스키 이전부터 언어의 특성으로 언급되어

9) 실상, 촘스키의 생성 문법에서 '생성(generation)'이라는 개념은, 일정한 수의 규칙으로 무한한 결과를 산출하는 절차(강범모, 2005:14)를 가리킨다는 점에서 창조성과 유관한 개념이다. 또한, 이 점에서 창조성과 규칙성은 대단히 밀접한 개념이다. '무한하게 산출하되 산출의 과정은 규칙을 따른다.' 정도로 압축되기 때문이다.

온 개념들이다. 특히, 규칙성은 그리스 언어학에서부터 자연성과 관습성의 대립과 함께 다루어진 언어에 대한 대표적인 관점이었다. 다만, 촘스키는 이전의 구조주의 언어학을 비판하며 언어의 규칙 지배성을 언어의 무한성 혹은 창조성과 관련시켜(강범모, 2005:22) 접근했던 것이다. 또한, 언어 능력(competence)과 수행(performance)을 구분하여 언어를 통해 인간 정신의 정수를 밝히고자 했던 촘스키의 입장에서 언어의 창조성은 문장의 무한성이며, 이러한 무한성은 객관물의 존재 영역을 넘어서는 것(고창수, 2003:3)이었다. 자연히, 촘스키 언어학에서 문장 이외의 단위들은 원칙적으로는 통사 단위로서의 자신들의 고유한 성질과는 무관(서창렬 역, 1999:69)하다는 점에서 고려의 대상이 아니었다. 이러한 입장은 생성문법에서의 '언어'가 지니는 의미를 설명한 (4)의 기술에서도 확인할 수 있다.

> (4) 생성문법에서는 (개별)언어는 '적격한 문장의 집합(a set of well-formed sentences)'이라고 정의하고 있다. 예로, 한국어라 하면 '한국어의 문장으로서 적격한 문장의 집합'이라는 것이다. 한국어의 문장으로서 적격한 문장의 수는 한이 없으므로, 이 집합은 무한집합이다. 그리고 이 무한집합을 정의하는(생성하는, generate) 규칙의 집합이 그 언어의 생성문법이다(강명윤 역, 1998:388).

또한, 창조성 역시 촘스키의 개념으로만 범위를 한정하기 어렵다. 촘스키도 나중에 알게 되었지만, 훔볼트와 소쉬르 같은 앞선 시대의 학자들도 창조성의 특성이 갖는 중요성을 강조했으며, 사실 이 점은 고대의 서양에서 언어 이론이 태동하던 때부터 당연한 것으로 여겨졌고, 때때로 명확히 언급(서창렬 역, 1999:52)되기도 했다. 다만, 촘스키가 비판의 대상으로 삼았던 블룸필드 언어학파에서는 이러한 창조성이 소홀히 다루어졌던 데 반해 촘스키는 창조성을 강조하였던 것이다.

이러한 점들을 고려할 때, 문법 교육 내용으로서의 창조성과 규칙성이 촘스키 언어학의 개념으로 곧바로 치환될 수 있는지 여부는 확언하기 어렵다. 즉, 창조성과 규칙성의 범위를 문장 단위로 한정할 이유가 뚜렷하지 않다는 것이다.

이는 창조성과 규칙성이 독자적인 교육 내용이 아니라 '언어의 특성'이라는 상위 교육 내용 속에 포함되어 다른 특성들과 함께 다루어진다는 사실을 고려할 때도 그러하다. 일반적으로, '언어의 특성'에서 '기호성'은 빠지지 않고 내용 요소로 포함된다. 주지하듯이, 언어를 기호의 하나로 다루는 입장은 구조주의 언어학의 핵심 전제이며, 구조주의 언어학에서는 언어를 단순히 실체 혹은 요소의 집합으로 파악하지 않고, 전체 체계 내의 특정 층위에서 요소들이 다른 요소들과 관계를 맺고 상호작용하는 양상으로 파악한다. 실제, 학교 문법에서 핵심적으로 다루는 음운론, 형태론, 통사론의 대부분은 이러한 관점을 취한다. 이렇게 볼 때, 창조성과 규칙성을 촘스키 언어학의 개념으로만 한정하여 그 '범위'를 문장 단위로만 제한하는 것은 교육적 설명력을 지니기 어렵다.

실제로, (5)~(7)의 학교 문법 이론서들에서는 이러한 제한을 두지 않는다. (5)에서는 창조성을 촘스키 이외의 언어학자들이 밝힌 확장된 개념으로 다루며, (6)에서는 음운을 결합하여 음절을 만드는 과정 역시 창조성에 포함한다. (7)에서는 규칙성을 음운이 음절을 이루는 층위에서도 제시하는바, (2′)에서 오류로 지적되었던 '*ㅏㄷ'를 설정한 것과 같이 '*믈, *쟈, *쥬' 등의 음절 층위를 사례로 제시한다.

(5) 훔볼트가 언어가 운용되는 원리 중의 하나가 '유한한 매체를 무한히 사용하는 것'이라고 말한 바 있다. 이러한 언어의 성질을 창조성, 또는 열린 생산성이라고 한다. (…중략…) 핀커(S. Pinker) 같은 학자는 언어 운용의 기저에서 작용하는 이러한 창조성을, 유전자 코드인 DNA의 작동 원리와 동일한 '이산 조합 체계(discrete combination system)'라는 말로 설명하기도 하였다. 이산 조합

체계란 유한한 요소들이 조합하거나 치환되어 원래의 요소들이 지닌 특성과는 전혀 다른 특성을 띠는 더 큰 구조를 창조할 수 있는 체계를 말한다(김광해, 1999:38).

(6) 언어는 매우 작은 수의 기본 요소들을 결합하여 궁극에는 무한한 생각을 표현·전달한다. 대부분의 언어는 10개 미만의 모음과 20개 남짓한 자음을 결합시켜 몇 천 개의 음절을 만든다. 이것을 다시 결합시켜 수만 개의 단어를 만든다. 이들이 만들어내는 문장, 또는 텍스트의 수효는 무한하다(김광해, 1999:38-39).

(7) 언어의 규칙성은 언어 단위가 결합되는 과정에서 쉽사리 확인된다. 예를 들어, 음소가 모여 음절을 이루는 경우 '*믈, *블, *플'이나 '*쟈, *져, *죠, *쥬, *졔'와 같은 결합체가 우리말 음절로 허용되지 않거나, 단어 층위의 '할아버지/*아할버지, 넘어지다/*넘지어다, 심정적/*마음적, 팔리다/*팔리우다'에서 별표가 붙은 것은 우리말 단어가 아니거나 조어법의 규칙에 어긋난 난어이다. 또한 난어가 결합되어 문장을 이루는 경우를 보면 "*붉게 공이 좋다."나 "*학생들이 교실에서 남아 있다."는 통사적 규칙을 어김으로써 비문법적인 문장이 된 것이다(임지룡 외, 2010:67).

한편, (1), (2)와 검정 시기가 달랐던 '독서와 문법 Ⅰ'에서도 창조성과 규칙성을 다루는 단원이 존재하는데, 구체적 사례를 제시하지는 않지만 음운 단위를 창조성과 규칙성의 범위에 포함하여 교육 내용화한 진술을 확인할 수 있다. (8), (9)는 창조성에 대한 기술인데, ㉣과 ㉤을 통해 음운 단위가 결합하여 상위 단위로 확장되는 양상을 창조성의 범위에 포함한다. 또한, 규칙성에 대해 기술한 (10)~(12)에서는 ㉥, ㉦, ㉧을 통해 음운 단위 역시 그 결합 과정에서 일련의 규칙을 따른다는 설명이 제시된다.

(8) 언어의 창조성은 한정된 ㉣ <u>말소리로 무한히 많은 새로운 단어를 생성</u>할 수 있고, 단어의 나열을 통해 무수히 많은 새로운 문장을 만들어 낼 수 있는 언어의 속성을 말한다(윤여탁 외, 2012:30).

(9) 언어의 창조적 특성은 ⓜ 한정된 음운으로 수많은 형태소와 단어를 만들고 무한한 문장과 글을 생성할 수 있음을 의미한다(박영목 외, 2012:15).

(10) 언어가 ⓜ 말소리, 낱말, 문장, 담화 단위에 이르기까지 각각의 단위 내 또는 단위 간에 특정한 규칙이 존재하는 기호 체계라는 속성을 언어의 규칙성이라고 한다(윤여탁 외, 2012:29).

(11) 언어는 ⓑ 음운, 단어, 문장, 단어의 체계에서 일정한 규칙에 따라 사용된다(박영목 외, 2012:15).

(12) 모든 언어에는 공통적으로 ⓢ 자음과 모음이 있고, 이것들이 결합된 단어가 있으며, 단어들이 결합된 문장이 있다. 그런데 단어나 문장 등은 작은 문법 단위들이 아무렇게나 연결되어서 만들어지는 것이 아니다. 이것들은 모두 일정한 구조를 가지고 있으며, 그러한 구조들이 유지되도록 일정한 규칙의 적용을 받는다. 언어의 이러한 구조적 특성을 규칙성이라고 한다(이삼형 외, 2012:21).

더욱 흥미로운 점은 문장 단위 이외의 언어 현상이 창조성과 규칙성의 범위에서 설명되는 양상을 같은 시기에 검정을 통과하였던 중학교 3학년 교과서에서도 확인할 수 있다는 사실이다. (13)에서는 음운 단위가 결합되는 양상을, (14)에서는 음운 변동 현상을 규칙성의 범위에서 설명한다.

(13) 몇 안 되는 자음과 모음을 결합하여 배운 적 없는 단어나 문장을 만들어 내는 힘 또한 언어가 갖는 중요한 특성의 하나이다. 우리는 한정된 자음과 모음으로 수많은 형태소와 단어를 만들어 내고, 새로운 문장을 무한히 만들어 낼 수 있다. 언어의 이러한 특성을 창조성이라고 한다(김종철 외, 2012ㄱ:100).

(14) 가위바위보같이 간단한 놀이에도 규칙이 있듯이 말소리, 단어, 문장, 이야기에도 일정한 규칙이 있다. 예를 들면, '꽃', '이튿날', '굳이'는 국어의 음운 규칙에 맞게 [꼳], [이튼날], [구지]로 발음해야 한다. (…중략…) 이처럼 언어에는 지켜야 할 일정한 규칙이

있는데, 이것을 언어의 규칙성이라고 한다(왕문용 외, 2012:92).

이처럼, 창조성과 규칙성을 문법 교육 내용화할 때, 그 '범위'에 대한 인식이 혼란스러운 것은 해당 교육 내용을 성취한 후 학습자가 지녀야 할 능력에 대한 상(象)이 공유되지 않았기 때문일 것이다. 다시 말해, 언어의 특성을, 그중에서도 창조성과 규칙성을 배우고 난 뒤, 학습자가 도달해야 할 목표 수준에 대한 문법 교육적 합의가 부재하다는 것이다.

문법 교육 내용으로서 '언어의 특성'이 지니는 가치와 위상은 특정 문법 개념을 내용 요소로 포함하는 일반적인 교육 내용들과 동일하지 않다. 예컨대, '단어 형성법에 대한 학습'과 '창조성, 규칙성에 대한 학습'이 동일한 교육 내용적 가치를 지니지는 않을 것이다. 후자는 누적적 교육 내용이라기보다는 전자의 학습을 가능하게 하는 전제 혹은 관점의 성격을 띠는 교육 내용이다. 즉, '단어 형성법에 안다'의 이면에는 이미 '창조성과 규칙성에 대한 암묵적 이해'가 전제되어 있으며, 단어 형성법을 학습하기 위해서는 언어의 창조적 · 규칙적 운용 방식에 대한 관점, 즉 언어학적 '눈'을 갖출 필요가 있다는 것이다.

이렇게 볼 때, '언어의 특성'을 고도로 정형화되고 양식화된 언어학적 개념으로, 즉 학문 정향적인 개념으로 다루는 것은, 문법 교육 내에서 해당 교육 내용이 지니는 교육적 가치를 온전히 실현하지 못할 위험이 있다. 예컨대, 학습자의 입장에서는 음운의 음절화 과정과 단어의 문장화 과정이 모두 '규칙적'임에 비해, 이를 억색(抑塞)하여 '여기까지만 언어의 규칙성' 정도의 방향으로 내밀한 맥락을 읽어 내기를 요구하는 것은, 오히려 전체 문법 교육 내용에 대한 전제 혹은 관점을 형성케 하는 '언어의 특성'의 메타적 도구로서의 역할을 제한할 우려가 있다.

문법은 다양한 언어 자료를 대상으로 언어의 내적 짜임이 어떤 규칙 아래 이루어져 있는 것인지를 발견하는 활동(김은성, 2013:84)을 핵심으로 삼는 교과이다. 이때, 문법 교육 내용 '언어의 특성'은 국어라는 언어 자료를 언어학의 방법론에 따라 과학적으로 이해(김은성, 2013:79)하기 위한 관점, 즉 상위 문법 능력을 형성케 할 수 있어야 한다. 즉, 다양하고 다채로운 언어 현상의 부면을 입체적인 관점을 통해 바라볼 수 있게 하는 기능을 해야 한다는 것이다.

'언어의 특성'을 통해 학습자가 성취해야 할 수준이 이러하다면, 확신하기 어려운 학문적 명확성을 근거로 교육 내용의 범위를 한정지어야 할지, 아니면 학습자의 입장에서 합리적으로 수용 가능하며 이후의 교육 내용들과 적실하게 연계될 수 있도록 교육 내용의 범위를 결정해야 할지는 비교적 쉬운 '교육적 선택'일 것이다. 이때, '학문적 정합성뿐 아니라 교수학적 타당성이 문법 교육 내용화 방향의 결정 근거가 될 수 있다.'라는, 익숙하지만 실천되기 어려운 명제가 그 선택의 근거로 작용해야 한다.

2. 교육 내용 조직 방향 ② : 학습자의 '구성'을 위한 '계열'의 실현

(3)′의 핵심은 '사회적 약속에 의하여'라는 수식이 사회성과 관련되기 때문에, 자의성을 설명하기 위한 표현으로는 부적절하다는 것이다. 이러한 인식은 '사회적 약속 = 사회성', '형식과 내용의 임의적 관계 = 자의성'의 확고한 대응 관계에 기반하였으리라는 추정이 가능하다. 다시 말해, 사회성과 자의성은 각각 특정한 사례와 종차(種差)를 상보적으로 지닌다는 것이다.

이러한 인식은 문법 교육 현장에서도 어느 정도 경험적으로 공유되어 온 것이 사실이다. 예컨대, 특정 언어 현상을 사례로 제시한 후 이에 해당하는 언어의 특성을 고르라는 식의 선택형 문항이 해당 단원의 형성 평가 방식 중 하나로 자주 활용되어 왔으며, (15)에서도 확인할 수 있듯이 교과서의 학습 활동 역시 비슷한 방향으로 제공된 경우가 많다.

(15) 박경신 외(2012:148)의 학습 활동

> ■ 다음은 언어의 특성을 보여 주는 예이다. 각 예에 해당하는 특성을 찾아 바르게 이어 보자.
>
> | 우리가 '어머니'라고 부르는 대상을 영어를 사용하는 사람들은 'mother[머더]'라고 부른다. |
> |---|

문제는 사회성과 자의성에 대한 이분화는 상당히 기계적인 것이어서 학습자의 입장에서는 논리적으로 이해하기 어렵다는 데 있다. (15)만 하더라도, 우리말과 영어의 '차이'에 주목한다면 자의성의 사례이겠지만, '아버지'나 '파더'가 아니라 '어머니'나 '머더'라고 부른다는 사실 자체에 주목하면 사회성과도 연결될 수 있다. 실제로, (16)에서는 (15)와 유사한 언어 현상을 다루면서도 자의성이 아닌 사회성의 사례로 학습 활동을 구성한다.

(16) 김종철 외(2012ㄴ:59)의 학습 활동

> ■ 괄호 채우기
>
> | '사람의 팔목 끝에 달린 부분'을 우리나라에서는 [손], 중국에서는 [서우], 일본에서는 [데]로 부른다. 이것은 그 (사회)의 사람들이 (약속)한 것이다. 이것을 개인이 함부로 바꿀 수는 없다. 언어의 (사회성) 때문이다. |
> |---|

학습자들의 혼란은 이 지점에서 발생한다. 학습자들의 입장에서는 사회성과 자의성은 '약속에 따라 정하였지만', '임의적'이라는 점에서 양립하기 어려운 개념이기 때문이다. 그렇다면, 이러한 혼란을 더욱 '부추긴' (3)의 진술, 즉 자의성을 다루면서 '약속'이라는 키워드를 포함하는 설명은 '사실 설명의 미흡'이며, (15)와 (16) 중 하나는 '오류'로 판명되어야 할 것이다.

이 문제에 대해 접근하기 위해서는 '계열(sequence)'의 논리를 살필 필요가 있다. 거칠게 말해, 교육적 개념으로서의 계열은 가르칠 거리들을 일정한 원리에 따라 배열하는 문제를 통칭한다. 즉, 무엇을 먼저 가르치고 나중에 가르칠 것인가, 무엇과 함께 가르칠 것인가를 결정하는 차원을 의미한다. 예를 들어, 교육과정 개정 과정에서 논의되었던 품사와 단어 형성법 중 무엇을 먼저 가르칠 것인가의 문제 역시 계열성을 확보하기 위함이었다.

문제는 이제까지 문법 교육에서 계열을 실현하는 방식은 대개 학문 문법에서의 체계에 따라 즉, 언어 단위의 크기에서 파생된 원리를 적용하는 차원이었다는 점이다. 물론, 교수 · 학습의 용이성이라는 원리도 고려되기는 하였지만, '단어 형성법을 설명하기 위해서는 필연적으로 품사 용어가 필요한바 품사를 단어 형성법보다 먼저 배워야 한다.' 정도로만 다루어져 왔다.

더구나, (3)과 같이 하나의 교육 내용 안에 포함된 내용 요소들을 계열화하는 방식에 대해서는 본격적인 논의가 이루어지지 못하고, 교과서 집필자나 교사의 교수적 역량에 호소하는 경우가 많았다. 다음 표에서 확인할 수 있듯이[10], 동일한 성취 기준을 다룬 각 교과서마다 언어의 특성들을 배열하는 순서가 제각각인 것은 자율성의 결과라기보다는 오히려 이러

구분	언어의 특성 배열 순서
김종철 외(2012ㄱ)	기호성 → 사회성 → 규칙성 → 역사성 → 창조성
방민호 외(2012)	기호성 → 창조성 → 규칙성 → 사회성 → 역사성
박경신 외(2012)	기호성 → 사회성 → 역사성 → 자의성 → 규칙성 → 창조성
윤희원 외(2012)	기호성 → 자의성 → 사회성 → 역사성 → 규칙성 → 창조성

[표 5] 교과서별 언어의 특성 관련 내용 요소 배열

10) 흥미로운 점은 자의성이 포함되었는지의 여부가 교과서마다 다르다는 사실이다. 이는 해당 성취 기준이 '언어의 규칙성, 사회성, 역사성, 기호성, 창조성 등을 이해한다.'로 진술되었기 때문일 것인데, 즉 자의성은 선택이 허용되는 내용 요소였던 것이다. 다른 방향에서 생각하면, 자의성은 그만큼 교육적으로 '구성'되기 어려운 내용 요소이기도 하다. 자의성을 선택하지 않았던 교과서들에서는 대부분 기호성의 일부로 '임의적 특성'을 다루었다.

한 사정의 결과로 보는 것이 온당할 것이다. 다시 말해, '언어의 특성'의 내용 요소들을 어떻게 배열할 것인가의 계열화 원리가 부재하다는 것이다.

양미경(2008:198-199)에서는 계열의 원리를 크게 '논리적 순서'와 '교육적 순서'로 제시한다. 전자가 '어떤 개념이나 원리를 이해하기 위해 논리적으로 선행되어야 하는 개념 혹은 원리들을 앞세우는 식의 절차'를 가리킨다면, 후자는 '학습자의 질문이 발전되어 가는 계열을 중심으로 내용을 선정하고 조직하는 방식'을 의미한다. 그러나 실제의 국면에서 이 두 원리는 별개로 작용하기 어렵다. 학습자가 계열을 갖추어 교육 내용을 조직하는 방식도 결국 해당 교육 내용의 논리적 순서와 별개의 것이 아니기 때문이다.

듀이(Dewey)는 이를 교과의 '논리적 측면'과 '심리적 측면'으로 구분한다. 논리적 측면이 전문가 또는 교사에게 이해되는 상태로서의 교과를, 심리적 측면이 학습자의 마음속에 발달되어 가는 과정의 교과를 가리킬 때, 결국 학습자가 '교과를 학습하는 과정은 곧 그 심리적 측면이 논리적 측면에 접근 내지 일치하는 과정(박재문, 1998:11)'이라는 것이다. 다시 말해, 해당 교과가 그리고 해당 교육 내용이 지니는 논리적 구조가 학습자의 인식 속에서 자연스럽게 '구성'될 수 있도록 교육적 설계를 가하는 것이 곧 계열의 원리라는 것이다.

이러한 측면에서 이 과정을 '내러티브'로 설명한 제민경(2012)은 시사하는 바가 큰 연구이다. 특히, 이 논의는 교육 내용 간의 거시적 차원뿐 아니라, 교육 내용을 구성하는 내용 요소 사이의 미시적 차원으로까지 심화하여 학습자의 머릿속에서 일어나는 인지적 '구성'을 살폈다는 점에서 그 실천성을 더한다. 다시 말해, 파편적으로 존재하는 내용 요소들을 학습자가 내러티브를 형성하여 '구성'할 수 있도록 교육적 설계의 방향성을 세워야 한다는 것이다. 이를 위해서는, **내용 요소(문법 교과에서는 대개 문법 개념)들의 배열 순서는 논리적 · 심리적 구성을 통해 결정되어야 하며, 학습자가 내용 요소 간의 관계적 구성을 할 수 있도록 특정한 계열 요소도**

제공해야 할 것이다.

다시 (3)의 문제로 돌아가면, 사회성과 자의성이라는 상이한 내용 요소에 대해 '약속'이라는 연결소를 설정한 것도 이러한 계열 요소의 차원으로 해석할 수 있다. 즉, '약속에 의한 것'이되, '임의적인 것'은 충돌되는 개념이 아니라, 이때의 '임의적'이라는 특성은 내용과 형식의 관계에 대한 '약속'이 임의적임을 드러내어 학습자들이 '사회성과 자의성은 별개의 특성이 아니며 언어라는 대상을 바라보는 입각점의 차이[11]'일 뿐임을 '구성'해내기를 기대한 결과라는 것이다. 실제로, 이러한 설명 방식은 이미 이전 교과서에서도 존재하는바, (17)에서는 자의성을 자의적인 '약속'으로 풀어낸다.

> (17) 이 말소리들은 우연히 그렇게 결정된 것일 뿐이다. 이러한 언어 기호의 특성을 자의성이라고 한다. 즉 언어 기호란, 같은 언어 사회 내에서 특정한 의미를 특정한 말소리로 나타내자는 자의적인 약속이다(7차 고등학교 문법 교과서, 13쪽).

한편, (18)은 하나의 언어 현상을 둘 이상의 특성들로 동시에 접근하게 한다는 점에서, 기존의 방식과는 차별화된다. 이러한 활동을 통해 학습자들은 사회성과 자의성을 비롯한 언어의 특성들 사이의 관계를 '구성'할 수 있으며, 궁극적으로는 언어의 부면에 다면적으로 접근할 수 있는 안목을 키울 수 있게 된다. 당연한 사실이지만, 이는 특정 사례와 종차(種差)를 특정 특성과 일대일로 대응하는 학습과는 질적으로 다른 학습 경험이며, 이를 가능케 하는 것은 결국 내용 요소 사이의 계열성을 학습자가 인식할 수 있도록 기획된 모종의 교육적 장치이다.

---

11) 이러한 설명이 언어학적 타당성을 확보하지 못하는 것도 아니다. 강범모(2005:5)에서는 소리와 의미의 관계가 자의적이라는 말은 곧 관습적이라는 말과 같은 뜻이라며, 언어의 자의성과 언어의 관습성을 동의어로 다룬다.

(18) 이삼형 외(2012:28)의 학습 활동

늘 쌀앙 베푸는 그ⓒ∥家 행복했으묜 좋겠습しıて°F	亞름て°F흔 生각乙 ズı닌 그ⓒ∥家 행복했으묜 좋겠습しıて°F

(3) 이러한 외계어가 가능했던 이유를, 다음 언어의 특성과 관련하여 말해 보자.

자의성 사회성 규칙성

논의를 언어의 특성 전반으로 확장해 보자. (19)는 김종철 외(2012ㄱ)의 설명을 주요 표현을 중심으로 배열한 것이다. 가시적으로 드러나는 표현만 보더라도 ㉮의 '말소리 : 의미'의 관계는 기호성, 자의성, 사회성, ㉯의 '약속'은 사회성과 역사성, ㉰의 '한 사회'는 사회성과 규칙성, ㉱의 '규칙'은 규칙성과 역사성 사이의 연결소로 쓰임을 확인할 수 있다. 다만, 창조성에서는 이러한 계열 요소를 확인하기 어렵다.

(19) 김종철 외(2012ㄱ)의 전개 방식

언어는 ㉮ 말소리에 의미를 담는다. **기호성.** → 모든 언어가 ㉮ 의미를 전달하기 위해 한가지로 정해진 ㉮ 말소리를 사용하지는 않는다. (**자의성**) → 언어는 ㉰ 한 사회에서 어떤 ㉮ 의미를 어떤 말소리로 나타내자는 ㉯ 약속이다. **사회성.** → ㉰ 언어를 쓰는 사람들 모두가 따라야 할 ㉱ 규칙이 있다. **규칙성.** → ㉯ 약속과 ㉱ 규칙은 시간의 흐름에 따라 변하기도 한다. **역사성.** → / 한정된 자음과 모음으로 수많은 형태소, 단어, 문장을 만든다. **창조성.**

또한, 고등학교 교과서인 (20)에서는 별도의 계열 요소를 제시하지 않고도 각 특성 사이의 영향 관계를 설명하는 것만으로도 '체계성 → 규칙성 → 창조성'으로 이어지는 계열성을 확보한다.

(20) 언어가 가지고 있는 규칙성과 체계성은 언어의 창조적 사용을 가능하게 한다. 실제로 사람들은 이전에 들었던 문장을 기억하고 있다가 반복해서 사용하는 것이 아니라 한 번도 들어 본 적이 없는 문장을 말하고 이해한다. 언어 사용의 이러한 특성을 창조성이라고 한다. <u>체계적인 언어 기호를 일정한 규칙에 따라 사용함으로써 이러한 창조성</u>이 나타나는 것이다(이삼형 외, 2012:21).

요컨대, 문법 교육에서 교육 내용 혹은 내용 요소 사이의 내적 설계 원리로 작용하는 계열성을 확보하는 길은 문법 지식 자체의 논리적 속성에 기반해서만 이루어지기는 어렵다. 그러한 논리적 속성이 학습자의 인식 속에서 어떻게 주체적으로 '구성'될 것인가의 문제를 동시에 고려할 수 있어야 한다. 학습 주체의 '구성'이 전제되지 않은 문법 지식은 단편적 문법 정보에 불과하여 개인적인 정당화의 과정을 거친 마음의 상태로서의 지식(장상호, 2000:24)으로 변화될 수 없기 때문이다.

물론, 이 과정에서 **계열의 방향성을 결정하는 일은 교육 내용의 범위 설정과 마찬가지로 해당 교육 내용에 대한 관점과 철학에 기반해야 한다.** '언어의 특성'의 계열이 각각의 언어의 특성들의 관계를 학습자들이 '구성'하는 방향으로 이루어져야 하는 것도 언어의 특성들은 결국 언어라는 탐구 대상을 두고 이루어지는 다면적·다층적 입각점을 개념화한 교육 내용이기 때문이다.

3. 거시적 차원의 교육 내용 조직

교육적 설계는 미시적 차원까지도 '의도'를 가지고 이루어져야 한다. 무엇을 담아낼 것인가와 어떻게 담아낼 것인가를 동시에 고려할 수 있을 때와 그렇지 않았을 때의 문법 교육 표상체의 형식과 내용은 매우 달라지기(김은성, 2012ㄱ:105) 때문이다. 이때, 교육 내용에 대한 관점과 철학에 더해, 학습자의 머릿속에서 이루어지는 교육 내용의 '구성' 방식도 '어떻게 담아낼 것인가'의 핵심적인 기준으로 작용한다. 이 기준이 전제되지 않은 상태에서의 문법 교과서는 문법 지식의 체계적 이해를 돕기 위한 도구라기보다는 체계적인 이해의 결과물이 정리되어 있는 실체(남가영, 2012:11)에 가까워, 파편적 암기 교육이라는 오명에서 벗어나기 어렵기 때문이다. 이를 고려할 때, 보다 본질적이고 거시적인 차원에서도 특정 교육 내용의 '조직' 문제를 상론할 필요가 있다. '언어의 특성'과 관련해서는 다음과 같은 지점들에 대해 보다 넓은 시각으로 바라보아야 한다.

첫째, 내용 요소의 '범위' 문제는 비단 경험적으로 공유되어 온 언어의 특성들에 한정되지 않는다. 다시 말해, '기호성, 자의성, 사회성, 역사성, 규칙성, 체계성, 분절성, 창조성' 등만이 언어의 특성일 수 없다는 것이다. '언어의 특성'은 여타의 문법 교육 내용들을 관류하는 메타적 성격을 띤다. 이 점에서, 열거된 내용 요소들은 '현재의 문법 교육 구도' 속에서만, 즉 대다수의 문법 교육 내용들이 언어를 기호이자 구조로 바라본 결과물로 제시되는 상황에서만 그 교육적 의의가 안정적으로 확보된다. 만일, 언어 탐구의 입각점을 달리하여 문법 교육 내용들이 다른 각도에서 재편된다면 '언어의 특성'의 내용 요소 역시 다른 방향으로 '범위'를 결정해야 할 것이다. 예컨대, 동일한 '체계성'을 다루더라도, 비판적 언어 인식을 목표로 할 때와 현재처럼 언어 단위의 구조적 인식을 목표로 할 때 내용 요소의 '범위'는 현격하게 달라지게 된다.

'언어의 특성'은 '범위'의 유연성이 다른 문법 교육 내용들에 비해 높음과 동시에 다른 문법 교육 내용들의 방향성을 결정짓는 영향력이 강한 교육 내용이기도 하다. 이 점에서, '언어의 특성'의 '범위' 안에 무엇을 포함할 것인가에 대한 고민은 문법 교육 전체의 내용 체계에 대한 숙고와 맞물려 이루어져야 한다. 국어교육 내용으로서의 언어의 특성을 '체계, 행위, 문화, 의사소통, 사고, 예술'로 파악한 김대행(2002)이나, 탐구 경험을 방법이 아닌 교육 내용으로 파악하여 언어를 '체계 지배적 구조, 규칙 지배적 구조, 의미 창안의 자원, 사회적 규약, 암묵적 이데올로기, 세계 인식의 경로, 보존 · 순화 · 발전의 대상'으로 체계화한 남가영(2008) 등이 그 예일 것이다. 요컨대, '언어의 특성'의 범위를 결정하는 일은 문법 교육관 나아가 국어 교육관에 입각하여 보다 본질적인 차원에서 논의되어야 한다.

둘째, '언어의 특성'의 외적 계열성에 대한 고려도 필요하다. 여기에서는 '기호성, 자의성, 사회성, 규칙성, 창조성' 등 내용 요소 간의 내적 계열성 문제만을 다루었지만, 문법 교육의 실천적 장면을 고려할 때 다른 교육 내용과의 외적 계열성에 대한 논의가 요구된다는 것이다. 문제는 언어의 특성이 지니는 범위의 유연성으로 인해 외적 계열화의 방향이 발산적이라는 점이다. 국어교육은 언어교육이라는 언명을 상기하면, 거의 대부분의 국어교육 내용은 '언어의 특성'과 어느 정도의 계열성을 확보할 수 있다. 예컨대, (21)에서는 '소통'을 연결소로 설정하여 말하기, 쓰기 영역의 성취 기준과, (22)에서는 '언어'를 소재로 삼은 듣기 영역의 성취 기준과 '언어의 특성' 사이의 계열성을 확보하고자 한 시도를 확인할 수 있다.

(21) 오세영 외(2012)의 단원 구성

대단원	소단원	관련 성취 기준
소통의 언어	(1) 능동적으로 토의하기	【9-말-(2)】토의의 유형과 절차를 이해하고, 논제에 알맞은 방식으로 토의한다.
	(2) 조언과 충고	【9-쓰-(4)】문체의 효과를 고려하며 조언하거나 충고하는 글을 쓴다.
	(3) 언어의 특성	【9-문법-(1)】언어의 규칙성, 사회성, 역사성, 기호성, 창조성 등을 이해한다.

(22) 방민호 외(2012)의 단원 구성

대단원	소단원	관련 성취 기준
언어문화, 그리고 우리	(1) 언어의 특성	【9-문법-(1)】언어의 규칙성, 사회성, 역사성, 기호성, 창조성 등을 이해한다.
	(2) 한국어에 담긴 한국인	【9-문법-(5)】한국어의 언어 문화적 특성과 가치를 이해한다.
	(3) 영어 조기 교육의 명과 암	【9-듣-(1)】시사 문제에 대한 심층 보도를 비판적으로 이해한다.

또한, 다른 영역 성취 기준과의 통합 단원 구성에서 상대적으로 자유로운 선택 과목의 경우, '언어의 특성'은 대체로 '언어학적 기초 지식'으로 구성된 내용 요소들과 계열성을 갖춘다. 예컨대, 2009 선택 교육과정에 따라 개발된 '독시와 문법 Ⅰ' 4종에서는 대개 '인어의 특성'이 '언어와 사고의 관계, 언어와 사회의 관계, 언어와 문화의 관계, 인간의 언어 습득'과 함께 다루어진다. 7차 고등학교 문법 교과서는 같은 단원 안에 포함된 내용 요소들이 더욱 다양한데, 그 양상은 (23)과 같다.

(23) 7차 문법 교과서의 단원 구성

대단원	소단원	세부 내용 구성
언어와 국어	1. 언어의 본질	(1) 언어의 기호적 특성 (2) 언어의 구조적 특성 (3) 음성 언어와 문자 언어
	2. 언어와 인간	(1) 언어와 사고 (2) 언어와 사회 (3) 언어와 문화
	3. 국어와 한글	(1) 국어의 특질: 음운, 어휘, 문법의 특질 (2) 위대한 문화유산, 한글: 한글의 우수성, 한글의 제자 원리

이렇듯, '언어의 특성'은 다른 영역의 성취 기준이든, 문법 영역의 내용 요소이든 계열성 확보의 차원에서 유연성이 대단히 높은 교육 내용이다. 문제는 이러한 유연성이 자칫 '어떻게 교육 내용화해도 괜찮은' 교육 내용으로 읽힐 우려가 있다는 점이다. 이에 대한 심도 깊은 논의가 다른 문법 교육 내용에 비해 우선적으로 요구되는 것도 이 때문이다.

제3장 '단어의 형성'의 문법 교육 내용화

1. 조직 층위 문법 교육 내용화

(1) 성취 기준 수준의 조직

어떠한 문법 교육 내용이든 우선 거시적 수준의 교육 내용 조직 논리가 마련되어야 한다. 교육과정 구성의 국면을 감안할 때 이 과정은 성취 기준 수준에서 탐색되어야 할 것이며, 이때 교육과정 구성의 양대 축으로 상정되는 계열(sequence)과 범위(scope)의 두 측면이 탐색의 기준으로 작동할 수 있다.

가. 전이 가능성을 고려한 성취 기준의 계열

① 형태소의 이론적 범주화

언어 단위를 기준으로 성취 기준을 구획하고 이에 따라 교과서 단원을 편제한다는 점, 가급적 성취 기준의 범위를 압축하여 교육 내용을 줄여야 한다는 점 등을 이유로, 이제까지 형태소 단위는 통상 단어 형성법과 관련된 성취 기준의 내용 요소로 제시되어 왔다. 그런데 형태소 분석 과정에서 도출되는 어간, 어미, 조사 등은 실상 합성과 파생이라는 조어 방식과 직접적으로 연결되지 않아 학습자들이 후자의 지식을 구성해 가는 과정에서 전자는 큰 위상을 확보하기 어려웠던 것이 사실이다.

유현경 외(2014:139)에서도 이 문제를 지적하는데, 영어를 비롯한 서구어들은 통사 과정의 참여 단위가 대체로 단어이므로 형태소 분석은 곧 단어를 형태소로 나누는 것으로 볼 수 있어, 이러한 처리가 어느 정도 적절하지만 국어의 형태소 분석은 단어의 내부 구조 분석뿐 아니라 '체언+조사, 어간+어미' 등의 통사 구성을 분석하는 데에도 많이 쓰이므로 단어 형성법 단원으로만 제한하여 형태소 개념을 다루는 것은 문제가 있다는 것이다.

물론, 형태소 단위는 구성 요소의 결합 방식에 주목하여 우리말의 조어 양상을 탐구하기 위한 전제가 되는 선행 개념이다. 주세형(2008:305-306)의 구분에 따르면, 형태소 개념은 증명이 요구되는 기술적 범주로서의 단어 형성법을 밝히기 위한 도구로서의 이론적 범주이다. 즉, 단어의 형성에 접근하기 위한 완충 기능을 한다는 것이다. 문제는 형태소는 단어를 만드는 기본 단위이며, 단어는 문장을 만드는 기본 단위이기 때문에 형태소 역시 문장 구성체로서의 고유한 기능을 보유한다는(서상준 외, 2011:61) 점인데, 남기심 · 고영근(2005:48-49)에서 형태소에 문장 구성소 혹은 문장 형성소로서의 지위를 부여하는 것도 이 때문이다[12]. 이렇게 볼 때, 단어 형성법은 형태소 개념을 담아내기에는 지나치게 협소한 용기이다. 형태소는 단어의 형성에 대한 이론적 범주일 뿐 아니라, 그것을 인식의 도구로 삼아 교착어로서의 국어 문법 체계 전체를 분석적 · 다층적으로 탐구할 수 있게 하는 이론적 범주이기 때문이다.

이러한 이유로, 숙련가들은 문법 전체의 기술 체계를 세우는 가운데 형태소 단위에 단독적 가치를 부여한다. 예컨대, 고영근 · 구본관(2008)에서는 '형태소의 분석 방법과 단위들 → 품사론 → 조사와 어미 → 조어론 → 통사론'의 순으로 범주를 체계화하여[13] 형태소 개념을 이후의 문법 체계

12) 이러한 이유 때문에 실상 형태론과 구문론(통사론)의 한계를 금 긋기는 어렵다(서정수, 1994:57). 조사, 어미는 형태론의 탐구 대상임과 동시에 문장을 이루는 과정에서도 핵심적으로 요구되는 요소이기 때문이다. 이때, 형태소에 부착된 '형태'라는 술어로 인해 통사론과의 관계가 열어질 수 있다. 박진호(1994)에서는 '통사 원자'라는 용어로 대체하여 이를 설명하는데, 통사론의 기본 단위이자 형태론의 최대 단위로 통사 원자를 상정하여 단어 개념만으로는 분석하기 어려운 형태소 단위의 어미 역시 문장 구성 요소로 볼 수 있다는 것이다.

13) 고영근 · 구본관(2008)에서도 '형태소의 분석 방법과 단위들'을 총론이 아닌 형태론의 도입으로 제시하기는 하지만 이후의 통사론 기술 과정에서 형태소 단위에 대한 인식이 지속적으로 노출한다.

기술을 위한 인식적 도구로 활용한다. 또한, 왕문용 · 민현식(1995:65-68)에서는 이러한 인식이 보다 분명하게 드러나는데, 본격적으로 세부 문법 체계를 기술하기에 앞서 형태소를 가장 먼저 다루면서도 형태소들이 실현하는 주요 문법 범주를 접사 범주(굴절 범주: 선어말어미, 어말어미, 격 조사 / 파생 범주: 접두사, 접미사)와 어근 범주(품사 범주, 성분 범주)로 나누어 제시한다.

그런데 학문 문법의 차원에서는 형태소 개념을 상정하여 문법을 기술하는 일은 오히려 비체계적이고 비효율적인 방식일 수 있다. 이홍식(2010)에서는 음운론, 형태론, 통사론 전 영역의 문법을 기술하는 과정에서 형태소가 어떠한 역할을 하는지를 고찰하는데, 음운론에서만 형태소 개념이 강력하게 요구될 뿐 통사론은 물론[14] 형태론 영역에서는 형태소 개념의 상정이 오히려 기술의 체계성을 해친다고 지적한다. 요컨대, 형태소보다 큰 단위가 하나의 형태로 기능하는 경우도 많기 때문에 '어근, 접사, 조사, 어미' 등의 문법 요소로 형태론과 통사론을 기술하면 되고, 형태소는 더 큰 단위를 생성하기 위한 결합의 단위가 아니라 분석의 단위로만 두면 된다는 것이다.

그러나 이미 형태소가 이론적 범주로 내재화되어 언제든지 모드의 전환이 자유로운 숙련가들과 기능적 다면성을 지니고 있는 단위들을 분절하여 분석해 내기 위해 그것들을 통어할 수 있는 이론적 범주를 선행적으로 제공해 주어야 하는 문법 학습자들을 동일선상에서 바라볼 수 없음은 자명하다. 숙련가들에게 요구되는 문법 기술의 방식과 학습자들의 지식 구성을 추동하기 위한 문법 기술의 방향이 일치할 수는 없다는 것이다. 숙련가들이 (1)과 같은 기술을 하기 위해 굳이 형태소 개념을 동원할 필요는 없지만, 학습자들의 인식 속에서 각각의 형태가 변별적 범주로 자리 잡기 위

14) 이홍식(2010:30)에서는 조사나 어미가 형태소와 대응한다는 통념 때문에 통사 단위를 기술하면서 형태소라는 용어를 사용하지만 이는 우연에 따른 결과일 뿐 원칙적으로는 형태소를 이용할 필요가 없음을 지적한다. 통사 단위로 형태소를 굳이 인정할 필요는 없다는 것이다.

해서는 그것을 분석해 내기 위한 단위 개념이 반드시 요구된다. 한 대상을 어떻게 부르느냐에 따라서 그 대상이 가지고 있는 정보 중에서 활성화되는 내용이 달라짐을 고려할 때(신현정, 2000:115), 의미 · 기능적 단위의 활성화에 앞서 그것을 하나의 분절된 단위로 활성화하기 위한 인식적 도구 개념이 필요하기 때문이다.

(1) '세우다, 재우다'의 예들은 '서다, 자다' 등 모음으로 끝나는 어간에 사동 파생 접미사 '-이-'가 결합하고 다시 '-우-'가 중첩된 것이다(고영근 · 구본관, 2008:363).

숙련가들과 달리 형태소가 이론적 범주로, 즉 여러 단위들이 결합되어 있는 문장에서 개별 단위들을 분석해 내기 위한 인식적 도구로 내재화되지 않은 학습자들에게 (1)과 큰 차이가 없이 형태소 단위들을 기술하는 (2)의 교과서 기술은 그들의 문법 지식 구성을 추동하기에는 한계가 있을 수밖에 없다. 이홍식(2010:3)에서는 전공 과정의 대학생들조차도 "학교에 가."에서 종결 어미 '-아'를 분석하는 경우가 별로 없음을 보고하는데, 이는 종결 어미라는 기능적 범주에 대한 인식이 부재하기 때문에 발생하는 현상이라기보다는 형태소라는 인식적 범주가 공고하지 않아 야기되는 문제일 것이다.

(2) 과거 시제는 사건시가 발화시보다 앞서 있는 시제이다. 과거 시제를 표현하는 방법으로 선어말 어미 '-았-/-었-', '-더-'를 사용하는 방법, 동사에서 관형사형 어미 '-(으)ㄴ'을 사용하는 방법, 형용사나 서술격 조사에서 관형사형 어미 '-던'을 사용하는 방법, '어제, 옛날'과 같은 시간 부사어를 사용하는 방법 등이 있다. [이삼형 외(2014), 독서와 문법]

요컨대, 학문 문법의 정합적인 문법 기술을 위해서는 가장 중립적으로 무차별하게 사용되는 형태소 개념의 노출은 근본적으로 재고되어야 하지만, 학습자의 지식 구성을 도모하는 문법 교육의 국면에서는 오히려 형태소 개념이 지니는 그러한 다면적 지위를 격상시킬 필요가 있다. 이를 위해서는, 현재의 조직 방식처럼 형태소를 단어 형성의 하위 요소로 제한하여 배치할 것이 아니라 이론적 범주로서의 독자적 가치를 부여할 필요가 있다. 형태소 개념의 교육적 위상은 그것을 분석적 인식의 도구로 내면화하여 문법을 깊이 있게 대면할 수 있는 상위 구조를 형성하는 데에서 찾아야 한다는 것이다. 사실, 이러한 시도는 7차 교육과정에서 어느 정도 시도된 바 있어 형태소 단위를 국어의 조어법과 분리하여 이전 학년의 독립된 성취 기준으로 제시한다.

[7학년] 형태소와 낱말의 개념을 안다.	[8학년] 국어의 조어법을 안다.
【기본】 한 문장을 여러 가지 방식으로 분석해 보고, 형태소와 낱말의 개념을 각각 말한다. 【심화】 형태소와 낱말의 관계를 설명한다.	【기본】 낱말을 나누고 있는 요소를 알아보고, 낱말의 짜임에 따라 낱말의 종류를 나눈다. 【심화】 국어의 조어법에 따라 새로운 낱말을 만든다.

[표 6] 7차 교육과정에서의 성취 기준 배열

그러나 형태소 단위의 분석을 문장 차원에서부터 진행함에도 불구하고 여전히 형태소를 단어의 구성 요소로만 제한하여[15] 형태소가 지니는 위상을 온전하게 확보하기는 어려웠다. 교과서에서는 이 점이 더욱 부각되는데, '문장 → 음절 → 어절 → 단어 → 형태소'로 내용을 조직하여 단어 형성의 범위에서만 형태소의 지위를 확보하고 음절 단위가 여타의 단위들

15) 오히려 7차 교육과정의 10학년에서 '문장의 짜임새를 안다.' 성취 기준의 [심화] 내용으로 '문장을 여러 가지 방식으로 결합시켜 주는 요소를 기능에 따라 정리한다.'를 제시하여 명사형 어미, 관형사형 어미, 부사형 어미, 부사 파생 접미사, 인용격 조사 등의 형태소 단위가 문장 구성 요소로 참여하는 데에 대한 인식을 보여 준다.

과 계열성을 갖추지 못하는 것이다.

> ㉠ 위의 문장을 소리 나는 대로 쓰면 [사네누니온다]가 된다. 그런데 이것을 한 번에 소리 낼 수 있는 단위로 나누면 '사∨네∨누∨니∨온∨다'가 된다. 이와 같이 한 번에 소리 낼 수 있는 소리마디를 음절이라고 한다.
>
> ㉡ '영미'와 '학생'은 홀로 설 수 있는 말이지만, '는'과 '이다'는 홀로 설 수 없는 말이다. '는'과 '이다'는 홀로 설 수 있는 말에 붙어 쓰인다. 일반적으로 '영미', '학생'과 같이 홀로 설 수 있는 말을 낱말이라고 한다. '는'과 '이다'는 홀로 설 수 없지만 그 특이한 성격 때문에 낱말로 인정한다.
>
> ㉢ '밤', '나무', '높-', '-다'와 같이 더 나누면 뜻을 잃어버리는 가장 작은 말의 단위를 형태소라고 한다. 다시 말해서, 형태소란 뜻을 가진 가장 작은 말의 단위이다. [7차 중학교 생활 국어 1-2]

오히려 5차와 6차 문법 교과서에서는 '단어의 짜임새'에서 형태소 개념을 제시하면서도 문장 구성 요소인 어절, 구 단위와의 비교를 통해 형태소가 문장을 분석적으로 이해하기 위한 인식적 도구임을 분명히 한다. 7차 문법 교과서에서 형태소는 단어와만 계열성을 부여하고, '문장, 어절, 구, 절'의 단위는 문장 성분 단원의 도입부에서 다루는 것과는 대비되는 교육 내용의 조직 방식이다.

> ㉣ 이렇게 문장을 구성하고 있는 도막도막의 마디를 가리켜 어절이라 하는데, 어절은 보통 띄어쓰기의 단위와 일치한다. 한편, 위의 문장을 분석했을 때 넓은 바다를 보았다, 넓은 바다 등과 같이 둘 이상의 어절로 구성되어 있는 말을 구라 한다. 이렇게 보면, 문장이란 처음부터 어절로 분석되는 것이 아니라, 구라는 단계를 거쳐 어절로 분석된다는 사실을 알 수 있다.
>
> ㉤ 위 문장의 네 어절은 다시 더 작은 단위로 나뉜다. '나는'이 '나'와

'는'으로 분석되는 것은 '나'의 자리에 '너'와 같은 다른 말이 쓰일 수 있고, '는' 대신에 '가' 등의 다른 말이 쓰일 수 있기 때문이다. '넓은'은 '넓, 은'으로, '바다를'이 '바다, 를'로, '보았다'가 '보, 았, 다'로 분석되는 것도 마찬가지 이유에서이다. (…중략…) 이와 같이 일정한 뜻을 가진 가장 작은 말의 단위를 형태소라고 한다. 위의 문장은 결국 아홉 개의 형태소로 이루어져 있는 셈이다. [6차 문법 교과서]

이렇듯, 단어 형성법은 형태소 개념을 담기에는 작은 그릇이어서 품사 차원에서의 곡용과 활용, 문장의 짜임에서의 연결/전성 어미, 문법 요소를 형성하게 하는 어미와 접사 등의 구성 과정에서 학습자들이 형태소를 분석적 도구로 활용하기에는 제한적이다. 문법 교육 내용의 조직 과정에서 이를 극복하기 위해서는 형태소가 지니는 이론적 범주로서의 가치를 최대한으로 끌어내어 독자적 가치를 부여할 필요가 있다. 이때, 6차 문법 교과서의 ㉤에서 형태소 개념을 추출하기 위해 대치의 원리를 제시한 양상에도 주목할 필요가 있다. 내적인 질서와 관계에 주목하여 언어를 자율적 구조체로 탐구하는 과정에서 교체 및 대치 관계를 확인함으로써 일련의 부류들의 의미 기능을 묶어 범주화하는, 즉 계열 관계를 따져 보는 경험은(남가영, 2008:66-72) 학습자들에게 요구되는 중핵적인 탐구의 양상이며, 이때 가시적으로 체감할 수 있는 단어나 어절에 비해 축약과 탈락이 이루어져 음소 단위로까지 실현되는 형태소 단위들은 그러한 경험이 필수적으로 동반되어야 하기 때문이다. 예컨대, 종결 어미의 형태소 분석을 결과적으로 기술하는 (3)이나 대치의 원리를 어절과 어근 차원에서만 다루는 (4)에 비해, 학습자의 입장에서는 형태소 단위로 분절해 내기에 인지적 부담이 요구되는 '어간 + 선어말 어미 + 어말 어미'의 분석 과정에서 계열 관계를 노출하는 (5)의 기술이 형태소 개념에 대한 학습자의 내면화에 요긴할 수 있다.

(3) '크다'라는 단어는 '크-'와 '-다'로 나눌 수 있다. '크-'는 '넓이, 높이, 부피 따위가 보통 정도를 넘다.'라는 의미를 가지며 '-다'는 문장을 마치는 기능을 한다. '사과', '크-', '-다'와 같이 뜻을 가진 가장 작은 말의 단위를 형태소라고 한다. [방민호 외(2013), 중학교 국어 ①]

(4) 위의 예문은 '나는', '봄을', '좋아한다.'의 세 부분으로 나누어진다. 이렇게 나누어지는 것은 '나는'의 자리에 '너는'이나 '그는'과 같은 말이 올 수 있기 때문이다. 이와 같이 같은 성질을 가진 다른 말이 대치되는 것을 대치의 원리라고 하고, 언어 분석의 한 원리로 삼는다. 도식에서 보듯 이처럼 종적으로 대치될 수 있는 말의 관계를 계열 관계라고 한다. (…중략…) 위에서는 언어 분석의 원리를 이용해 어절을 분석해 보았는데, 어절을 단어로 분석하거나 단어를 형태소로 분석하는 데에도 동일한 원리가 적용될 수 있다. 예를 들어 '돌다리'를 '돌'과 '다리'로 분석하는 것은 '돌' 대신 '나무'를 넣을 수 있기 때문에 대치의 원리에 의해 분석이 가능한 것이다. [윤여탁 외(2012), 독서와 문법 Ⅰ]

(5) 그런데 '먹었다'와 같은 용언을 형태소로 쪼갤 때는 각각의 요소가 다른 말들과 결합할 수 있는가를 살펴야 한다. '먹었다'는 다음 그림과 같이 '먹겠다, 먹는다, 먹었니, 먹었지' 등으로 쓰일 수 있다. 따라서 '먹었다'의 '-었-'은 '-겠-, -는-' 등과 바꾸어 쓸 수 있는 하나의 형태소이다. 마찬가지로 '-다' 역시 '-니, -지' 등과 바꾸어 쓸 수 있는 하나의 형태소이다. 즉, '먹었다'는 '먹-', '-었-', '-다'라는 세 개의 형태소가 모여 이루어진 단어이다. [이숭원 외(2011), 중학교 국어 2-2]

문법 체계 전반에 대한 인식적 도구로서의 기능을 하는 형태소의 이론적 범주로서의 가치에 독자성을 부여해야 한다는 점, 이 과정에서 대치와 교체에 따른 계열 관계의 탐색 경험을 교육 내용의 조직에 반영해야 한다는 점에서 이러한 논의는 이춘근(2002:173)에서 언어 단위의 교육 내용을 다음과 같이 체계화한 결과와도 맞닿는다. 일종의 선행 조직자로 이후의 학습 내용에 대한 연결 고리 역할을 할 수 있도록 형태소 개념의 위상을 성취 기준 수준의 교육 내용 조직에 반영하기 때문이다. 다만, 언어 단위라는 이유만으로 형태소와의 계열성이 확보되기 어려운 단위들을 일거에 제시하는 방식은 재고될 필요가 있는데, 형태소라는 단위의 상정은 결국 문장이 어떻게 구성되어 있는가를 살피기 위함이며 이를 위해서는 '유의미성'이 그 기준이 되어야 함을 상기할 필요가 있다. 또한, 전체 언어 단위가 지니는 일련의 크기에 따른 흐름은 이미 성취 기준이나 교과서 단원의 조직자로 노출된다는 점도 참조해야 할 것이다.

언어 단위	언어 단위 분석 절차(대치와 삽입)
1. 말의 구성 2. 분석(대치와 삽입) 절차 3. 언어 단위 종류 음운-음절 ; 형태소-단어-구-문장(절)-담화	ㄱ. 주어진 언어 단위를 둘로 쪼갠다. ㄴ. 한 쪽에 다른 단위를 대치할 수 있는지 살핀다. ㄷ. 양 단위 사이에 다른 단위를 삽입할 수 있는지 살핀다. ㄹ. 대치와 삽입이 가능하면 그 단위는 두 개의 하위 단위로 분석한다.

[표 7] 이춘근(2002)의 언어 단위 교육 내용

[성취 기준 수준의 단어 형성법 내용 조직 ①]

- 형태소 개념의 이론적 범주로서의 독자적 가치를 내용 조직에 반영한다.
  - ㉠ 형태소가 단어를 넘어 문장 구성 과정에까지 참여하는 단위임을 인식한다.
  - ㉡ 대치 및 교체의 원리를 내용 조직에 반영하여 계열 관계에 대한 탐색을 통해 형태소 개념을 구성할 수 있도록 조직한다.
  - ㉢ 형태소와의 계열성을 중심으로 문법 단위들을 체계화하여 조직한다.

② 품사론과 조어론의 계열화

문법 지식의 체계적 이해라는 목표를 온당하게 실현하기 위해서는 단일 범주 내의 문법 개념들뿐 아니라 각각의 범주 사이의 관계도 일련의 구조로 구성할 수 있어야 한다. 이때, 개별 범주들은 전이와 유기성의 측면에서 특정 문법 지식 구조에서 중핵을 이루는 범주도 있으며, 특정 범주의 지식 구조와 관련되기는 하지만 동시에 또 다른 지식 구조에서도 중핵을 이루는 범주도 존재한다.

주세형(2008)은 이를 '주제 수렴적 범주'와 '주제 확장적 범주'로 개념화하는데, 즉 주제별 지식의 구조에서 중핵을 이루는 범주를 주제 수렴적 범주로, 주제 수렴적 범주와 관련되면서 동시에 또 다른 주제의 지식의 구조를 이루고 있기도 하는 범주를 주제 확장적 범주로 구분하는 것이다. 거시적인 층위에서 문법 교육 내용을 조직하고자 할 때, 수렴적 범주와 확장적 범주를 구분하여 개념을 어느 수준까지 드러내야 할 것인가에 대한 결정적인 단서를 포착하고 중핵적인 수렴적 범주를 추려 낼 수 있어야 한다.

단어 형성법은 통상 언어 단위에 따른 배분의 결과로 단어 범주 아래에서 품사 지식과 함께 조직되는 것이 일반적이다. 남가영 외(2007)에서는 4차부터 7차까지의 문법 교과서를 대상으로 단어 범주의 내용 체제가 어떠한 순서로 조직되어 왔는지를 살피는데, '단어의 개념', '단어의 갈래(품사)', '단어의 형성' 사이의 배열이 일관되게 이루어져 오지 않았음을 지적한다. 즉, 4차에서 6차까지는 '단어의 개념 → 품사 → 단어의 형성'의 순으로 교육 내용이 조직되었음에 비해, 7차에서는 '단어의 개념 → 단어의 형성 → 품사'로 조직 양상이 변화한다는 것이다. 이에 대해, 해당 논의에서는 단어의 형성을 기술하면서도 필연적으로 품사 용어가 노출된다는 점, 품사는 분류 결과에 대한 정적인 앎을 요구함에 비해 단어 형성은 과정적이고 생성적인 앎을 지향한다는 점, 단어 범주 이후에 제시되는 어휘 범주와의 연결 고리를 확보할 수 있다는 점에서 품사가 단어의 형성에 비해 선행되어야 함을 지적한다.

그런데 품사와 단어 형성 사이의 조직 문제는 남가영 외(2007)에서 지적한 요소 이외에도 별도의 각도에서 접근할 필요가 있다. 단어 범주 내에서는 둘 사이의 내적 순서만을 고려하면 되지만, 다른 문법 단위 범주와의 관계도 동시에 고려되어야 하기 때문이다. 즉, 단어라는 제한된 범주 속에서는 품사 → 단어 형성 순의 조직이 일정 정도 타당성을 지니지만, 주지하듯이 품사는 어느 문법 체계에서나 가장 기본적인 문법 범주로(이익섭·채완, 1999:119), 언어 현상을 탐색하는 데에 체계적인 지식으로의 전이를 가능하게 하는 범주이어서 다른 범주와도 밀접한 연관성을 지닌다는 것이다. 대표적인 것이 문장 성분인데, 학교 문법에서는 품사 분류가 문장 구조를 익히는 능력으로 확장되기를 의도하고 있기 때문에 각 품사를 개별적으로 설명하지 않고 '체언, 수식언, 독립언, 관계언, 용언' 아래 묶어 설명한다(주세형, 2008:307).

이렇게 볼 때, 단어 형성을 품사보다 후속 배치하여 단어 형성과 어휘 간의 관계성을 확보하는 조직 방식보다 품사와 문장 성분이 인접할 수 있도록 조직하는 것이 학습자들이 문법 체계를 보다 긴밀하게 구성할 수 있게 하는 방식일 수 있다. 문법 정보로서 품사는 문장 구성을 염두에 둔 단어의 분류이기(최경봉, 2006:442) 때문이다. 숙련가들이 전체 문법 체계를 범주화하여 구성한 결과에서도 이 점이 확인된다. 예컨대, 최경봉(2006)에서는 현재 문법 교과서에서는 품사의 설명이 단순히 품사의 분류에 대한 지식을 전달하는 데 그치고 있어 국어 문장에 대한 이해에 별다른 도움을 주지 못함을 지적하며[16], 문장 구성을 기착점으로 삼기 위해서는 형태론과 통사론을 통합하여 다음과 같이 체계화할 필요가 있음을 역설한다. 물론, 단어 형성은 어휘력 기르기의 일환으로 제시되어 단순 순서상으로는 품사에 후행하지만 품사를 단어 형성이 아닌 문장 성분과 연계하여 조직

16) 과거 검인정 시기의 문법 교과서 중 하나인 김민수 외(1960)에서도 이 점이 확인되는데, '문장의 기본형과 성분 → 토와 어미 활용 → 성분의 배열 → 구문의 도해 → 품사의 개념'의 순으로 체계화하여 문장 구조의 이해가 전제되지 않은 상태에서의 품사 학습은 교육적 가치가 부족하다고 파악한다.

1부 언어의 구성	1. 말과 문자: 음운과 문자 / 발음과 표기
	2. 문장의 구성: 품사 / 기본 문형 / 문장의 유형 / 문장의 확대
2부 언어의 표현	의미 양상 / 어휘 체계 / 어휘력 기르기

[표 8] 문법 교과서의 새로운 내용 체계(최경봉, 2006:454)

하는 양상을 확인할 수 있다.

한편, 김기혁(2001)에서는 문법 체계를 언어 단위가 아닌 인간의 인지 양상을 근거로 분석, 분류, 생성의 세 층위로 조직한다. 문법 교육에서 탐구로 대표되었던 문법 활동은 '관찰하고, 대조하고, 분석하고, 대치하고, 삽입하고, 구분하고, 가정하고, 추측하고, 설명하는' 등의 구체적인 활동 목록들로 상세화될 수 있다는 점에서(남가영 외, 2009:376), 비록 김기혁(2001)이 문법 교육을 염두에 둔 논의는 아니지만 체계화의 기준을 인지 방식에 둔 의의를 확보할 수 있다. 그는 분석의 층위에서는 언어 단위에 기반하여 문장에서 소리까지의 단위들을 체계화하고, 그러한 결과로 확보된 분석 단위들 사이의 공통점과 차이점을 기준으로 분류 층위를 조직한다. 이때, 분류 층위의 시작은 단어의 분류, 즉 품사이다(김기혁, 2001:20).

2. 분석	3. 분류	4. 생성
2.1 문장의 분석 2.2 단어의 분석 2.3 형태소 분석 2.4 의미 분석 2.5 소리의 분석	3.1 단어의 분류 3.2 어휘 형태와 문법 형태 3.3 어미의 문법 범주와 문법 현상 3.4 문장 성분 3.5 서술어 3.6 서술어의 문법 범주와 문장 유형	4.1 습득 언어의 생성 4.2 언어의 습득과 생성

[표 9] 김기혁(2001)의 내용 체계

요컨대, 품사 범주가 단어 형성에 앞서 제시되어야 한다는 인식이 숙련가들의 체계화 과정에서는 확정적인 논리가 아니어서 '품사-단어 형성법'

을 엮는 방식보다는 '품사-문장 성분'을 하나의 범주로 묶어 조직하는 것이 타당할 수 있다는 것이다. 지식의 구조는 일정한 방향성이 있는 내러티브를 가질 때 학습자의 인식 속에서 의미 있게 구성될 수 있으며(제민경, 2012:179), 이를 위해서는 '지식 구조 수렴-확장 범주'라는 틀을 노출하여 체계적으로 문법 범주들을 조직할 수 있어야 하기 때문이다. 지식 구조 확장 범주로서의 품사의 전이성을 단어 범주 안으로만 제한하는 조직 방식은 자칫 품사 범주가 지니는 통사론과의 내러티브를 노출하지 못할 우려가 있다.

또한, 단어 형성과 품사 사이의 계열화를 도모하여 교육 내용을 조직하고자 할 때, 교착어인 국어의 핵심 문법 범주 중 하나인 굴절 현상도 동시에 고려되어야 한다. 7차 문법 교과서에서는 조사와 용언의 하위분류의 일환으로 품사 범주를 기술하면서 체언과 조사의 결합과 어간과 어미의 결합 현상을 함께 다룬다. 조사를 기술하면서 격 조사, 접속조사, 보조사로 1차 분류한 후 격 조사에 대해 주격 조사, 관형격 조사, 목적격 조사, 부사격 조사, 호격 조사, 보격 조사, 서술격 조사로 2차 분류하며, 용언의 설명 과정에서 동사/형용사, 본용언/보조 용언의 분류와는 별도로 용언의 활용 범주를 상정하여 불규칙 활용, 기본형, 어미의 체계를 함께 기술한다. 물론, 이러한 조직 방식에 대해 굴절 현상을 특정 품사의 특징이나 하위분류 중의 하나로 인식하게 하여 결과적으로 품사와 굴절 현상 어디에도 초점을 두지 못하게 할 위험이 있다는 비판이 가능하며(이관희, 2008:86-87), 이 때문에 앞서 살핀 숙련가들의 체계화에서는 굴절 현상을 품사론과 별도의 범주로 상정하기도 한다. 장기적으로는, 굴절 현상을 그 교육적 의의에 합당하게 다룰 수 있는 체제의 모색이 요구되면서도(남가영 외, 2007:204), 7차 교과서와 같은 체제를 취할 경우 체언과 조사, 어간과 어미에 대한 분절적 인식을 위해서는 필연적으로 형태소 단위에 인식이 전제되어야 한다는 점도 고려해야 한다.

이에 더해, 품사와 단어 형성의 기본 단위가 되는 단어의 개념을 정의 내리는 방식도 재고가 요구된다. 남가영 외(2007:188-189)에 따르면, 4차와 5차 문법 교과서에서는 '단어의 개념-품사-단어의 형성'으로 순서화됨에 비해 6차에서는 '품사-단어의 개념-단어의 형성'의 순으로 구조화되어 단어의 개념에 앞서 갈래가 제시되는 정합적이지 못한 조직을 보인다. 그런데 7차 문법 교과서에서는 단어의 형성이 품사에 앞서 배치되다 보니 단어에 대한 정의가 단어의 형성 차원에서 (6)과 같이 내려진다. 조사를 단어로 인정하는 학교 문법의 절충적 체계를 반영하다 보니 조어법의 논의 대상이 되기 어려운 조사의 문제를 단어의 정의 안에 포함하면서도 이후의 사례에 대한 기술 과정에서는 이에 대한 고려가 없으며, 다만 (7)의 학습 활동을 통해서만 조사의 단어 포함 가능성을 탐구하게 할 뿐이다. 또한, 단어에 대한 분류 결과인 품사 단원에서는 단어를 별도로 정의하지 않은 채, 조사를 (8)과 같이 정의한다.

(6) 자립할 수 있는 말이나, 자립할 수 있는 형태소에 붙어서 쉽게 분리할 수 있는 말들을 단어라고 한다. 그러므로 '하늘', '우리', '하나', '어느', '얼른'과 같은 자립 형태소는 그대로 하나의 단어가 된다. 의존 형태소인 '맑-', '-다'는 '맑다'처럼 서로 어울려야 비로소 자립할 수 있으므로 '맑다' 전체가 하나의 단어가 된다. [7차 문법 교과서, 82쪽]

(7) 앞에서 나온 단어의 정의와 관련하여, 조사를 단어로 인정할 수 있는지 모둠별로 토의한 후에 발표하여 보자. [7차 문법 교과서, 83쪽]

(8) 국어에는 주로 체언 뒤에 붙어서 다양한 문법적 관계를 나타내거나 의미를 추가하는 의존 형태소들이 많이 있는데, 이를 조사라고 한다. [7차 문법 교과서, 95쪽]

요컨대, 학교 문법에서 조사에 단어로서의 지위를 부여하는 것은 품사적 관점에 따른 것임에도 불구하고, 단어 형성법이라는 이질적인 범주에서 조사를 포함한 단어의 정의를 정교하게 내리는 착종된 양상을 보인다는 것이다[17]. 흥미로운 점은, 2007 개정 교육과정에서는 7학년에서 품사를, 8학년에서 단어 형성법을 성취 기준으로 제시하면서도 단어의 개념은 단어 형성법의 내용 요소로 제시하여 7차 문법 교과서의 문제를 고스란히 재연한다는 점이다.

[7학년] 품사의 개념, 분류 기준, 특성을 이해한다.	[8학년] 국어 단어 형성법을 이해하고 활용한다.
[내용 요소의 예] ㅇ 품사의 개념 이해하기 ㅇ 품사의 분류 기준 발견하기 ㅇ 품사 분류하기 ㅇ 품사의 종류와 특성 설명하기	[내용 요소의 예] ㅇ 단어 형성과 관련된 국어의 특질 이해하기 ㅇ 형태소와 단어 개념 이해하기 ㅇ 단어의 짜임(단일어, 파생어, 합성어) 이해하기 ㅇ 단어 형성법을 알고 창조적으로 활용하기

[표 10] 2007 개정 교육과정의 품사와 단어 형성법

이에 따라, 대부분의 교과서들에서는 (9)와 같은 방식으로 단어 형성법과는 무관하게 단어를 정의하는 방식을 취한다. 한편, (10)에서는 이전 학년의 성취 기준이었던 품사의 범주를 다시 들여와 단어의 개념적 지위를 부여하는데, 학교 문법에서의 단어는 결국 품사 분류의 결과적 현상이라는 현 상황을 고려할 때 (9)에 비해 이러한 방식이 단어 개념에 대한 학습자들의 인식을 이끌어 내는 데 유리할 것으로 판단된다.

17) 신승용(2011:170-171)에서는 단어 형성법 범주에서 단어를 정의하면서도 문법 교과서와는 다른 방향성을 보이는데, 용언은 어간과 어미가 결합한다는 점에서 최소의 자립 형식에 부합하지 않기 때문에 실질적인 의미를 가진 형식, 즉 실질 형태소로 단어를 정의한다. 그러나 이 경우에도 여전히 조사는 실질 형태소가 아니라는 점, 용언의 어간만을 단어의 범주로 포섭한다는 점에서 정합적인 정의로 보기는 어렵다. 또한, '책가방'과 같은 합성어는 둘 이상의 실질 형태소의 결합임에도 하나의 단어로 처리하는 문제 역시 해소되지 않는다. 물론, 신승용(2011)의 논의는 자립성이 교착어인 국어에서 단어를 설정하는 절대적인 기준이 되기 어렵기에 의미적 특성을 고려해야 한다는 입장일 것인데, 이를 통해 제기된 문제들을 해소하기 위해서는 별도의 문법 단위 범주가 추가적으로 요구된다. 이에 대해서는 최호철(1995)의 논의를 참조할 수 있다.

(9) 일반적으로 '손', '작다'와 같이 홀로 쓰일 수 있는 말을 단어라고 한다. '이'와 같은 조사는 홀로 쓰일 수는 없지만, 앞 말에 붙어 쓰이면서 쉽게 분리할 수 있기 때문에 단어로 인정한다. [윤희원 외(2011), 중학교 국어 2-1]

(10) 단어의 조각들을 살펴보기 전에, 우선 단어가 무엇인지부터 알아보자. 1학년 때 배웠던 품사를 떠올려 보자. 품사는 단어를 종류별로 묶어 놓은 단어의 갈래이므로, 품사를 말할 수 있는 말들이 모두 단어(單語)가 된다. 그러므로 다음 문장은 단어별로 아래와 같이 나눌 수 있다. (…중략…) 단어는 이처럼 자립성과 분리성이라는 두 가지 특성을 지녀, '문장 안에서 홀로 쓰일 수 있는 말'이나 '문장 안에 홀로 쓰일 수 있는 말에 붙어서 쉽게 떨어질 수 있는 말'이라고 정의할 수 있다. [김종철 외(2011), 중학교 국어 2-1]

한편, 앞서 살폈듯이 품사론과 성분론의 관계를 고려할 때 문장 구성 단위로서의 단어의 지위를 어떻게 부여할 것인가에 대한 고민도 필요하다. 하나의 문법 개념은 어떤 다른 개념과 배열하여 어떤 방향성으로 기술하느냐에 따라 다른 의미가 부여되기 마련인데, 현재 문법 교육에서의 단어 정의는 단어의 구조적 위치를 설명한 조작적 기술일 뿐이기(제민경, 2012: 200) 때문이다.

(11)에서는 자립성과 분리성을 기준으로 단어를 정의하지 않고 조사로 인해 발생하는 어절과의 변별적 차이를 부각하여 단어 범주를 구획한다. 물론, 단어 자체에 대해 깊이 깊게 다루기보다는 어절이라는 비교 범주를 세우는 방식이기는 하지만 실상 단어의 정의 자체를 정교하게 내리기 위해서는 학문 문법상의 다양한 이론이 동원되어야 한다는 점[18], 어절 중심의 단위 인식은 이후 문장 성분에 대한 인식으로까지 이어진다는 점에서

18) 왕문용 · 민현식(1999:56-57)에서는 전통 문법의 의미론적 기준, 구조주의 문법의 통사론적 기준, 음운론적 기준을 모두 동원하여 '하나의 기본적 의미를 가지며 앞뒤에 쉼이 오고 내부에는 다른 요소의 개입이 없는 최소의 자립 형식'으로 단어를 정의한다.

학습자들에게는 보다 유의미한 방식일 수 있다. 자립 형식이라 함은 결국 문장 안에서 홀로 쓰일 수 있는 형식일 것이기(서상준 외, 2011:55) 때문이다.

(11) ㉠은 띄어쓰기가 된 단위와 칸의 수가 같으므로 빈칸에 들어갈 단위는 '돌아온'과 '밤에'인데, 이처럼 띄어 쓰는 단위를 어절이라고 한다. ㉡은 ㉠의 어절을 다시 더 작은 단위로 분석한 것인데, '고향에'를 '고향'과 '에'로 분석한 것에 비추어 볼 때 '밤에'는 '밤'과 '에'로 분석할 수 있다. 이처럼 어절을 자립하여 쓰일 수 있는 부분과 조사로 분석하였을 때, 분석된 각각을 단어라고 한다. [이삼형 외(2014), 독서와 문법]

[성취 기준 수준의 단어 형성법 내용 조직 ②]

- **품사론과 조어론 사이의 계열화된 조직을 위해 다음의 요인들을 고려한다.**
  - ㉠ 품사론과 조어론의 관계뿐 아니라 품사론과 성분론 사이의 긴밀성도 내용 조직에 반영한다.
  - ㉡ 품사론 내에서 굴절 현상을 다루는 현 상황에서는 형태소 단위에 대한 분절적 인식이 선행되어야 함을 내용 조직에 반영한다.
  - ㉢ 현재 학교 문법의 단어는 품사 범주에 터하여 정립된 개념임을 내용 조직에 반영한다.

나. 외재적 목표를 고려한 성취 기준의 범위

적격한 단어를 만드는 모국어 화자의 능력을 밝히고자 하는 생성 형태론의 발전과 함께(김창섭, 2008:25) 단어 형성법에 대한 학습은 국어사용 능력의 신장, 특히 어휘력의 신장에 기여해야 할 것을 요구받아 왔다. 문법 교육에서는 이를 기존 언어 현상에 대한 분석적 적용과 새로운 언어 현상에 대한 생성적 적용의 두 차원에서 수용하였는데, 여기에서는 그러한 외재적 목표에 따라 단어 형성법과 관련된 성취 기준의 범위를 어떻게 구획하여 교육 내용을 조직해야 하는가의 문제를 다룬다.

① 기존 언어 현상에 대한 분석적 적용: 어휘력 신장

5차 교육과정 이후[19] 단어 형성법 교육은 단어의 구성 요소에 대한 체계적 이해에 더해, 그것을 바탕으로 한 어휘력 신장을 동시에 요구한다. 공시적으로 형성되어 있는 단어들을 '형태소, 어근, 접사' 등의 개념에 기반하여 주체적으로 이해하고 활용할 것을 목표로 삼는 것이다.

이러한 흐름은 학문 문법의 연구 동향과도 직결된다. 김숙정(2009:338)에서는 전통 문법의 시기에는 단어의 구성 요소의 분석에, 구조 문법의 시기에는 파생과 굴절을 구조적인 환경의 차이, 분포상의 특징을 기준으로 구별하는 것이 주된 연구 목적이었음에 비해, 변형 문법의 시기에는 관심의 대상이 분석에서 생성으로 바뀌어 접사의 생산 규칙을 고려한 파생 규칙을 설정하고 이를 이용하여 단어를 생성해 내는 일에 관심을 둔다고 구분한다. 물론, 기존 단어를 분석적으로 접근하여 계열 관계와 통합 관계라는 분포 개념에 융합과 같은 개념을 더한 방법으로 형태소를 식별함으로써 많은 형태소들의 존재를 체계 속에서 파악하는 구조주의적 관점(김창섭, 2008:22-23) 역시 문법 교육의 중요한 내용이기는 하다. 그러나 이에 더해 단순히 목록의 형태가 아니라 어휘 관계가 다차원적으로 구축되어 있는 그물망으로서의 모어 화자의 머릿속 어휘 저장부를 활성화하기 위해서는(구본관, 1998) 단어 형성법과 어휘 교육이 연계성을 가지고 통합적으로 이루어져야 한다는 것이다.

문제는 교육 내용의 구현 과정에서는 이에 대한 고려가 충실하지 못하다는 점이다. 교육 목표가 달라지면 가르칠 내용의 범위가 변화해야 함에도, 목표 차원에서는 어휘부를 중심으로 단어의 생성을 강조하면서도 교

---

19) 5차 고등학교 문법의 '단어 형성 규칙을 이해하고 이를 활용하여 어휘를 확장한다.'는 4차 고등학교 국어 I 의 '단어의 구조를 알고 형태를 분석한다.'와 변별적이다.

육 내용은 여전히 단어를 분석하는 차원에 머물러 왔다는 것이다. 이를 극복하기 위해서는 성취 기준의 범위 측면에서 다음과 같은 요인들을 고려하여 교육 내용을 조직해야 한다.

먼저, 단어를 형태소로 분석하는 목적은 그 단어를 그것이 되게끔 하는, 다시 말해 단어의 특정 의미 혹은 기능을 결정하는 요소들을 설명하기 위함임을 분명히 해야 한다(황화상, 2012:80-81). 다시 말해, 단어를 구성하는 요소로서의 형태소의 의미를 바탕으로 형성된 전체 단어의 의미를 분석적으로 추론하는 과정을 교육 내용의 조직에 반영해야 한다는 것이다. 예컨대, (12)와 같은 방향성을 취할 수 있도록 성취 기준의 범위를 구획해야 한다.

(12) 단어를 이렇게 형태소 단위로 조각내면 단어의 뜻을 보다 잘 이해할 수 있다. 예를 들어, '책가방'이라는 단어를 '책+가방'으로 나누면 '책'과 '가방'의 뜻에서 유추하여 책가방이 '책을 넣는 가방'이라는 사실을 쉽게 알 수 있다. [김종철 외(2011), 중학교 국어 2-1]

둘째, 분석된 단위로서의 형태소가 다시 또 다른 단어를 형성하는 과정의 구성 요소로 작용할 수 있다는 점을 분명히 하여 분석과 형성 사이의 거리를 좁혀야 한다[20]. 이를 위해서는 대치의 원리에 따른 결합 관계를 따지는 과정을 교육 내용으로 노출할 필요가 있는데, (13)과 같은 사례가 대표적이다.

(13) 1. 합성어를 더 작은 부분으로 나누어 보고, 그 부분이 활용된 다른 합성어를 찾아봅시다. [이삼형 외(2013), 국어 ②]

(1) 다음에 제시된 단어 가운데 합성어를 고르고, 각각 어떤 부분

20) 하치근(1993)에서는 낱말을 구성하는 형태소 분석 위주를 분석적 경향으로, 이와 반대로 분석된 형태소를 이용하여 단어를 결합하는 것을 종합적 경향으로 설명한다.

들과 결합하여 만들어진 것인지 말해 봅시다. <밥솥, 시골, 참숯, 조금씩, 사과, 손수레>

(2) 위 (1)에서 골라낸 합성어의 부분이 활용된 다른 합성어를 찾아봅시다.

김-[ ]-투정 / [ ]-솥-뚜껑 / [ ]-손-[ ]

셋째, 고영근(1993:40), 남기심 · 고영근(2004:48-49)에서 구분하는바, 형성소와 구성소의 개념을 내용 범위에 포함하여 전자를 중심으로 성취 기준의 범위를 확장해야 한다. 그동안 형태론적 지식은 단어의 구성 및 단어의 형성을 구분하지 않고 교육 내용을 제공했기 때문에, 형태론적 지식이 어휘 교육과 관련성을 가지지 못했다(주세형, 2005ㄱ:384). 이때, 결합이 가능한 형성소와 분석만 가능한 구성소의 구분은, 유추의 기준이 되는 배열이 얼마나 다양한가의 여부와 구성 성분의 성격에 따른 결합 가능성의 차이(구본관, 1998), 즉 생산성을 기준으로 나뉜다. 다음과 같은 내용을 포함하여 어휘망을 통한 어휘부의 구축을 꾀할 필요가 있다. 형태소의 개념도 이미 생성되어 굳어진 단어를 분석하는 방식보다는 생산성 있는 형태소를 식별하도록 하여 단어가 형성되는 측면에 관심을 가지도록 해야 한다(주세형, 2005ㄱ:388)[21]. (14)와 같은 내용을 단어 형성법 성취 기준으로 들여올 수 있어야 한다는 것이다.

(14) 우리말 단어 중에서 파생어는 어근과 접사로 쪼갤 수 있다. 이렇게 쪼개진 어근과 접사는 다른 말들과 결합하여 다양한 단어를 만들어 낸다. 이때 어떤 접사들은 다른 말과 쉽게 결합할 수 있지만, 어떤 접사들은 그렇지 못하다. 예를 들어, '날고기'의 '날-'은

21) 단어의 구성이라고 하는 것과 단어의 형성이라고 하는 것의 차이는 명확하다. 전자는 분석의 측면이고 후자는 생성의 측면이다. 그렇게 때문에 어떤 명칭을 사용하느냐에 따라 교육 내용이 크게 달라지게 된다. 학교 문법 교육에 더 적합한 것은 분석의 측면이라고 생각된다. 생성의 측면 역시 교육되어야 하나, 먼저 분석의 측면에서 단어의 구성을 충분히 가르친 뒤 응용 단계에서 다루어야 할 것이다(김숙정, 2009:393).

'것, 김치, 가죽' 등의 어근과 만나 다양한 파생어를 만들어 내지만, '엿보다'의 '엿-'은 '엿듣다, 엿살피다' 정도에서만 쓰일 뿐이다. 또한 '가위질'의 '-질'은 '도끼질, 곁눈질, 딸꾹질' 등과 같은 다양한 단어를 만든다. 반면, '오르막'의 '-막'은 '그렇게 된 곳'이라는 뜻을 더하는 접사이지만 '오르막, 내리막'을 제외하고는 쓰임이 매우 제한적이다. [이승원 외(2011), 중학교 생활국어 2-2]

넷째, 이 과정에서 우리말에서 어휘 생산의 주요 동력이 되는 한자어에 의한 단어의 형성 역시 교육 내용의 범위에 포함되어야 한다. 남가영 외(2007:199)의 분석에 따르면, 한자에 의한 조어 관련 항목은 4·5·6차 문법 교과서에서 어느 정도 비중 있게 꾸준히 기술되다가 7차에 와서는 논의조차 되지 않는다. 이를 극복하기 위해서는 (15)와 같은 방향의 내용이 단어 형성법의 성취 기준 내에 포함될 필요가 있다.

(15) 우리말에는 한자어 접사가 붙어 만들어진 단어들이 매우 많다. 어근 앞에 붙는 '불(不)-'은 '아님, 아니함, 어긋남.'의 뜻을 더하는 접사이다. '-적(的)', '-화(化)'는 어근 뒤에 붙어 각각 '그 성격을 띠는', '그렇게 만들거나 됨.'의 뜻을 더한다. 이들은 다양한 어근에 붙어 우리말 단어를 풍부하게 해 주는 대표적인 한자어 접사들이다. [이승원 외(2011), 중학교 생활국어 2-2]

끝으로, 단어 형성이라는 역동적 언어 현상에 관련된 제반 원리를 인식하게 함으로써 언어에 대한 의식을 고양시키기 위해서는, 과정 중심의 내용 기술이 요구된다(남가영 외, 2007:203)[22]. 예컨대, 결과 중심으로 특정 단어를 분석하는 (16)보다는 형성의 과정을 노출하는 (17)과 같은 방

22) 남가영 외(2007:201-203)에서는 문법 교과서의 목차 표상을 비교하여 파생어의 기술에서 '파생법에 의한 단어의 형성(4차, 5차) → 파생어의 형성(6차) → 파생어(7차)'의 변화를 보임에 주목하여 점차 단어 형성의 기제와 원리에 중심을 둔 과정 중심의 기술 방식이 파생의 원리에 의해 형성된 단어 유형인 파생어라는 결과에 주목하는 결과 중심 기술을 보인다고 지적한다.

식으로 교육 내용을 조직할 수 있어야 한다.

(16) '치솟다'의 '솟-'은 어근이고, '치-, -다'는 접사이다. [7차 문법 교과서]

(17) '덮개'는 동사 어근 '덮-'에 접사 '-개'가 붙어 동사를 명사로 만들었다. [5차 문법 교과서]

[성취 기준 수준의 단어 형성법 내용 조직 ③]

▪ **기존 단어에 확장적으로 적용하여 어휘력의 신장을 꾀하기 위해서는 다음의 요인들을 고려하여 단어 형성법의 성취 기준 범위를 구획해야 한다.**

㉠ 단어 구성 요소로서의 형태소 분석의 의의를 단어 의미의 유추적 추론의 측면에서 확보한다.

㉡ 대치의 원리를 노출하여 단어의 분석과 형성 사이의 거리를 좁힌다.

㉢ 학습자들이 생산성의 의미를 구성하게 하기 위해 형성소와 구성소 개념을 교육 내용에 포함한다.

㉣ 생산성이 높은 한자어에 의한 단어의 형성을 교육 내용에 포함한다.

㉤ 분석의 결과가 아닌 형성의 과정이 노출되도록 교육 내용을 조직한다.

② 새로운 언어 현상에 대한 생성적 적용: 신어 분석 및 창안

단어 형성법에 대한 체계적 이해에 더해 어휘력 신장이라는 외재적 목표를 추가하는 양상은 최근 교육과정에서는 기존의 복합어에 대한 주목을 넘어 단어 형성법과 관련된 지식을 바탕으로 새롭게 만들어진 말을 분석하고 학습자 스스로 새말을 만들어 보는 경험으로까지 확장된다. 2007 개정 교육과정에서는 '국어 단어 형성법을 이해하고 활용한다.'의 내용 요소로 '단어 형성법을 알고 창조적으로 활용하기'를 두되 해설서에서 '국어 단어 형성법에 대한 지식을 바탕으로 새로운 단어를 창조적으로 만들어 보는 기회도 제공한다.'라고 명시하여 '창조적 활용'이 곧 '새로운 단어의 창조'로 직결됨을 강조한다. 2009 개정 교육과정에서는 이러한 방향성이 보다 부각되는데, 성취 기준 차원에서 '새말이 만들어지는 원리의 이해'를 포함한다.

문제는 단어의 형태론적 분석을 넘어 단어의 생성이란 측면에 주안점을 두어 그 형성 원리를 제시하는 이러한 추세가 교육 내용으로 구현되는 과정에서는 기존 단어 형성법 관련 내용과 단절된다는 점이다. 단어 형성법의 외재적 목표를 신어에 대한 분석 및 생성으로까지 확장하고자 할 때, 축약어, 혼성어[23], 중첩어 등의 '제3의 단어 형성 원리'를 기존의 '합성/파생'과 어떻게 관련지어 다루어야 할지에 대한 고민이 요구된다는 것이다. 일단 가장 손쉬운 방식은 기존 교육 내용에 이들을 '추가'하는 방향으로, 예컨대, (18)에서 그러한 양상을 확인할 수 있다. 그러나 이러한 조직화 방식은 현재의 단어 형성법 관련 개념으로 설명할 수 있는 제3의 단어 형성 원리는 지극히 제한적이어서 단어의 구조에 대한 분석적 앎이 새말의 생성과는 괴리를 보이는 문제를 지닌다.

(18) 복합어 중에는 합성어인지 파생어인지 구별이 어려운 것들이 있다. '국련(국제 연합), 노찾사(노래를 찾는 사람들)'처럼 긴말에서 앞 음절을 하나씩 따서 줄이거나 '컴시인(컴퓨터의 원시인), 무추(뿌리는 무이고 잎은 배추인 신품종)'처럼 앞, 뒤 음절을 따서 줄이는 방식은 파생어보다는 합성어에 가까운 듯하지만 다른 합성어와 차이가 있다. 이런 방식의 복합어는 새로운 단어를 만드는 데 널리 쓰인다. [윤여탁 외(2012), 독서와 문법 Ⅰ]

반면, (19)에서는 축약어에 대해서는 판단을 유보한 상태에서 '치', '맹'을 접사로 보고자 하는 입장을 확인할 수 있다. 별도의 단어 형성 방식을 추가하기보다는 '합성/파생'의 범위를 최대한 확장하여 학습자들로 하여

23) 이선웅(2012:98)에서는 'blending'의 번역어 중 '혼효(混淆)'는 지나치게 어려운 한자어일 뿐 아니라 '혼'과 '효'의 의미가 중복되며, '혼합'은 지나치게 일상어적인 용어인 반면, '혼성'은 그 중간에 위치할 뿐 아니라 만든다는 개념을 담고 있어 최적의 용어라고 판단한다. 한편, 일부 교과서들에서는 '혼종어(混種語)'라는 용어를 쓰기도 하지만 어종(語種)이 다른 단어가 결합된 경우와 의미 충돌이 발생할 위험이 있다.

금 단어 구조의 분석과 새말의 형성 원리 사이에 일련의 계열을 확보하게 하기 위한 시도이다. 다만, 이를 위해서는 어근의 접사화에 대한 문법화 현상과 그에 대한 안정성에 대한 판단도 교육 내용의 범위로 포섭해야 할 것이며, '아점, 짬짜면' 등의 축약어에 대한 처리도 고민해야 한다.

(19) '음치'의 '치'를 활용하여 '방향치, 길치'와 같은 새말이 만들어진 예를 보여 주고 있다. '문맹, 색맹'의 '맹'을 활용하여 '컴맹, 넷맹'과 같은 새말이 만들어진 예를 보여 주고 있다. '누리'에 '집, 망, 방'을 결합하여 새말이 만들어진 예를 보여 주고 있다. 이처럼 형태소가 결합하여 파생어나 합성어 형태의 새말이 만들어진다는 점을 알 수 있다. [방민호(2013), 국어 ①]

이때, 새로운 단어 형성 방식을 두고 (20)과 같이 일방적인 순화의 관점으로만 접근하여 '어긋난, 잘못된' 현상으로 재단하는 것은, 형태론 연구의 무게중심을 조어론에 두고자 하는 생성 형태론, 인지 형태론 등의 최근의 연구 흐름과도 대치되는 것이며 무엇보다 성취 기준에서 제시되는 목표에도 부합하기 어렵다. 합성 및 파생만이 우리말 단어 형성법에 '맞는' 것으로 보는 방식은 재고될 필요가 있다.

(20) 새롭게 만들어진 복합어 중에는 단어를 만드는 정해진 법칙을 따르지 않은 것도 많다. '얼짱, 몸짱, 춤짱'은 책임자 또는 우두머리의 뜻을 더하는 접미사 '-장(長)'을 활용해 만들어진 듯한데, 불필요하게 경음이 사용되었으므로 바람직하지 못하다. 또한 '얼굴'에서 '얼'만 떼어 접미사와 결합하는 것도 우리말의 단어 형성법에 잘 맞지 않는다. '열공, 완소남'은 각각 열심히 공부하다와 완전 소중한 남자와 같은 구에서 단어의 첫 글자만 따서 만들어진 단어이다. '교육 대학'과 '고등 법원'과 같이 명사가 나열된 경우 각각 '교대'와 '고법'으로 줄여 쓰는 방식은 우리말의 단어 형성법으로 어느 정도 자리를 잡았다. 그러나 명사 이외의 품사가 포함된

구의 첫 글자를 따서 새로운 단어를 만드는 이러한 방법은 우리 말의 일반적인 단어 형성법으로 자리 잡지 못했다. 또한 너무 많은 요소를 줄여 의미가 잘 드러나지 않으므로 쓰지 않는 것이 좋다. [이도영 외(2013), 국어 ①]

[성취 기준 수준의 단어 형성법 내용 조직 ④]

- **신어 분석과 창조라는 목표 안에서 단어 형성법 교육 내용을 조직하기 위해서는 '축약, 혼성, 중첩' 등의 요소를 성취 기준의 범위에 포함하는 방식을 고민해야 한다.**
  - ㉠ 신어에 대해 일방적인 순화나 교정의 관점을 지양하고 역동적으로 발생하는 자연스러운 조어 현상임을 부각한다.
  - ㉡ 기존의 '합성/파생'과는 별도로 구획하고자 할 때에는 어근의 접사화, 즉 문법화의 안정성 확보 과정을 교육 내용에 포함한다.
  - ㉢ 기존의 '합성/파생' 범주 속에서 담아내고자 할 때에는 비전형적인 것으로 처리하되 최대한 '합성/파생'과의 관계를 노출하여 기술한다.

(2) 내용 요소 수준의 조직

가. 단원 내 개념 계열화를 위한 연결소 부여

① 정의항 내에 '형태소' 개념 포함

학습자들에게 형태소 개념은 계열 관계를 따져 가며 구조체로서의 문법을 분석적으로 접근하기 위한 핵심적인 도구이며, 그 일환으로 형성 방식에 따라 단어의 구조를 분석적으로 탐색하는 과정에서도 형태소는 인식의 틀로 기능한다. 따라서 **단어 형성법과 관련된 주요 개념을 정의하고자 할 때, 정의항 내에 형태소 개념을 지속적으로 노출할 필요가 있다.** 특정 문법 개념을 정의하는 방식은 문법 설명 텍스트에서 연결소를 어떻게 설정하는가와 밀접한 관련을 맺기(제민경, 2012:198) 때문이다. 즉, 정의 과정에서 반복적으로 노출되는 형태소 개념을 연결소로 삼아 학습자들로 하여

금 관련 문법 개념들의 관계를 구성할 수 있도록 해야 한다는 것이다.

우선, 단어 형성법과 관련하여 단어에 대한 정의는 필수적이다. 분석적 인식의 대상이 되는 개념 자체를 명시화해야 하기 때문이다. 7차 문법 교과서에서는 '자립할 수 있는 말이나, 자립할 수 있는 형태소에 붙어서 쉽게 분리할 수 있는 말들'로 단어에 대한 정의를 내린다. 학교 문법에서 '합의한' 단어의 범위를 최대한 포섭하기 위한 정의일 것인데, 이 과정에서 추상적 단위 '말'과 구체적 단위 '형태소'로 유개념이 이원화되고, 조사의 단어 성립 가능성을 염두에 둔 언술의 나열이 정의항을 채운다는 점에서[24] 학습자들의 지식 구성을 추동하기에는 대단히 제한적이다.

7차 문법 교과서에서는 단어 형성 단원이 품사에 선행하여 단어 형성법과 관련하여 단어를 정의할 수밖에 없었으며, 이 과정에서 자연스럽게 형태소 개념이 단어의 정의항에 포함되었을 것이다. 또한, 조사를 단어로 인정하는 절충적 체계를 반영하고자 일정 정도 조작적 정의를 내릴 수밖에 없었을 것이다. 문제는 이러한 정의가 학습자들이 이후 단어의 형성 관련 문법 개념들을 계열화하여 구성해 가는 데 별 다른 역할을, 즉 연결소로서의 역할을 충실히 수행하기 어렵다는 데 있다. 형태소를 정의항에 두었으나 분석 혹은 결합의 단위로 의미화되지 않으며, 전체적으로는 품사라는 상이한 범주의 기반 위에서 단어가 정의되기 때문이다. 이러한 문제는 비단 7차 교과서만의 한계는 아니어서 다음과 같은 교과서들에서도 반복적으로 확인된다. 즉, 단어 형성법 단원 내에서 단어를 정의하면서도 단어의 형성과는 무관하게 정의항을 구성한다는 것이다.

(21) 자립하여 쓸 수 있는 말 중 가장 작은 단위가 단어이다. 그러나 완전한 자립성을 갖지 않더라도 자립할 수 있는 형태소에 붙어서 쉽게 분리될 수 있는 말은 단어로 인정한다. [박영목 외(2012),

---

24) 품사가 아닌 단어 형성 범주에서 단어를 정의하기에 형태소를 포함하여 '자립할 수 있는 형태소에 붙어서 쉽게 분리할 수 있는 말'로 조사를 정의하였겠지만, '주먹밥을'의 '을'이 '밥'이 아닌 '주먹밥' 전체와 결합함을 감안하면 완벽한 정의는 아니다.

독서와 문법 Ⅰ]

(22) 이처럼 어절을 자립하여 쓰일 수 있는 부분과 조사로 분석하였을 때, 분석된 각각을 단어라고 한다. [이삼형 외(2014), 독서와 문법]

실상 학문 문법에서도 단어를 완벽하게 정의하는 일은 여전히 해소되지 못한 난제이다. 조사를 단어에 포함하는 문제를 넘어, 합성어를 하나의 단어에 포함하기 위해 '최소의'라는 범위적 종차를 보완하여 휴지, 분리성, 고립성 등의 기준들을 지속적으로 들여오면서도 '깨끗은 하다, 깨끗도 하다' 등의 예외적인 경우를 현실적으로 인정할 수밖에 없기 때문이다. 이러한 가운데 학교 문법에서의 단어 개념은 철저히 품사 범주에 터해 정립됨을 인정하여 단어 형성법 단원에서 단어를 정의하지만 품사 개념을 도입하는 방식 역시 한 방편이 될 수 있다. 다음은 이러한 방식을 취하는 교과서들인데, 단어의 분류와 분석이라는 공유점을 토대로 학습자들이 품사론과 조어론의 관계를 구성할 수 있게 한다는 의의를 찾을 수 있다.

(23) 단어: 품사로 분류될 수 있는 단위 [방민호 외(2011), 국어 2-2]

(24) 단어의 조각들을 살펴보기 전에, 우선 단어가 무엇인지부터 알아보자. 1학년 때 배웠던 품사를 떠올려 보자. 품사는 단어를 종류별로 묶어 놓은 단어의 갈래이므로, 품사를 말할 수 있는 말들이 모두 단어가 된다. [김종철 외(2011), 국어 2-1]

그러나 어떠한 범주 속에서 재구성되느냐에 따라 개별 항목의 의미는 달라지며, 따라서 언어 현상의 다층성을 분리하여 인식하게 하기 위해서는 품사 범주와 변별되는 단어 형성과 관련된 단어의 정의가 요구된다. 예컨대, (25)에서처럼 한 교과서의 상이한 단원에서 동일한 방식으로 단어를 정의하는 것은 한계가 있기 마련이다.

(25) 품사 단원: 단어란 문장 안에서 다른 것의 도움을 받지 않고 홀로

쓸 수 있는 말이다. '장미', '귤', '웃다', '맛있네'와 같은 말이 모두 단어에 해당하며 '이/가', '을/를'처럼 홀로 쓰지는 못하지만 앞 말과 쉽게 분리되는 말도 역시 단어이다.

단어 형성법: 어절 단위로 나누었던 문장은 단어 단위로도 나눌 수 있다. 단어는 홀로 쓰일 수 있는 가장 작은 말의 단위를 말한다. '가, 을'과 같은 조사는 홀로 쓰이지는 못하지만 앞 말과 쉽게 분리되는 성질이 있기 때문에 단어로 인정한다. [이관규 외(2013), 국어 ②]

그런데 학습자들은 연결소로 기능하기 어려운 품사 범주에 기대어 단어의 통사적 위상, 조사의 단어로서의 지위 등을 단어의 정의항으로 들여오기보다는 비록 정교함은 떨어지더라도 '형성'에 주목하여 형태소와의 관계 속에서 단어의 개념에 접근하는 경향을 보이기도 한다. 이 점에서, 단어 형성법 내에서의 단어는 엄밀한 통사적 관계에 기반하여 정의되기보다는 형태소라는 핵심 개념을 중심으로 분석의 대상 혹은 결합의 결과라는 점을 중심으로 다루어질 필요가 있다. 이러한 가능성은 숙련가의 문법 기술 결과에서도 확인할 수 있는데, 예컨대 (26)에서는 '문장 속에서의 자립적 쓰임'이라는 종차보다는 '하나 이상의 실질적 의미'를 기준으로 형태소와의 관계에 주목하여 단어의 개념에 접근한다. 물론, 이러한 정의 역시 범위의 경계가 여전히 명확하지 못하다는 점, '새내기, 새롭다' 등의 예외적인 경우를 포함하기 어렵다는 점 등에서 완벽할 수는 없지만, 최소한 단어의 형성과 관련하여 단어를 인식하게 한다는 의의는 충분하다.

(26) 단어는 최소의 자립 형식을 말한다. 이때의 최소의 자립 형식이라고 하면, 국어에서 용언(동사, 형용사)의 어간은 홀로 쓰일 수 없고, 항상 어미와 결합해야만 쓰일 수 있다는 점에서 자립 형식이 아니다. 굴절어인 인구어의 경우에는 동사나 형용사나 홀로 쓰일 수 있기 때문에 최소의 자립 형식이라는 단어의 정의에 부합한다. 하지만 교착어인 국어의 경우 용언의 어간은 반드시 어

미와 결합해야만 쓰일 수 있기 때문에 최소의 자립 형식이라는 정의에 부합하지 않는다. 이는 인구어를 기반으로 만들어진 단어의 정의를 그대로 국어에 적용함으로써 부수되는 문제점이라고 할 수 있다.

그래서 국어의 단어 정의는 최소의 자립 형식이라기보다는 오히려 실질 형태소의 개념에 더 가깝다. 단어를 실질적인 의미를 가진 형식, 즉 실질 형태소로 정의함으로써 국어의 동사, 형용사의 어간도 단어의 범주로 들어오게 된다.

하나의 단어는 최소한 하나 이상의 형태소로 이루어져 있다. 따라서 형태소보다 작은 단위가 단어일 수는 없고, 단어는 최소한 형태소보다 같거나 큰 단위가 된다(신승용, 2011:171).

(27), (28)의 교과서들에서도 이러한 가능성이 확인되는데, (27)에서는 '낱말과 놀기'라는 대단원에서 품사와 단어 형성법을 묶어 제시하면서도 각각의 범주에 따라 단어 개념을 다르게 접근하는 양상을, (28)에서는 형태소 결합의 결과로 형성된 단위가 단어이며 역으로 단어 분석의 결과로 형태소 단위가 추출된다는 점을 명시적으로 드러내어 단어의 개념을 형태소와의 관계 속에서 다루는 양상을 확인할 수 있다.

(27) 단어들의 모임, 품사: 단어는 분리하여 자립적으로 쓸 수 있는 말이나 이에 준하는 말

단어 만들기: 단어는 자립성을 지닌 말의 단위로 하나 이상의 형태소로 이루어져 있다. [김태철 외(2013), 국어 ②]

(28) 단어를 형태소 단위로 조각내어 보았으니, 이제 조각낸 형태소들을 다시 결합하여 단어로 만들어 보자. 하나의 형태소는 다른 형태소와 만나 하나의 단어를 만들기도 하고, 하나의 형태소가 그 자체로 하나의 단어가 되기도 한다. [김종철 외(2011), 국어 2-1]

단어 형성법 단원에서 단어를 형태소와의 관계 속에서 정의하는 문제는

'단일어/복합어'의 정의 과정에서도 이어진다. (29), (30)은 교과서들에서 단일어와 복합어를 정의하는 대표적인 방식인데, 전자는 어근과 접사 개념을 도입하여 정의함에 비해 후자는 형태소의 수효에 따라 둘 사이를 변별한다. 물론, (30)과 같은 방식을 취할 경우에는 용언은 단어 형성에 참여하지 않는 어미를 제외한 어간만이 분석 대상이 된다는 점에서 학문 문법의 관점에서는 비효율적이고 비경제적인 방식이기는 하지만, 교육 문법의 전개상으로는 (29)에 비해 (30)이 형태소에 대한 분석이 단어의 형성과 어떻게 연결되는지를 가늠할 수 있게 한다는 점에서 유의미한 연결소로 기능할 수 있다. 이때, 인식적 도구로서의 형태소가 이러한 연결소의 역할을 수행함은 주지의 사실이다.

(29) 어근 하나로만 구성된 말을 단일어라고 하고, 어근이 다른 어근이나 접사와 결합된 말을 복합어라고 한다. [왕문용 외(2011), 국어 2-1]

(30) '밥'처럼 하나의 형태소로 이루어진 단어를 단일어라고 하고, '날김치'와 '불볕더위'처럼 둘 이상의 형태소로 이루어진 단어를 복합어라고 한다. [방민호 외(2011), 국어 2-2]

단일어/복합어의 정의항에 포함되는, 즉 단어 구성의 요소인 어근과 접사를 정의하는 과정에서도 형태소 개념을 노출시킬지 여부를 결정해야 한다. 교과서들에서는 대개 다음과 같은 방식을 취하는데, (31)에서는 '부분'이라는 추상적인 유개념을, (32)에서는 '형태소'라는 구체적인 유개념을 상정하여 어근과 접사를 정의한다. 한편, (33)에서는 정의 과정에서 실질/형식 형태소라는 하위 개념을 정의항 내에 포함하는 차이를 보인다. 물론, 특정 어근이나 접사는 둘 이상의 형태소가 결합하여 형성된 경우도 있기 때문에[25] (32)나 (33)은 어근과 접사에 대한 완벽한 정의가 되기는 어렵

25) 이를 고려하여 다음과 같이 접사를 정의하기도 한다. 예컨대, '집집이'의 경우 접사 '-이'는 어근 '집'이 아닌 단어 '집집'에 결합한다는 것이다. 그러나 이러한 예외적인 경우를 이유로

다. 그러나 (31)과 비교할 때, 이러한 정의 방식은 학습자들로 하여금 단어의 구성 요소인 어근과 접사가 앞서 다룬 형태소와 무관한 개념이 아님을 정의의 과정에서도 드러내어 학습자들이 일련의 문법 개념을 관계적으로 구성하는 과정을 도울 가능성이 높다.

(31) 단어의 구성 요소 가운데 실질적인 의미를 나타내는 중심 부분을 '어근'이라 하고 어근에 붙어 그 뜻을 제한하는 주변 부분을 '접사'라고 한다. [이삼형 외(2014), 독서와 문법]

(32) 나무처럼 그 단어의 중심부를 이루면서 실질적인 의미를 나타내는 형태소를 어근이라 하고, 꾼처럼 어근에 붙어 그 뜻을 제한하는 형태소를 접사라고 한다. [방민호 외(2013), 국어 ①]

(33) 어근은 실질 형태소로서, 단어에서 중심 기둥과 같은 역할을 하기 때문에 혼자서도 새로운 단어를 만들 수 있다. 그러나 형식 형태소인 접사는 어근에 붙어 쓰이는 말이기 때문에 혼자서는 새로운 단어를 만들 수 없다. [김종철 외(2011), 국어 2-1]

[단원 내 내용 요소 수준의 단어 형성법 내용 조직 ①]

▪ **단어 형성법 관련 주요 개념의 정의항에 형태소 개념을 반복적으로 노출한다.**

㉠ 단어 형성법 범주에서의 단어는 품사 범주와는 변별하여 정의한다.
㉡ 단일어/복합어의 정의를 형태소의 수효를 기준으로 내린다.
㉢ 어근/접사의 정의를 형태소 개념을 기준으로 내린다.

학습자들의 지식 구성을 추동하기 어려운 정의 방식을 고수할 필요는 없으리라 본다.

'여름'은 실질적인 의미를 가진 어근인 데 비해 '한-'은 다른 단어를 만드는 역할만 하는 형태소이다. 이와 같이 단독으로 쓰이지 않고 항상 다른 어근이나 단어에 붙어 새로운 단어를 구성하는 형태소를 접사라고 한다. [이도영 외(2013), 국어 ①]

② 조회 지점으로서의 '형태소'의 상위 개념화

그러한 방식의 타당성에 대해서는 재고되어야 하지만 전통적으로 형태소는 형태론의 핵심 개념으로 단어 형성법 성취 기준의 내용 요소로 포함되어 왔다. 그에 따라, 대부분의 교과서에서는 다음과 같이 형태소의 개념 및 종류와 단어의 형성 방식을 이원화하여 조직하며, 7차 문법 교과서 역시 이러한 체제를 취한다.

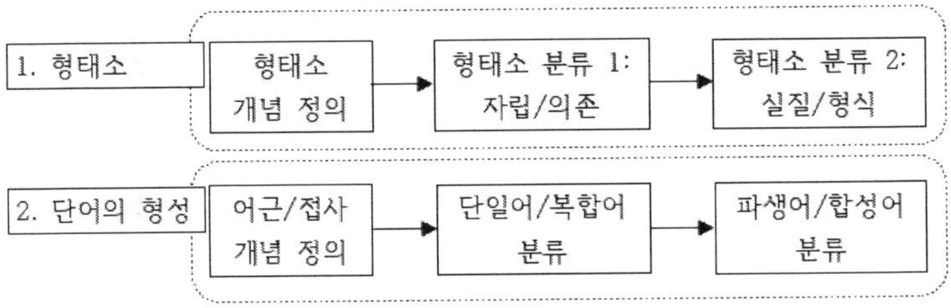

[그림 5] 7차 문법 교과서의 내용 요소 전개

문제는, 이 과정에서 '1. 형태소'와 '2. 단어의 형성' 사이의 연결소가 부여되지 않아 내용 요소 간의 관계가 표면적으로 드러나지 않는다는 점이다. 물론, 숙련가들의 기술 과정에서 형태소는 그다지 경제적인 개념은 아니다. 형태소는 분석의 일차적인 작업에서나 요구되는 '잠재적 문법 단위'일 뿐, 어근과 접사만으로도 단어의 형성을 효율적으로 기술할 수 있기 때문이다. 즉, 형태소는 어쩔 수 없이 분석의 단위가 되며 그 경우에는 형태소는 결합 과정과 관련해서 기술될 필요가 없게 된다는(이홍식, 2010:15) 것이다. 또한, 형태소의 분류는 근본적으로 형태론의 문제이지 통사론의 문제가 아님에도, '자립/의존 형태소, 실질/문법 형태소'를 구분하는 일은 형태론을 위한 것이기도 하지만[26] 통사론을 위한 것이기도 하여(이선웅,

26) 이선웅(2012)에서는 어휘부나 사전을 논의하는 맥락이 아니고는 'lexical'을 '어휘'라고 번역하는 것은 타당하지 않으므로 '실질 형태소(lexical morpheme)'를 채택하되, 의미가 불명확한 형식 형태소 대신 문법 형태소라는 용어가 합당함을 지적한다. 반면, 이정택(2010)

2012:34), 굳이 형태소에 기반하여 어근과 접사 개념을 도출하는 것은 정합성이 낮다고 볼 수 있다.

따라서 (34)의 문법 이론서에서 형태소의 개념 및 종류를 노출하지 않은 상태에서 어근과 접사 개념을 기술하고 이를 토대로 합성어와 파생어 개념에 접근하는 일은 자연스럽다. 숙련가들에게 형태소는 이미 분석을 위한 인식적 도구 개념으로 내재되어 있기 때문이다. 그러나 같은 방식을 취하는 (35)의 교과서는 새로운 개념을 학습하면 그것을 발판으로 삼아 다른 개념과의 관계를 유기적으로 조직해야 하는 학습자들에게 인식의 틀을 제공하기 어렵다는 점에서 학습자의 지식 구성을 추동하는 기술이 되기 어렵다. 앞선 학습자의 목소리에서도 확인할 수 있듯이, '어근/접사'가 형태소와는 '무관해 보이는' 새로운 학습 내용으로 인식되기 때문이다.

(34) 단어는 실질적인 의미를 나타내는 중심 부분인 어근과 그에 붙어 그 뜻을 한정하는 주변 부분인 접사로 구성되어 있다(임지룡 외, 2005:142).

어근 하나로 이루어진 것을 단일어라고 하며 어근 하나에다가 접사가 붙은 것을 파생어라 하고, 어근 두 개 이상으로 이루어진 것을 합성어라고 한다. 파생어와 합성어를 함께 복합어라고 부른다(이관규, 2002:172-173).

(35) '사과'처럼 그 단어의 실질적인 뜻을 나타내는 중심 부분을 어근이라고 하고, '풋-'처럼 어근에 붙어 그 뜻을 제한하는 부분을 접사라고 한다. (…중략…) '밤'과 같이 하나의 어근으로만 이루어진 단어를 단일어라고 한다. (…중략…) '밤나무'처럼 둘 이상의 어근이 결합하거나 '알밤'처럼 접사와 어근이 결합하여 이루어진 단어를 복합어라고 한다. [윤희원 외(2011), 중학교 국어 2-1]

에서는 어휘적인 의미가 강한 파생 접사를 형식 형태소 안에 포함하기 위해서는 오히려 문법 형태소보다 형식 형태소라는 용어가 포괄적인 범위를 띠어 적합한 용어라고 제안한다.

주세형(2008, 2009)에서 상대적 변별 개념으로 상정한 '이론적 범주'와 '기술적 범주'의 측면에서 이 문제에 접근하는 것이 가능한데, 그는 전자는 탐구 활동의 사고 도구가 되는 개념이며 후자는 탐구의 대상이 되는 개념이어서, 학습자들이 지식의 구조를 구성해 가는 과정에서 전자는 후자를 탐색하기 위한 인식의 틀로 기능할 수 있어야 한다고 논의한다. 이때, 기술 문법의 차원에서는 전체 문법 체계 속에서 각각의 문법 개념이 차지하는 위상과 가치가 어느 정도 고정적인 값을 지녀 '이론적 범주'를 굳이 노출하지 않는 것이 효율적이고 경제적이지만, **학습자들이 설명의 초점을 놓치지 않는 가운데 전이력이 높은 문법 개념을 중심으로 문법 개념 간의 관계를 구성할 것을 요구하는 문법 교육의 장면에서는 이론적 범주를 의도적으로 제시할 필요가 있다.** 즉, 지식의 구조의 정점에 자리하는 상위 개념을 이론적 범주로 삼아 그 하위에서 위계적으로 파생되는 개념들을 관계적으로 연결할 수 있어야 한다는 것이다.

단어 형성법 단원에서는 형태소 개념이 이러한 이론적 범주로 기능할 수 있는데, 요컨대 학습자들은 형태소 개념에 지속적으로 조회하는 가운데 어근/접사, 단일어/복합어, 파생어/합성어라는 관계적 개념들을 구조적으로 구성해 갈 수 있다는 것이다.

숙련가들의 문법 기술 과정에서도 이러한 양상이 드러나기도 한다. (36)에서는 학교 문법과는 다소 다른 체계를 취하지만[27], 의존 형태소를 상위 개념으로 상정하여 접사와 어기 개념을 도출하고, (37)에서는 실질/형식 형태소를 어근/접사에 대응시킴으로써 형태소의 개념 및 종류가 합성/파생이라는 단어 형성 방식을 구조적으로 기술하기 위한 상위 개념임을 명확히 한다.

---

27) 이익섭(2005)에서는 굴절 접사와 파생 접사를 묶는 접사에 대응하여 어근과 어간을 묶는 어기 개념을 상정한다. 또한 어기를 자립 어기와 의존 어기로 나누고 후자에만 어간/어근의 지위를 부여한다. 즉, 어간 및 어근은 어기 중 의존 형태소인 것만 가리키고 명사처럼 자립 형태소인 것은 어기라고만 지칭하는 것이다.

(36) 형태소가 둘이나 그 이상이 모여 만들어진 단어를 단일어와 구별하여 합성어라 한다. 합성어는 그것을 이루는 형태소의 성격에 따라 다시 복합어와 파생어로 나눈다(이익섭, 2005:37).

의존 형태소 안에서도 형태소의 지위가 다 같지 않다. 한 단어 안에서 그 단어의 중심부를 이루는 것들이 있는가 하면 늘 주변부를 이루는 것들이 있기 때문이다. (…중략…) 이들 중 주변부를 이루는 형태소를 접사(接辭, affix)라 하고, 중심부를 이루는 형태소를 어기(語基, base)라 한다(이익섭, 2005:38-39).

(37) 실질 형태소에 형식 형태소가 붙어서 만들어진 말을 파생어라 하고 실질 형태소들의 결합으로 이루어진 말을 합성어라고 한다. (…중략…) 복합어의 형성에 나타나는 실질 형태소를 어근(語根, root)이라 하고 형식 형태소를 접사(接辭, affix)라고 한다(남기심 · 고영근, 1993:190-191).

요컨대, 기초 개념으로 교육과정을 구조화하는 것은 구성주의 교육학의 가장 중요한 차원이라고 할 때(추병완 · 최근순 역, 1999:67), 기초 개념이자 숙련가들에게는 이론적 범주인 '형태소의 개념 및 종류'를 학습자들이 어근/접사, 단일어/복합어, 합성어/파생어의 개념들을 구조화하는 과정에서 참조할 수 있는 상위 개념으로 노출해야 한다. 이를 위해서는, 형태소라는 상위 개념을 의도적으로 노출하여 단어 형성법 단원 내에 포진되어 있는 내용 요소들을 조직할 필요가 있다.

다음의 두 교과서에서는 이러한 내용 요소의 조직이 확인되는데, (38)에서는 어근/접사, 단일어/복합어의 변별적 기술 과정에서 형태소를 지속적으로 제시한다. (39)는 형태소를 상위 개념화하는 양상이 보다 두드러지는데, 형태소의 수효를 기준으로 단일어/복합어를 변별하면서도 실질/형식 형태소라는 초점화된 개념에 조회하여 어근/접사, 합성어/파생어를 도출한다.

(38) 이 형태소들 가운데 의미의 중심적인 구실을 하는 것은 '사과, 일, 덮'-이다. 이와 같이 단어의 의미에서 중심적인 구실을 하는 형태소를 '어근'이라고 한다. 이와 달리, '풋-, -꾼, -개'는 그 단어의 의미에서 주변적인 구실만 한다. 이와 같은 형태소를 접사라고 한다.
형태소 하나가 그대로 단어가 되는 방법이 있다. 이렇게 만들어지는 단어를 '단일어'라고 한다. (…중략…) 둘 이상의 형태소가 결합하여 단어를 만드는 방법이 있다. 이와 같이 만들어진 단어를 복합어라고 한다. [남미영 외(2011), 중학교 생활 국어 2-1]

(39) 형태소가 하나밖에 없어 더 이상 쪼갤 수 없는 단어를 단일어라고 하고, 둘 이상의 형태소로 쪼갤 수 있는 단어를 복합어라고 한다. (…중략…) '안개꽃'과 '뛰놀다'는 각각 '안개'와 '뛰-'라는 실질 형태소와 '꽃'과 '놀-'이라는 실질 형태소가 만나 이루어진 단어이다. 이때 각각의 실질 형태소를 말의 뿌리, 즉 어근이라고 한다. 또, 이렇게 어근과 어근이 만나 이루어진 복합어를 합성어라고 한다. 반면 '멋쟁이'와 '새파랗다'는 각각 '멋-'과 '파랗-'이라는 실질 형태소에 '-쟁이'와 '새-'라는 형식 형태소가 붙어 이루어진 단어이다. 이때 실질 형태소 '멋'과 '파랗-'은 어근이고, 형식 형태소 '-쟁이'와 '새-'는 어근의 앞이나 뒤에 붙어서 그 뜻을 제한하는 접사이다. 이렇게 어근에 접사가 붙어 이루어진 복합어를 파생어라고 한다. [이숭원 외(2011), 중학교 국어 2-2]

그런데 조회 지점을 형태소 차원에서만 상정할 것인가, 형태소의 하위 개념인 실질/형식 형태소까지로 확장할 것인가의 측면에서 두 교과서는 차이를 보인다. (38)의 전체 내용 요소의 조직은 [그림 6]과 같이 도식화되는데, 형태소의 종류를 자립/의존으로만 한정하다 보니 형태소라는 상위 개념 속에서 어근/접사를 관계화하기 위해 '중심적인, 주변적인'이라는 수식어가 별도로 요구된다. 이에 비해, [그림 7]로 도식화되는 (39)는 실질/형식 형태소를 의도적으로 반복함으로써 그에 조회하여 어근과 접사 개념을 조직한다. 즉, 형태소의 분류 결과 중 하나인 실질/형식 형태소와 어근/접사 개념이 무관하지 않음을 가시화하여(이정택, 2005:6) 내용 요소를 조직하는 것이다.

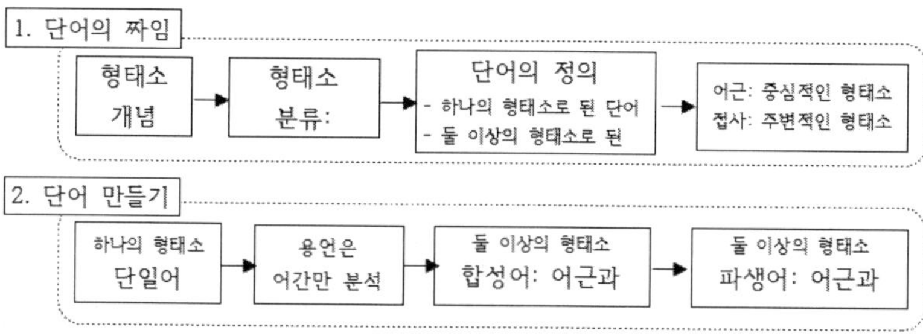

[그림 6] 남미영 외(2011)의 내용 요소 조직

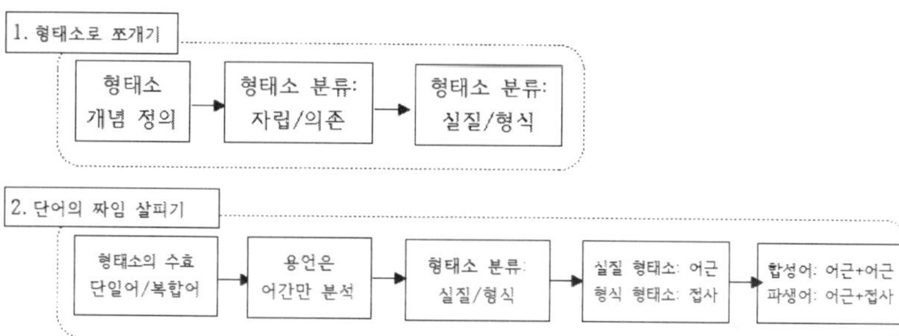

[그림 7] 이숭원 외(2011)의 내용 요소 조직

실상, 이러한 기술 방식은 학문 문법의 차원에서는 비효율적이며 자칫 논리적 정합성을 잃기 쉽다. 먼저, 형태소를 상위 개념으로 상정하여 그 수효에 따라 단일어와 복합어를 구분하는 방식은 어미는 단어 형성에 참여하는 요소가 아니어서 용언의 경우에는 어간만이 단어 형성의 분석 대상이 됨을 추가로 기술해야 한다는 점에서 경제적이지 않다. 이러한 내용 요소가 별도로 제시되지 않을 경우, 남가영(2013ㄱ, 2013ㄴ)에서 보고하듯이 학습자들은 '먹다'는 둘 이상의 형태소가 있기 때문에 단일어가 아닌 복합어로 분류하는 오류를 범할 위험이 크다. 또한, 형태소를 토대로 어근과 접사를 조직하는 방식 역시 셋 이상의 형태소로 구성된 단어에서는 어근이 형태소보다 클 수 있다는 점에서(유현경 외, 2014:159) 정교한 기술이 되지 못한다. 예컨대, '코웃음'의 '웃음'은 어근이되 형태소는 아니기 때문이다. 학문 문법상으로는 접사나 어미 정도가 형태소와 일대일 대응을 하지만[28] 어근이나 어간이 형태소와 관련되지 않는다면 굳이 접사나 어미에 대해서 형태소라는 용어를 사용할 필요는 없을 것이다(이홍식, 2010:29-30).

그러나 학습자의 문법 지식 구성을 목표로 하는 국면에서는 이러한 제한적인 경우까지를 정교하게 담아내는 데 소요되는 비효율을 감안하고라도 상위 개념을 조회 지점으로 상정하여 내용 요소 사이의 관계를 유기적으로 조직할 수 있어야 한다. 교육 내용을 '큰 개념'으로 구조화하는 것은 학습자에게 다양한 출발점을 제공하여(박현주, 1998:283) 주요 개념을 중심으로 '전체'를 조망할 수 있게 하는 안목을 길러 줄 수 있기 때문이다.

[단원 내 내용 요소 수준의 단어 형성법 내용 조직 ②]

- **형태소를 상위 개념으로 상정하여 '형태소의 개념 및 종류'와 '어근/접사', '단일어/합성어/파생어' 사이의 관계를 유기적으로 조직한다.**
  - ㉠ 어근/접사의 제시 이전에 형태소의 수효를 기준으로 단일어/복합어를 구별한다.

---

28) 고영근 · 구본관(2008:204-205)에서 어근을 '파생이나 합성에서 의미상 중심이 되는 부분'으로, 접사를 '어근이나 어간과 결합하여 특정한 의미가 기능을 부여하는 형태소'로 정의한 것을 두고, 이홍식(2010:13)에서는 접사에 대해서만 형태소의 한 부류임을 밝히는데 이는 어간이나 어근은 단일한 형태소나 둘 이상의 형태소로 구성되지만 접사는 일반적으로 단일한 형태소로만 구성된다는 점을 의식했기 때문으로 분석한다. 한때, 표준국어대사전은 '큰'과 '작은'이 안정적인 문법화를 겪었다고 보아 접사로 등재한 바 있는데, 이러한 부류의 접사는 둘 이상의 형태소를 포함하는 경우이다. 한편, 박형우(2004:414) 역시 '작은'과 '큰'을 접사로 인식하는데, '작은'과 '큰'의 의미는 '작다'와 '크다'의 의미에서 유추하여 파악할 수 있는 정도의 차이만을 가지며 친족 관련 어휘에서 제약이 거의 없다고 하였으나 유추 과정을 거쳐서 의미를 파악해야 할 만큼 의미가 전이되었다는 사실과 친족 관련 어휘에서만 사용된다는 분포 제약 등은 이미 '작은'과 '큰'이 큰 변화를 입었다는 것을 방증한다고 본다.

→ 용언은 어간만이 단어 형성에 참여하는 요소임을 추가적으로 조직에 반영한다.

㉡ 실질/형식 형태소에 조회하여 어근/접사를 구성하고 이를 토대로 '단일어/합성어/파생어'의 분류가 형태소의 분석 및 종류와 연계되도록 조직한다.

→ 둘 이상의 형태소로 구성된 어근과 접사에 대한 내용을 추가적으로 조직에 반영한다.

③ 구성 거점으로서의 '형식적 의미'의 핵심 개념화

형태소는 단어 형성법 단원 내에서는 어근과 접사라는 단어 구성 요소를 분절적으로 인식할 수 있게 하는 도구적 개념이다. 그러나 형태소를 실질/형식 형태소로 하위분류하는 과정은 이러한 범위를 넘어서 단어 형성의 참여 요소가 아닌 조사와 어미까지도 형태소 분석의 대상으로 삼는다. 이 때문에 (40)에서는 형태소의 실질적 의미와 형식적 의미를 따지는 과정의 비경제성을 지적한다. 조사나 어미가 통사 단위라면 그에 맞는 범주에 소속시키면 되므로 굳이 형태소라고 부를 필요가 없다는 것이다(이홍식, 2010:22).

(40) 문장 구성 요소로서 형태소들은 모두 동일한 층위에서 문장에 관여하는 것은 아니다. 조사, 어미 같은 문법 요소들은 단어와 같은 층위에서 문장의 구성 과정에 참여하지만 단어 구성에 참여하는 접사나 어기는 먼저 단어를 구성한 후 문장 구성에 참여한다. 이 때문에 교과서에서는 문장의 구성 요소로 형태소를 분석하여 실질/형식, 자립/의존 형태소를 분류하고는, 실제 단어 형성 설명 시에는 자립/의존 형태소는 언급하지 않는 경우가 많다. 문장 중심의 문법에서 형태소의 개념을 설명하는 것은 특별한 의미가 없다. 즉, 조사와 어미처럼 문법 기술에서 중요한 역할을 하는 문법 형태소가 있지만 그 자체가 문법 기능을 기준으로 한 범주인 조

사와 어미의 기능을 설명하기 위해 형태소 개념을 별도로 도입하는 것은 비경제적이기 때문이다(최경봉, 2006:452).

그러나 학습자들에게 실질/형식 형태소의 분류는 실사와 허사로 대별되는 주요 문법 범주들에 접근할 수 있게 하는 인식적 도구로 기능한다. 특히, 형식적 의미가 부착된 것으로 분류되는 주요 단위들인 '조사, 전성 어미, 연결 어미, 종결 어미, 선어말 어미, 파생 접사' 등을 형태소 층위에서 인식하는 일은 국어 문법의 핵심 범주들인 '성분격, 문장의 짜임, 종결 표현, 높임 표현, 부정 표현, 피·사동 표현, 시제 표현' 등에 관여하는 문법 요소를 분절적으로 접근할 수 있게 한다. **형태소, 그중에서도 형식 형태소는 여타의 문법 단위들에 비해 기능적 단위로서의 다면성을 지니고 있어 교착어로서의 국어의 특성을 설명할 수 있게 하는 핵심 개념이라는 것이다.** 그런데 (41)과 같은 상당수의 교과서들에서는 형식적 의미를 '형식적인 의미, 실질적인 뜻이 아닌 의미, 문법적 의미, 문법적 관계, 문법적 기능' 정도로 추상하여 소략하게 기술함으로써 학습자들이 '형식적'에 주목하여 조사, 어미, 접사 등의 핵심 문법 요소들이 지니는 의미기능을 구성하기 어렵게 한다.

(41) '이', '-다'는 형식적인 의미만, 즉 문법적인 의미만을 표시하므로 형식 형태소라고 한다. [7차 문법 교과서]
형식 형태소는 실질적인 의미를 가지지 못하고 문법적인 기능을 나타내는 형태소이다. [박영목 외(2013), 국어 ②]
형식 형태소는 문법적 의미를 지닌 형태소이다. [노미숙 외(2011), 중학교 국어 2-2]

사정이 이렇다 보니, 학습자들에게는 형태소가 지니는 '의미', 그중에서도 형식적인 혹은 문법적인 의미는 구성의 대상이 되기 어렵다. '문법적 의미'에 대한 충분한 이해를 바탕으로 어미와 접사가 문법적 의미를 가진 형태소라고 파악하는 것이지, 어미와 접사와 같이 문법적 의미를 가진 것이 형식 형태소라는 설명은 자칫 단순한 지식 암기 위주로 학습자들의 학습이 이루어질 가능성이 크다는(류근식 · 권경일, 2014:64) 것이다.

실상 조사, 어미, 접사가 형식적이기는 하지만 특정한 '의미'를 지니고 있다는 사실은 학습자들이 단어 형성법 단원에서 구성의 어려움을 겪는 대표적인 지점이다. 특히, 일정 부분 실질적이어 보이는 의미를 담고 있는 보조사나 어휘적 접사가 왜 형식적인 의미를 지닌 형태소로 분류되는지, 그렇다면 실질 형태소와 형식 형태소로 달리 분류되는 어근과 접사를 판별하는 기준은 무엇인가 하는 부분은 학습자들이 인지적 단절을 경험하는 주요 경로이다.

정병철(2012)에서는 어휘부와 통사부를 구분하지 않는 인지 문법에 기반하여 실질/형태소가 경계가 불분명한 연속체(continuum)를 이룬다고 본 랜개커(Langacker, 1987)를 토대로 이를 [그림 8]과 같이 가시화한다. 즉, 접두사, 어휘적 접미사, 보조사는 어휘적 의미 부담량이 높아 '형식적 의미'가 두드러지지 않는다는 것이다. 이에 대해, 문법성과 어휘성이 혼재

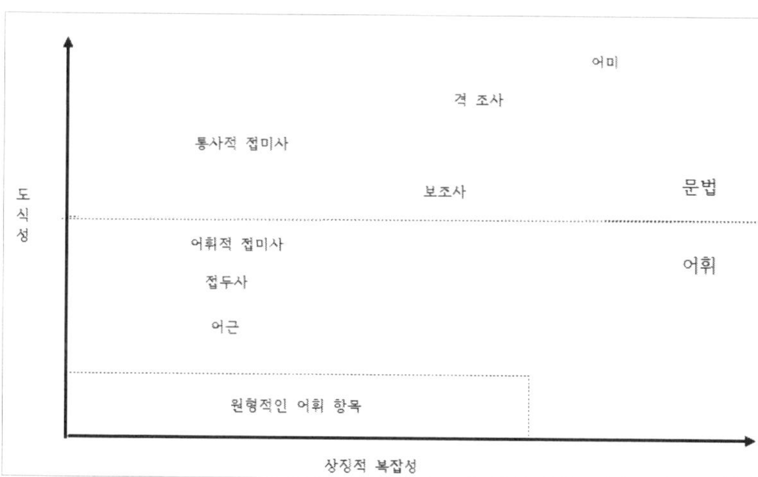

[그림 8] 어휘 형태소와 문법 형태소들 간의 연속 관계(정병철, 2012:527)

된 부류를 어휘문법 형태소라는 별도의 범주로 분류하거나(민현식, 1994), 구분이 어려우니 아예 실질 형태소와 형식 형태소의 구분을 하지 않는 편이 낫다는 제안이(최웅환, 2008; 정병철, 2012) 이루어지기도 하였다. 그러나 계열을 구성할 때 '무엇이 이해되어야 하는지'와 '무언가가 어떤 기초 위에 이해되어야 하는지' 또는 '무언가가 어떻게 이해되는지를 원하는지' 사이의 차이를 아는 것이 중요하다고 할 때(권석일 외 역, 2010:11), 주요 문법 범주를 구성적으로 이해하기 위한 핵심 자질인 '형식적 의미'의 교육적 가치는 결코 낮지 않다.

이처럼 '형식적 의미'가 지니는 거점화로서의 교육 내용 조직적 위상을 고려할 때, 설명상의 난점으로 치부하여 (42)와 같이 기술의 대상에 포함하지 않는 방식보다는 (43)의 방식으로 비교적 분명하게 기술하여 학습자들의 관계적 구성을 도모할 수 있어야 할 것이다.

(42) 형식 형태소: 접사, 조사, 어미와 같이 문법적 의미만을 표시하는 형태소 [박영목 외(2012), 독서와 문법 Ⅰ]
'풋-', '가', '-다'는 형태소 간의 문법적인 관계를 표시하는 형식적인 의미를 가진다. [윤여탁 외(2013), 국어 ②]
이러한 접사는 형식적인 의미를 가지고 있어 형식 형태소에 포함한다. [이남호 외(2012), 독서와 문법 Ⅰ]

(43) '는'은 문장에서 주어임을 나타내고, '를'은 목적어임을 나타내며, '-었-'은 과거를, '-다'는 문장의 마침을 나타내는 형식 형태소이다. [방민호 외(2013), 국어 ①]
'-꾼'처럼 단어의 의미를 제한하거나 조사나 어미처럼 문법적인 기능을 하는 형태소를 형식 형태소라고 한다. [김종철 외(2013), 국어 ①]
형식 형태소는 '의', '한-', '이', '-다'처럼 실질 형태소에 붙어 주로 말과 말 사이의 관계를 표시하거나 새로운 단어를 구성하는 역할을 한다. [이도영 외(2013), 국어 ①]

특히, -꾼은 혼자서는 자신이 가진 뜻을 드러내지 못하고, '나무'에 붙어 의미를 보태는 역할만 하기 때문에 형식 형태소이다. [이숭원 외(2011), 중학교 국어 2-2]

[단원 내 내용 요소 수준의 단어 형성법 내용 조직 ③]

- **'형식적 의미'를 반복적으로 노출함으로써 형태소에 대한 공고한 구성을 도모함은 물론 조사, 어미, 접사의 의미기능을 일관되게 조직한다.**
  - ㉠ '최소의 유의미 단위'의 '의미'에는 형식적 의미도 포함됨을 기술한다.
    → 실질/형식 형태소의 분류와 연계하여 조직한다.
  - ㉡ 어휘적 접사에 부착된 형식적 의미를 정교하게 기술한다.
    → 어근과 접두사를 변별하기 위한 기준을 내용 요소 조직에 반영한다.
  - ㉢ 조사, 어미에 부착된 형식적 의미를 정교하게 기술한다.
    → 다른 문법 범주를 분석적으로 구성하기 위한 인식적 도구 개념을 제공한다.

④ 명명 차이 인식을 위한 '굴절'의 비교 범주화

하나의 문법 개념은 유관 개념과 공유되는 속성과 변별되는 속성을 기준으로 대별되는 범주를 형성한다. 따라서 둘 이상의 문법 개념을 비교하는 과정에서 이러한 속성에 주목하지 못할 경우에는 표면적으로 유사해 보이는 문법 개념 간의 차이 및 경계를 인식하지 못하는 경우가 발생한다. 신현정(2000:106)에서는 이를 '총체적 유사성(global similarity)'과 '조망적 유사성(respective similarity)'의 구분을 통해 설명한다. 즉, 전자는 분화되지 않은 유사성으로 학습의 초기에 나타나는 현상이라면, 후자는 특정한 범주적 관점에 기반하여 일정한 체계 속에서 특정 개념을 관련 개념과 변별하게 하는 인식 능력이라는 것이다.

황화상(2012)에서는 국어에서 어간과 어미의 결합은 문장을 구성하고 다양한 문법 범주를 실현하는 중요한 형태론적 과정임에도, 단어 형성법 단원에서 굴절의 문제를 다루지 않는 문제를 지적한다. 문장의 안김과 이어짐이라는 문장의 구성 양상과 종결법, 높임법, 시제 등의 문법 범주를 이해하기 위해서는 굴절에 대한 명확한 이해가 선행되어야 한다는 것이다. 7차 교과서에서는 (44)와 같은 기술을 통해 일정 부분 단어 형성법 단원에서 굴절 현상을 배치한다. 용언 활용 시의 어미를 굴절 접사라는 또 다른 문법 용어로 명명함으로써 파생 접사와의 변별을 보이는 것이다.

(44) 가령, '치솟다'의 '솟-'은 어근이고 '치-, -다'는 접사이다. '치-'처럼 단어 파생에 기여하는 접사는 파생 접사라고 하고, '-다'처럼 문법적 기능을 하는 어미는 굴절 접사라고 한다. [7차 문법 교과서, 83쪽]

문제는 이러한 명명의 차이가 굴절론과 조어론이라는 상이한 범주를 변별적으로 구성하게 하는 연결소로 기능하지 못하고 단순히 혼효되어 있기만 하여 오히려 학습자들의 지식 구성을 방해한다는 점이다. 용언 활용 시의 어미를 굴절 접사라는 또 다른 문법 용어로 명명하면서도 이를 위한 별도의 연결소가 부여되지 않고, 이후의 기술에서는 '파생 접사'라는 용어를 통해 곧바로 접미사, 접두사라는 용어가 등장하기 때문이다.

그런데 굴절 현상을 비교 범주로 상정하여 조어 현상과 변별적으로 구성하는 일은 단어의 형성과 관련된 문법 개념들을 체계적으로 구성하는 데에까지 영향을 미친다. 먼저, 형태소 분석 과정에서 수행한 어간/어미의 분절이 이후 단어 구성 방식을 따지는 과정에서는 왜 다루어지지 않는지에 대한 이해상의 어려움을 해소할 수 있게 한다. 단어의 굴절을 배제할 경우 단어 형성 교육에서는 용언을 예외적인 단일어로 처리할 수밖에 없기(황화상, 2012:68) 때문이다.

이러한 상태에서 교과서들에서 보이는 (45)와 같은 기술은 학습자들로 하여금 용언의 단어 형성을 이해하기 어렵게 한다. 접사와 어미가 모두 형식 형태소라는 점을 드러내고 있다는 점에서는 의미를 지닐 수 있으나 결과적으로는 접두사와 어근, 어근과 어미를 대조하는 매우 불균형적인 형태를 보이며(남가영, 2013ㄴ:124), 어근 '솟다'와 '지우-'의 표기 양상이 달라 학습자들의 혼란을 야기한다. 물론, 일부 교과서들에서는 본문이나 날개에 특정한 기술을 추가하여 이 문제를 해소하고자 한다. 그러나 여전히 왜 그러한지의 지점은 제시해 주지 않아 학습자들에게 이러한 기술이 구성을 위한 실마리라기보다는 제한 조건이나 규칙으로만 맹목적으로 수용될 우려가 크다.

(45) '치-'는 어근 '솟다'에 '위로 향하게'의 뜻을 더해 준다. (…중략…) '-개'는 어근 '지우-'와 결합하여 도구의 뜻을 더해 준다. [방민호 외(2011), 국어 2-2]

이 문제는 굴절 접사/파생 접사와 달리 용어가 내단히 유사하고 '먹나, 먹이' 등의 경우에서는 형태도 동일한 어간과 어근 개념을 변별적으로 구성하는 지점으로까지 이어진다. 어근과 어간은 형태론에서 가장 기본적인 개념이면서도(정희창, 2014:236), 이를 변별적으로 제시하지 않을 경우에 학습자들은 동일한 형태가 왜 어간과 어근이라는 상이한 범주로 명명되는지를 구성하지 못한다. 어근과 어간은 어떤 형태 단위에 고정된 것이 아니라 그 쓰임에 따라 주어지는 유동적인 개념이어서 복합어에 나타날 때에는 어근이 되고 활용형에 나타낼 때에는 어간이 됨을(유현경 외, 2014:151) 포착하지 못하기 때문이다.

숙련가들의 문법 기술 과정에서는 이러한 점이 명확하게 제시되는데, 예컨대 (46)에서는 단어 형성법에 대해 기술하면서도 '어간과 어근, 접사와 어미'라는 제목으로 별도의 장을 할애하여 비교 범주로서의 굴절 개념을 노출한다. 물론, 일부 교과서들에서도 (47)과 같이 이러한 점을 적시하기도 하는데 날개의 차원에서 참조 지식 정도로만 제시할 것이 아니라 학습자들의 문법 지식 구성을 추동할 수 있도록 명시화하여 교육 내용으로 조직할 필요가 있다.

(46) 어간이란 용언이 '활용을 할 때 중심이 되는 줄기 부분, 다시 말해 활용에서 어미에 선행하는 부분'을 말한다. 합성에서는 직접구성성분이 모두 어근이지만, 파생에서는 직접구성성분이 '파생접사가 결합할 때 중심이 되는 부분, 다시 말해 파생접두사에 후행하거나 파생접미사에 선행하는 부분'인 어근과 접사로 이루어진다. 결국 어간은 활용론에서 사용되는 개념, 어근은 조어론에서 사용되는 개념인 셈이다. (…중략…) 흔히 접사라 하면 파생 접사만을 가리킨다. 결국 접사는 좁은 의미로는 파생 접사만을 의미하고 넓은 의미로는 굴절접사(=어미)와 파생 접사를 모두 포함한다. 우리가 위에서 '단어를 구성하는 요소를 어근과 접사로 나눌 수 있다'라고 한 진술에서 접사란 좁은 의미의 접사, 곧 파생접사를 지칭한다(고영근 · 구본관, 2008:204-205).

(47) 단어의 형성에서는 어근과 접사, 용언의 활용에서는 어간과 어미로 부른다. 예를 들어, '먹이'는 어근과 접사가 결합했다고 하고, '먹다'는 어간과 어미가 결합했다고 한다. [이삼형 외(2014), 독서와 문법]

사실, 현상, 원리, 법칙, 이론은 현상계에 존재하는 것이고 개념은 그것을 파악하여 인간의 머릿속에 다른 것과 구별할 수 있도록 자리 지워 주는 것임을 고려할 때(김대수, 1991:183), 어근과 접사는 조어론적 개념이고 어간과 어미는 굴절론과 관련된 개념임을 단어 형성법 단원에서 명시적으로 제시할 필요가 있다. **얽어 주는 구실을 하는 범주를 상정할 때 낱낱의 개념이 단방향적으로만 축적되지 않고 특정한 요소를 중심으로 불연속적으로 재구조화될 수 있기 때문이다.**

[단원 내 내용 요소 수준의 단어 형성법 내용 조직 ④]

- **'굴절접사 = 어미'를 의도적으로 노출함으로써 굴절론과 조어론의 범주적 변별에 대한 인식을 유도한다.**
  - ㉠ 용언의 형태소 분석 과정에서 동일 형태를 갖는 어간과 어근 개념을 변별한다.
  - ㉡ 어근/접사는 조어론의 개념이고, 어간/어미는 굴절론의 개념임을 명시적으로 노출하여 기술한다.

나. 단원 간 개념 계열화를 위한 연결소 부여

① 정의항 내에 '형태' 개념 포함

형태소는 학습자들에게 대단히 체감하기 어려운 문법 개념이다. 일상어로서도 자주 사용되는 단어나 문장에 비해 철저히 학문적 전문어이면서도, 자소(字素)의 형태로 가시화되는 음운 단위와 비교해서도 비가시적인 대상이기 때문이다[29]. 그런데 이제까지 교과서에서 형태소에 대한 정의는 언제나 '최소의 유의미 단위'였다. 이에 대해, 학습자들은 이러한 정의가 언어 단위의 변별적 지위를 고려한 정의이지 용어가 내포하는 개념 자체를 담아내지는 못한다고 인식한다.

즉, **'형태소'는 문법 용어의 자의(字義)와 '최소의 유의미 단위'라는 정의항이 일련의 논리로 꿰어지지 않아 학습자들이 개념적 이해의 어려움을 겪는 대표적인 개념이라는 것이다.** 실상, 형태소는 (변)이형태, 교체, 상보적 분포 등의 기반 위에서 도입된 개념으로 '素'는 '변이음-음소'의 관계와 마찬가지로 '형태'와의 관계 속에서 의미를 지닌다. 형태소 개념에 대한 숙련가들의 정의에는 이 지점이 명시적으로 부각되어 대부분의 문법서

29) 이춘근(2000)에서는 기억 단위와 사용 단위를 구분하여 형태소를 전자의 범주에 포함한다. 한편, 제민경(2007)에서는 이춘근(2000)의 구분을 차용하면서도 기억 단위를 다시 완결 단위와 과정 단위로 구분하여 형태소를 과정 단위로 규정한다. 요컨대, 형태소는 기억의 단위이면서도 단어의 형성에 참여하는 과정적 단위라는 것이다. 이러한 언어 단위로서의 지위 역시 학습자들이 형태소라는 단위를 체감하기 어렵게 한다.

에서 '최소의 유의미 단위'에 더해 '다양한 형태들 중의 기본형' 역시 포함된다.

한편, 형태 개념에 기반하여 형태소를 정의하는 방식을 병용할 경우, 학습자들로 하여금 음운론과 형태론 사이의 확산적 구조를 구성하게 할 가능성도 열린다. 음운론은 어떤 하나의 형태소나 단어가 환경에 따라 달리 실현되는 양상을 분석하여 이들의 원래의 형태(기저형)를 결정하는 일과 다시 이 원래의 형태로부터 다양한 환경에 나타나는 각각의 발음형(표면형)이 만들어지는 과정을 설명하는 일이어서(이문규, 2004:17) 음운론의 분석 작업 대상이 결국 형태소이기 때문이다. 즉, 형태소의 실현 문제는 결국 음운론의 작업이어서(이홍식, 2010:6) 하나의 형태소가 여러 이형태로 교체하는 과정을 음운 변동으로 설명할 수 있으면 하나의 형태소가 분석된다는 것이다.

요컨대, (변이)형태 개념에 정의항에 포함하여 형태소의 개념을 다루는 문제는 단순히 내용의 수준과 깊이를 교육 내용의 조직에 얼마만큼 반영할 것인지만을 기준으로 삼아 다루기보다는 그러한 정의를 병용할 때 그간 단절적으로만 제시되었던 개별 문법 개념들을 학습자들의 머릿속에서 어떻게 만나게 해 줄 것인지의 기준을 동시에 고려할 필요가 있다.

[단원 간 내용 요소 수준의 단어 형성법 내용 조직 ①]

- **형태소를 '최소의 유의미 단위'와 '다양한 형태들의 기본형'의 두 층위에서 정의한다.**
  - ㉠ 형태소의 자의(字義)에 기반하여 '素'의 의미를 '변이음-음소'의 관계와 연결한다.
  - ㉡ 음운론과 형태론의 범주적 관계를 구성할 수 있도록 기술한다.

② 조회 지점으로서의 '단어'의 상위 개념화

문법 개념에 대한 이해는 해당 개념이 특정 범주 체계 내에서 어떠한 위상을 점하는가를 인식할 때 보다 정교하게 이루어질 수 있다. 특히, **일련의 개념들이 위계적 관계로 촘촘하게 짜여 있는 문법 지식의 속성상 상위 개념에 대한 지속적인 조회는 특정 문법 개념을 정합적으로 구성해 가는 데 필수적이다. 단어 형성법 단원에서는 탐구 대상의 단위인 단어 그 자체가 이러한 역할을 수행한다.**

먼저, 상위 개념으로서의 단어에 조회하여 단어 형성법 관련 문법 개념들을 이해함으로써 같은 단위를 탐구 대상으로 삼는 품사론과의 확산적 관계 역시 동시에 구성하는 양상을 확인할 필요가 있다. 7차 문법 교과서에서는 '하늘, 이, 맑-, -다'라는 전형적인 사례를 통해 자립/의존 형태소의 개념을 기술하고 일종의 학습 활동인 '탐구'를 통해서는 통사론적 자립성이 결여되어 있는 의존 명사와 관형사에 대해서도 같은 분류를 해 볼 것을 유도한다. 이에 대해 학습자들은 문장 속에서 의존적으로 쓰이는 의존 명사와 관형사가 의존 형태소가 아닌 자립 형태소로 분류된다는 사실을 인지적으로 수용하기 어려워한다.

사실, 해당 활동에서는 '위에서 판단하기 어려운 형태소가 있었다면 왜 어려웠는지 생각하여 보자.'라는 발문을 통해 이 지점을 단순히 예외적인 경우로 처리하지는 않는다. 다만, 학습자들의 입장에서는 이러한 판단을 내리기 위한 참조 지점을 확보하지 못하는 것이다. 교과서에서 단어의 자립성에 대한 총체적인 조망이 없이 낱낱의 개념들을 '용어-정의-사례'의 순으로 제시하기 때문이다. 즉, 자립 형태소의 '자립'과 최소 '자립' 단위로서의 단어를 관계적으로 구성하기 위한, 의존 형태소와 의존 명사의 '의존'의 범주적 차이를 확산적으로 구성하기 위한 기제를 제공하지 못한다는 것이다.

민현식(1994:120)에서 역시 이 문제를 지적하는데, 형태소 개념은 어디까지나 통사론적 차원의 의존성은 고려 대상이 아니라는 점을 분명히 해야 하며, 그러기 위해서는 형태론적 구성의 차원인 조어법 차원에서만 따지는 문제임을 분명히 전제하고 정의를 내릴 필요가 있다는 것이다. 이 점에서 (48)의 기술은 형태론적 자립성을 갖춘 이후에 문장 구성의 요소가 됨을 명시적으로 내용 요소 조직에 반영한다. 즉, 다른 형태소의 도움이 없이 문장에서 하나의 단위로 쓰인다는 형태론적 자립성을 드러낸다는 것이다.

> (48) 형태소 가운데는 다른 말의 도움 없이 혼자 쓰일 수 있는 형태소도 있고, 반드시 다른 말에 기대어서만 쓰일 수 있는 형태소도 있다. 즉, 자립 형태소는 앞뒤에 다른 형태소가 직접 연결되지 않아도 문장에서 쓰일 수 있지만, 의존 형태소는 앞이나 뒤에 적어도 하나의 형태소가 연결되어야만 문장에서 쓰일 수 있다. [이삼형 외(2014), 독서와 문법]

그런데 숙련가들과 달리 문법 체계 전체에 대한 범주적 조망 능력이 조야한 학습자들이 이러한 기술 방식의 정교함에 주목하여 형태론과 통사론의 범주적 차이를 확산적으로 구성하는 일은 쉽지 않다. **그보다는 자립성이 이미 부착된 단위인 단어 개념을 조회 지점으로 삼는 것이 학습자들에게는 효과적이다.**

한편, 상위 개념인 단어에 조회하여 확산적 관계를 구성하는 양상은 단어의 형성과는 무관한 구 구조와 합성어를 비교하는 차원에서도 같이 나타난다. 그러나 (49)에서처럼 이러한 구분을 합성어의 하위 교육 내용으로 조직하거나 본문에 대한 기술을 완료한 이후에 학습 활동의 하나로 구성한 경우가 일반적이다.

> (49) 합성어 가운데에는 구와 구별하기 어려운 경우가 있다. 예를 들어 '큰아버지 집'을 뜻하는 '큰집'은 합성어이고, 크기가 큰 집을 뜻하는 큰 집은 구이다. 구인 경우에는 큰 우리 집과 같이 중간에

다른 말이 들어갈 수 있지만 합성어인 경우에는 그럴 수 없다.
[이삼형 외(2012), 독서와 문법 Ⅰ]

그런데 (50)의 교과서에서는 단어 형성법 단원에서 단어의 개념을 정립하는 도입부에서 이러한 내용을 배치하여 단어에 대한 개념이 이후의 학습 내용을 구성하는 데 있어 핵심 상위 개념임을 분명하게 드러낸다. 이러한 교육 내용의 조직은 향후 단일어와 접사의 형태가 동일한 사례를 개념적으로 구성하는 과정에서도 조회 지점으로 작용할 수 있다.

(50) [단어의 개념] 1. 문장을 어절 단위와 단어 단위로 나누기 → 2. '큰집'과 '큰 집'의 의미 비교하기(중간에 다른 요소 삽입해 보기)
단어는 분리할 수 없다는 것이 특징이다. 즉, 단어의 구성 요소 사이에 다른 단어가 들어가지 못한다. 단어의 구성 요소 사이에 다른 단어가 들어갈 수 있다면 그것은 단어가 아니며, 단어의 구성 요소 사이는 띄어 써야 한다. [김종철 외(2013), 국어 ①]

[단원 간 내용 요소 수준의 단어 형성법 내용 조직 ②]

- 단어 단위에 대한 인식을 통해 인접 범주들 간의 관계를 구성할 수 있도록 내용 요소를 조직한다.
  ㉠ 품사 분류 단위로서의 단어 개념을 노출하여 '자립/의존' 개념을 범주적으로 구성할 수 있게 한다.
  ㉡ 단어 단위에 조회하여 구/합성어, 단어/접사 등을 범주적으로 구성할 수 있도록 내용 요소를 조직한다.

③ 구성 거점으로서의 '파생/전성'의 핵심 개념화

전성 어미와 파생 접사를 구별하지 못해 전성 어미가 붙은 단어를 전성된 품사로 오인하는 일은 예비 국어 교사들에게서도 확인되는(남가영, 2013ㄱ: 130) 구분상의 난점이어서 학습자들은 특히 명사형 전성[30] 어미와 명사 파생 접사를 비교의 대상으로 삼아 둘 사이의 관계를 구성하기도 한다. 또한, 이러한 인식은 단어 형성, 품사, 문장의 짜임에 걸쳐 지속적으로 확인 가능하며, 바꾸어 말해 **파생과 전성을 변별적으로 이해하는 일은 서로 다른 범주를 관통하여 범주 간의 확산적 관계를 구성하기 위한 거점으로 작용한다는 것이다.**

그런데 교과서들에서 이를 핵심 개념으로 상정한 경우는 대단히 제한적이어서, (51)처럼 날개의 '참고 지식' 정도로 제시되는 데 그친다. 문제는 명사 파생 접미사와 명사형 전성 어미보다 더욱 변별이 어려운 부사 파생 접미사와 부사형 전성 어미는 다루어지지 않는다는 점이다. 예컨대, '꽃이 아름답게 피었다.'와 '비가 소리도 없이 왔다.'의 '-게', '-이'가 파생 접사와 전성 어미라는 상이한 범주로 귀속됨을 구성할 수 없게 한다는 것이다. 파생과 전성 개념을 변별적으로 이해하는 일은 단어의 형성뿐 아니라 어미의 체계, 문장의 짜임 등의 문법 지식을 확산적으로 구성하기 위한 핵심이라는 점에서 이를 구성 거점으로 삼아 지속적으로 반복할 필요가 있다.

예컨대, (52)에서와 같이 문장의 구성을 기술하면서도 파생의 개념을 비교 범주로 설정하는 양상을 참조하여 역으로 파생의 개념을 다루면서도 전성을 비교 범주로 상정하여 단원 간 계열화를 지향해야 한다.

(51) [지식 도우미] 명사형 어미 '-(으)ㅁ'과 명사 파생 접미사'-(으)ㅁ' 부사어의 수식을 받으면 명사형 어미이고 관형어의 수식을 받으면 명사 파생 접미사이다. 예) 오늘도 매우 즐거움. 명사형 어미

30) '전성(轉成)'이라는 용어에 대한 고민도 필요하다. 이선웅(2012:201)에서는 품사의 '전성/전환'에 대한 용어로서의 적절성 판단 과정에서 '전성 어미와의 용어적 관련성을 맺기가 좋다'는 점을 들어 '품사 전성'이 적합함을 논구한다. 반면, 유현경 외(2013:133)는 전성은 형태론에서 파생 접사가 붙어 품사가 바뀌는 경우에도 사용하는데 용언에 소위 전성 어미가 붙으면 품사가 바뀌는 것이 아니라 용언의 품사는 그대로 있고 명사절, 관형사절, 부사절 등의 내포절이 되게 하다는 점을 근거로 전성 어미라는 용어가 바람직하지 않음을 지적한다. 즉, 품사론의 '전성'은 실제로 품사를 바꾸어 준다는 의미를 지님에 비해 '전성' 어미는 그러한 품사에 해당하는 자격으로 바꾸어 준다는 의미이지 실제 품사가 변화하는 것은 아니라는 점에서 학습자들의 혼동이 예상될 수 있다는 것이다.

'-(으)ㅁ' / 독서는 우리에게 큰 즐거움을 준다. 명사 파생 접미사 '-(으)ㅁ' [이도영 외(2014), 독서와 문법]

(52) 파생과 전성은 다른 개념이라는 것을 다시 확인합니다. 파생은 단어의 구성에서 다루었던 문제로 접사가 붙어서 전혀 다른 단어가 되는 과정을 의미했었어요. 반면 전성은 문장 속에서 일시적으로 그 기능을 달라지게 하는 것이었지요. 그래서 단어 자체가 달라지는 것은 아닙니다(김남미, 2011:185).

[단원 간 내용 요소 수준의 단어 형성법 내용 조직 ③]

- **'파생/전성'에 대한 범주적 차이를 내용 요소 조직에 반영하여 인접 범주들 간의 관계를 구성할 수 있게 한다.**
  - ㉠ 명사형 전성 어미와 명사 파생 접사를 기점으로 삼되 부사형 전성 어미와 부사 파생 접사로까지 계열화될 수 있도록 내용 요소를 조직한다.
  - ㉡ '파생/전성'을 더 알아 둘 내용으로 치부하지 않고 단원 간 계열화를 구성해 가는 거점의 기능을 할 수 있도록 직접적으로 노출한다.

④ 명명 차이 인식을 위한 '품사'의 비교 범주화

학문 문법의 관점으로 볼 때, 품사론은 형태론, 통사론, 어휘론에 흩어져 있는 사실들을 묶어 주는 전통적인 학문 영역이어서 언어 단위를 기준으로 학문의 하위 분야를 나눈 현재의 체계에서는 관습에 따른 착시 현상으로 독자적으로 보일 뿐 실제의 독자성은 낮다(이선웅, 2006:456). 그러나 기술 결과를 토대로 전체 문법 체계를 구성해 가야 하는 학습자들의 입장에서는 형태론적, 통사론적, 어휘론적 지식의 일부들을 모두 확인할 수 있는 품사는 오히려 문법의 총체적 체계를 살필 수 있는 단초를 제공한다.

이러한 이유로, 단어 형성법의 교육 내용 구현 과정에서도 품사 범주는 지속적으로 노출된다. 먼저, (54)와 비교할 때 (53)은 형태소를 하위분류한 결과를 기술하면서도 동시에 품사 범주를 노출한다. 물론, (53)과 같은 기술을 위해서는 단일어일 경우라는 전제가 요구된다[31]. 그렇지 않을 경우, 형태소를 분류할 때 품사와 관련해서 분류하고 기술하는 것은 단어와 형태소라는 전혀 다른 층위의 분류를 뒤섞게 하기(이홍식, 2010:11) 때문이다.

이 때문에 형태소의 종류를 설명하면서 품사에 기대는 것은 정확한 문법 기술과는 거리가 있다(이선웅 · 이은섭, 2013:271). 그러나 **학습자들의 입장에서는 동일 언어 현상을 두고도 서로 다른 범주 차원에서 상이한 용어로 명명될 수 있음을 이해하는 것은 범주 간의 확산적 관계를 구성하는 데 주요한 연결소로 작용한다는 점을 간과할 수 없다.** 숙련가들에게 범주의 구분에 따른 인식의 전환은 지극히 당연한 전제이지만, 학습자들에게는 오히려 이를 지속적으로 노출해 줄 필요가 있기 때문이다.

(53) '와(독립언-감탄사)', '저(수식언-관형사)', '나뭇잎[32](체언-명사)', '참(수식언-부사)'은 자립 형태소이고, '은(관계언-조사)', '빨갛-(용언의 어간)', '-다(용언의 어미)'는 의존 형태소이다. [한철우 외(2014), 독서와 문법]

(54) '나무', '주먹', '밥'은 다른 형태소의 도움 없이 혼자서 쓰일 수 있는 형태소들이다. 이를 가리켜 자립 형태소라고 한다. '-꾼', '은', '을', '먹-', '-었-', '-다'는 혼자서는 쓰일 수 없고 다른 형태소와 함께 쓰여야 하기 때문에 의존 형태소라고 한다. [이숭원 외(2011), 국어 2-2]

같은 논리로, 합성과 파생 후의 품사를 기본으로 합성어와 접미사를 하위분류하는 기술 역시 학습자들에게 비교 범주로서의 품사를 참조하여 확

31) 예컨대, 구본관 외(2015:102-103)의 다음과 같이 조건을 부여하여 기술해야 한다.
명사, 대명사, 수사, 관형사, 부사, 감탄사 등이 단일 형태소인 경우 자립 형태소가 된다. 이들은 홀로 띄어 쓸 수 있어 대체로 의존 형태소와 쉽게 구분된다. 조사, 동사와 형용사의 어간, 어미, 파생 접사 등이 단일 형태소인 경우 의존 형태소가 된다(구본관 외, 2015:102-103).

32) '나뭇잎'을 형태소 단위로 분류한 것은 기술상의 오류로 보인다.

산적 관계를 구성하게 하는 의의를 확보할 수 있다. 특히, 학습자들의 입장에서는 합성 명사나 명사 파생 접사에 비해 다른 품사의 합성과 파생 과정에 대한 이해가 비전형적으로 인식된다는 점에서 품사에 기반한 이러한 범주 제시는 전형성에서 비전형성으로 나아가게 하는 인식의 통로 역할을 할 수 있다.

나아가 필연적으로 품사 범주의 용어가 노출될 수밖에 없는 (55), (56)과 같은 하위 문법 개념들을 이해하는 데에도 품사 범주는 일정한 연결소로 기능할 수 있다. 이렇게 볼 때, 학문 문법을 명징하게 기술하고자 할 때 엄밀한 학문적 독자성을 인정하기 어려운 품사론은(이선웅 · 이은섭, 2013: 262) 문법 교육 내용의 구현 과정에서는 비교 범주로서의 가치를 지니며, 적극적으로 내용 요소의 조직 과정에 반영할 필요가 있다. 특정 교육 내용 자체에 항존하는 불변적 가치는 상정되기 어려우며 어떠한 목적에 따라 어떠한 방식으로 해당 교육 내용을 학습자가 접하게 할 것인가에 따라 교육 내용의 배치는 새롭게 조정되어야 하기 때문이다.

(55) '높푸르다'와 같이 용언의 어간과 어간이 직접 결합하는 방식은 문장 구성에서는 나타나지 않고 단어 형성에서만 나타난다. [이삼형 외(2014), 독서와 문법]

(56) 비통사적 합성어는 '덮(은)밥'처럼 관형사형 어미가 생략된 경우, '검(고)푸르다'처럼 연결 어미가 생략된 경우, '부슬비'처럼 부사가 체언을 수식하는 경우 등이 있다. [이관규 외(2014), 독서와 문법]

[단원 간 내용 요소 수준의 단어 형성법 내용 조직 ④]

- 단어 형성법 내에 품사 범주가 포함되도록 내용 요소를 조직하여 학습자들로 하여금 범주 간 관계를 구성할 수 있게 한다.
  - ㉠ 형태소의 유형 분류 과정에 품사 명칭을 포함한다.

㉡ 합성/파생 후의 유형 분류 과정에 품사 명칭을 포함한다.
㉢ 형태소의 분석 및 단어 형성 방식에 대한 기술 과정에서 품사 명칭을 포함한다.

2. 표상 층위 문법 교육 내용화

(1) 형식적 실체화로서의 표상

교과서에는 다양한 유형의 텍스트들이 각각의 기능과 목적을 가지고 담겨 있다. 예컨대, 서유나(2012)에서는[33] 이성영(2006)의 논의를 토대로 문법 교과서의 기능에 따른 텍스트 범주를 '메타 텍스트(교과서 안내, 단원 안내, 자료 안내, 활동 안내), 본문 텍스트, 활동 텍스트(활동 지시, 활동 자료)'로 체계화한다. 이 중 메타 텍스트는 일반적으로 교육 내용을 표상하는 강도가 약하여 주된 논의 대상으로 삼기에는 제한적이다. 남가영(2013ㄴ:128)에서[34] 검정 체제에 돌입하면서 다양한 방식으로 단원이 구성되기 시작했음에 주목하여 교과서 단원을 분석한 결과, 지식 구성 방식을 다음의 세 유형으로 정리하는 것도 이러한 이유 때문이다. 이를 고려하여, 여기에서는 전자의 범주(본문 텍스트)를 '설명'으로, 후자의 범주(활동 텍스트)를 '활동'으로 구분하고 각각의 범주별로 형식적 실체화 층위의 표상 문제를 논의할 것이다.

---

33) 서유나(2012)에서는 이러한 텍스트 기능을 종축으로, 김은성(2012ㄱ)에 기반한 유형, 방식, 의도성, 범위에 따른 표상의 특성을 횡축으로 삼아 4차부터 최근까지의 문법 교과서를 분석한다. 문제는 '계수(計數)'를 통한 분석을 방법론으로 채택함으로써 '다양성'으로만 초점화하여 논의를 전개한다는 점이다. 문법 교육 내용의 구현 문제는 '형식'만을 논의하여서는 그 의의를 충실히 확보하기 어렵다. 어떠한 내용을 어떠한 형식으로 실체화할 것인가를 동시에 연구 대상으로 삼았어야 할 것이다.

34) 해당 논의를 도식화한 결과이다. 또한, 남가영(2013ㄴ)에서는 '방식 2'의 유형에 '자료 분석 활동을 통한 지식 확장' 단계를 상정하지 않았지만, 이 유형을 취한 적지 않은 교과서들에서 이 단계를 추가적으로 배치한다고 판단된다. 즉, '언어 자료 분석을 통해 지식 도출'은 '본문 활동'으로 간주하여 '학습 후의 활동'을 추가로 상정한다는 것이다.

방식 1	개념 설명과 언어 자료 분석 시범을 통한 지식 구성			→	자료 분석 활동을 통한 지식 확장
방식 2	언어 자료 분석을 통해 지식 도출	→	개념 정리를 통한 지식 확정	→	자료 분석 활동을 통한 지식 확장
방식 3	이야기를 통한 지식 구성	→	개념 정리를 통한 지식 확정	→	자료 분석 활동을 통한 지식 확장

[표 11] 문법 교과서 단원의 지식 구성 방식(남가영, 2013ㄴ:128)

가. 설명 층위에서의 표상의 중층화

문법 단원의 본문 텍스트로 지칭되는 설명 텍스트는 학습자들에게 이질적인 경험을 요구하는 학습 자료이다. 다양한 언어 환경에 노출되어 다양한 언어활동에 참여하면서 언어와 문법에 대해 모종의 개념을 자발적으로 형성하는 과정과, 과학적 개념을 직면하고 해당 개념을 중심으로 언어 현상을 조망하는 과정은 질적으로 다른 과정이기(남가영, 2011ㄴ:117) 때문이다. 이러한 이질성을 극복하기 위해 문법 설명 텍스트가 갖추어야 할 핵심적인 요소는, 모어 화자로서 직관적으로 인식해 오던 언어 현상과 과학적 개념을 동원하여 언어 현상을 체계적으로 재인식하는 과정 사이의 간극을 좁히기 위한 텍스트적 장치의 모색일 것이다.

그러나 이제까지 문법 교육에서 텍스트는 오로지 가르쳐야 할 교육 내용으로만 간주되어 선정한 교육 내용을 어떤 특성을 가진 텍스트로 구성할 것인지, 그 구성은 어떤 식으로 할 것인지에 대해 본격적으로 논의가 된 적이 없었던(김은성, 2012ㄱ:96) 것이 사실이다. 김혜정(2009)에서 교육과정과 교과서에 대한 통시적 분석을 통해 국어교육용 텍스트 자료 유형을 체계화하면서 '문법은 영역은 분명 제재라고는 할 수 있지만 텍스트 제시 방식이라고는 할 수 없다(김혜정, 2009:349)'고 평가한 데에서도 이를 확인할 수 있는데, 형식적 실체화 차원에서 문법 교육의 교육 내용화 전략이 거의 부재했음을(김은성, 2012ㄱ:86) 방증한다.

교육 내용을 어떠한 실체로 구현해 내는가의 문제는 교수·학습의 이론적 상세화하는 점에서 텍스트와 학습자 사이의 유의미한 상호 작용이 전제되어야 함에도, 이에 대한 별 다른 고민이 없었던 것이다. 그 결과, 문법 지식 자체의 정확성과 체계성을 최우선에 두고 문법 개념들을 명시적이고 압축적으로 풀이하고 몇몇 언어 자료를 분석하는 과정을 노출하는 방식의 설명문이 문법 교육의 유일한 형식적 실체로 간주되어 오곤 했다[35].

문법 교육에 대한 논의는 아니지만, 바르트(Barthes, 1970)가 독자적 텍스트(readerly text)와 필자적 텍스트(writerly text)를 구분한 데에서도 이 문제의 시사점을 얻을 수 있다. 그는 타이어 교체 방법 또는 용암 분출 과정을 사실적으로 설명하는 것과 같이 의미가 명확하게 전달되는 텍스트를 독자적 텍스트로, 독자가 텍스트의 의미 생성 과정에 적극적으로 참여하여 필자와 소통하는 텍스트를 필자적 텍스트로 나눈다. 즉, 필자적 텍스트에는 설명 주체의 목소리가 중층적으로 투사되어 있어 독자가 텍스트를 이해하기 위해서는 필자가 존재함을 놓치지 않는 가운데 해석의 과정이 수반되어야 한다는 것이다. 또한, 그는 텍스트를 대면하는 독자 역시

	독자적 텍스트	필자적 텍스트
모방적 독자	㉮	㉰
실제적 독자	㉯	㉱

[표 12] 독자-텍스트의 관계(Barthes, 1970)

35) 그렇다고 하여, 문법 교육에서 '설명문'이 지니는 가치를 경시해서는 안 된다. 흔히 설명문은 정보의 일방적 전달에 불과하다고 가치절하하고는 하지만 '어떻게 설명하는가'에 따라 독자로서의 학습자가 설명 대상을 인지적으로 구성할 가능성이 달라진다고 보아야 한다. 다만, 이 지점에 대한 탐색이 없이 나열과 요약이 문법 설명문의 대표적인 실체화 전략으로 인식되어 온 현재를 비판적으로 인식하고, '다양한' 학습자의 문법 지식 구성을 꾀하기 위해서는 형식적 실체 역시 '다양화'되어야 할 것이다.

실제적 독자(actual reader)와 모방적 독자(mock reader)로 구분하는데, 텍스트를 읽으면서 얻게 되는 의미를 주체적으로 관장하는 독자와 텍스트의 수사적 장치에 쉽게 이끌려 핵심 내용이나 의도보다는 주변적 요소들에 반응하는 독자로 변별한다.

문제는 어떠한 형식을 갖추어 텍스트를 실체화하는가가 학습자의 이해에 결정적인 영향을 미친다는 지점에 대한 교육적 고민이 부족한 가운데 문법 교육 내용을 표상하는 기존의 실체화는 주로 모방적 독자를 상정하는 독자적 텍스트에 머문다는 데 있다. 물론, **'설명'을 지향하는 독자적 텍스트라 하더라도 그 이면에 놓인 교육 내용의 조직 양상에 따라, 그리고 내용적 실체화로서의 다양한 표상의 방식에 따라 얼마든지 모방적 독자를 실제적 독자로 변모하게 할 수 있지만,** ㉮의 방식이 극대화된 설명 텍스트를 학습자들은 당장 견고하고 건조한 실체로 인식하기 쉬우며 당연히 지식의 구성을 이끌기는 어려울 것이다.

교육적 장면에서 이 점을 의미화하는 바르네스(Barnes, 1976)는 지식의 이동 및 순환 경로에 따라 '전달'과 '해석'의 차이를 보일 수 있다고 지적한다. 즉, 지식을 마치 일종의 상품처럼 생각하여 그것을 소유한 자가 학습자들에게 진열하는 방식은 가게 주인과 손님의 관계처럼 대상을 '전달'하는 데 반해, 설명 주체와 학습자 사이에 지식이 공유되며 이 공유의 과정이 지식을 학습하는 행위를 통해 형성되는 방식을 취한다면 이러한 학습 과정은 '해석'을 지향한다는(임칠성 외 역, 2010:60) 것이다. 따라서 지식에 대한 해석, 곧 학습자의 지식 구성을 이끌기 위해서는 단순히 '전달'의 관점으로만 교육 내용을 표상할 수는 없다.

다행스럽게도, 검정 체제에 따라 교과서 집필 집단이 다양화되고 학습자들의 선택을 받아야 한다는 시장의 논리가 작용하면서 이전과는 비교할 수 없을 정도로 다채로운 형식적 실체화를 보이는 설명 텍스트들이 생산되었다. [표 11]에서 '방식 2'로 분류한 (57)과 같은 방식이 대표적인데, 줄글의 형식으로 다양한 개념들을 풀이하고 일부 사례에 적용하는 과정을 보여 줌으로써 학습자들에게 '따라 올 것'을 요구하는 방식과 달리 학습자 스스로 활동을 통해 개념에 접근하게 하는 귀납의 방식으로 교육 내용을 표상하는 것이다. 물론, 문법 교육에서 학습자의 자발적 탐구가 강조되는 맥락에서 이러한 형식적 실체화의 의의는 충분히 인정되지만, 설명 주체(교과서 집필자)와의 의미적 소통을 통한 지식의 구성이 부각되기보다는 제한되고 통제된 일련의 활동과 그에 덧붙는 '알아 두기' 형식의 소략하고 파편적인 서술만으로는 문법 지식에 대한 학습자의 구성을 담보하기 어려움을 인정할 필요가 있다. 특히나, 주요 개념들이 서로 유기적으로 연계되어 설명되기보다는 몇몇 활동을 중심으로 파편적으로 나뉘어 제시되다 보니(남가영, 2013ㄴ:129), 지식의 구조에 대한 관계적 구성의 측면에서는 오히려 ㉮ 유형의 텍스트 형식보다 불리한 면이 있는 것도 사실이다.

(57) 다음 대화를 바탕으로 어근과 접사에 대해 알아보자.

여: <u>한겨울</u>인데 그렇게 얇게 입고 다니다니. 역시 넌 멋쟁이구나. 남: 괜찮아. <u>한낮</u>에는 춥지 않으니까.

- 밑줄 그은 단어를 형태소로 나누어보자. 그리고 그것들이 홀로 쓰일 수 있는지 말해 보자.
- 위에서 나눈 형태소들이 가지고 있는 뜻을 말해 보자.
- 밑줄 그은 단어의 뜻을 생각하면서, 실질적인 뜻을 나타내는 부분과 그 뜻을 제한하는 부분으로 나누어 보자.

[알아 두기] 형태소가 결합하여 단어를 형성할 때, 실질적인 뜻을 나타내는 부분을 어근이라고 하고, 어근에 붙어 그 뜻을 제한하는 부분을 접사라고 한다. 접사는 어근의 앞에 오는 것도 있고, 뒤에 오는 것도 있다. [오세영 외(2011), 중학교 국어 2-2]

검정 체제 이후 형식적 실체화로서의 교육 내용 표상이 다변화된 양상은 ㉰의 층위에서도 활발하게 확인된다. 즉, 설명 주체의 목소리가 텍스트의 전면으로 드러나 학습자와의 소통을 꾀하는 방식으로 본문 텍스트가 실체화되는 경우가 많다는 것이다. 예컨대, 교수 · 학습의 장면을 그대로 재현하여 교사를 설명 주체로 등장시키는 (58)의 경우나 새말을 생성해 내기 위해 단어 공장을 방문하여 박사님의 설명을 듣는 방식으로 텍스트를 설계한 (59)가 대표적이다[36]. 이를 통해, 학습자들은 설명 주체의 친절한 안내를 받아 설명 텍스트와 소통할 수 있는 가능성을 확보할 수 있게 된다.

(58) [노미숙 외(2011), 중학교 국어 2-2]

36) 물론, '만화'라는 텍스트 유형에 실어 교육 내용을 표상한 것도 특징적인 지점이기는 하나 겉으로 드러나는 텍스트 유형 자체보다는 그 이면에 담긴 실체화 과정에 주목하는 것이 더욱 생산적으로 교육 내용 표상을 모색하는 방식일 것이다.

(59) 김상욱 외(2011), 중학교 국어 2-1, 창비.

그런데 ㉰ 층위로 실체화된 텍스트에서 여전히 학습자는 실제적 독자보다는 모방적 독자에 가깝다. 설명 주체가 텍스트의 전면에 노출되어 독자와의 소통 가능성을 높이기는 하지만 여전히 '해석'보다는 '전달'에 가까운 형식을 띠기 때문이다. 이 점에서, (60), (61)의 설명 텍스트는 ㉰ 범주와 차별화된다. 설명 주체가 전면적으로 등장하지 않는 대신 고도로 추상화된 비유를 통해 문법 개념들을 한 편의 짜임새 있는 이야기 속에 담아내기 때문이다. 이러한 텍스트들을 접한 학습자들은 그 안에 표상된 문법 지식을 구성하는 과정에서 주체적이고도 적극적으로 참여할 가능성이 높으며, 이 점에서 '해석'을 지향하는 이러한 형식적 실체화는 ㉱의 층위로 분류할 수 있다.

(60) 먼저 목소리를 높인 것은 '용언(用言)' 부서의 '동사(動詞)'와 '형용사(形容詞)' 형제였다. (…중략…) 그 둘은 매우 닮아 있었다. 둘은 늘 꼬리 같은 것을 달고 다니는데, 날마다 다른 색깔이다. 모든 일의 동작과 상태에 적응하려면 저렇게 변화무쌍해야 하나 하고 생각할 때 그들의 말을 받아친 것은 '체언(體言)' 부서의 '명사

(名詞)'였다. (…중략…) "소신, 만물의 이름을 관장하는 '명사'이옵니다. 세상의 모든 것이 다 이름을 지니고 있을진대 제가 아니면 그들의 이름을 붙이는 일을 누가 담당하겠습니까. 하오니 제게 더 높은 품계를 내려 주시옵소서." [이삼형 외(2010), 중학교 국어 1-1]

(61) 단어 대륙은 단일 민족인 단일어 나라와 다민족 국가인 복합어 나라로 이루어져 있다. 복합어 나라는 두 민족으로 이루어져 있는데, 하나는 단어의 근간을 의미하는 어근이고, 다른 하나는 의미를 첨가하고 품사를 바꾸어 주는 역할을 하는 접사이다. 복합어 나라는 두 민족이 결합하는 과정에서 두 가문으로 나누어졌는데, 하나는 민족의 결합을 추구하는 파생어 가문이고, 다른 하나는 접사를 배척하며 순수혈통만을 추구한 합성어 가문이다. 서로 추구하는 바가 달랐던 두 가문의 갈등은 나날이 심해져 갔고, 갈등의 불씨는 커다란 화염이 되어 나라를 휘감았다(오현아, 2012ㄴ:139).

그런데 필자적 텍스트로 분류되는 ㉰와 ㉱의 교육 내용 표상이 주로 '이야기'라는 형식적 실체를 상정하는 지점에 대해서는 논의가 더 필요하다. 거시적인 차원에서 문법 교육 내용을 표상하는 과정에서 이야기라는 형식적 틀의 유용성에 대한 탐색은 김은성(2007ㄱ)을 기점으로 촉발되었는데, 해당 논의에서는 학습자가 문법 학습의 결과로 이해한 문법은 어디까지나 국어를 통어하는 원리에 대한 하나의 이야기이어야 함을 표방하면서도 (김은성, 2007ㄱ:363), 이야기라는 형식적 실체화의 의의를 문법 교육 내용의 연성화 차원에서 주로 다룬다. 요컨대, 학습자의 흥미를 제고하고 동기를 유발하기 위한 '선택적' 교육 도구로 이야기라는 형식을 가치화하는 것이다.

남가영(2012:25-29)에서는 문법 지식 자체의 내재적 속성에 기반하여 이야기의 가치를 논의한다는 점에서 보다 진일보한 관점을 보이는데, 그는 '문법 과제 및 활동에 상황맥락을 부여하는 방식'과 '문법 과제가 아닌 문법 지식 자체에 맥락을 부여하는 방식'으로 이야기를 활용하는 양상을 구분한다. 나아가 학습자가 하나하나 문법지식을 학습하는 일련의 과정이 하나의 유기적인 이야기 형태로 꿰어지고 체계화될 수 있도록 교육 내용의 체계화 및 교수·학습을 고민하는 것도 이야기를 문법에 활용하는 거시적인 방식임을 천명하여(남가영, 2012:28) 이야기의 문법 교육적 가치를 다각도로 조명한다. 요컨대, 어떠한 입각점을 가지고 이야기라는 형식적 실체로 문법 지식을 덧씌우는가에 따라 거시적 표상으로서의 형식적 실체화의 가치가 달라진다는 것이다.

이렇게 볼 때, (58), (59)의 이야기와 (60)의 이야기는 그 위상이 다르다. 전자는 문법 지식 자체의 유기적 속성이 이야기의 속성과 교접하지 못함에 비해, 후자는 문법 지식 체계가 일련의 내적 논리를 지님을 등장인물의 속성과 관계를 통해 하나의 줄거리로 표상한다는 점에서 차이가 있다. 물론, 그렇다고 하여 반드시 (60)과 같은 방식의 이야기가 교수·학습의 국면에서 절대적 우위를 차지하는 것은 아니다. 이기돈(2014)에서 지적하는바, 이야기 자체에서 발생하는 외적 흥미를 교과 내적 흥미로 전이시키는 과정에서 교과 지식과 무관한 요소들이 첨가되어 발생하는 인지적 부담과 메타 인지 이동의 문제가 남기 때문이다.

오히려 **이야기의 형식적 실체로서의 가치는 미시적인 차원에서 해당 교육 내용을 얼마나 체계적이고 목표 지향적으로 표상하고 있는가의 측면에서 탐색되어야 한다.** 예컨대, 단어 형성법과 관련한 문법 개념들을 한 편의 짜임새 있는 이야기로 구현하는 (61)에서 미시적으로 각각의 개념들을 표상하기 위해 쓰인 비유들을 구조화하면 [그림 9]와 같은데, 이때 단일민족 국가의 '민족'과 다민족 국가의 '민족'은 어떠한 관계가 있는지, 다민족 국가에서 '가문'보다 '민족'을 1차 분류의 기준으로 삼는 것이 합당한지, 합성어 가문과 파생어 가문이 '갈등'을 일으킨다는 비유는 단어 형성 관련 지식의 어떠한 부면을 표상하는지 등의 시각에서 해당 이야기를 평가할 수 있어야 한다는 것이다.

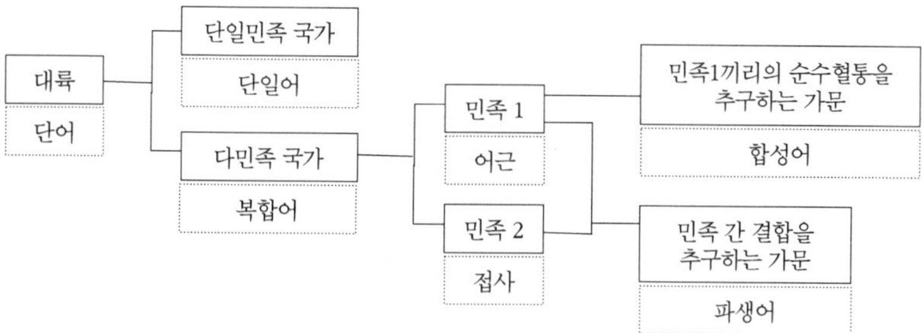

[그림 9] 사례 (61)에 쓰인 표상의 도식화

요컨대, 형식적 실체를 갖추어 교육 내용을 표상한다는 것은 그 자체가 하나의 거시적인 차원의 표상이면서도 동시에 그 내부에서 세부 내용들이 표상되는 구조를 띠는 중층적 구조를 이루어 가는 과정이어서 하나의 형식적 실체를 갖추는 표상의 이면에는 다양한 내용 요소들의 미시적 표상이 유기적으로 조직되어야 한다. 즉, 교육 내용의 표상체로서의 형식적 실체들을 풍부하게 하기 위해서는 어떠한 형식들을 가져올 것인가에 대한 고민에 앞서 보다 본질적으로 교육 내용으로서의 문법 지식이 지니는 개념적·관계적 속성을 어떻게 내재적으로 표상할 것인가의 접근이 요구된다는 것이다.

[형식적 실체화로서의 단어 형성법 내용 표상 ①]

- 설명을 위한 형식적 실체의 전형을 유연화하여 학습자들의 단어 형성법 관련 문법 지식의 구성을 촉진할 수 있도록 표상한다.
  - ㉠ 전달/해석으로서의 텍스트 기능을 다변화하여 단어 형성법을 실체화한다.
  - ㉡ 모방적/실제적 독자로서의 학습자 위상을 고려하여 단어 형성법을 실체화한다.

㉢ 미시적 차원의 표상과 거시적 차원의 표상을 중층적 구조를 유기적으로 탐색하여 단어 형성법을 실체화한다.

나. 활동 층위에서의 표상의 계기화

교육 내용은 활동의 층위에서도 표상된다. 특히, 교과서에서는 문법 지식의 추상적 속성을 과제의 형태로 구안하여 독립된 학습 기회를 제공하는 학습 활동과 활동의 재료가 되는 학습 자료의 형태를 갖추어 표상되는 것이 일반적이다. 보다 현실적으로, 학습 활동은 교과서의 단원을 구성하는 기본적인 요소이기도 하다. 즉, 학습 활동은 단원에서 학습할 내용을 과제(task)의 형태로 제시하여 지식을 습득하게 하고, 기능을 정착시키며, 태도를 형성하게 하는 기능을 수행한다는 것이다(정혜승, 2002:112).

이때, 활동은 지식과 분리될 수 없다. 4차 교육 과정이 학문 중심의 교육 과정이라는 비판 하에 5차 교육 과정 이후에 새롭게 등장하게 된 교육적 개념이 '활동의 강조'인데, 지식이 아예 필요 없다는 것은 아닐지라도 지식보다는 활동이 중요하다는 것이다. 그에 따라, 교육 내용으로서의 지식은 단편적 암기 위주 교육 등의 이유로 많은 비판을 받아 왔고, 활동이 중요하다는 논리로 지식은 중요하지 않다는 왜곡된 상황에 처하게 되었다. 이러한 지식과 활동의 곡해된 관계에 대해서 주세형(2006:114)에서는 활동의 결과, 학습자가 교육의 최종 과정에서 얻게 되는 행위, 활동의 형식은 모두 목표가 되며, 목표를 지향점으로 삼는 구체적인 내용이 바로 지식이 되는 것인데, 이에 대해 그동안은 명확히 하지 못하여 활동-지식의 관계성을 곡해한 면이 있다는 것이다.

이렇게 볼 때, **학습 활동으로 표상된 단어 형성법 관련 문법 지식은 설명의 층위에서 표상되었던 교육 내용과 유기적인 계기성을 확보해야 한다.** 다시 말해, 설명의 층위에서 다루었던 교육 내용 중 무엇을 학습 활동으로 구체화하여 표상할 것인가를 결정해야 하고, 이 과정에서 활동의 내용 표상성에 주목하여 설명-활동 간의 계기성이 담보되어야 한다는 것이다. 여기에서는 교과서의 단어 형성법 단원에 구현된 활동들에 부가된 선택의 논리를 설명 층위에서의 표상에 비추어 역추적하는 방식으로 이 문제를 다룰 것이다.

먼저, 교육 내용의 깊이와 수준의 측면을 고려할 필요가 있다. 즉, 설명의 층위에서 표상된 단어 형성법 관련 문법 지식 중 반복적으로 확인하고 연습해 보는 차원으로 학습 활동이 구성된 경우와 설명의 층위에서는 본격적으로 다루어지지 않았지만 학습 활동을 통해 확장적으로 문법 지식을 구성할 것을 요구하는 경우를 구분해야 한다는 것이다.

예컨대, 7차 교과서에서 형태소의 분석과 유형 분류에 대해 구안된 탐구 활동 (62)를 두고 학습자들은 '설명하지 않은 내용이 표상된' 활동으로 생각할 수도 있지만, 절차나 요구를 세밀히 들여다보면 오히려 확장적 지식 구성을 추동하기 위한 활동임이 감지된다. '형태소 분석 → 자립/의존 형태소 분류 → 자립/의존이 판단이 어려운 이유 탐색'의 계기적 구성을 통해 설명의 층위에서는 표상하지 않았던 비전형적 사례들까지도 활동의 차원에서 표상하기 때문이다. 따라서 의존 명사 '수', 관형사 '첫'이 왜 의존 형태소가 아닌지에 대한 학습자의 의문은 오히려 해당 활동이 표상한 교육 내용에 맞닿는 지점이다.

(62) 다음의 예를 바탕으로 형태소를 탐구하여 보자.

하늘에, 나와 너, 할 수 없지, 시원하다, 반짝반짝, 그 사람, 웬 떡이냐, 첫 싸움, 어서 오너라, 퍽 좋구나, 풋사랑, 걱정스럽지, 아이구, 예

- 위의 자료를 형태소 단위로 나누어 보자.
- 위에서 분석한 형태소를 다시 자립 형태소와 의존 형태소로 나누어 보자.
- 위에서 판단하기 어려운 형태소가 있었다면, 왜 어려웠는지 생각하

여 보자. [7차 문법 교과서, 83쪽]

문제는, 이러한 의도성이 선명하게 표상되지 않은 상태에서 설명의 층위에서는 표상하지 않았던 혹은 선언적 · 명제적으로만 표상하였던 교육 내용이 학습 활동에서만 '느닷없이' 표상될 경우, 학습자들은 해당 활동을 통해 관련 지식을 구성할 수 있는 단서나 도구를 포착할 수 없어 해당 활동이 요구했던 목표에 실질적으로 도달하기 어렵다는 점이다.

예컨대, (63)에서 이러한 문제를 확인할 수 있는데, 해당 활동들이 표상하는 접두사 '참-', '새-', 선어말 어미 '-었-'은 흔히 학습자들이 실질 형태소로 잘못 인식하는 문법 요소들이다. 두 교과서 모두 학습자들이 이 지점에까지 주목하게 하기 위한 의도에서 언어 자료를 표상하였지만, 실상 (63) 교과서의 설명 층위에서는 '손수건이 예쁘다.'라는 문장으로 형태소 분류를 시범하여 학습자들이 접두사와 선어말 어미를 어떠한 형태소로 분류할지, 왜 그러한지에 대한 구성이 없는 상태에서 해당 활동을 대면하게 된다. 반면, (64)에서는 '나무꾼이 주먹밥을 먹었다.'를 사례로 형태소를 분석 및 분류하고 "'-꾼'은 혼자서는 자신이 가진 뜻을 드러내지 못하고 '나무'에 붙어 의미를 보태는 역할만 하기 때문에 형식 형태소이다."라는 내용을 포함하는 차이를 보인다.

(63) 참새가 감나무 위에 앉았다. [한철우 외(2013), 국어 ②]

1. 이 문장을 단어와 형태소로 나누어 보자.
2. 앞의 1. 에서 나눈 형태소를 종류에 따라 분류해 보자.

(64) 안개꽃이 새하얗게 피었다. [이승원 외(2011), 중학교 국어 2-2]

1. 위 문장을 단어로 쪼개 보자.
2. 1. 의 단어들을 형태소로 쪼개어 보자.
3. 2. 의 형태소들을 다음 기준에 따라 나눠 보자.

한편, 설명의 층위에서는 표상하지 않았지만 활동의 층위에서는 다른 방향으로 논의되는 쟁점에 대해 탐구해 보게 하는 방식의 활동 역시 정합적으로 표상되어야 한다. (65)에서는 활동 내에 일련의 탐구를 위한 단서를 표상하지 않은 가운데 이른바 '해돋이류'의 복합어에 대한 판단을 일방적으로 내리게 함에 비해, (66)에서는 이러한 판단을 위한 일련의 탐구적 절차를 표상하는 차이를 확인할 수 있다.

(65) 다음 단어들이 만들어진 과정에 대해 생각해 보고 합성어인지 파생어인지 판단해 보자. [박영목 외(2012), 독서와 문법 I]
〈고기잡이〉, 〈해돋이〉

(66) 보기처럼 '떡볶이'가 합성어인지 파생어인지 모둠별로 탐구해 보자. [김종철 외(2011), 중학교 국어 2-1]

절 차	사 례
단어를 형태소 단위로 나누어 보자.	옷걸이 : 옷+걸+이
나눈 형태소를 어근 또는 접사로 구별해 보자.	옷 + 걸- + -이 (어근) (어근) (접사)
형태소가 결합한 순서를 생각해 보고, 그렇게 생각한 근거를 찾아보자.	1. (옷+걸-)+-이 ▪ 근거: '옷을 걸어 두도록 만든 물건'이라는 뜻을 생각했을 때, 이 단어는 '옷을 걸다'라는 말에 명사를 만드는 접사가 붙어서 만들어진 단어이다. 2. 옷+(걸-+-이) ▪ 근거: '모자걸이' 등의 단어를 보았을 때, 어근 '걸이'를 중심으로 여러 가지 어근이 붙어 새로운 단어가 만들어진 것이다.
모둠별 토의를 통해, 절차에 따른 토의 결과를 기록하고 최종적으로 단어의 짜임이 무엇인지 말해 보자.	파생어 또는 합성어

또한, 학습으로서의 활동이 단순 행동과 변별되기 위해서는 일련의 연관 속에서 이루어지는 학습 활동들이 동일한 수준의 목표 성취로 귀결될 수 있어야 한다[37]. 활동 사이의 유기적 연관 관계를 고려하지 않았을 때, 학습 활동은 초점이 없는 단순한 활동의 나열로 전락하게 되며, 따라서 학습 활동은 교육 내용을 충실하게 반영하는 것이어야 할 뿐만 아니라, 그 내용을 전개하는 방식이 학습의 과정을 절차적으로 보여 주고 안내해 주는 것이어야 한다(정혜승, 2002:119). 다시 말해, 학습 활동이 '무엇을'은 물론 '어떻게'의 문제까지 담보할 수 있을 때, 학습자와 학습 활동 간의 긴밀한 소통에 대한 천착 속에서 교육 내용을 표상할 수 있다는 것이다.

또한, 활동과 활동뿐 아니라 하나의 활동이 전체 활동 속에서 어떠한 위치를 차지하고 있는가도 활동 간의 계기성 탐색의 기준이 되어야 한다. 즉, 다양한 활동 유형들을 통어하고 규정하는 일련의 기준이나 원리가 존재해야 한다는 것이다. 이때, 부분-전체 간의 이러한 계기성은 결국 설명의 층위에서 교육 내용을 조직한 방식의 계열성과 상동해야 할 것이다. 예컨대, (68)의 활동 간의 순서는 두 지점에서 설명 층위에서의 내용 조직 방식을 간략화한 (67)과 어긋난다. (67)에서는 ㉠과 ㉡의 사이에서 형태소 분석을 통해 어근과 접사 개념을 도출함에 비해 (68)의 활동 층위에서는 이러한 관계성이 소거되어 [활동 1]과 [활동 2]가 각각 별개의 활동으로 표상되기 때문이다. 또한, 설명 층위의 (67)에서는 어근과 어근, 어근과 접사의 결합 결과로서의 합성어와 파생어 개념이 조직됨에 비해, (68)에서는 [활동 2]의 [1]과 [2], [3]의 순서가 역전되어 합성어와 파생어를 분류한 이후에 이를 토대로 어근과 접사 개념을 구성하게 한다. 요컨대, 설명 층위의 교육 내용 조직 양상이 활동과 활동의 계기적 구성에 반영되지 않은 것이다.

37) 이러한 점에서 '활동'은 동일한 목표를 단위로 하여 묶인 일련의 행동이 지속적으로 운동하는 양상으로 정의할 수 있다(김명순, 2003:124). 즉, 행동이 활동으로 개념화되기 위해서는 행동이 행동 자체를 지시하는 것이 아니라 행동의 목표를 의미할 수 있어야 한다는 것이다.

(67) ㉠'사과, 사과나무, 풋사과'의 형태소 분석 → ㉡ 형태소 결합 과정에서의 '어근', '접사' 개념 도출 → ㉢ 단일어/복합어 개념 도출 → ㉣ 둘 이상의 어근이 결합한 합성어 → ㉤ 접사와 어근이 결합한 파생어 [한철우 외(2013), 국어 ②]

(68) [한철우 외(2013), 국어 ②]

[활동 1]	
참새가 감나무 위에 앉았다.	
1 단어, 형태소 단위 분석	2 형태소 유형 분류

→

[활동 2]		
지우개, 가을, 소나무, 치솟다, 오리, 넓이, 엄지족, 생각, 힘들다, 낚시글, 풋과일, 눈꽃송이		
1 단일어, 합성어, 파생어 분류	2 합성어를 어근으로 분석	3 파생어를 어근과 접사로 분석

→

[활동 3]
맨-, 헛-, -쟁이, -꾼
접사를 공유하는 파생어 생성

[형식적 실체화로서의 단어 형성법 내용 표상 ②]

- **학습자들이 단어 형성법 관련 문법 지식을 관계화하여 구성할 수 있도록 계기성을 갖추어 활동을 표상한다.**
  - ㉠ 설명-활동 간 계기성을 확보할 수 있도록 교육 내용의 깊이와 수준을 고려하여 반복할 내용과 확장할 내용을 구분한다.
  - ㉡ 후자의 경우, 활동만으로도 학습자들이 해당 문법 지식을 탐구할 수 있도록 단서나 도구를 동시에 표상한다.
  - ㉢ 활동-활동 간 계기성을 확보할 수 있도록 설명 층위의 내용 조직 방식, 전체 활동 속에서의 개별 활동의 위상에 조회하여 활동을 실체화한다.

(2) 내용적 실체화로서의 표상

가. 단일 개념의 표상

① 사례 표상의 계열성 확보

사례는 문법 교과의 가장 대표적인 표상 방식이어서 일반적인 텍스트들보다 문법 설명 텍스트에는 사례의 사용이 빈번하다(Lemke, 1990:139). 따라서 문법 교육 내용의 표상 과정에서는 어떠한 방향의 계열성을 갖추어 사례를 표상할 것인가를 고민해야 한다. 학습자들은 전형적 사례에 기대어 하나의 개념을 단순화하여 이해하는 데에서 그치는 것이 아니라, 그 이해를 발전시키고 풍부하게 하는 지속의 과정을 밟아 나간다는(윤여탁 외, 2011:244) 점을 교육 내용의 표상 과정에서도 반영해야 하기 때문이다.

특히, **비전형적·대조적 사례를 문법 개념에 대한 혼란을 부추기는 요인으로만 치부할 것이 아니라 문법 개념을 보다 정교하게 이해하는 촉발의 기제로 작용하도록 그 가치를 제고해야 할 것이다.** 다만, 이 과정에서 전형성과 비전형성을 판정하기 위한 기준이나 대조적 사례 사이의 경계선에 위치하는 사례를 선정하기 위한 기준은 보다 세밀하게 마련되어야 한다.

먼저, 형태소 분석 과정에서부터 전형적 사례와 비전형적 사례의 계열성을 확보함으로써 학습자들이 형태소의 개념을 정교하게 구성할 수 있도록 교육 내용을 표상해야 한다. 이 점에서, 다음의 형태소 분석의 사례들은 다소 제한적인 모습을 보이는데, (69)에서는 전형적인 사례와 비전형적인 사례가 특정한 계열을 확보하지 못한 채 나열되며, 특히 '고두밥'의 사례는 형태소를 분석한 결과로 도출되는 '고두'의 의미를 학습자의 언어 직관으로는 파악하기 어렵다는 점에서 표상의 역할을 수행하기 어렵다. (70)의 사례 '따뜻'은 비자립적 어근이라는 점에서 분석을 통해 형태소 개념을 구성하기 위한 전형적인 사례로는 적합하지 않다. 이들에 비해, (71)에서는 전형적인 사례와 비전형적인 사례 사이의 계열성을 확보하여 형태소 유형을 표상하고 있다는 점에서 학습자의 개념 구성을 도모하는 데 효과적인 표상 방식을 선택한다.

(69) 다음 단어들을 형태소로 분석해 보자. 〈비밀리, 군소리, 돈, 사람들, 넓이, 메마르다, 고두밥, 안은문장〉 [이남호 외(2012), 독서와 문법 Ⅰ]

(70) '봄바람이 매우 따뜻하다'라는 문장도 위의 바윗돌처럼 깨뜨려 보면 여러 개의 작은 부분들이 모여서 이루어졌음을 알 수 있다. [박경신 외(2011), 국어 2-1]

(71) 조사를 뺀 단어는 모두 실질 형태소이기 때문에 여러분이 형태소인지 아닌지를 확인하기가 비교적 쉽지만 형식 형태소는 그리 만만하지 않아요. 예를 들어서 ①의 '-ㅁ'과 같은 것들은 '잠'에서 분리하기가 좀 어렵습니다. ②와 ③도 마찬가지이고요. 이들을 분리하기가 어려운 이유는 '자-'나 '-ㅁ' 그리고 '-ㄴ-'이나 '-다'가 모두 의존 형태소이기 때문이지요(김남미, 2010:96).

합성어와 파생어의 사례를 제시하는 과정에서도 이러한 계열성이 확보되어야 하는데, 다음과 같은 표상은 재고될 필요가 있다. (72)에서는 생산성이 낮은 접두사 '먹-'과 어미 앞에 결합하는 접미사 '-이-'가 전형성을 확보하기 어려우며, (73)에서는 복합어의 첫 사례로 비통사적 합성어를 제시한다는 점에서 계열성을 확보할 수 없다. 또한, 학습 활동 차원의 사례이기는 하지만 특정한 의도가 전제된 경우가 아니면 (74)의 '구이'와 같은 이질적 문법 개념에 대한 이해가 전제되어야 하는 사례나 (75)의 '마나님'과 같이 형태소 분석 후의 의미 파악이 가시적으로 드러나지 않는 사례는 신중하게 선택되어야 한다.

(72) '개살구', '먹이다', '먹구름'처럼 어근과 접사가 결합한 말을 파생어라 한다. [이도영 외(2014), 독서와 문법]

(73) 국어는 단어 형성법이 잘 발달되어 있습니다. '오가다, 검붉다'처럼 두 용언을 합하여 새로운 용언을 만들기도 하고, '꺾쇠, 덮밥'처

럼 용언의 어간과 명사를 합하여 새로운 명사를 만들기도 합니다. [이용남 외(2011), 국어 2-1]

(74) 어근과 접사 구분 활동의 사례: 구이 [오세영 외(2011), 생활국어 2-2]

(75) 복합어 분석 활동의 사례: 전에는 남자가 배가 나오면 돈이 많아 보인다고 사장님이라고 하고, 여자가 뚱뚱하면 부잣집 마나님 또는 부잣집 맏며느리 같다고 하였지만 지금은 전혀 아닌 모양이다. [이남호 외(2011), 생활국어 2-1]

이러한 사례 표상의 계열화의 이면에는 결국 내용 요소 수준의 교육 내용의 조직 논리가 전제되는바, 예를 들어 (76)에서는 내용 요소의 조직에서부터 계열성을 확보하지 못하다 보니, 이를 표상하는 사례들 역시 일정한 기준이나 계열이 부재한 가운데 단순히 나열될 수밖에 없는 것이다.

(76) [박경신 외(2011), 국어 2-1]

내용 요소	어근과 접사	단일어/ 복합어	파생어/ 합성어	파생어	합성어
사례 제시	맨발, 날달걀, 걸레질	골목길, 오빠, 땅바닥, 다리, 춤꾼, 맨바닥, 헛발, 눈앞, 별	홑이불, 꽃물, 별빛, 잔소리	군살, 짓누르다, 몸매, 멋쟁이	오가다, 소나무, 밤낮

이와는 대조적으로, 다음의 교과서들에서는 계열성을 갖추어 사례를 표상함으로써 내용 요소의 유기적인 조직을 표상의 차원에서 담아내는 양상을 확인할 수 있다. (77)에서는 학습자들의 입장에서 보다 전형적으로 인식되는 명사의 형태소 분석을 먼저 제시한 이후에 용언의 형태소 분석 사례를 후술하며, (78)에서는 합성어의 사례들을 통사적 합성어와 비통사적 합성어의 순으로 표상함으로써 사례들 사이의 계열성을 확보한다.

(77) '나무, 나무꾼, 꽃나무' → '웃음, 웃자, 웃었다' [김종철 외(2011), 국어 2-1]

(78) '강물, 종소리'는 '강+물', '종+소리'의 어근으로 이루어진 합성어이고, '덮밥' 역시 어근 '덮-'과 '밥'이 결합하여 만들어진 합성어이다. [남미영 외(2013), 국어 2]

또한, (79)에서는 합성 과정에서 형태소가 변화하는 경우를 비전형적인 사례로 표상하고 있으며, 접미사를 통해 품사가 변화하는 경우 역시 비전형적인 사례로 처리하는 양상을 보인다. (80) 역시 일반적인 합성/파생이 아니라 비전형적이라 간주되는 사례들을 별도로 모아 일련의 범주로 제시한다는 점에서 사례 표상 과정에서 계열성을 갖추기 위한 노력을 확인할 수 있다.

(79) 한편, 어근이 결합하는 과정에서 형태소가 변하는 경우도 있다. '소나무'는 원래 '솔+나무'인데 두 어근이 결합하는 과정에서 'ㄹ'이 탈락하여 '소나무'가 되었다. 어근 사이에 다른 형태가 삽입되는 경우도 있다. '나뭇잎'은 본래 '나무+잎'인데 어근 사이에 'ㅅ'을 삽입하여 '나뭇잎'이 된 것이다. (…중략…) 또 '-개'와 같이 어근 뒤에 붙는 접사 중에는 어근의 품사를 바꿔 주는 것들도 있다. '날개, 덮개, 지우개'의 어근인 '날-, 덮-, 지우-'는 모두 동사였는데, 여기에 접사 '-개'가 붙어 명사가 되었다. '꿈, 기쁨, 슬픔' 역시 어근인 '꾸-(동사), 기쁘-(형용사), 슬프-(형용사)'에 접사 '-ㅁ'이 붙어 명사가 되었다. [김종철 외(2011) 중학교 국어 2-1]

(80) [권영민 외(2011), 생활국어 2-2]

해돋이 턱걸이 고기잡이	접칼 검붉다 굶주리다	볼일 건널목 작은아버지[38]	군데군데 방울방울 오래오래	신 - 신다 품 - 품다 띠 - 띠다

② 비유 표상의 핵심 속성 선택

단어 형성법과 관련된 핵심 문법 개념들은 대개 '실질/형식 형태소, 자립/의존 형태소, 어근/접사, 단일어/복합어, 합성어/파생어, 통사적/비통사적 합성어, 접두사/접미사'처럼 변별적 대립을 통해 범주화된 관계적 개념들이어서 단일 문법 개념에 초점을 둔 비유 표상을 논의하기에는 다소 제한적인 면이 있다. 다만, 개발된 교과서들을 검토한 결과 본격적으로 단어 형성법을 설명하기에 앞선 도입부에서 '단어의 형성' 그 자체와 '형태소' 개념을 비유를 통해 표상하는 양상을 확인할 수 있었던바, 여기에서는 두 개념에 대한 비유 표상을 중심으로 논의를 전개할 것이다.

단원의 도입부에서 표상된 (81)과 같은 비유는 학습 대상으로서의 단어의 형성에 대한 관점을 형성하여 향후의 학습 방법 및 태도를 결정하게 한다는 점에서 의의가 있다. 그러나 '요리 재료'로서의 단어의 특성을 탐색해야 한다는 설명은 단어의 형성과 관련되어 특화되지 못하고 문법 일반으로 확대되어도 무방하다는 점에서 단어 형성법에 초점화된 비유로 보기 어렵다. 그보다는 재료와 재료의 관계에 대한 비유를 통해 단어 '형성'으로서의 관점을 확보하는 것이 해당 문법 지식의 핵심 속성을 보다 분명하게 표상하는 비유였을 것이다.

> (81) 물론 다양한 음식 재료를 사용한다고 해서 요리의 맛이 훌륭해지는 것은 아닙니다. 각각의 음식 재료의 특성과 그것이 다른 재료와 어울렸을 때 어떤 맛을 내는지 이해하지 못한다면 신선로와 같은 요리를 만들기는 힘들 것입니다.
>
> 따라서 다양한 재료를 사용해 훌륭한 요리를 만드는 사람들은 음식 재료의 특성에 대해 많은 공부를 할 것입니다. 음식 재료와 그것의 특성 등에 대해 잘 아는 사람만이 다양한 재료를 사용해 창조적이면서도 맛깔스러운 요리를 만들 수 있기 때문입니다.

38) 같은 교과서의 72쪽에서는 '작은'을 접사로 분류한 것과 차이가 난다.

> 요리사가 재료의 특성을 잘 이해하고 있어야 좋은 요리를 만들 수 있는 것처럼, 단어를 잘 활용하려면 단어의 특성에 대해 잘 알고 있어야 합니다. 단어는 무엇이며 어떻게 형성되는지, 또 단어에는 어떤 종류가 있는지 등에 대한 이해가 필요한 것입니다. 이러한 일이 중요한 것은, 단어에 대한 바른 이해 없이는 다른 사람과 원활하게 의사소통을 할 수 없기 때문입니다. [이용남 외(2011), 국어 2-1]

같은 논리로, 단어의 형성 그 자체를 비유하기 위해 구체물을 상정하는 양상이 (82), (83)에서도 확인되는데, 전자의 경우 결합 자체에만 초점을 두어서 어근, 접사라는 이질적 단어 형성 단위의 핵심 속성이 표상 과정에서 누락되었으며, 후자의 경우 단어 형성법의 가장 중심적인 개념인 형태소가 아니라 자소 단위를 표상한다는 점에서 단어의 형성에 대한 온전한 비유로 기능하기 어렵다.

(82) 사람과 사람이 모여서 기마전 한 조가 되었다. 우리가 쓰는 말도 이렇게 모여서 새로운 단어가 되는지 말해 보자. [남미영 외(2011), 생활국어 2-1]

(83) 큐브 위의 글자들을 적절히 결합하여 여러 가지 말을 만들어 보자. [방민호 외(2011), 국어 2-2]

(84)~(86)에서는 모두 블록 놀이에 비유하여 '형성'과 형성 단위로서의 '형태소'를 표상하는데, 마찬가지로 결합 자체에만 초점을 두어 핵심 속성을 사상하다 보니 블록 그 자체로 표상되는 형태소의 속성은 드러나지 않는 한계를 보인다. 다시 말해, 블록은 낱개로는 큰 의미를 지니지 않음에 비해 형태소는 하나의 개체만으로도 단어를 형성할 수도 있다는 속성이 사상되지 않는다는 것이다. 각각 '자동차', '집, 자동차', '굴뚝, 지붕'에 '단어'를 비유하여 블록 하나가 단어가 되는 경우를 표상하기 어렵기 때문이

다. 또한, 세부적으로 (84)의 ㉮는 둘 이상의 합성 혹은 파생이 순차적으로 이루어지는 복합적 단어 형성을 표상한다는 점, (86)의 '굴뚝과 지붕'은 '집'의 구성 요소로서만 존재할 수 있어서 '하나의 조각으로 만들어진 단어'를 온전히 표상하기 어렵다는 점에서 자칫 학습자들의 문법 개념 구성 과정에 오개념을 유발할 위험이 크다.

(84) 어렸을 때 블록 놀이를 해 본 적이 있나요? 아마 블록으로 자동차도 만들고, 비행기도 만들어 보았을 것입니다. ㉮ <u>자동차를 만든 후에 몇 개의 블록을 덧붙여 새로운 모양으로 형태를 바꾸어 보기도 했을 것입니다</u>. 단어 형성법도 블록을 조립하는 원리와 비슷합니다. 블록을 하나하나 나누다 보면 더 이상 나눌 수 없는 가장 작은 블록이 남습니다. 말에도 기본이 되는 가장 작은 블록이 있는데 이를 형태소라고 합니다. [이용남 외(2011), 국어 2-1]

(85) 블록 쌓기 놀이를 해 본 사람이라면 서로 다른 모양의 블록들이 쌓여 집이나 자동차가 만들어지는 과정을 기억하고 있을 것이다. 여러 개의 블록을 쌓아 하나의 집을 만들기도 하고 하나의 자동차를 만들기도 하듯, 단어도 여러 형태소들을 결합하여 만들어 낼 수 있다. 중요한 것은 어떤 종류의 형태소들을 선택하여 어떤 방식으로 결합시키는가 하는 것이다. [김종철 외(2011), 국어 2-1]

(86) 어렸을 적, 블록 놀이를 했던 기억을 떠올려 보자. 블록으로 집을 만들 때, 한 개의 블록을 사용하여 굴뚝을 만들기도 하고 여러 개의 블록을 조립하여 지붕을 만들기도 했을 것이다. 우리말의 단어도 이와 비슷하다. 하나의 조각으로 만들어진 단어도 있고, 여러 조각이 결합하여 만들어진 단어도 있다. 이처럼 단어는 한 개 이상의 조각이 결합하여 만들어지는데, 우리말에서는 이러한 조각을 '형태소'라고 한다. [한철우 외(2013), 국어 ②]

이러한 제한점은 (87)의 비유 표상에서 보다 분명히 드러난다. (87)에서는 '장난감 벽돌: 형태소'라는 소제목에서부터 비유를 드러내는데, 그러나 소꿉장난 그릇으로 비유된 '구름'이라는 단어 역시 하나의 완성된 단위일 뿐 아니라 그 자체로 형태소이기도 하여 다른 단어를 형성하는 데 참여하는 요소라는 점에서 이러한 비유는 형태소의 속성을 온전히 표상하기 어렵다. 물론, 소꿉장난 그릇을 '단일어로만 쓰이는 단어'로 제한하여 이해할 수도 있으나 그렇다 하더라도 이러한 비유는 단어의 '형성'을 학습하는 데 큰 도움을 주지 못한다.

(87) 장난감 벽돌을 하나하나 쌓아서 집을 만들 때까지는 즐거웠지만, 다 놀고 난 후에 그것을 분해해서 정리함에 넣어 두는 일은 여간 귀찮은 일이 아니었을 것이다. 그렇지만 네모난 장난감 벽돌의 집합은 자신이 상상하는 집의 모양을 만들어 줄 수 있다. 한편 소꿉장난을 할 때 쓰는 그릇은 원래부터 그릇 모양을 하고 있기 때문에 놀고 난 후에 그것을 분해할 필요가 없어서 편리하다. 그렇지만 그 그릇은 자신이 생각하는 새로운 모양의 그릇으로 바뀌지는 않는다.

우리가 일상적으로 쓰는 말에도 장난감 벽돌이나 소꿉장난에 사용되는 그릇과 비슷한 것들이 있다. 어떤 말은 장난감 벽돌과 같아서 다른 말들을 만드는 데 사용될 수 있지만, 어떤 말은 소꿉장난 그릇과 같아서 그 모양 그대로만 사용할 수 있다. (…중략…) '구름'은 소꿉장난에 사용되는 그릇처럼 처음부터 하나의 완성된 단위이고, '얼음'은 장난감 벽돌로 만든 집처럼 더 작은 단위로 나누어질 수 있기 때문이다. [권영민 외(2011), 국어 2-2]

한편, 다음의 사례들에서는 '돌과 물'이라는 동요를 동원하여 '분석'이라는 개념을 비유로 표상하는데, (88)은 둘 사이에서 공유되는 분석 행위까지'만' 비유함에 비해, (89)는 그러한 분석 과정을 거쳐 도출되는 형태소 개념까지도 일관되게 표상한다는 점에서 보다 유의미한 표상으로 기능한다. 특히, (89)에서는 '돌이 가지고 있는 고유의 성질을 잃어버리는 단계'

를 상정함으로써 학습자들이 보다 정교하게 형태소 개념을 구성할 수 있도록 비유 표상을 구체화한다.

(88) 어렸을 적에 한 번쯤 불러 보았던 동요 '돌과 물'의 노랫말이다. 바윗돌과 같이 큰 것을 깨뜨려서 돌덩이, 돌멩이, 자갈돌, 모래알과 같이 점점 더 작은 것으로 만들어 가는 과정이 단계별로 재미있게 잘 나타나 있다. "봄바람이 매우 따뜻하다."라는 문장도 위의 바윗돌처럼 깨뜨려 보면, 여러 개의 작은 부분들이 모여서 이루어졌음을 알 수 있다. [박경신 외(2011), 국어 2-1]

(89) 바윗돌을 깨뜨리면 돌덩이가 되고, 돌덩이를 쪼개면 돌멩이가 된다. 그런데 이 돌멩이를 계속 쪼개어 가다 보면, 더 이상 쪼갤 경우 돌이 가지고 있는 고유의 성질을 잃어버리는 단계에 이르게 된다. '홀로 쓰일 수 있는 말의 단위'인 단어도 마찬가지다. 더 작은 단위로 쪼갤 수는 있지만, 더 이상 쪼개면 단어가 본래 가지고 있던 뜻을 잃어버리는 단계가 있다. 이러한 단계의 단위를 형태소(形態素)라고 한다. 그러니까 형태소는 '뜻을 지니는 가장 작은 말의 단위'이다. [이숭원 외(2011), 국어 2-2]

③ 일상어 표상의 의미 차이 부각

학습자들이 일상어를 동원하여 문법 개념을 표상하는 양상은 자의(字義) 풀이를 활용하는 경우와 일상 용법에 주목하는 경우로 구체화된다. 이때, **학습자들은 단순히 문법 용어가 지니는 추상성을 연성화하기 위한 전략으로만 일상어 표상을 동원하기보다는 일상어와 문법 용어가 지니는 의미의 차이에 주목함으로써 문법 개념을 공고하게 구성하기도 한다.** 교육 내용의 표상 과정에서도 이러한 점을 부각할 필요가 있다.

먼저, 형태소 개념을 표상하는 과정에서는 다음과 같은 양상이 확인된다. (90)에서는 '소(素)'의 개념에까지 비추어 형태소를 정교하게 표상하지는 않지만, '형태'라는 자의에 기대어 해당 개념을 구성하는 양상을 확인할 수 있다. 이외에도 자의 풀이에 기대어 표상하는 대표적인 경우로, '말의 뿌리, 말의 줄기, 덧붙는 말, 꼬리에 덧붙는 말, 머리에 덧붙는 말' 등을 고려할 수 있다.

> (90) 우리가 단어 형성법을 공부할 때는 '형태소'에서 시작합니다. 형태소가 뭐냐면 '뜻을 가진 가장 작은 말의 단위'입니다. 그냥 이렇게만 보면, 무슨 말인지 잘 모르는데, '형태'라고 하면 말 그대로 생긴 모습이잖아요. 예를 들어, '값' 이러면 이게 이 말의 형태인 거잖아요. 그런 것들을 따져 보는 것입니다. [학습자 자료]

또한, 단어 형성법 관련 문법 개념 중 일종의 비유어로 문법 용어를 사용하는 경우는 발견되지 않았으며, 다만 문법 용어가 일상어로 쓰이는 중에 문법적 맥락과 단절되어 이질적 의미로 전환되는 경우에도 학습자들은 일상적인 경험을 문법적 맥락과 연관 지어 표상함으로써 해당 개념에 대한 구성을 확인할 수 있다. 대표적인 것이 '단어'에 대한 일상어이다. 특히 일상어 '단어'는 그 의미가 전문어 '단어'에 비해 월등하게 우세하여 일상어에 내재한 과도한 비형식성이 오히려 학습자의 문법 개념에 대한 형식적 구성을 왜곡할 위험이 높은 용어이다. 즉, '단어'는 일상어에서의 사용 빈도가 대단히 높으면서도 문법적 맥락에서는 일상어와는 아주 다른 특별한 의미로 소통되어 이 사이의 간극을 조정하지 않고, 단어의 개념을 최소의 자립 형식으로 정의한 채 이에 대한 아무런 설명 없이 넘어간다면 학습자는 단어의 개념을 외워야 하는 것으로 받아들일 수밖에 없다(제민경, 2012:196).

(91)에서는 일상어 '단어'와 문법 용어 '단어' 사이를 매개하는 과정을 통해 이러한 간극을 좁히는데, '영어 단어 암기', '끝말잇기' 등의 일상적 맥락에서 쓰이는 '단어'는 명사로만 한정됨에 비해 품사 분류의 대상으로서의 '단어'는 문법적 맥락에서 특정됨을 표상하는 것이다. (92)의 교과서 기술에서 역시 이 지점을 시발점으로 삼아 단어 개념을 정립하는 양상을 보인다. 또한, 교과서는 아니지만 설명을 목적으로 기술된 (93)에서는 이러한

양상이 보다 분명하게 드러난다.

(91) 단어라는 말 많이 들어 봤지? 막 영어 단어 줄 치고 외우고 그러잖아. 끝말잇기 같은 거 할 때도 단어 계속 말하잖아. 근데 단어들이라고 하면 흔히 명사 같은 거만 생각하기 쉬워. 끝말 잇기 할 때도 그러지. 구두, 두건, 건물 뭐 이런 식으로. 근데 단어는 그런 말, 명사만 말하는 게 아니야. 영어 단어 외울 때 딱 명사 같은 거만 외우지 않잖아. 막 동사, 형용사 이런 거 다 외우고, 전치사 이런 거도 막 외우잖아. [학습자 자료]

(92) 누구나 한 번쯤은 끝말잇기 놀이를 해 본 적이 있을 것입니다. 누군가 보배라고 말했다면 그다음 사람은 배추나 배탈, 배우 등을 말하겠지요. 이때 배 아파요라고 문장을 말하는 사람은 없을 것입니다. 이 놀에는 단어를 말해야만 한다는 기본 규칙이 있기 때문이지요. 마찬가지로 배우다라고도 할 수 없습니다. 왜 그럴까요? [이삼형 외(2013), 국어 ②]

(93) 단어란 무엇일까요? 문법을 배울 때 우리가 놀라는 사실은 아주 익숙한 것일수록 무엇인지 정의하기가 어렵다는 데 있어요. 단어라는 말은 우리가 아주 많이 쓰는 말이잖아요. 그런데 단어가 무엇이냐고 물으면 대답하기가 어렵습니다. 단어가 무엇이냐고 질문하면 가장 많이 나오는 답은 사물의 이름이라는 답이더군요. 여기서부터 시작해서 단어가 무엇인지 정의해 보기로 하지요. 사물의 이름이라는 답에 대해 가만히 생각해 보면 그것은 명사라 불러야 하겠네요. 명사는 단어이긴 한데 단어가 모두 명사는 아니라는 생각이 드시지요(김남미, 2010:87).

한편, '합성어'를 일상어에 조회하여 표상하는 (94)에서도 이러한 지점이 부분적으로 확인되는데, 일상어로서의 합성어와 문법 용어로서의 합성어 사이의 의미 차이를 의도적으로 부각하여 후자에 대한 개념 구성을 공고화해 나가는 양상을 확인할 수 있다. 특히, 파생어, 축약어, 혼성어 등의 유관 개념과 변별되는 합성어의 정교한 개념 구성을 도모할 수 있게 한다는 점에서 의의를 지닌다.

(94) 합성어라는 말 언제 쓰냐면, 유세윤을 뭐라 그러지? 왜 개그맨도 하고 가수도 하고 그래서 '개가수'라고 하잖아. 이런 걸 합성어라고 하잖아. 근데 조심해야 돼. 그냥 우리가 일반적으로 쓸 때는 뭐가 합쳐진 말은 합성어라고 하는데, 문법에서는 좀 구분을 해야 돼. '구름빵' 이러면 '구름', '빵' 둘 다 살아 있잖아. 이런 걸 합성어라고 해. 아까 '개가수'는 '개그맨'에서 앞 글자만 가져온 거랑은 좀 다르지. [학습자 자료]

[내용적 실체화로서의 단어 형성법 내용 표상 ①]

- **단어 형성법 내의 개별 문법 개념들을 표상하기 위해 다음과 같은 요인들을 고려할 필요가 있다.**
  - ㉠ 전형성과 비전형성의 계열성을 확보할 수 있도록 사례를 표상한다.
  - ㉡ 무엇을 핵심 속성으로 선택할 것인가에 비추어 비유를 표상한다.
  - ㉢ 일상 용법과의 의미 차이를 노출함으로써 해당 개념의 구성을 공고화한다.

나. 단원 내 개념 관계의 표상

① 사례 공유를 통한 표상

개념 학습의 모형 중 하나인 본보기 모형에서는 개념은 주로 본보기들로 표상되며, 주어진 항목의 범주화는 기억에 표상된 개발 사례들과의 유사성에 달려 있다(신현정, 2000:55)고 보는데, 즉 인식 주체로서의 학습자들은 새로운 사례에 직면할 때에도 기존에 보유하던 사례를 적극적으로 동원하여 둘 이상의 개념 간의 관계 역시 표상한다는 것이다. 이러한 양상은 특히 일련의 논리적 체계를 갖추어 하나의 단원 내에 배치되는 문법 개념들 간의 관련성을 인식하고자 할 때 보다 두드러지게 나타나는데, 따라서 문법 개념 관계의 표상 과정에서도 이를 교육 내용 구현의 기제로 삼을 필요가 있다.

사례의 일부 혹은 전체를 공유함으로써 단어 형성법이라는 특정 단원 내의 개념들을 수렴적으로 표상하는 양상은 두 측면에서 고려되는데, 먼저 앞서 내용 요소의 조직 차원에서 논의하였듯이 형태소의 분석 및 분류와 어근/접사에 기반한 단어 형성 방식 탐구의 이원화된 내용 요소를 관계적으로 표상하고자 할 때, 사례 공유를 표상 전략으로 채택하는 것이 효과적이다.

예를 들어, 상이한 방식으로 사례를 구조적으로 표상하는 다음의 세 교과서 중 (가)는 형태소의 분석 및 분류와 단어의 형성 사이에 공유되는 사례를 전혀 상정하지 않으며 (나)는 단일어 사례 '사과'만을 공유함에 비해, (다)에서는 의도적으로 '어근, 접사, 단일어, 합성어, 파생어'가 포함된 예문 사례를 형태소 분석 및 분류 과정에서부터 표상하여 학습자들로 하여금 해당 사례들의 일관성에 기반하여 둘 사이의 개념 관계를 구성할 수 있도록 유도하는 차이를 보인다. 교육이 진정 학습자들의 생성을 도우려 한다면, 계열성은 반드시 그 학문 또는 그 해당 교과의 본질과 구조에만 국한하여 생각할 수는 없음을(이성호, 2004:379) 상기하게 하는 지점이다.

	(가) 전경원 외 (2013)	(나) 방민호 외 (2013)	(다) 이도영 외 (2013)
형태소 분석 사례	배나무, 뛰다	사과가 크다.	우리나라의 한여름이 매우 덥다.
자립/의존 형태소 사례	창문, 멋쟁이, 웃다	사과가 크다.	우리나라의 한여름이 매우 덥다.
실질/형식 형태소 사례	바다가 넓다.	나는 사과를 먹었다.	우리나라의 한여름이 매우 덥다.

어근/접사 사례	가위질, 풋사과, 손가방	나무꾼, 덧신, 털보	우리나라, 한여름
단일어 사례	가게 등	사과, 나무, 바다	여름, 매우
합성어 사례	등불 등	밤나무 등	우리나라 등
파생어 사례	덧신 등	알밤 등	한여름 등

또한, 보다 미시적으로 합성어와 파생어라는 변별적 유관 개념 간의 관계를 표상하는 과정에서도 둘 사이에 공유되는 어근을 기점으로 사례를 구조화시키는 양상은 (95)와 (96)에서 확인된다. 즉, 문법적으로도 어근이라는 개념이 공유되기에 '밤', '구름'이라는 공유 사례를 표상하여 '나무, 송이, 다리/알-, 햇-, 먹-[39]'의 나머지 요소들의 차이에만 주목하여 두 문법 개념 간의 관계에 대한 구성을 유도하는 것이다.

(95) [윤여탁 외(2011), 국어 2-1]

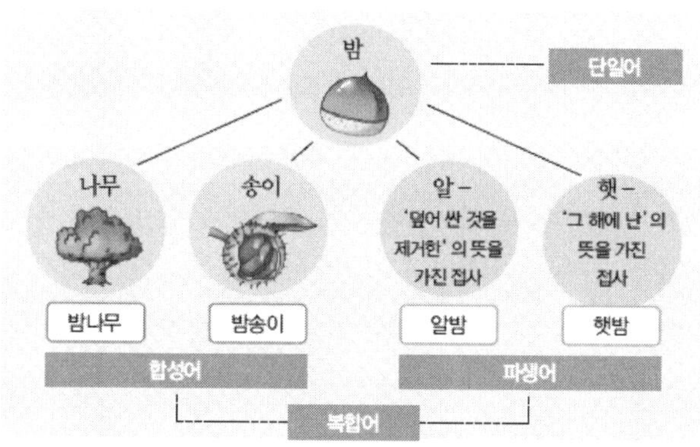

(96) [이도영 외(2014), 독서와 문법]

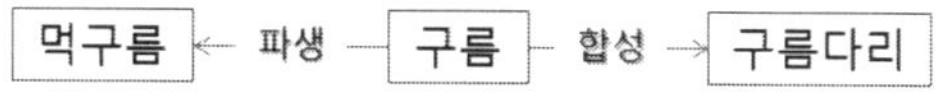

39) 다만, '먹구름'의 접두사 '먹-'은 비교적 생산성이 낮다는 점을 고려할 때 사례의 전형성의 측면에서는 재고의 여지가 있다.

② 개념 관계 비유를 통한 표상

문법 개념은 각각의 언어 형식들 간의 변별적 관계에 의해 체계화된다. 이러한 문법 체계를 이해하고, 그러한 체계 속에서 특정 문법 개념의 위치를 조망하기 위해서는 개념 사이의 관계에 대한 인식이 필수적이다. 이때, 비유 표상은 대상의 차이를 보다 분명히 드러나게 한다는 점에서 '문법 개념 간의 관계' 설명에 효과적인 표상이 될 수 있다. 단어 형성법 단원 역시 '실질/형식 형태소, 자립/의존 형태소, 단일어/복합어, 합성어/파생어, 어근/접사, 접미사/접두사, 통사적/비통사적 합성어' 등의 **관계적 개념들이 일련의 구조로 체계화된바 이들의 변별적 속성을 체계적으로 사상하기 위한 비유를 통해 교육 내용을 표상할 수 있는 가능성을 모색할 필요가 있다.**

먼저, 단어 형성법의 가장 중심적인 개념 관계인 합성어와 파생어의 관계를 비유로 표상하는 양상이 (97)에서 확인되는데, 어근과 접사를 표상하기 위해 서로 다른 블록의 모양이라는 구체물을 상정하고 이를 토대로 합성어와 파생어의 관계도 블록의 결합 형식의 차이로 비유하는 양상을 보인다. 그런데 이러한 비유는 연성화 전략으로서의 비유 그 자체로서의 의의는 인정되지만 학습자들의 개념 관계에 대한 지식 구성을 추동하기에는 제한적이다. 변별적 관계를 띠는 문법 개념 사이의 변별적 속성들의 선택에 대한 고민이 부족하기 때문인데, 예컨대 어근과 접사를 각각 '네모난 블록'과 '지붕 모양 블록'으로 표상한 지점에서 해당 개념들의 특징적인 문법적 속성이 가시적으로 사상되지 않는다. 자연히, 블록 사이의 결합으로 표상되는 합성어와 파생어의 비유 과정에서도 둘 사이의 변별적 차이가 구체적으로 드러나지 않는 한계를 노정한다.

(97) 어근: 네모난 블록 / 접사: 지붕 모양 블록 → 합성어: 네모난 블록 두 개가 합해진 것 / 파생어: 네모난 블록과 지붕 모양 블록이 합쳐진 것 [노미숙 외(2011), 국어 2-2]

비유는 단순히 표면에서 형성되는 유사성만을 기준으로 동원되어서는 문법 개념 관계에 대한 학습자의 지식 구성을 촉발하기 어렵다. 모든 비유가 그러하듯이, 특정 비유물이 설명하고자 하는 목표물의 메커니즘(작동, 원리, 기능, 조직 등)을 체계적으로 포함할 수 있을 때(류수경, 2005:34), 구조화된 표상으로서의 교육적 가치가 높기 때문이다. 이런 점에서, (98)과 (99)의 비유 표상은 (97)에 비해 구조적 표상으로서의 가치가 높다. (98)에서는 '실질'과 '보조'라는 어근/접사의 변별적 속성을 사상하기 위한 구체물을 상정하고, (99)에서는 어근 단위의 자립성을 중핵 속성으로 선택하여 사상하는 양상을 보이기 때문이다. 물론, (98)의 경우 '보조 바퀴, 바구니'의 비유물은 접사의 어근에 덧붙는 속성, 즉 보조적 기능만이 사상되어 단어 파생의 문법적 의미는 전면으로 드러나지 않으며, (99)의 비유에서는 어근 사이의 가치가 상대적인 '융합, 수식' 등의 다양한 합성어를 모두 담아내기에는 제한적이다. 그러나 특정 문법 개념이 내포하고 있는 다양한 속성들 중 무엇을 부각하여 비유로 표상할 것인가의 문제는 해당 문법 지식을 왜 설명하는지, 즉 해당 문법 지식의 교육 목표에 달려 있다. 이 점에서 교육적 장면에서 문법 개념의 표상을 위한 비유는 단순히 해당 교육 내용을 설명·기술하기 위한 차원이 아니라, 해당 교육 내용이 선별된 기준으로서의 교육 목표에 대한 철저한 탐색으로부터 시도되어야 한다. 이렇게 볼 때, (98)과 (99)의 구조적 비유는 단어 형성 요소로서의 어근/접사의 변별적 차이를 '단어 형성법을 체계적으로 이해한다.'라는 목표에 도달하기 위한 중핵 속성으로 판단하고, 이를 표상하기 위해 각각의 구체물들을 상정하는 것이다.

(98) 여기서 두발자전거는 원래부터 자전거의 실질적인 역할을 하고 있었다. 그러나 보조 바퀴는 두발자전거에 붙기 전까지는 어떤 특정한 역할을 하고 있지 못했다. 즉, 두발자전거는 보조 바퀴가 없어도 자신의 역할을 하지만 보조 바퀴는 두발자전거가 없으면

자신의 역할을 수행할 수 없는 것이다. (…중략…) 접사는 어근의 앞에 붙기도 하고 뒤에 붙기도 한다. 바구니를 자전거의 앞부분에 붙이기도 하고, 보조 바퀴를 자전거의 뒷부분에 붙이기도 하는 것과 비슷하다. [권영민 외(2011), 국어 2-2]

(99) 합체 전에는 제각기 별도의 로봇이었는데, 합체하면 다른 모습의 큰 로봇으로 변신한다는 사실을 알고 있을 것이다. 합체된 로봇은 합체 전 각각의 로봇의 힘을 합한 것보다 훨씬 더 강력한 힘과 능력을 갖게 된다. 그리고 그 힘과 능력을 발휘하여 지구를 구하는 임무를 끝내면 다시 분해되어 각각의 로봇으로 돌아간다. [권영민 외(2011), 국어 2-2]

한편, (98), (99)의 비유는 합성어와 파생어 각각에 대해 상호 연관성이 낮은 별도의 구체물들을 상정한다는 점에서 학습자들이 두 개념 사이의 관계를 구조화하여 구성하기에는 제한적인 측면이 있다. '두발자전거'와 '별도의 로봇'이 '어근'이라는 동일 문법 개념을 표상한다는 점을 가시적으로 드러내지 못하는 비유라는 것이다. 일련의 체계 속에서 특정 개념을 감식해 내기 위해서는, 즉 합성어나 파생어의 속성을 단어의 형성이라는 전체 체계 속에서 구성하기 위해서는 둘 사이의 관계도 동시에 표상하는 구조적 비유가 요구된다. (100)에서 그러한 가능성이 발견되는데, 물론 이 경우에도 앞서와 마찬가지로 파생의 문법적 의미가 정교하게 표상되지 못한다는 점, '빵과 계란 프라이 및 햄'이 동등한 지위를 지니는 것으로 보기는 어렵다는 점 등에서는 보다 정교한 표상 방식이 필요하지만 앞선 그것에 비해 훨씬 일관되고 체계적인 사상 방식을 확인할 수 있다.

(100) 단일어: 빵을, 계란 프라이를, 햄을 먹습니다.
합성어: 빵과 다른 음식(계란 프라이, 햄)을 함께 먹으려 합니다.
파생어: 빵에 잼을, 계란 프라이와 햄에 케첩을 발라 먹으려 합니다. [이용남 외(2011), 국어 2-1]

한편, 결합된 어근 사이의 의미관계를 기준으로 하위분류되는 합성어의 하위 유형에 대해서도 구조적 비유를 통해 교육 내용을 표상하는 양상도 확인된다. (101)과 (102)가 그러한 경우인데, 자칫 '새로운 의미를 갖는다'는 '융합'의 비유 표상이 '파생'과의 변별적 구분을 어렵게 할 우려가 있다는 점에서 학습자들로 하여금 개념 관계에 대한 오개념을 형성할 여지를 남긴다. 또한, (101)의 경우 '밥 + 콩나물국 : 콩나물 비빔밥'이라는 상이한 단위로 비유한다는 점, '콩나물 비빔밥'에는 재료 본연의 의미, 즉 어근의 의미가 담기지 않았다고 보기는 어렵다는 점 등에서도 보다 정교한 표상이 요구된다.

(101) [노미숙 외(2011), 국어 2-2]

(102) 낱말이 서로 결합할 때에도 남녀의 결합처럼 동거 형태의 결합이 있고 결혼 형태의 결합이 있다. 동거 형태의 결합은 두 낱말이 서로 자신을 양보하지 않고 끝까지 자신을 내세우는, 오로지 함께 있는 것으로 만족하는 결합으로서 병렬 합성을 가리키고, 결혼 형태의 결합은 두 낱말이 적당히 양보하고 타협하여 새로운 의미를 만들어 내는(아이를 낳는) 결합으로서 주종 합성과 융합 합성을 가리킨다(남영신, 2005:61).

[내용적 실체화로서의 단어 형성법 내용 표상 ②]

- 단어 형성법 단원 내에 포진되는 문법 개념 간의 관계를 구조적으로 표상하기 위해 다음과 같은 요인들을 고려할 필요가 있다.
  - ㉠ 둘 이상의 사례에 공유 요소를 상정하여 '형태소 유형 - 어근/접사 - 단일/복합 - 합성/파생' 간의 관계를 구조적으로 표상한다.
  - ㉡ 구조적 비유를 정교하게 동원하여 단일어-합성어-파생어, 어근-접사 간의 관계를 구조적으로 표상한다.

다. 단원 간 개념 관계의 표상

① 복합 사례를 통한 표상

학습자들은 하나의 사례 안에 둘 이상의 문법 개념이 표상된 복합 사례를 연결 고리로 삼아 해당 사례에 담긴 개념 간의 관계를 구성하기도 한다. 따라서 문법 개념 간 관계에 대한 교육 내용의 표상 과정에서도 이러한 양상을 적극적으로 동원할 필요가 있다. 특히, 범주를 달리하여 서로 다른 단원에 분포되는 문법 개념에 대해서는 교육 내용의 구현 중의 특정 의도가 발현되지 않으면 학습자들의 입장에서 이들을 엮어 나가는 일은 쉽지 않다는 점에서 복합 사례를 통한 개념 관계의 표상이 이 과정의 연결 고리로 기능할 수 있다.

단어 형성법 단원에서 주로 다루어지는 형태소 개념은 학습자들이 문법 체계의 전반을 체계적으로 인식하기 위한 이론적 범주로서의 성격을 띠어서 비단 단어의 구성 요소인 어근과 접사에 대한 구성뿐 아니라 우리말 문법의 중핵 요소인 조사와 어미까지도 관계적으로 구성하게 한다. 역으로, 그만큼 학습자들이 이면에 숨어 있는 개념 간의 관계를 가시적으로 구성하기 어려워하는 문법 개념 중 하나인데, 보다 많은 문법 형태를 포함하는 복합 사례를 의도적으로 표상하는 일이 하나의 방편이 될 수 있다. 예컨대, 의도적으로 '격 조사, 보조사, 접사, 선어말어미, 어말 어미'가 모두 포함된 문장을 복합 사례로 표상하여 형태소가 합성어, 파생어를 넘어 문장을 구성하는 단위이며, 이후 형태소의 유형 분류 과정에서 오개념을 형성하기 쉬운, 보조사, 접사, 선어말어미 등에 대해서도 관계적 구성을 시도하는 것이다.

이러한 양상은 (103), (104)와 같은 일부 교과서들에서는 더욱 확장되는 양상을 보이는데, 하나의 사례 내에 다양한 문법 요소들을 표상함으로써 단어 형성법을 넘은 범주로까지 확산적 관계 구성을 유도하는 것이다. 예를 들어, (103)에서는 형태소의 분석 과정에서 '우리나라의 한여름은 매우 덥다.'라는 예문을 복합 사례로 표상함으로써 어근과 접사에 대한 구성뿐 아니라 단어 형성과는 직접적인 관계는 없으면서도 언어 현상을 분석적으로 인식하기 위한 핵심 개념 중 하나인 격 조사와 종결 어미라는 개념으로까지 관계 구성을 유도한다. (104)에서 역시 단어의 형성과는 크게 연관이 되지 않는 선어말 어미를 예문 내에 포함함으로써 시간 표현이라는 이질적인 범주로까지 학습자들의 구성을 확산하고자 하는 의도를 읽어 낼 수 있다.

(103) 나는 '여름'에 붙어서 여름이 '덥다'의 주어가 되게 해. / 나는 '덥-'에 붙어서 '덥다'가 서술어가 되게 해. [이도영 외(2013), 국어 ①]

(104) 위의 예문에서 '피었다'는 '피+었+다'로 나눌 수 있다. '피-'는 '꽃봉오리가 점점 커지면서 꽃잎이 벌어지다'라는 의미를 가지고 있고, '-었-'은 과거에 일어난 일을 의미하는 형태소이다. 그리고 '-다'는 '문장을 마친다'의 뜻을 가지고 있다. [날개] '-었-, -는-, -겠-'은 시간을 나타내는 형태소입니다. 이야기를 들었다(과거) / 이야기를 듣는다(현재) / 이야기를 듣겠다(미래) [방민호 외(2011), 국어 2-2]

② 범주 관계 비유를 통한 표상

단어 형성법은 자체 내의 수렴적 구조뿐만 아니라 다른 문법 범주로 확산되는 구조로서의 위상을 동시에 지닌다. 이러한 범주 관계 역시 비유를 통해 표상될 수 있는데, 제한된 분량 내에서 가장 효율적으로 문법 지식을 다루는 방식으로 편제된 교과서들에서는 이러한 양상이 특징적으로 발견되지 않는다. 그러한 영향으로, 학습자들이 보고하는 문법 지식의 구성 결과물 중에서도 극히 일부에서만 이러한 양상이 확인되는바, 이를 통해 범주적 관계를 구조적 비유를 통해 표상하기 위한 단초를 확인할 수 있다.

(105)는 파생과 전성이라는 상호 이질적인 범주의 문법 개념을 관계화하여 표상하기 위해 '혼자 변신하는 경우'와 '다른 사람과의 관계 속에서 변신하는 경우'라는 구조적 비유를 동원하는데, 이를 통해 '변신'이라는 속성을 공유하면서도 형태론적 관계와 통사론적 관계라는 범주적 속성 차이를 체계적으로 사상한다. 보다 본질적으로, 이러한 방식의 비유는 형태론과 통사론이라는 학문적 영역이 지니는 중핵 속성에 대한 표상으로 이어질 수 있다는 점에서, 문법이라는 학문이 지니는 체계, 또 그러한 체계를 일정한 기준에 따라 영역을 구획하는 방식에 대해 본격적인 문법 학습 이전 단계에서부터 '자신이 이해할 수 있는 언어'로 표상한다는 점에서 분석적 안목으로 문법 체계 전반을 이해하기 위한 일정한 지표 역할을 수행한다.

(105) 이거 헷갈리기 쉬운데, 쉽게 설명해 줄게. 봐 봐. 파생은 혼자 노는 거야. '웃-'에 접사 '-음'을 결합해서 '웃음'을 만드는 건 다른 사람들과 상관없이 그 단어 혼자 놀게 해 주는 거지. 변신은 시켜 주는데 그냥 다른 사람 생각할 것 없이 혼자 변신시켜 주는 거지. 근데, '비가 오기를 기다리다.' 여기서 '-기'는 원래 '오다'가 목적어가 안 되는데 목적어 만들어 줄려고 붙은 거지. 그러니까 다른 사람들과의 관계 속에서 변신을 시켜 주는 거야. '기다리

다'라는 사람과의 관계에서 목적어가 되게 하려고. 그래도 '오다'라는 원래 그 사람은 잠깐만 변신하는 거지, 아예 다른 사람이 되는 건 아니잖아. 그래서 명사가 아니라 '명사형'이라고 하는 거야. 좀 어렵지? 잘 생각해 봐. [학습자 자료]

(106)과 (107)에서도 유사한 양상이 발견되는데, 먼저 (106)에서는 개별 단어를 문법적 기준에 따라 분류한 결과인 품사와 형성 방식에 따라 분류한 결과인 합성어/파생어를 각각 '사람 하나하나의 특성에 따라 나누는 경우'와 '국적에 따라 부부를 나누는 경우'에 구조적으로 사상하여 품사론과 조어론의 범주적 차이 관계를 구성한다. 또한, (107)은 형태소의 개념을 '사람'에, 선어말 어미, 피동 접미사 등의 개념을 '사회적 역할에 따른 명명'에 비유함으로써 '소속'에 따라 특정 언어 형식을 개념화하는 방식이 달라진다는 범주적 관계를 체계적으로 표상하는 양상을 보인다.

(106) 자꾸, 명사, 동사, 형용사 이런 용어들도 나오고, 합성어, 파생어 이런 말들도 나오니까 헷갈리죠? 별 거 아닙니다. 둘 다 단어들을 나누어 놓은 겁니다. 다만 뭘 기준으로 분류했는가에 따른 차이입니다. 품사는 사람들 하나하나의 특성에 따라 각자를 나눠 놓은 거고, 합성어, 파생어는 결합 방식, 예를 들어 부부들을 국적에 따라 같은 국적끼리 부부, 다른 국적끼리 부부, 이렇게 나눠 놓은 겁니다. [학습자 자료]

(107) 이건 뭐랄까, 소속이 달라지는 거야. 예를 들어서, 아빠가 있잖아. 원래는 그냥 딱 이름을 가진 사람이었잖아. 근데 회사에 가서 업무를 볼 때는 부장님이라고 부르고, 할머니 집에 가서 아들 역할 할 때는 아범이라고 부르고, 우리 집에 오시면 아버지가 되는 거잖아. 그런 거 같은 거야. 회사에 갔는데, 사람이라고 부르는 건 좀 어색하지? 그래도 원래 사람은 사람이지. 형태소도 사람 같은 거야. 그러다가 어떤 때는 선어말 어미라는 것들도 있고, 피동 접미사 같은 것들도 있고 하는 거지. 어떤 소속에서 뭐

라고 부르는지를 잘 파악해야 돼. 그래도 사람이라는 사실은 변함이 없지. [학습자 자료]

[내용적 실체화로서의 단어 형성법 내용 표상 ③]

- **단어 형성법 관련 개념과 여타 범주의 개념이 지니는 관계를 체계적으로 표상하기 위해 다음의 요인들을 고려할 필요가 있다.**
  - ㉠ 하나의 사례를 두고도 둘 이상의 문법 범주를 인식할 수 있도록 복합 사례를 구조적으로 표상한다.
  - ㉡ 범주적 변별을 가시화하는 구조적 비유를 동원하여 '형태론-통사론', '품사-단어 형성' 간의 관계를 구조적으로 표상한다.

참고 문헌

1. 자료

권영민 · 이종덕 · 구자송 · 김성규 · 최두묵 · 김영선 · 박주현 · 장선영 · 오현아 · 조진수 · 허미선(2011), 중학교 국어 2-2, 새롬교육.

김남미(2010), 친절한 국어 문법, 사피엔스21.

김상욱 · 서미선 · 서창현 · 신재홍 · 오윤주 · 이도영 · 장미정 · 한성우(2011), 중학교 국어 2-1, 창비.

김종철 · 이명찬 · 김종욱 · 양정호 · 황혜진 · 신중진 · 조하연 · 김소영 · 주재우 · 박소영 · 노수경 · 박재희 · 이주영 · 김민선 · 박수현 · 박인규(2013), 중학교 국어 ①, 천재교과서.

김종철 · 이창덕 · 이명찬 · 서유경 · 황혜진 · 오태경 · 서효현 · 박소영 · 제민경 · 노수경(2011), 중학교 국어 2-1, 도서출판 디딤돌.

김철호(2008), 국어 독립 만세, 유토피아.

김태철 · 김은형 · 김진수 · 박안수 · 임영환 · 강양희 · 강윤순 · 강효정 · 김선희 · 김지령 · 김지은 · 김태희 · 류문숙 · 박상희 · 박수진 · 박채형 · 박현숙 · 심대현 · 유동걸 · 이지은 · 이진희 · 이헌욱 · 임정아 · 정대승 · 정해은 · 제갈현소(2013), 중학교 국어 ②, 비상교육.

남미영 · 공규택 · 김병섭 · 김양희 · 김은정 · 김희진 · 백덕현 · 서영미 · 여의기 · 이국환 · 이정희 · 임성규 · 임영규 · 전혜옥 · 정형근 · 조운아 · 허철구 · 황재진(2013), 중학교 국어 ②, 교학사.

남미영 · 김희진 · 허철구 · 이국환 · 임영규 · 정형근 · 임성규 · 김양희 · 황재진 · 공규택 · 임미라 · 정미영 · 조운아(2011), 중학교 생활국어 2-1, 교학사.

남영신(2005), 4주간의 국어 여행, 성안당.

노미숙 · 주진택 · 안수진 · 김경란 · 김호태 · 홍현선 · 소정섭 · 정일순 · 홍지연 · 최영미(2011), 중학교 국어 2-2, 천재교육.

민현식 · 이숭원 · 이대욱 · 박기호 · 이문규 · 최경봉 · 강영미 · 윤미영 · 권순희 · 서태진 · 고정희 · 박정연 · 문영선 · 김대희 · 김근호 · 한은정 · 이지선 · 이지은 · 조진수(2013), 중학교 국어 ②, 좋은책 신사고.

박경신 · 김인봉 · 김두근 · 강영미 · 김창동(2011), 중학교 국어 2-1, 대교.
박영목 · 민현식 · 천경록 · 신명선 · 박의용 · 이지은(2012), 독서와 문법 Ⅰ, 천재교육.
박영목 · 정호웅 · 유현경 · 천경록 · 양기식 · 나윤 · 전은주 · 성난주 · 안순숙 · 박의용 · 임지은 · 백정운 · 신수정 · 남영민 · 이혜진(2013), 중학교 국어 ②, 천재교육.
박영목 · 정호웅 · 천경록 · 원진숙 · 양기식 · 나윤 · 이재승 · 전은주 · 박의용 · 임지은 · 백정운 · 신수정 · 이혜진(2011), 중학교 국어 2-2, 천재교육.
방민호 · 박현수 · 황재문 · 신서인 · 감미애 · 공강일 · 김송현 · 서은혜 · 유진영 · 이상금 · 이세주 · 이승복 · 이정원 · 이종화 · 이행미 · 임미진 · 전소영 · 조성임 · 조장희 · 최은숙 · 최춘기(2013), 중학교 국어 ①, 지학사.
방민호 · 안효경 · 박현수 · 최춘기 · 황재문 · 장창중 · 이현석 · 문숙영 · 김잔디 · 엄성신 · 서영경 · 이정원 · 이세주 · 조성임 · 최은숙 · 김광래 · 이성주(2011), 중학교 국어 2-2, 지학사.
오세영 · 유문선 · 박상률 · 조현설 · 정승철 · 노인숙 · 전종옥 · 한지영 · 이정미(2011), 중학교 국어 2-2, 해냄에듀.
왕문용 · 서준섭 · 엄훈 · 심연기 · 최상만 · 피혜정 · 이수영(2011), 중학교 국어 2-1, 대교.
우한용 · 박윤우 · 이은희 · 이승환 · 한태구 · 김석회 · 김혜영 · 이도민 · 정래필 · 이인화 · 최병우 · 임경순 · 정현희 · 황희종 · 우신영 · 김혜숙 · 최인자 · 석주연 · 오현아(2013), 중학교 국어 ②, 좋은책 신사고.
윤여탁 · 윤석민 · 조현일 · 유영희 · 김정우 · 송진한 · 김주익 · 김나영 · 김수학 · 윤구희 · 강용철(2011), 중학교 국어 2-1, 미래엔 컬처그룹.
윤여탁 · 조광국 · 이병운 · 김진식 · 윤석민 · 최미숙 · 구본관 · 김정우 · 박종훈 · 노지승 · 정정순 · 김주익 · 김나영 · 최미애 · 김기훈 · 조성환 · 김수학 · 김화옥 · 강용철 · 김영은 · 이현진 · 신온누리(2013), 중학교 국어 ②, 미래엔.
윤여탁 · 최미숙 · 구본관 · 김혜정 · 김정우 · 김은성 · 김진식 · 박경희 · 김기훈(2012), 독서와 문법 Ⅰ, 미래엔.
윤희원 · 강민경 · 권순희 · 권정아 · 김민영 · 김봉순 · 김유미 · 김정자 · 김혜연 · 민병곤 · 박성희 · 유동엽 · 이민형 · 최영인 · 허단비(2011), 중학교 국어 2-1, 금성출판사.
이관규 · 류보라 · 박경희 · 박정진 · 신명선 · 신호철 · 하성욱(2014), 독서와 문법, 비상교육.
이관규 · 신명선 · 신호철 · 박정진 · 김명순 · 이동석 · 김부연 · 김서경 · 김학찬 · 나정연 · 류보라 · 박보현 · 양세희 · 유미향 · 윤구희 · 이규범 · 이보명 · 이윤복 · 하성욱(2013), 중학교 국어 ②, 비상교과서.

이남호 · 고형진 · 이관규 · 조혜숙 · 정은아 · 남궁민 · 김서경 · 고지혜 · 권채영(2011ㄱ), 중학교 국어 2-1, 미래엔 컬처그룹.

이남호 · 고형진 · 이관규 · 조혜숙 · 정은아 · 남궁민 · 김서경 · 고지혜 · 권채영(2011ㄴ), 중학교 생활국어 2-1, 미래엔 컬처그룹.

이남호 · 이관규 · 김유범 · 신호철 · 정경주 · 조혜숙 · 남궁민 · 하성욱 · 김부연 · 이수진(2012), 독서와 문법 Ⅰ, 비상교육.

이도영 · 김외곤 · 김혜정 · 서미선 · 서창현 · 신재홍 · 심영택 · 오윤주 · 이민수 · 장미정 · 한성우(2013), 중학교 국어 ①, 창비.

이도영 · 김혜정 · 문숙영 · 이숙형 · 장창중 · 최형용 · 한성우(2014), 독서와 문법, 창비.

이삼형 · 권순각 · 김중신 · 김창원 · 양정호 · 이성영 · 정재찬 · 조형주 · 최지현(2012), 독서와 문법 Ⅰ, 지학사.

이삼형 · 권순정 · 김성룡 · 김송이 · 김중신 · 김창원 · 김현 · 류소영 · 류수열 · 박윤경 · 서영경 · 오학진 · 이성영 · 장윤희 · 정재찬 · 최지현(2013), 중학교 국어 ②, 두산동아.

이삼형 · 김중신 · 김창원 · 정재찬 · 이성영 · 최지현 · 양정호 · 권순각 · 조형주(2014), 독서와 문법, 지학사.

이숭원 · 김영욱 · 이형대 · 조희정 · 김대희 · 박기호 · 윤미영 · 서태진 · 박정연 · 문영선 · 한은정 · 오현진 · 강보선 · 이관희(2011), 중학교 국어 2-2, 좋은책 신사고.

이용남 · 이배용 · 이지훈 · 박종혁 · 이혁화 · 김준우 · 박지영(2011), 중학교 국어 2-1, 지학사.

이재성(2006), 4천만의 국어책, 들녘.

조동길 · 송홍규 · 박명순 · 오동상 · 최종민 · 강미현 · 임두빈 · 이명재 · 박은주 · 장미 · 양지혜 · 민은미(2011ㄱ), 중학교 국어 2-1, 비상교육.

조동길 · 송홍규 · 박명순 · 오동상 · 최종민 · 강미현 · 임두빈 · 이명재 · 박은주 · 장미 · 양지혜 · 민은미(2011ㄴ), 중학교 생활국어 2-1, 비상교육.

최승언 역(1990), 일반언어학 강의, 민음사.

한철우 · 박영민 · 박형우 · 강아연 · 권하얀 · 김기열 · 김영민 · 김지연 · 김지영 · 박세정 · 박종임 · 박찬홍 · 이수나 · 이은정 · 임수경 · 장은주 · 정미경 · 황인정(2013), 중학교 국어 ②, 비상교육.

한철우 · 성낙수 · 고재현 · 곽현주 · 김미희 · 오유경 · 윤국한 · 이재형(2014), 독서와 문법, 교학사.

2. 논저

강명윤 역(1998), 촘스키 언어학 사전, 한신문화사.

강범모(2005), 언어: 풀어 쓴 언어학 개론, 한국문화사.

강인애(1997), 왜 구성주의인가, 문음사.

강현석(2004), 지식 구조론의 재구성을 통한 교육과정 설계 원리의 구성, 교육과정연구 22(2), 한국교육과정학회, 55-85.

강현석(2006), 교과교육학의 새로운 패러다임: 교과학의 이론과 실제, 아카데미프레스.

고영근(1993), 우리말의 총체 서술과 문법 체계. 일지사.

고영근(2004), 국어 문법 교육의 방향 탐색, 우리말연구 15, 우리말학회, 23-51.

고영근 · 구본관(2008), 우리말 문법론, 집문당.

고창수(2003), 자연언어의 본질과 기능, 이중언어학 23, 이중언어학회, 1-12.

구본관(1998), 15세기 국어 파생법에 대한 연구, 태학사.

구본관(2002), 조어 능력과 조어법 연구 방법론, 박창원 · 구본관 · 박승혁 · 윤영은(2002), 언어의 이론과 분석 1, 태학사, 129-171.

구본관(2009), 패러다임의 변화와 문법 교육의 방향, 어문학 103, 한국어문학회, 1-40.

구본관 · 박재연 · 이선웅 · 이진호 · 황선엽(2015), 한국어 문법 총론 Ⅰ: 개관, 음운, 형태, 통사, 집문당.

구본관 · 신명선(2011), 원리 중심의 문법교육에 대한 연구, 국어교육연구 27, 서울대 국어교육연구소, 261-297.

권경일(2013), 학교 문법의 내용 선정과 기술에 대한 제안: 탐구 학습 활동을 중심으로, 문법교육 19, 한국문법교육학회, 155-182.

권재일(1995), 국어학적 관점에서 본 언어지식 영역의 지도 내용, 국어교육연구 2, 서울대 국어교육연구소, 159-175.

김광해(1992), 문법과 탐구 학습, 선청어문 20, 서울대 국어교육과, 81-101.

김광해(1995), 언어 지식 영역의 교수 학습 방법, 국어교육연구 2, 서울대 국어교육연구소, 209-254.

김광해(1997), 국어지식 교육론, 서울대 출판부.

김광해 · 권재일 · 임지룡 · 김무림 · 임칠성(1999), 국어 지식 탐구, 박이정.

김기혁(2001), 국어학, 박이정.

김대수(1991), 개념 형성론, 우신 출판사.

김대행(2002), 국어교육학을 위한 언어 재개념화, 선청어문 30, 서울대 국어교육과,

29-54.
김만희 · 김범기(2003), 과학 지식의 객관성에 관한 고찰: 마이클 폴라니의 인식론을 중심으로, 한국과학교육학회지 23(1), 한국과학교육학회, 100-116.
김명순(2003), 활동의 개념과 국어교육, 청람어문교육 26, 청람어문교육학회, 109-128.
김명순(2007), 국어과 교육 내용의 위계 설정과 관련된 문제: 언어 사용 영역의 경우, 새국어교육 78, 한국국어교육학회, 35-54.
김문기(2013), 학교 문법의 의존성 단어 처리 방식에 나타난 혼란상 고찰: 의존 명사와 보조 용언을 중심으로, 우리말연구 35, 우리말학회, 56-81.
김민수 · 남광우 · 유창돈 · 허웅(1960), 새 고교 문법, 동아출판사.
김숙정(2009), 조어법, 최호철 편(2009), 국어 문법 교과서 연구, 제이앤씨, 337-401.
김신곤(1998), 교육 내용으로서의 지식에 대한 구성주의적 접근, 교육사상연구 7, 한국교육사상연구회, 101-119.
김억조(2014), 종속접속문과 부사절을 안은문장의 의미 차이 교육의 필요성 연구, 교육과정평가연구 17(3), 한국교육과정평가원, 23-44.
김영민(2012), 과학교육에서 비유와 은유 그리고 창의성, 북스힐.
김영채(2013), 사고력 교육: 이론과 실제, 유원북스.
김용석(2006), '학교문법'의 정체성에 대하여, 문법교육 4, 한국문법교육학회, 65-93.
김은성(2005), 비판적 언어인식에 대한 연구, 국어교육연구 15, 서울대 국어교육연구소, 323-355.
김은성(2007ㄱ), 이야기를 활용한 문법교육 가능성 탐색, 국어교육 12, 한국어교육학회, 353-383.
김은성(2007ㄴ), 학습자들은 왜 문법 학습을 꺼리는가: 문법 학습 부진 요인에 대한 연구, 국어교육연구 40, 국어교육학회, 35-72.
김은성(2009), 문법 교수 · 학습 방법 구체화를 위한 수업 의사소통 양상 연구: 교사의 문법적 지식 설명하기를 중심으로, 국어교육학연구 36, 국어교육학회, 287-317.
김은성(2012ㄱ), 문법교육 내용의 표상체로서의 담화 : 문법교육 내용화 방안의 변화 모색을 위한 시론, 문법교육 16, 한국문법교육학회, 83-110.
김은성(2012ㄴ), 문법 학습 경험 맥락에 따른 문법 학습 촉진 요인의 보편성과 특수성, 새국어교육 90, 한국국어교육학회, 5-28.
김은성(2012ㄷ), 문법 교육, 노명완 · 신헌재 · 박인기 · 김창원 · 최영환 · 원진숙 · 유동엽 · 김은성(2012), (제4판) 국어교육학 개론, 삼지원, 391-445.
김은성(2013), 문법교육에서 창의 · 인성의 방향과 내용, 국어교육 140, 한국어교육학회, 73-107.
김은성 · 남가영 · 김호정 · 박재현(2007), 국어 문법 학습자의 음운에 대한 앎의 양상 연구, 언어과학연구 42, 언어과학학회, 1-25.
김재춘(2000), 구성주의 이론에 나타난 학생의 지식 구성 능력의 비판적 검토: 비고츠키 이론을 중심으로, 교육과정연구 18(2), 한국교육과정학회, 1-16.
김종우(2007), 구조주의와 그 이후, 살림.
김진호(2005), 수학자가 수학을 탐구하듯이 학습자도 수학을 탐구할 수 있는 방안 모색, 수학교육 44(1), 한국수학교육학회, 87-101.
김창섭(2008), 한국어 형태론 연구, 태학사.
김태엽(2009), 내포문의 부사절과 접속문의 종속절, 학교교육연구 5(1), 대구대 교육연구소, 1-18.
김판수 · 박수자 · 심성보 · 유병길 · 임채성 · 허승희 · 황홍섭(2000), 구성주의와 교과교육, 학지사.
김혜정(2009), 국어 교육용 텍스트 자료 유형에 대한 연구: 역대 교육과정 국어 교재를 중심으로, 국어교육학연구 36, 국어교육학회, 319-362.
김호정(2010), 한국어 학습자의 문법 지식 의미 재고, 언어과학연구 55, 언어과학회, 1-28.
김호정 · 김은성 · 남가영 · 박재현(2009), 국어과 오개념 연구 방향 탐색, 새국어교육 83, 한국국어교육학회, 211-238.
김호정 · 박재현 · 김은성 · 남가영(2007), 문법 용어를 통한 문법 지식 체계 구조화 연구(Ⅰ) : 음운, 국어교육학연구 28, 국어교육학회, 275-300.
남가영(2007), 문법교육의 '지식의 구조' 체계화 방향, 국어교육 123, 한국어교육학회, 341-374.
남가영(2008), 문법 탐구 경험의 교육 내용 연구, 서울대 박사학위 논문.
남가영(2011ㄱ), 문법교육용 텍스트의 개념 및 범주, 국어교육 136, 한국어교육학회, 1-34.
남가영(2011ㄴ), 초등학교 문법 문식성 연구의 과제와 방향, 한국초등국어교육 46, 한국초등국어교육학회, 99-132.
남가영(2012), 문법교육과 교과서, 한국어학 57, 한국어학회, 1-34.
남가영(2013ㄱ), 예비 국어 교사의 문법 평가 문항 설계 양상 연구, 교육과정평가연구 16(3), 한국교육과정평가원, 121-145.
남가영(2013ㄴ), 학습자 오개념 형성 요인으로서의 교과서, 우리말글 57, 우리말글학회, 109-137.

남가영 · 김호정 · 김은성 · 박재현(2009), 문법 탐구 과정에 대한 어휘계량적 접근: 고등학교 문법 교과서의 한자 학술 어휘를 중심으로, 어문연구 37(3), 한국어문교육연구회, 359-380.

남가영 · 김호정 · 박재현 · 김은성(2007), 문법 용어를 통한 문법 지식 체계 구조화 연구(Ⅱ) : 형태, 우리말연구 21, 우리말학회, 177-209.

남기심(1996), 국어 문법의 탐구 Ⅰ, 태학사.

남기심 · 고영근(1993), 개정판 표준국어문법론, 탑출판사.

남지애(2008), 문법 인식을 통한 띄어쓰기 교육 연구, 서울대 석사학위 논문.

류근식 · 권경일(2014), 언어와 논리: 학술 용어의 논리적 기술, 문법교육 20, 한국문법교육학회, 51-76.

민병곤(2006), 말하기 · 듣기 교육 내용으로서의 '지식'에 대한 고찰, 국어교육학연구 25, 국어교육학회, 5-38.

민현식(1994), 형태론의 주요 개념과 문법교육, 선청어문 22, 서울대 국어교육과, 111-132.

민현식(1999), 국어 문법 연구, 역락.

민현식(2002), 국어 지식의 위계화 방안 연구, 국어교육 108, 한국어교육학회, 71-129.

민현식(2008), 국어학의 성과와 미래 국어교육에의 적용, 국어교육 126, 한국어교육학회, 185-220.

민현식(2010), 통합적 문법교육의 의의와 방향, 문법교육 12, 한국문법교육학회, 1-37.

박수자(2007), 구성주의 이론의 국어교육학적 의의, 독서연구 18, 한국독서학회, 1-26.

박영목(2011), 국어과 교수 학습 방법 연구, 박이정.

박영목 · 한철우 · 윤희원(1995), 국어과 교수 학습 방법 탐구, 교학사.

박재문(1998), 지식의 구조와 구조주의, 성경재.

박진호(1994), 통사적 결합 관계와 논항 구조, 서울대 석사학위 논문.

박철홍 · 윤영순(2004), 교과의 경험화에 함의된 교육 내용의 성격: 질성적 사고에서 본 듀이의 심리화의 재해석, 교육철학 31, 교육철학회, 23-44.

박현주(1998), 구성주의 관점에서 교수-학습의 재개념화, 교육과정연구 16(2), 한국교육과정학회, 277-295.

박형우(2004), 고유어 접두사 설정의 기준, 청람어문교육 28, 청람어문교육학회, 391-419.

배영환(2010), 학교 문법의 '음운의 변동'에 대한 비판적 고찰, 언어학연구 17, 한국중원언어학회, 95-115.

배주채(2011), 개정판 국어음운론 개설, 신구문화사.

변정호 · 이일선 · 권용주(2011), 학습 패러다임 분석을 통한 과학 학습의 구성 요소와 과정에 대한 고찰, 중등교육연구 59(2), 경북대 중등교육연구소, 415-441.

부성희(2008), 교사 지식 발달에서의 이론-실천 간의 관계: 폴라니 인식론에서의 의미론적 통합을 중심으로, 교육철학 42, 교육철학회, 157-193.

서덕현(2000), 학교 문법에 수용된 문법 이론에 대한 소고, 국어교육학연구 10, 국어교육학회, 197-230.

서상준 · 손춘섭 · 양영희(2011), 국어의 이해와 탐구, 역락.

서유나(2013), 문법 교과서 텍스트 범주화 체계를 통한 문법 교과서 텍스트의 사적 변천 연구, 이화여대 석사학위 논문.

서정수(1994), 국어 문법, 뿌리깊은나무.

성기철(2002), 국어학과 국어교육, 국어교육 108, 한국어교육학회, 1-24.

소경희(2005), 교육과정 개발: 주요 쟁점 및 새로운 접근, 교육과학사.

손영애(2007), 새로운 국어과 교육과정 시안에 대한 몇 가지 소론, 국어교육 122, 한국어교육학회, 117-144.

송현정(2009), 문법교육을 위한 내용교수법적 접근, 초등국어교육연구 41, 한국초등국어교육학회, 59-87.

시정곤(2006), 현대국어 형태론의 연구, 월인.

신명선(2007), 문법교육에서 추구하는 교육적 인간상에 관한 연구, 국어교육학연구 28, 국어교육학회, 423-458.

신선경(2006), 설득의 수단으로서의 은유: 은유의 생성과 수용에 대한 일고찰, 한국어의미학 20, 한국어의미학회, 138-159.

신승용(2011), 국어사와 함께 보는 학교 문법 산책, 태학사.

신현정(2000), 개념과 범주화, 아카넷.

심영택(2001), 구성주의 관점에서 본 국어 지식 교육, 한국초등국어교육 18, 한국초등국어교육학회, 107-132.

심영택(2007), 문법 교수 · 학습 방법, 최지현 외(2007), 국어과 교수 · 학습 방법, 역락.

양미경(2008), 교육과정 및 교수방법, 교육과학사.

양찬종 · 김지영 · 신필여 · 위햇님 · 신명환 · 강도영 · 김소요 · 민현식 · 김찬종 · 노태희(2011), 과학 학습 과정에서 나타나는 중간언어의 유형 및 과학 언어에 대한 이해 수준 변화에 따른 중간언어의 특징, 한국과학교육학회지 31(5), 한국과학교육학회, 745-757.

엄태동(1998), 교육적 인식론 탐구, 교육과학사.

오현아(2012ㄱ), 문법 교육 내용 제시 방법 유형화에 대한 고찰: 피동 표현을 중심으로, 언어학연구 24, 한국중원언어학회, 165-190.

오현아(2012ㄴ), 에듀테인먼트 콘텐츠로서의 문법 교육 내용의 이야기화 모델 탐색, 국어교육 138, 한국어교육학회, 117-146.

왕문용 · 민현식(1995), 국어 문법론의 이해, 개문사.

유한구(1998), 교육 인식론 서설, 교육과학사.

유한구(2001), 수업 전문성의 두 측면: 기술과 이해, 한국교원교육연구 18(1), 한국교원교육학회, 69-84.

유현경 · 김성규 · 김홍범 · 이정택 · 강현화 · 이병규 · 김한샘(2013), 표준 국어문법 개발 기초 연구, 국립국어원.

유현경 · 강현화 · 구본관 · 김성규 · 김홍범 · 이병규 · 이정택 · 이진호 · 한재영 · 황화상 · 이대성(2014), 2014년 표준 국어 문법 개발, 국립국어원.

윤구희(2009), 중학교 국어 교과서 단어 형성법 단원의 문제, 중등교육연구 57(1), 경북대 중등교육연구소, 187-211.

윤여탁 · 최미숙 · 김정우 · 조고은(2011), 현대시 교육에서 지식의 성격과 교육의 방향, 국어교육연구 27, 서울대 국어교육연구소, 215-260.

이관규(1998), 학교 문법의 내용 체계, 새국어교육 56, 한국국어교육학회, 73-92.

이관규(2001), 학교 문법 교육에 있어서 탐구 학습의 효율성과 한계점에 대한 실증적 연구, 국어교육 106, 한국어교육학회, 31-63.

이관규(2002), (개정판) 학교 문법론, 월인.

이관규(2007), 2007 개정 국어과 문법 교육과정의 특징과 문법교육의 방향, 청람어문교육 36, 청람어문교육학회, 53-80.

이관희(2008), 품사 교육의 위계화 연구, 서울대 석사학위 논문.

이관희(2012), 문법 설명 텍스트에 쓰인 비유적 표상의 양상, 한말연구 31, 한말연구학회, 107-143.

이관희(2013), '언어의 특성'의 문법교육 내용화 방향, 국어교육 141, 한국어교육학회, 31-65.

이관희(2015), 학습자의 지식 구성 분석을 통한 문법 교육 내용의 조직과 표상 연구, 서울대학교 박사학위 논문.

이기돈(2014), 수학 내러티브의 교육적 활용, 서울대 박사학위 논문.
이기홍(2008), 사회 연구에서 비유와 유추의 사용, 정신문화연구 31(1), 정신문화연구원, 131-159.
이돈희(1993), 교육적 경험의 이해, 교육과학사.
이문규(2004), 국어교육을 위한 현대 국어 음운론, 한국문화사.
이상신(2014), 국어 음운론에서의 기술 문법과 학교 문법, 국어학 69, 국어학회, 207-231.
이상태(2008), 교육문법의 체계 구성에 관한 연구, 어문학 102, 한국어문학회, 125-143.
이선웅(2006), 제7차 교육과정의 문법 교과서와 교사용 지도서 검토: '단어'와 '문장' 단원을 중심으로, 어문연구 34(3), 한국어문교육연구회, 447-472.
이선웅(2012), 한국어 문법론의 개념어 연구, 월인.
이선웅(2014), 기술 문법과 학교 문법: 총론, 국어학 69, 국어학회, 167-205.
이선웅 · 이은섭(2013), 이론 문법의 관점에서 본 학교 문법, 국어국문학 163, 국어국문학회, 249-277.
이성만(2005), 페어클러프의 비판적 담화 분석: 언어학적 텍스트 분석의 또 다른 대안인가, 독일어문학 28, 한국독일어문학회, 389-409.
이성영(1998), 교육 문법의 체제 연구, 국어교육학연구 8, 국어교육학회, 199-243.
이성영(2001), 구성주의적 읽기 교육의 방향, 한국초등국어교육 18, 한국초등국어교육학회, 57-79.
이성영(2006), 국어 교과서를 구성하는 텍스트들의 유형, 한국초등국어교육 32, 한국초등국어교육학회, 283-305.
이성호(2004), 교육과정 개발의 원리, 학지사.
이익섭(2005), 한국어 문법, 서울대 출판부.
이익섭 · 채완(1999), 국어문법론 강의, 학연사.
이정민 · 배영남(1987), 개정증보판 언어학 사전, 박영사.
이정숙(2005), 내용 변환에 따른 쓰기 교수 · 학습 현상, 국어교육학연구 24, 국어교육학회, 29-63.
이정택(2005), 현행 고교 문법 교과서 단어 단원의 문제 분석, 인문논총 13, 서울여대 인문과학연구소, 5-14.
이정택(2010), 형태소의 유형: 바람직한 용어법의 정립을 위하여, 인문논총 19, 서울여대 인문과학연구소, 31-54.
이종희(1998), 표상의 개념: 상징, 이미지, 모방과의 관계, 유아교육연구 18(1), 한국유

아교육학회, 55-69.
이주섭(2001), 구성주의 관점에서 본 듣기 · 말하기교육, 한국초등국어교육 18, 한국초등국어교육학회, 33-56.
이지수(2014), 형태소 교육에 대한 반성적 고찰, 반교어문연구 37, 반교어문학회, 5-36.
이진호(2012), 음운 교육과 교과서, 한국어학 57, 한국어학회, 35-59.
이진희(2009), 폴라니의 인식론에 함의된 '당사자적 지식'의 성격, 교육연구 23, 공주대 교육연구소, 173-204.
이찬주(2011), 은유의 교육적 재해석을 위한 시론, 교육철학연구 33(3), 한국교육철학학회, 73-92.
이춘근(2000), 문법교육의 목적, 우리말연구 10, 우리말연구회, 169-191.
이춘근(2002), 문법교육론, 이회.
이홍식(2010), 형태소와 문법 기술, 어문학 109, 한국어문학회, 1-35.
이홍우(1989), (증보) 지식의 구조와 교과, 교육과학사.
이홍우(2006), 개정증보판 지식의 구조와 교과, 교육과학사.
이홍우(2010), (증보) 교육과정 탐구, 박영사.
임성규(2001), 구성주의와 국어교육, 한국초등국어교육 18, 한국초등국어교육학회, 5-31.
임영미 · 오현아(2013), 문법 탐구 학습 과정에서의 중등 학습자의 학습 전략 사용 양상 탐색, 새국어교육 97, 한국국어교육학회, 415-449.
임지룡 외(2010). 문법교육론. 역락.
장상호(1994), 폴라니: 인격적 지식의 확장, 교육과학사.
장상호(1998), 교육 활동으로서의 언어적 소통: 그 한계와 새로운 가능성의 탐색, 교육이론연구 3(1), 교육이론연구회, 77-128.
장상호(2000), 학문과 교육(하), 교육적 인식론이란 무엇인가, 서울대 출판부.
장상호(2005), 학문과 교육(중-I), 서울대 출판부.
장언효(2002), 학습자의 사전 지식과 학습의 효율성, 교육논총 22, 국민대 교육연구소, 61-72.
전숙경(2005), 비유적 언어에 대한 교육철학적 고찰, 연세대 석사학위 논문.
전제아(2001), 교육과정 구성에 있어서 지식의 개체성과 보편성: 구성주의 관점을 중심으로, 교육과정연구 19(2), 한국교육과정학회, 207-224.
정병철(2012), 형태소와 단어의 불분명한 경계에 대한 학교 문법의 처리 방안, 청람어문교육 46, 청람어문교육학회, 513-544.
정주리(2006), 중학교 생활국어에 나타난 문법 영역 구성 분석, 이중언어학 30, 이중언어학회, 355-378.
정지은(2007), 문법 지식의 교수적 변환에 관한 연구: 고등학교 '높임법' 수업을 중심으로, 서울대 석사학위 논문.
정혜승(2002), 국어과 교육과정 실행 연구, 박이정.
정희창(2014), 국어 문법론에서의 기술 문법과 학교 문법, 국어학 69, 국어학회, 233-254.
제민경(2007), 언어 단위 교육 내용 연구, 서울대 석사학위 논문.
제민경(2012), 내러티브적 앎을 위한 문법 설명 텍스트 구성 방향: 실용 문법서의 내러티브 분석을 중심으로, 국어교육 139, 한국어교육학회, 175-211.
조영태(1998), 교육 내용의 두 측면: 이해와 활동, 교육과학사.
조영태(2006), 교과의 내면화: 폴라니를 중심으로, 도덕교육연구 18(1), 한국도덕교육학회, 241-261.
조용기(1998), 구성주의 교육의 구성, 김종문 · 강인애 · 권성기 · 남승인 · 송언근 · 이명숙 · 이원희 · 이종원 · 조영남 · 조용기 · 최신일 · 최창우 · 홍기칠(1998), 구성주의 교육학, 교육과학사, 133-149.
조진수(2014), 형태소의 자립성과 의존성에 대한 학습자의 오개념 연구, 문법교육 21, 한국문법교육학회, 269-306.
조창규(2012), 국어 음운 변동의 교육 방법: 개념 획득 학습 모형과 음운 체계 이용을 중심으로, 한국언어문학 83, 한국언어문학회, 551-573.
주미경(2009), 수학 교사의 설명 담화 분석: 교사 설명 속의 다양한 수학적 목소리, 교육과정평가연구 12(3), 한국교육과정평가원, 247-274.
주세형(2005ㄱ), 국어과 어휘 교육의 발전 방향, 독서연구 14, 한국독서학회, 437-454.
주세형(2005ㄴ), 통합적 문법교육의 원리와 실제, 서울대 박사학위 논문.
주세형(2006), 문법 교육론과 국어학적 지식의 지평 확장, 역락.
주세형(2008), 학교 문법 다시 쓰기(2): 숙련자의 문법 탐구 방법을 중심으로, 국어교육 126, 한국어교육학회, 283-320.
주세형(2009), 해암 선생이 남긴 국어 규범 교육의 원리, 선청어문 39, 서울대 국어교육과, 257-295.
주세형(2011), 국어과 문법 평가 이론의 발전 방향, 국어교육 135, 한국어교육학회, 39-66.

주세형(2014), 국어 교과서 연구의 이론적 특성과 발전 방향, 국어교육학연구 49(1), 국어교육학회, 657-701.

주세형 · 신호철(2011), 국어 어문 규범 교육의 목표 및 내용의 재구성, 국어교육연구 28, 서울대 국어교육연구소, 85-111.

차미란(2000), 오우크쇼트의 교육 이론 연구, 서울대 박사학위 논문.

최경봉(2006), 문법 교과서의 내용 체계상 문제점과 개선 방안, 국어국문학 142, 국어국문학회, 431-463.

최영수(2009), 브루너의 전 · 후기 이론에 따른 교육과정 통합 연구, 경북대 박사학위 논문.

최영환(1995), 언어 능력 신장의 관점에서 본 언어 지식 영역의 지도 내용, 국어교육연구 2, 서울대 국어교육연구소, 177-208.

최영환(1998), 국어교육에서 새로운 패러다임의 수용 방안, 국어교육학연구 8, 국어교육학회, 27-53.

최웅환(2008), 형태소의 유형 분류, 문학과언어 30, 문학과언어연구회, 1-26.

최웅환(2009), 문법교육에서의 교수적 변환론, 국어교육연구 45, 국어교육학회, 321-346.

최은혜(2013), 성공적인 문법 학습자의 학습 동기와 학습 전략에 관한 연구, 이화여대 석사학위 논문.

최호근(2013), 내러티브와 역사교육, 역사교육 125, 역사교육연구회, 95-128.

최호철(1995), 국어의 문법 단위와 문법교육, 어문논집 34, 안암어문학회, 637-657.

하치근(1993), 국어 파생 형태론, 남명문화사.

허경철(1999), 지식 생성 교육을 위한 지식의 구조 분석, 한국교육 26(1), 한국교육개발원, 101-127.

허경철 · 강창동 · 소경희(2000), 지식 기반 사회에서의 학교 교육과정 구성을 위한 기초 연구 Ⅰ, 한국교육과정평가원

허웅(1995), 20세기 우리말의 형태론, 샘문화사.

허창범(1992), 구성 중심 수업의 학습 효과 분석, 고려대 박사학위 논문.

홍은숙(1999), 지식과 교육, 교육과학사.

황규호(1998), 지식 교육이 추구하는 앎의 상태에 관한 분석, 교육과정연구 16(2), 한국교육과정학회, 77-104.

황화상(2012), 형태론 교육과 교과서: 교육 목표와 교육 내용을 중심으로, 한국어학 57, 한국어학회, 61-90.

Barthes, R.(1970), Historical Discourse, in Lane, M.(ed.), *Introduction to Structuralism*, Basic Books, 145-155.

Batstone, R.(1994), *Language Teaching: Grammar*; 김지홍 역(2003), 문법, 범문사.

Bloomfield, L.(1933), *Language*, Holt, Rinehart & Winston.

Blown, E. J. & Bryce, T. G. K.(2006), Knowledge Restructuring in the Development of Children's Cosmologies, *International Journal of Science Education* 28, 1411-1462.

Brooks, J. G. & Brooks, M. G.(1993), *In Search of Understanding: The Case for Constructivist Classroom*; 추병완 · 최근순 역(1999), 구성주의 교수 · 학습론, 백의.

Brophy, J.(1992), Probing the subtleties of subject-matter teaching, *Educational Leadership* 49(7), ASCD, 4-8.

Bruner, J. S.(1960), *The Process of Education*; 이홍우 역(1973), 교육의 과정, 배영사.

Bruner, J. S.(1996), *The Culture of Education*; 강현석 · 이자현 역(2005), 교육의 문화, 교육과학사.

Cole, P.(1992), Construction revisited: A search for common ground, *Educational Technology*, 31(5), 13-17.

Dewey, J.(1902), *The child and the Curriculum*; 엄태동 편역(2001), 아동과 교육과정, 원미사.

Dewey, J.(1938), *Experience and Education*; 엄태동 편역(2001), 존 듀이의 경험과 교육, 원미사.

Eggen, P. D. & Kauchak, D. P.(2001), *Strategies for Teacher: Teaching Content and Thinking Skills*; 임청환 · 권성기 역(2006), 교사를 위한 수업 전략, 시그마프레스.

Eisner, E. W.(1994), *Cognition and Curriculum Reconsidered*; 박승배 역(2014), 인지와 교육과정, 교육과학사.

Gentner, D.(1983), Structure-Mapping: A theoretical framework for analogy, *Cognitive Science* 7, 155-170.

Glasersfeld, E.(1995), *Radical constructivism: A way of knowing and learning*, Falmer Press.

Glasersfeld, E.(1998), Cognition, construction of knowledge and teaching, in Matthews, M.R.(ed.)(1998), *Constructivism in science education*, Kluwer,

11-30.

Glynn, S. M., Yeany, R. H. & Britton, B. K.(1991), *The Psychology of Learning Science*; 권성기 · 임청환 역(2000), 구성주의적 과학학습심리학, 시그마프레스.

Goatly, A.(1997), *The Language of Metaphors*, Routledge.

Hirst, P. H.(1975), *Knowledge and the Curriculum*, Routledge & Kegan Paul.

Lakoff, G. & Johnson, M.(1980), *Metaphors We Live By*; 노양진 · 나익주 역(2006), 삶으로서의 은유(수정판), 박이정.

Langacker, R. W.(1987), *Foundations of Cognitive Grammar I*, Standford University Press; 김종도 역(1999), 인지문법의 토대 I: 이론적 선행 조건들, 박이정.

Lauritzen, C. & Jaeger, M.(1997), *Integrating Learning Through Story: Narrative Curriculum*; 강현석 외 역(2007), 내러티브 교육과정의 이론과 실제, 학이당.

Lemke, J. L.(1990), *Talking science: Language, learning and values*, Ablex.

Lyons. J. (1991), *Chomsky*; 서창렬 역(1999), 촘스키, 시공사

Mandler, J.(1983), Representation, in Mussen, P.(ed.), *Cognitive Development*. John Wiley & Sons.

Peters, R. S.(1970), *Ethics and Education*; 이홍우 역(1986), 윤리학과 교육, 교육과학사.

Polany, M.(1958), *Personal knowledge: Towards a Post-Critical Philsophy*; 표재명 · 김봉미 역(2001), 개인적 지식: 후기 비판적 철학을 향하여, 아카넷.

Polanyi, M. & Prosch, H.(1975), *Meaning*; 김하자 · 정승교 역(1992), 지적 자유와 의미, 범양사.

Polanyi, M.(1964), *Science, Faith and Society*; 이은봉 역(1990), 과학, 신념, 사회, 범양사.

Polkinghorne, D. E.(1988), *Narrative knowing and the human sciences*; 강현석 외 역(2009), 내러티브 인문과학을 만나다: 인문과학 연구의 새 지평, 학지사.

Schwab, J. J.(1964), Structure of the disciplines: meanings and significances, in Ford G. W.(ed), *The structure of knowledge and the curriculum*, Rand McNally, 1-31.

Shulman, L. S.(1986), Those who understand: Knowledge growth in teaching, *Educational Researcher* 15(2), 4-14.

Shulman, L. S.(1987), Knowledge and teaching: Foundations of the new reform, *Harvard Educational Review* 57, 1-22.

Sierpinska, A.(1996), *Understanding in Mathematics*; 권석일 · 김성준 · 남진영 · 박문환 · 장혜원 · 한대희 · 홍진곤 역(2010), 수학에서의 이해, 경문사.

Snowman, J. & Biehler R.(2000), *Psychology Applied to Teaching*, Houghton Nifflim.

Susan A. A., Michael W. B., Michael D., Marsha C. L. & Marie K. N.(2010), *How Learning Works*; 이경옥 역(2012), 학습은 어떻게 이루어지나: 연구에 기반한 현명한 수업 원리 일곱 가지, 시그마프레스.

Taba, H.(1962), *Curriculum development: theory and practice*, Brace & World Inc.

Tanner, D. & Tanner, L. N.(1980), *Curriculum Development: Theory into Practice (2nd ed.)*, Macmillan.

Taylor, P. C. S.(1993), Collaborating to reconstruct teaching: The influence of researcher beliefs, in Tobin, K.(ed)(1993), *The Practice of Constructivism in Science Education*, Lawrence Erlbaum Associates, 267-298.

Vygotsky, L.(1934)/Hanfmann, E. & Vakar, G.(1962)(ed.)(tr.), *Thought and language*; 신현정 역(1985), 사고와 언어, 성원사.

Vygotsky, L.(1934)/Hanfmann, E. & Vakar, G.(1962)(ed.)(tr.), *Thought and language*; 윤초희 역(2011), 사고와 언어, 교육과학사.

Wellington, J. & Osborne, J.(2001), *Language and literacy in science education*; 임칠성 외 역(2010), 과학 교실에서 언어와 문식력, 교육과학사.

Werner, H. & Kaplan, B.(1964), *Symbol Formation*, John Wiley & Sons.

Wiggins, G. & McTighe, J.(2005), *Understanding by Design(Expanded 2nd Edition)*, the Association for Supervision and Curriculum Development; 강현석 외 역(2008), 거꾸로 생각하는 교육과정 개발, 학지사.

찾아보기